Ute Althaus
»NS-Offizier war ich nicht«

Ute Althaus

»NS-Offizier war ich nicht«

Die Tochter forscht nach

Bibliografische Information der Deutschen Nationalbibliothek
Die Deutsche Nationalbibliothek verzeichnet diese Publikation in der Deutschen
Nationalbibliografie; detaillierte bibliografische Daten sind im Internet über
<http://dnb.d-nb.de> abrufbar.

Originalausgabe
© 2006 Haland & Wirth im Psychosozial-Verlag
E-Mail: info@psychosozial-verlag.de
www.psychosozial-verlag.de
Alle Rechte vorbehalten. Kein Teil des Werkes darf in irgendeiner Form (durch
Fotografie, Mikrofilm oder andere Verfahren) ohne schriftliche Genehmigung des
Verlages reproduziert oder unter Verwendung elektronischer Systeme verarbeitet,
vervielfältigt oder verbreitet werden.
Umschlagabbildung: Lubertus Jac. Swaanswijk genannt Lucebert (1924–
1994): Ohne Titel, 1992.
Umschlaggestaltung nach Entwürfen des Ateliers Warminski, Büdingen.
Lektorat: Barbara Wirth
Printed in Germany
ISBN 978-3-89806-504-7

Für Wolf, Anne, Jonas
in Dankbarkeit

Es kommt wieder

Der Hass
sieht Dein Haus

Dein Tor
beschmiert er mit Teer

Deine Stube
zertritt er zu Staube

Seine Truppe
zerhackt Deine Treppe

Den Kummer
setzt er in Deine Kammer

und findet unter dem Dach
dich

Erich Fried

Inhalt

Einleitung	11
Ernsts Lebensdaten im Überblick	**25**
Ernst in seiner Familie	27
Ernsts Beziehung zu seinem Vater	28
Ernsts Beziehung zu seiner Mutter	41
Ernsts frühe Kindheit	44
Erziehungsbücher um die Jahrhundertwende	47
Erziehungsprinzipien Ende des 18. Jahrhunderts	47
Erziehungsbücher im Nationalsozialismus	52
Ernsts Beziehung zu seiner Mutter im Erwachsenenalter	65
Der Erste Weltkrieg	69
Ernst wird Nationalsozialist	79
Ernst lernt Herta kennen	91
Die Jahre 1933 bis 1943	97
Die ersten Ehejahre in Leipzig	97
Das erste Kind	101
Aus der Gegenwart	103
Ernst wird Offiziersanwärter	104
Umzug nach Lechfeld	107
Unterstützung der spanischen Faschisten	110
Familienalltag in Lechfeld und Geburt des zweiten Kindes	112
Die Annektierung Österreichs	115
Einmarsch ins Sudetenland	117
Zwischenbetrachtung	121
Familienalltag 1938–1939 in Lechfeld	123
Umzug nach Tutow	124

1943: Ernst an der Front in Russland 137
    Briefwechsel 1943 142

Die letzten Kriegstage in Ansbach 159
    Aus der Gegenwart 174

Ein Versuch, Ernsts Tat zu deuten 179
    Zwischenbetrachtung 181

Ernsts Rechtfertigungen 183
Herta und die Kinder bis Kriegsende 193
Ernsts Schwestern und seine Eltern bis 1945 . . 195
Die Familie in der Zeit zwischen 1945 und 1947 199
Herta und die Kinder in R. 211
Familienkrieg 239
Ernsts Entlassung aus dem Zuchthaus 249
    Aus der Gegenwart 256

Aspekte der Familiendynamik 259
    Selbstwahrnehmung von Ernst und Herta 259
    Geschenke 260
    Die Kämpfe innerhalb der Familie 265

Was wäre gewesen, wenn … 273
Die finanzielle Auswirkung
von Ernsts Verurteilung nach dem Krieg 277
Ernsts letzte Lebensjahre 283

»Die Kinderbombe« von Erich Fried 285

Anhang 287
Literatur 301

Einleitung

Nach dem Tod meines Vaters, Ernst Meyer, im Jahr 1993 entdeckte ich im obersten Fach seines Kleiderschrankes hinter der Bettwäsche eine alte Carepaketpackung. In solchen Kartons, mit großen Buchstaben CARE bedruckt, wurden nach dem Krieg Lebensmittel von den Amerikanern an die deutsche Bevölkerung verteilt. Ernst hatte darin Briefe und Dokumente aufgehoben.

Ich fand in diesem Karton den Briefwechsel zwischen Ernst und meiner Mutter Herta[1] aus der Zeit, als er zwischen 1946 und 1951 eine Zuchthausstrafe in Kaisheim absaß. Absenderadresse für seine Briefe ist Kaisheim via Donauwörth Zelle 388, die Adressen von Herta ändern sich, zuerst Alt-Sommersdorf am Kummerower See, dann Mainz-Mombach, dann R., eine mittlere Kleinstadt in Süddeutschland. Ernsts erste Karte dieses Briefwechsels ist ein amtlicher Vordruck vom 4. Juni 1945 mit den Personalien von Ernst und seiner gegenwärtigen Adresse: »P.O.W No. 316 Gefangener 4201483«, seine letzte Karte vom 15.12.1951 ist überschrieben mit: »die letzte Karte, hol mich heraus!!!« rot unterstrichen. Zwischen diesen beiden Postkarten lagen die Briefe, die Ernst während seiner mehrjährigen Haftstrafe seiner Frau jede Woche schrieb – mehr als einen pro Woche durfte er auf Grund der Haftbedingungen nicht schreiben – sowie die Antwortbriefe von Herta – von ihrer Seite nicht immer wöchentlich verfasst.

Neben dem Briefwechsel befanden sich in dem Karton: zwei Hefte mit Konstruktionen von Webstühlen – Ernst war im Zuchthaus in der Weberei beschäftigt – und ein Schulheft mit rot/beige kariertem Einband, in das Ernsts Mutter seine Feldpostbriefe von 1943 aus Russland als über 80-jährige Frau zum Teil sehr zittrig abgeschrieben hatte. Außerdem fand ich Ernsts Vita, von ihm selbst im Zuchthaus verfasst. Sie besteht aus 329 handschriftlich – die ersten zwei Drittel mit Bleistift, das letzte Drittel mit Tinte – doppelt beschriebenen DIN A5 Blättern und trägt den Titel:

Prägungen und Wägungen – Mein Lebensschicksal
»Du führtest, HERR, die Sache meiner Seele und erlösest mein Leben« (Klg. Jer. 3,58)

---

[1] Andere Familienangehörigen gehen mit dieser Familiengeschichte anders um als ich. Um ihre Persönlichkeiten zu schützen, habe ich folgende Namen geändert: die Namen meiner Geschwister, den Namen meiner Mutter und deren Geschwister. Orte, die ich anonymisieren musste, habe ich durch einen großen Anfangsbuchstaben mit einem Punkt gekennzeichnet.

Diese Vita hatte Ernst in drei Kapitel mit jeweils eigenen Überschriften aufgeteilt:

I. Teil – Segen der Arbeit
»Gottes Brünnlein hat Wasser der Fülle« (Ps. 65,10)

II. Teil – Der verratene Sozialismus
»Glauben wir nicht, so bleibt ER treu; ER kann sich nicht verleugnen« (2. Tim. 2,13)

III. Teil – Das Lied der Treue
»Wer glaubt, der fliehet nicht« (Jes. 28,16)

Jedes Kapitel war einzeln mit einer Papierbanderole zusammengehalten, alle Teile zusammen in ein Stück Wellpappe gehüllt und mit einem vergilbten Baumwollband verschnürt.
Seiner Vita hatte Ernst einen Begleitbrief beigelegt:

Dir, meiner Herta, und Euch, meinen Kindern, widme ich diese Blätter. Sie sind im Gefängnis geschrieben. Sie sind ein verzweifelter Versuch, dem geistigen Absterben zu entgehen. Mögen andere, besonders meine Kerkermeister, darüber lächeln. Euch sind sie Bekenntnis und Rechtfertigung. Darum sind sie nur für Euch geschrieben. Lasst Euch hier erzählen, wie alles dieses kam.
Euer »Vati«

Im ersten Teil seiner Vita beschreibt Ernst seine Kindheit, die Jugendjahre bis zu seiner Heirat, im zweiten Teil die historische Entwicklung in Deutschland von der Kaiserzeit, über die Weimarer Republik bis zum Nationalsozialismus, und im dritten Teil geht er auf seinen persönlichen Werdegang im Nationalsozialismus ein. Er sah in diesem dritten Teil die Basis seiner Verteidigung für ein von ihm erhofftes Wiederaufnahmeverfahren.
Ernst, Offizier der Luftwaffe, hatte als Kampfkommandant in Ansbach in den letzten Kriegstagen 1945 wenige Stunden vor dem Einmarsch der Amerikaner einen jungen Mann, der durch nächtliche Plakataktionen die Bevölkerung zum Widerstand gegen die Nazis aufrief, persönlich gehängt. Diese Tat wurde im amerikanischen Heeresbericht (Bayern in der NS-Zeit, Band 6) als Beispiel, wie die Nazis mit der eigenen Bevölkerung umgingen, veröffentlicht. Ernst kam nach Kriegsende in amerikanische Gefangenschaft, wurde dort als der Täter von Ansbach identifiziert und von den Amerikanern dem Amtsgericht in Ansbach übergeben. Dieses klagte ihn wegen Mordes an

und verurteilte ihn am 14.12.1946 wegen Totschlags zu einer Haftstrafe von 10 Jahren Zuchthaus und Aberkennung der bürgerlichen Ehrenrechte.

In dieser Familie schrieb man Briefe und vor allem hob man sie auf. Bei Haushaltsauflösungen der beiden Schwestern von Ernst tauchten weitere Briefe von Ernst und Herta aus der Zeit vor dem Zweiten Weltkrieg, im Krieg und dann nach seiner Zuchthauszeit auf. Weiterhin fand sich ein Päckchen mit sechs kleinen schwarzen Wachstuchbüchlein, zwei davon mit Abschriften von Ernsts Feldpostbriefen aus dem Ersten Weltkrieg mit immer den gleichen Briefanfängen: »Liebe Eltern« oder nur »L. E.« »Gesund und munter (...)« und vier Bändchen »Tagebuchblätter« von Ernst aus dieser Zeit. Somit bekam ich reichhaltige Zeitdokumente aus Ernsts Leben in die Hand. Um Genaueres über seinen militärischen Werdegang zu erfahren, schrieb ich Archive an. Im Militärarchiv in Freiburg fand ich Ernsts militärische Dienstakte, die aber schon 1937 endete. Im Archiv in Nürnberg fand ich die Prozessakten von Ernsts Prozess von 1946 in Ansbach und dem Revisionsverfahren 1947 in Nürnberg. Beim Lesen dieser Briefe drängten sich mir viele Fragen auf, die ich meinen Eltern nie stellen konnte.

Ernst stammte aus der gehobenen Mittelschicht – sein Vater war Professor für Physik an der Universität Freiburg. Er war intelligent und hatte 1929 sein Physikstudium erfolgreich mit der Promotion abgeschlossen. Warum wurde Ernst nach dem Krieg verurteilt, warum wurde er ein so begeisterter, kritikloser Nationalsozialist – was ich auch erst aus den Briefen erfuhr – welche Rolle spielte meine Mutter Herta dabei und wie flossen die 15 Jahre gläubiger Führernachfolge dann in die Lebens- und Beziehungsgeschichten von Ernst, Herta und uns Kindern nach dem Krieg ein?

Die Briefe nur zu lesen, verhalf mir zu keinem größeren Verständnis, und verstehen wollte ich. Zu schnell vergaß ich immer wieder Zusammenhänge. Ich bin mit Familiengeheimnissen aufgewachsen, es gab Dinge, über die man nicht sprechen durfte, bei »fremden Leuten« (Herta) genauso wenig wie in der eigenen Familie. Dazu gehörte auch der Nationalsozialismus. Ich erfuhr darüber weder im Elternhaus noch in der Schule, dort endete der Geschichtsunterricht vor dem Abitur mit dem Ersten Weltkrieg, und von mir aus beschäftigte ich mich mit diesem Thema nicht.

Ernst saß im Zuchthaus, das wusste ich bereits als Kind; warum war mir allerdings nicht bekannt, das gehörte ebenfalls zum Familiengeheimnis. Als Jüngste in der Familie hatte ich die Vorstellung, alle anderen wüssten »es« genau, nur ich nicht. Nicht-Wissen war in dieser Familie, in der exaktem naturwissenschaftlichem Denken der höchste Wert beigemessen wurde, verpönt, sodass ich schon deshalb nicht nachfragte. Mir wurde als Kind »eingeschärft«, ich solle auf die Frage, wo mein Vati wäre, antworten, er sei in der

Gefangenschaft. Meine Mutter konnte meinen Vater zwei Mal pro Jahr besuchen; bei Freundinnen, deren Väter in Kriegsgefangenschaft waren, war das nicht möglich. Es war verwirrend, noch verwirrender waren die oft heimtückischen Fragen von Nachbarn, ob denn jetzt auch mein Vati nach Hause käme, wenn in der Zeitung wieder die Rückkehr von Kriegsgefangenen angekündigt war.

Hinter dem Garten unseres Hauses in R., in dem wir ab meinem sechsten Lebensjahr wohnten, lag das städtische Gefängnis. Ich beobachtete oft Gefangene hinter ihren vergitterten Fenstern. Diese Männer waren für mich Verbrecher. Warum Menschen in ein Zuchthaus eingesperrt werden, wusste ich nicht. In meiner Kinderwelt hatte ich mir zurechtgelegt, dass Zuchthäusler sicher nichts Schlimmes begangen haben könnten, denn mein Vati saß ja schließlich dort. Dass im Zuchthaus aber doch Straftäter untergebracht waren, erfuhr ich nach einem heftigen Streit mit zwei Freundinnen auf der Straße. Die beiden Mädchen behaupteten, die ganz gefährlichen Verbrecher würden im Zuchthaus und nicht im Gefängnis eingesperrt, was ich verständlicherweise vehement bestritt. Herr Salzmann, der katholische Priester, der gerade vorbeikam, wurde zum Schiedsrichter erkoren und gab den beiden Freundinnen Recht. Nach einem verzweifelten »das stimmt nicht, mein Vati ist nämlich im Zuchthaus«, ging ich weinend davon. Als ich meiner Mutter von dem Vorfall erzählte, machte sie mir Vorwürfe, dass ich in der Stadt herumschwätzen würde. »Vor Ute muss man sich in acht nehmen, die hört bei allen zu und erzählt es dann in R. herum« (Herta am 17.8.1948 an Ernst).

Etwas düster Bedrohliches, für das es keine Worte gab und geben durfte, setzte sich in mir fest und wurde zum Bestandteil meines Eigenen. Ich war alleine damit und fühlte mich wie mit einem Makel behaftet, von anderen ausgegrenzt, oder ich grenzte mich, immer wieder unsicher, ob es mich überhaupt geben dürfe, selbst aus. Soweit ich mich zurückerinnern kann, waren Schuldgefühle, Scham und Ängste meine steten Begleiter. Mit Ende 20 geriet ich in eine Lebenskrise und ab da begann mein Weg, mich mit dieser Familiengeschichte auseinander zu setzen.

Die Zeitdokumente, die ich nach den Haushaltsauflösungen in meiner Familie fand, ermöglichten es mir, meinen Vater und auch meine Mutter deutlicher zu sehen. Nun gab es ihre Aussagen schwarz auf weiß, und zwar nicht nur zu der Zeit, die ich mit ihnen erlebte. Je mehr ich mich mit diesem Material auseinander setzte, desto mehr Fragen tauchten auf; es ging mir nicht nur darum, das Familiengeheimnis zu lüften, Ernsts Verstrickungen mit dem Nationalsozialismus und seine Tat bei Kriegsende anhand von Zeitdokumenten zu rekonstruieren, sondern auch um die Frage: Was war Ernst für ein Mensch, der begeistert 1915 in den Ersten Weltkrieg zog und 1918 nach einem Urlaub an seine Eltern schrieb: »Wie wohl tut doch das Bewusstsein, wieder im Krieg zu sein«, der ab 1930 dem Führer zujubelte, mit der Partei im Rücken eine steile Offizierskarriere machte, vom Nationalsozialismus profitierte und nach dem Krieg behauptete, mit all dem habe er nichts zu tun gehabt. »NS-Offizier war ich nicht.« Wie war er zu dem geworden, der er war? Um mehr über seine Persönlichkeit zu erfahren, analysierte ich einzelne Aussagen aus den Briefen, stellte entsprechende Äußerungen, die Ernst zu verschiedenen Zeiten machte nebeneinander, betrachtete den Kontext, in den er eine Aussage stellte und konnte dadurch ein Bild von Ernst zeichnen, das wohl näher an seine Person herankommt, als wenn ich ihn nur erinnere und mein Erleben mit ihm reflektiere.

Das analytische Vorgehen gab mir die Möglichkeit zu einer größeren Distanz, die ich keineswegs immer durchhalten konnte, denn ich habe über meinen Vater und über meine Familie geschrieben. Es gab während dieser Arbeit Situationen, in denen Gefühle aus meiner Kindheit mit ihren entsprechenden Abwehrstrategien wieder belebt wurden, die ich zuerst bearbeiten musste, bevor ich weiter schreiben konnte. Exemplarisch habe ich mehrere Beispiele in den Text eingefügt, ein Erlebnis mit Kindern, die Archivbesuche in Freiburg und Nürnberg und meine Fahrt nach Ansbach und einen Traum von meinem Kindheitsort. Um optisch sichtbar zu machen, dass es sich dabei um eine andere Zeitebene handelt, habe ich diese Abschnitte mit einem größeren Rand vom laufenden Text abgesetzt.

Auch beim Schreiben selbst begegnete mir meine alte Familiengeschichte. Vielleicht wirkte das Verbot, näher in das Familiengeheimnis einzudringen nach, auf alle Fälle vergaß ich immer wieder allzu schnell, was ich in den Briefen gelesen hatte und konnte auf diesem Weg keine Zusammenhänge herausarbeiten. So versuchte ich es mit Aufschreiben. Meine Schreibhemmung auf Grund einer ausgeprägten Legasthenie als Kind erwies sich bei diesem Projekt nicht nur als Handicap, sondern auch als hilfreicher Indikator. Aber auch das wurde mir erst im Laufe der Arbeit bewusst; zu Beginn erschien mir diese Schreibhemmung eine kaum überwindbare Barriere. Bevor ich darauf eingehen kann, muss ich zuerst meine Arbeitsweise beschreiben, die sich aus dem Prozess des Schreibens selbst heraus entwickelte.

Zuerst galt es, das ganze Material zu ordnen. Ein erstes strukturierendes Raster bot die Chronologie. Daraus ergaben sich verschiedene Abschnitte, die den einzelnen Lebensphasen von Ernst und seiner Familie entsprachen. Wenn ich einen solchen Abschnitt mit Briefen aus jener Zeit, Querverbindungen, die Ernst in seiner Vita machte und meinen eigenen Überlegungen dazu beendet hatte, kam meistens erst der wichtigere Teil: das Überarbeiten des Geschriebenen. Gedankliche Widersprüche und unklare Zusammenhänge in meinem Text zeigten sich meist sprachlich und wurden deutlich durch besonders sperrige Sätze, die zum Teil grammatikalisch falsch waren oder in denen absurde Wortverbindungen auftraten. Ich nannte diese Art des Schreibens mein legasthenisches Schreiben. Untersuchte ich solche Stellen genauer, wurde mir bewusst, dass ich in diesem Zusammenhang Aussagen vermied, die zu schmerzhaft waren und die ich deshalb nicht sehen wollte: das Familiengeheimnis und die es sichernden Familiendogmen erwiesen sich als hart verteidigtes Bollwerk in mir. Ich wollte wissen und hinschauen und wollte gleichzeitig nicht wissen und nicht hinschauen. Meistens – nicht jedes Sprachgestrüpp konnte ich entwirren – schälte sich eine Aussage erst heraus, wenn ich weitere Kapitel geschrieben und den Text in mehreren Durchläufen überarbeitet hatte. Wie in einem zirkulären Prozess schrieb ich, stolperte, überarbeitete, schrieb wieder, stolperte wieder, überarbeitete wieder usw.

Ein Schreibfehler z. B., eigentlich ein legasthenischer Lesefehler überdauerte all meine Überarbeitungen; ein befreundeter Theologe machte mich darauf aufmerksam: Ich hatte Ernsts Widmung zu seiner Vita abgeschrieben: Mein Lebensschicksal: »Du fürchtest, HERR, die Sache meiner Seele (...)« statt »Du führtest, HERR, die Sache meiner Seele (...)«.

Bei diesem zirkulären Schreiben und Überarbeiten entdeckte ich immer wieder »neue« Briefe. Es kamen, nachdem die Haushaltsauflösungen von Ernst und seinen Schwestern abgeschlossen waren, keine wirklich neuen Briefe dazu, sondern ich las die gleichen Briefe auf eine neue Art und fand darin Aussagen, die ich vorher immer überlesen hatte. Bei einem Brief passierte mir das Gegenteil, ich kann ihn trotz intensiven Suchens nicht mehr finden. Ich las ihn zu Beginn dieser ganzen Arbeit und konnte ihn damals so schlecht ertragen, dass ich ihn »nachhaltig versorgt« haben muss. Ernst schrieb diesen Brief seinem Vater zum 90. Geburtstag aus dem Zuchthaus. Ich erinnere daraus den Satz, dass er sich nicht für wert halte, der Sohn dieses ehrwürdigen Vaters zu sein; der ganze Brief war in devoter Haltung in selbstmitleidigem Ton geschrieben. Ernst muss darin noch den Wunsch geäußert haben – das erinnere ich nicht mehr – nach seiner Entlassung doch noch mit dem Vater (90 Jahre alt!) wissenschaftlich zusammenarbeiten zu können, denn sein Vater versichert ihm in einem recht formalen, höflichen Antwortbrief, den ich wiederum habe, dass er diese Hoffnung auch teile. Ich hätte Ernsts Brief in meinem Text gut gebrauchen können.

Über meine Mutter zu schreiben, war noch schwieriger als über meinen Vater. Zuerst wollte ich nur über den Vater schreiben, erkannte dann aber, dass Ernsts Persönlichkeit und Handeln ohne den familiären Kontext seiner Ursprungsfamilie und seiner Beziehung zu Frau und Kindern nicht zu verstehen ist; genauso wenig ist Ernst innerhalb der Familie zu verstehen, ohne das Zusammenspiel aller Familienmitglieder zu berücksichtigen. Je deutlicher ich also Ernst sah, desto deutlicher musste ich auch Herta, meine Mutter, sehen.

Im Laufe der Überarbeitungen zeigte sich, dass die Strukturierung nach der Chronologie der Briefe allein nicht ausreichte. Es gibt diese Briefe, es gibt den historischen Kontext, in dem diese Briefe geschrieben wurden, mein Erleben als Kind und meine heutige Sicht auf die Briefe und die Familiengeschichte. Beim historischen Kontext habe ich zwei Themenkreise in separaten Kapiteln dargestellt, zum einen die Kindererziehung um 1900, der Zeit, in der Ernst aufwuchs, und die militärische Situation 1943 in Russland, um vor diesem Hintergrund Ernsts Feldpostbriefe besser verstehen zu können.

Da keine Briefe oder Kindertagebücher aus Ernsts Kinderzeit vorhanden sind, habe ich aus Erziehungsbüchern der damaligen Zeit die Aspekte herausgearbeitet, die mir für Ernsts Ursprungsfamilie wesentlich erschienen. In ihren Briefen schreiben Ernst und Herta auch immer wieder über ihre eigenen Kinder. Ich habe deshalb die Erziehungsbücher aus der Jahrhundertwende mit dem Standardwerk nationalsozialistischer Kindererziehung, dem Buch von Johanna Haarer, *Die deutsche Mutter und ihr erstes Kind*, verglichen und daraus wiederum die Aspekte herausgezogen, denen ich bei Ernsts und Hertas Erziehungspraktiken begegnete. Die Erziehungsdogmen der »Schwarzen Pädagogik« haben eine erstaunliche Ähnlichkeit mit denen des Nationalsozialismus. Die Kinder der schwarzen Pädagogik waren selbst zu Eltern geworden!

Um die Briefe und meine Sicht auf die Briefe zu unterscheiden, wählte ich zwei verschiedene Schrifttypen, sodass die Briefe auch fortlaufend gelesen werden können und getrennt davon meine Sicht und meine Reaktionen darauf. Wenn ich diese Arbeit jetzt abschließe, dann im Bewusstsein, dass sie keineswegs fertig ist. Es ist vorstellbar, sogar sehr wahrscheinlich, dass ich in ein paar Jahren die Briefe noch einmal anders lesen und andere Aspekte herausarbeiten würde. Aus diesem Grunde habe ich mich entschlossen, einzelne Briefe ganz zu zitieren, besonders die aus der Zeit zwischen 1929 und 1945, da sie einen Einblick in den nationalsozialistischen Alltag einer Familie in Friedens- und Kriegszeiten bieten. Bewusst habe ich Ernsts beruflichen Werdegang und den Familienalltag nicht in getrennten Kapiteln behandelt, da durch dieses Nebeneinander die Wirklichkeit dieser Familie und der einzelnen Familienmitglieder deutlicher sichtbar wird. Ernst verhielt sich in beiden Bereichen nicht sehr unterschiedlich. Manches über den Hass zwischen einzelnen Familienmitgliedern konnte ich oft nur in einer abstrahierenden, allzu knappen und mich distanzierenden Weise formulieren und bin mir bewusst, dass ich die ganze Gefühlsqualität dadurch nicht aufs Papier bringen konnte. An solchen Stellen fehlten mir oft die Worte. Ich fand sie in Gedichten z. B. von Paul Celan und Erich Fried, die mich während meiner Arbeit genauso begleiteten wie die Musik, z. B. Bachkantaten und Schubertlieder. Aus diesem Grunde habe ich an den Anfang und das Ende meiner Arbeit jeweils ein Fried-Gedicht gestellt.

Die Auseinandersetzung mit Ernst und Herta, ihrer und meiner Familie war gleichzeitig eine intensive Auseinandersetzung mit mir selbst. So ist dieses Buch ein sehr persönliches geworden. Für mich war es wichtig, dieses Buch zu schreiben und meinen Kindern meine Reaktionen auf die Briefe ihrer Großeltern zu hinterlassen; sie werden ihren eigenen Weg, mit dieser Familiengeschichte umzugehen, finden.

Warum ein solches Buch veröffentlichen?

Die Frage, ob Ernst ein Einzelfall ist oder ob seine Karriere und seine Haltung als Nazi für die Deutschen typisch ist, die sich so kritiklos und begeistert dem Führer unterstellt haben, hat mich lange beschäftigt, denn damit hängt auch die Frage zusammen, ob ein solches Manuskript veröffentlicht werden soll oder nicht. Geht es über die persönliche Familiengeschichte hinaus? Ich bin dieser Frage in einem eigenen Kapitel im Anhang nachgegangen. Entsprechende Verhaltensweisen wie bei Ernst und eine entsprechende Dynamik wie in Ernsts Familie, fand ich auch in der Nationalsozialistischen Partei und in ihrer Inszenierung im Alltag.

Ernst war kein Einzelfall. Ich beschreibe einen Menschen aus der gehobenen Mittelklasse, der sich begeistert den Nazis anschloss, mit ihrer Macht im Rücken einen Menschen mordete und nach dem Krieg nicht nur seine Schuld, sondern auch seine Parteizugehörigkeit leugnete. (vgl. Giordano 1990) Nach dem Krieg ist er mit seiner Haltung »NS-Offizier war ich nicht«, keineswegs allein. Saul Padover, ein amerikanischer Offizier arbeitete 1944 und 1945 in einer Einheit für psychologische Kriegsführung und befragte deutsche Soldaten. Schon damals gab es, Padover zufolge, nur verschwindend wenige Personen, die sich selbst als Anhänger des NS-Systems bezeichneten – mehrheitlich findet die Nachrichteneinheit Menschen vor, die ihrer Darstellung nach mehr oder minder gezwungen, jedenfalls aus den verschiedensten Gründen Parteimitglieder usw. wurden, ohne vom Nationalsozialismus etwas zu halten und natürlich ohne je etwas selbst verschuldet zu haben. Was diese »Muss-Nazis« Padover zufolge auszeichnet, ist das Fehlen jeglichen Schuldgefühls, dafür aber ein ungeheures Maß an Larmoyanz, ein ausgeprägt rassistisches Feindbild gegenüber Russen, Polen und Osteuropäern überhaupt und eine gleichermaßen ausgeprägte Unterwürfigkeit den Amerikanern gegenüber. (Welzer/Moller/Tschuggnall 2002)

Heute scheint es nicht sehr viel anders zu sein, wie eine Untersuchung von Welzer, Moller und Tschuggnall (2002) zeigt. In vielen Familien scheinen die Nazitäter zu verschwinden. Die Autoren fragen nach dem Bild, das die Enkel von den nationalsozialistischen Verstrickungen der Großeltern haben, durch Interviews von jeweils drei Generationen einer Familie, bei einer Stichprobe von 40 Familien. Etwa zwei Drittel der Kinder- und Enkelgeneration stellen Familienmitglieder der Zeitzeugengeneration entweder als Opfer der Nationalsozialisten oder/und als Helden des alltäglichen Widerstandes dar! Bei einem solchen Prozentsatz wäre der Nationalsozialismus nie an die Macht gekommen. Die Autoren beschreiben, dass im Rahmen der Familiengesprächen Aussagen der Großeltern, die unter anderen Umständen sofort zu kritischen Nachfragen bis hin zum empörten Verlassen eines Raumes führen würden, nicht zur Kenntnis genommen wurden. Die Enkel hätten im Familienrahmen nicht auf Ungeheuerlichkeiten reagiert: zum Beispiel erzählte ein Zeitzeuge, er wäre schnell zum Stadtrand gelaufen, um den Erschießungen zuzuschauen, von denen er gehört hätte, ohne dass die Kinder oder Enkel dieses Zeitzeugen auf diese Aussage reagiert hätten. Ob sich die Enkel der Nazis im Allgemeinen »unter anderen Umständen«, d.h. nicht innerhalb der Familie, aber in entsprechendem Kontext wirklich so viel kritischer verhalten, bezweifle ich; eine entsprechende Untersuchung, in der bei den Enkeln die Kritikfähigkeit oder allgemeiner die Einschätzung von sozialen Situationen innerhalb und außerhalb der Familie miteinander verglichen würden, zitieren die Autoren nicht. Sollten die blinden Flecke nur gegenüber den Eltern und Großeltern sein und nicht gegenüber anderen Menschen? Meine eigene Erfahrung ist eine andere, ich werde weiter unten noch darauf eingehen.

Um den Nationalsozialismus besser zu verstehen, müssen wir uns die Menschen anschauen, die den Nationalsozialismus mitgetragen und ihm zur Macht verholfen haben. Wenn Hitler nicht auf begeisterte Mitstreiter wie Ernst gestoßen wäre, die sich ihm mit Leib und Seele verschrieben, hätte er vielleicht in einem kleinen Kreis agiert, vielleicht sogar sein Buch, *Mein Kampf*, geschrieben und darin seine mörderischen Theorien entwickelt, ansonsten aber sein armseliges Leben wie vor dem Ersten Weltkrieg weitergeführt, ohne die Macht zu erlangen, diese ungeheuren Verbrechen auszuführen und ausführen zu lassen. Viele dieser begeisterten Nazis haben nach dem Krieg zwar ihre Entnazifizierung (dazu Giordano 1990; Wildt 2002; Hilberg 1997) formal erhalten – bei meinem Vater wurden dessen Zuchthausjahre nachträglich zu Jahren in der Gefangenschaft umgedeutet und für seine Pensionsansprüche mitberücksichtigt – aber den persönlichen Prozess der Entnazifizierung nie vollzogen. Sie blieben nach dem Krieg Nazis, auch wenn sie großenteils die Terminologie änderten, wie die Briefdokumente nach 1945 zeigen. Die Entnazifizierung, mit ihrem Ziel, die Menschen nach den Erfahrungen des Terrorsystems zu einem mitmenschlicheren Umgang hinzuführen, kann nur dann wirklich greifen und eine gesellschaftliche Richtungsänderung einleiten, wenn sie als Auseinandersetzung mit der eigenen Mittäterschaft und dem eigenen Mitverschulden verstanden wird und nicht nur als ein amtlicher Stempel der Militärbehörden auf Grund irgendwelcher formaler Kriterien. Tragischerweise haben genau die linientreuen Nazis, wie ich am Beispiel meiner Eltern zeigen werde, diesen Prozess kaum vollzogen.

Das Fundament, auf das wir Kinder der Nazis unsere eigene Lebensgeschichte aufbauen mussten, ist voll Lügengeschichten und brauner Vergangenheit unserer Eltern. Wir sind in einer verlogenen Umwelt aufgewachsen, Lügen wurden uns als Wahrheit verkauft, Verdrehungen als Geradlinigkeit, Verbrechen als moralische Pflichterfüllung, Unterwerfung und Gehorsam als Liebe zu den Eltern. Das so deutlich zu sehen, war mir erst durch die Bearbeitung der Briefe möglich. Als Kinder waren wir von unseren Eltern abhängig und hatten keine andere Wahl, als uns selbst ihre Haltung und ihr Glaubenssystem zu Eigen zu machen. Bestenfalls konnten wir Kinder durch irgendwelche Symptome – bei mir waren es die Legasthenie und diverse psychosomatische Störungen – um Hilfe rufen, protestieren und uns das kindliche Bewusstsein erhalten, dass irgendetwas nicht stimmen konnte. Solche Symptome wurden von den Eltern tragischerweise aufs härteste bekämpft, da sie keineswegs zu dem Bild eines wohlerzogenen Kindes von wohlerzogenen Eltern passten (Siehe Kapitel über die Kindererziehung). Im Gleichklang mit den Eltern lernten wir Kinder unsere eigenen Hilferufe als Defizite zu verachten und schämten uns dafür. Um in dieser verdrehten Umwelt überleben zu können, mussten wir uns selbst verdrehen. Wir mussten uns in diesem Lügensystem einrichten, es wurde für uns zur Normalität, einfach weil wir nichts anderes kannten. Die Geschichte der Eltern scheint in unseren Körpern und in unsere Seelenlandschaften eingegraben zu sein.

Legasthenie: heute gibt es einen Fachausdruck für das, was mein Französischlehrer Dr. Götz in der Obersekunda als »Ute, in Ihrem Kopf ist etwas nicht in Ordnung« diagnostizierte. Aufgetreten war diese »Schwäche« bereits in der Volksschule, als ich sehr schlecht lesen lernte und die Diktate von Rechtschreibfehlern wimmelten. Herta wollte das »Dummchen« in der Volksschule lassen, hatte aber gleichzeitig auch den Anspruch, dass ihre Kinder Abitur machten. So wurde ich zur Aufnahmeprüfung für das Gymnasium angemeldet und war auch erfolgreich, weil mir wegen schnell und gut durchgeführter mathematischer Tests Rechtschreibfehler im Diktat nachgesehen wurden und man mich von der mündlichen Prüfung befreite. So blieb meine mangelnde Lesefertigkeit unentdeckt. Ich bekam zwar von da an den Stempel der einseitig mathematisch, naturwissenschaftlich Begabten, das brachte mir aber weder in der Schule noch zu Hause Verständnis und Schonung wegen der Lese-Rechtschreib-Schwäche. Meine Mutter war Lehrerin an derselben Schule und wütend auf mich, wenn sich wieder einmal ein Kollege bei ihr beschwert hatte, dass ich immer noch nicht lesen konnte.

Musste ich vor der Klasse vorlesen, was immer wieder geschah, lachten die Mitschüler über den Unsinn, den ich aus dem Text herauslas. Bei mir endeten solche Prozeduren meistens mit Tränen. Ich konnte keine ganzen Worte überblicken, geschweige denn ganze Sätze. Da ich genauso schnell lesen wollte wie die anderen, riet ich, um mich, wenn das »Gelesene« überhaupt keinen Sinn mehr ergab, wieder stockend ans Buchstabieren des nächsten Wortes zu machen. Der Inhalt des Gedruckten ging dabei verloren, ein Gartenzaun z.B. konnte schnell mal zum Gartenzwerg mutieren, kurz: es entstanden absurde Geschichten.

Je mehr ich mich mit den Briefen von meinen Eltern beschäftigte, desto sinnvoller erschien mir diese »Störung«, denn Worte bedeuteten in der Familie oft nicht das, was sie aussagten. Ernst sprach z.B. über Liebe und meinte Gehorsam, Herta sprach über Stärke und meinte Unterordnung. Hab ich mir als Kind durch die Legasthenie unbewusst das Wissen um die Doppelbödigkeit in der Familie bewahrt? Einen anderen Weg gegenüber den Eltern für die eigenen Wahrnehmungen und Bedürfnisse einzustehen, gab es kaum; wir Kinder hatten zu parieren.

Wollen wir Kinder der Nazis für uns und unsere Nachkommen an einem sichereren Fundament arbeiten, kommen wir kaum darum herum, den persönlichen Prozess der Entnazifizierung, den unsere Eltern verweigert haben, nachzuholen und uns zu fragen, was unsere Eltern, mit welcher Haltung und Gesinnung während des Nationalsozialismus taten und wie sie nach dem Krieg mit ihrer Nazivergangenheit umgingen, auch wenn solche Fragen sehr schmerzhaft sind. Weil es politisch salonfähig war, lebten unsere Eltern während des Nationalsozialismus entsetzlicherweise oft bis zum bittern Ende das Verhalten aus, mit dem sie bereits vor dem Krieg ihre Persönlichkeit stützten: der andere wird ausgegrenzt, um selbst jemand zu sein und gleichzeitig kuscht man vor irgendwelchen Führern. Nach dem Krieg wurden die Nazis keineswegs zu anderen Menschen, wie die Briefe aus dieser Zeit deutlich zeigen. Ist es nicht grausam, nach Kriegsende zu behaupten, man habe mit dem »Quatsch« nichts zu tun gehabt, wie meine Mutter ihre Entnazifizierung kurz zusammenfasste? Wie kann man »nichts damit zu tun gehabt« haben, wenn Mitmenschen, Nachbarn verschleppt und ermordet wurden, man selbst dem Führer zugejubelt hat und der eigene Mann begeisterter

Nazi war? Wenn ich im Folgenden von Nazieltern spreche, dann meine ich Eltern mit Persönlichkeitsstrukturen wie Ernst und Herta, die sich begeistert den Nationalsozialisten anschlossen, weil ihnen persönlich diese politische Haltung entsprach.

Im gleichen Maß, wie wir die Mittäterschaft unserer Nazieltern verwischen und verharmlosen, z. B. durch ein scheinbar verständnisvolles: »die konnten damals doch nicht anders«, vernebeln wir unseren Blick auf die Leiden der Opfer; wir bleiben in einer falschen Loyalität im elterlichen Wertesystem gefangen. Um ein beschönigendes Bild auf die Eltern aufrecht zu erhalten, müssen wir immer wieder Teile der Wirklichkeit ausblenden und unsere eigenen Wahrnehmungen manipulieren. Das lebten uns unsere Eltern vor, wie ich anhand der Briefe zeigen werde, und von ihnen haben wir es übernommen. Wir wuchsen in ihrem Gravitationsfeld auf und die Welt funktionierte für uns nach den Gesetzen, die in diesem Planetensystem galten. Wir hatten als Kinder keine andere Chance, als Erwachsene dagegen müssen wir die Verantwortung für unsere Abwehrmanöver und für das, was wir mit ihnen in unserer Umwelt anrichten, übernehmen.

Ein Beispiel von vielen, bei dem mir leider zu spät, dafür um so schmerzlicher bewusst wurde, wie tief sich das verdrehte Elternsystem in mir verankert hatte und dass ich nicht nur deren Rechtfertigungen nach dem Krieg, sondern auch die darunter modernde entwertende Haltung anderen Menschen gegenüber eingesogen hatte: In den 70er Jahren hatte ich als Haushaltshilfe eine Frau aus Siebenbürgen, die gerade mit ihrem Mann und ihrer kleinen Tochter aus Rumänien gekommen war. Als wir eines Morgens gemeinsam den Keller putzten, erzählte sie mir aufgeregt und mit eindringlicher Stimme von dem grausamen Kontrollsystem des Staates unter der Diktatur von Ceauçescu, das auch vor den Toilettentüren in der Fabrik keinen Halt gemacht hätte. Durch ein Spiegelsystem hätte der Werkmeister die Toiletten und damit den Monatszyklus der Frauen zur Früherkennung von Schwangerschaften kontrolliert. Jegliche Antikonzeption wäre von Staats wegen verboten gewesen; Ceauçescu wollte, dass Rumänien als Entwicklungsland anerkannt würde und brauchte dazu eine entsprechende Bevölkerungsbilanz, also eine hohe Geburtenrate. Wenn die Familie ihre Kinder nicht selbst hätte aufziehen können, wären die Kinder in grausamen Kinderheimen untergebracht worden. Die Frauen sollten auf alle Fälle gebären. Wären die Monatsblutungen über einen längeren Zeitraum regelmäßig aufgetreten, hätten sich die Arbeiterinnen Fragen nach ihrem Intimleben und warum sie nicht wieder schwanger würden, vom Werkmeister gefallen lassen müssen.

Meinen Blick auf den Schmutz im Keller gerichtet, wischte ich auch ihre Erzählung mit einem innerlichen »so schlimm kann es ja nicht gewesen sein«

weg und stempelte die Frau als hysterisch ab. Es muss allerdings wirklich so schlimm gewesen sein, das begriff ich erst, als durch die Presse immer mehr Grausamkeiten des Ceauçescu-Regimes an die Öffentlichkeit drangen. Ich konnte mich damals von der Erzählung dieser Haushaltshilfe nicht wirklich berühren lassen und konnte nicht ihren Drang verstehen, uns Menschen im Westen über die Grausamkeiten unter der Diktatur in Rumänien zu erzählen; ich hatte damals mein Ohr für die wirklichen Opfer verschlossen und habe sie für ihre Not auch noch entwertet, denn so war das in meiner Ursprungsfamilie üblich. Es tut mir heute sehr Leid, und ich kann verstehen, dass diese Haushaltshilfe kurze Zeit nach diesem Vorfall unser Arbeitsverhältnis kündigte.

In den Familien mit den Nazieltern wurden Opfer als Opfer nicht anerkannt, im Gegenteil, man gab ihnen selbst die Schuld für das, was ihnen passiert war oder auch sogar dafür, was man ihnen selbst antat: es gab eine eigentümliche Vermischung zwischen Täter und Opfer. Im Nationalsozialismus zum Beispiel wurde den Opfern, den Juden, den Kommunisten, den »Anders-Artigen« unterstellt, sie wollten die arische Rasse zerstören; Sie wurden erst zu Tätern hochstilisiert, bevor sie vernichtet wurden. Mitgefühl für die Opfer gab es nicht. Nach dem Krieg lief es nicht sehr anders. Die Täter erklärten sich selbstmitleidig zu Opfern von Hitler und seinem Stab, um die tatsächlichen Opfer des Nationalsozialismus kümmerten sich die selbst ernannten Opfer wiederum nicht, man wäre schließlich an der Vernichtung nicht selbst beteiligt gewesen und von den Konzentrationslagern habe man nichts gewusst.

Dieses Nichtwissen war ein aktives Wegschauen, wie die folgende Episode zeigt: Unsere Familie lebte 1942 auf dem Flughafen Königgräz. Meine damals acht Jahre alte Schwester sah durch das Fenster eine Gruppe Männer in Sträflingskleidung die Straße des Flughafengeländes reinigen. Als sie fragte, wer diese Männer wären und warum die das machen müssten, gab meine Mutter keine Antwort, sondern schickte das Kind wütend vom Fenster weg und zog den Vorhang zu.

Wir Kinder der Nazis wurden von der braunen Vergangenheit unserer Eltern gezeichnet, ob wir es wahrhaben wollen oder nicht. Die Beteuerung, man habe damit nichts zu tun, weil man zum Beispiel nicht lange mit diesem Nazivater zusammengelebt habe oder der Nationalsozialismus schon seit über 60 Jahren vorbei sei oder man noch zu jung gewesen sei, (»die Gnade der späten Geburt«, Helmut Kohl als Bundeskanzler 1984 vor der Knesset), gehört mit in dieses Lügensystem, das die Eltern nach dem Krieg für sich beanspruchten; sie hätten nichts getan und dieses »Nichts« kann ja schließlich auch keine Auswirkungen auf uns Kinder gehabt haben. Viele der heute erwachsenen Nachkommen beten mit ihrer Versicherung, der Nationalsozialismus der Eltern habe keinen Einfluss auf ihre eigene Entwicklung und ihre Persönlichkeit gehabt, folgsam das elterliche Nachkriegscredo nach.

Durch eine falsche Loyalität mit den Eltern und durch den kindlichen Wunsch, die eigenen Eltern möglichst unversehrt zu erhalten, bleiben wir selbst in dem mörderischen System gefangen. Sich aus diesem Gefangensein zu befreien, ist mit großen Ängsten und Schuldgefühlen verbunden, denn dieser Schritt kommt einem Ungehorsam gegen die Eltern gleich; wir müssen an dem Bild kratzen, das diese von sich zeichneten und das wir zu glauben hatten und allzu gerne glaubten. Obwohl wir als Erwachsene heute real nicht mehr von unseren Eltern abhängen, diese zum großen Teil, wie meine Eltern, bereits gestorben sind, tauchen immer wieder solche tiefen Ängste vor elterlichen Strafen und dem möglichen, für uns damals als Kinder bedrohlichen Entzug ihrer Zuwendung auf, als wären sie in uns seit unserer Kindheit eingefroren, durch eigenes Wohlverhalten in Schach gehalten worden und doch jederzeit bereit, wieder aufzutauen.

Am 8.8.2002 veröffentlichte die Süddeutsche Zeitung einen Artikel über ein Seminar, das von der Psychotherapeutin Helga Spranger geleitet wurde, in dem die Teilnehmer ihre Erfahrungen als Kinder während des Krieges austauschen konnten. Viele der Teilnehmer redeten das erste Mal darüber: »Den Kindern sei ja nichts passiert, haben sie (die Erwachsenen) nach dem Krieg gesagt. Der Mann (ein Teilnehmer) weint. Haben sie mal die Fotos von bosnischen Kindern in den Trümmern des Krieges angeschaut? Oder die englischen Kinder im zerbombten London – leblose Gesichter.‹ Nur die deutschen Kinder standen in Trümmerhaufen herum und haben gelacht. Wir haben gestrahlt auf allen Bildern. So ging das unser Leben lang weiter. Wir waren immer gute Kinder: brav, sauber und so verdammt fröhlich!‹« (Süddeutsche Zeitung vom 8.8.2002).

Eine historische und soziologische Aufarbeitung des Nationalsozialismus hilft bei der persönlichen Auseinandersetzung, bei der es um die eigene Familie geht, sie kann diese aber keineswegs ersetzen. Wir können nur durch die Bearbeitung der eigenen Familiengeschichte an den blinden Flecken arbeiten, die uns den Blick auf das tatsächliche Geschehen im Nationalsozialismus, auf die Täter und auf die Opfer dieses mörderischen Systems immer wieder vernebeln. Schulden wir nicht den Opfern dieses Terrorsystems, das Zerstörung und unbeschreibliches Leid in deren Familien für Generationen gebracht hat, eine solche Arbeit? Schulden wir sie nicht auch unseren Kindern und uns selbst?

Ernsts Lebensdaten im Überblick

Ernst wurde 1895 in Freiburg als Sohn des Universitätsprofessors Georg Meyer und seiner Ehefrau Emma als drittes von vier Kindern geboren. Seine Schwestern Hanna und Marga sind zwei und ein Jahr älter, Gertrud ein Jahr jünger als er. Nach dem Abitur zog er als 19jähriger Soldat in den Ersten Weltkrieg und nahm nach Kriegsende 1918 das Studium der Physik und Chemie an der Universität in Freiburg auf. Nach seiner Promotion arbeitete er mehrere Jahre als Assistent an den Universitäten in Freiburg und Leipzig. 1933 heiratete er die Pfarrerstochter Herta S., die er an der Universität kennen gelernt hatte. Im gleichen Jahr trat er in die SA ein, meldete sich freiwillig 1936 zum Nachrichtendienst der Luftwaffe und gab damit seine Universitätslaufbahn auf. Er diente als Lehrer für Nachrichtenwesen auf den Flughäfen Lechfeld, Tutow und Königgrätz, danach wieder Tutow. 1934, 1938 und 1943 kamen die Kinder Sonja, Hans und Ute zur Welt. 1943 meldete er sich freiwillig an die Front nach Russland und wurde Abteilungskommandeur in einem Ludendorf-Regiment im Donezbecken. Nach dem Zusammenbruch der Ostfront wurde er nach Bayern an die Westfront abkommandiert und im März 1945 zum Kampfkommandanten von Ansbach ernannt. Nur wenige Stunden vor dem Einmarsch der Amerikaner erhängte er einen jungen Widerstandskämpfer. Nach Kriegsende wurde er dafür im Alter von 51 Jahren »wegen eines Verbrechens des Totschlags zur Zuchthausstrafe von 10 Jahren verurteilt« (Prozessakten) und 1952 nach Verbüßung von sechs der zehn Jahre vorzeitig entlassen. Ein Jahr lang lebte er bei seiner Frau Herta und den gemeinsamen drei Kindern, danach nahm er im Alter von 58 Jahren in einem kleinen Dorf in Württemberg eine Stelle als Physiker in der Industrie an. Dort blieb er bis zum Alter von 65 Jahren. Nach seiner Pensionierung übersiedelte er in seine Geburtsstadt Freiburg, arbeitete dort teilweise weiter und ging mit 70 Jahren endgültig in den Ruhestand. Im Alter von 97 Jahren starb er 1993 in Freiburg in einem Altersheim, in dem er bei geistiger und körperlicher Gesundheit seine letzten 25 Lebensjahre verbracht hatte.

Ernst in seiner Familie

Seine Kindheit und Jugend wie er sie in seiner Vita beschreibt:

Am 30.9.1895 bin ich als drittes Kind, aber einziger Sohn meines Vaters Dr. Georg Franz Julius Meyer – Universitätsprofessor– und seiner Ehefrau Emma in Freiburg im Breisgau geboren, Unter dem Weihnachtsbaum bin ich zum Jahreswechsel 1895/96 getauft auf den Namen:
Ernst Heinrich Ludwig

Dieses »aber einziger Sohn« widerspiegelt die stark patriarchale Haltung, die diese Familienstruktur prägt. Genau besehen sind in dieser Familie innerhalb von vier Jahren vier Kinder geboren, jedes Jahr ein Kind: Hanna, Marga, Ernst, Gertrud, genannt Ud. Marga war elfeinhalb Monate älter als Ernst, Gertrud elf Monate jünger! In der ganzen Vita kommen seine Schwestern als Geschwister, mit denen er aufwuchs quasi nicht vor. Nur einmal erwähnt er in seiner Vita seine nächst ältere Schwester Marga und zwar kritisch im Zusammenhang, als er die Mutter seines Vaters beschreibt, die »so starr und so preußisch« war.

Meine Mutter sprach oft von der harschen Kaernbachschen Art [damit ist die Großmutter väterlicherseits gemeint]. Wo steckt sie in uns? Am ausgeprägtesten sicher in meiner Schwester Marga. Und wo bei mir? Ist sie der Grund einer gewissen Starrheit? Und liegt hier die Ursache meines Schicksals? Und wie weit hat auch mein Hans mit seinen Hemmungen hier sein Erbteil?

Dass seine Schwestern, in diesem Fall ist nur von der einen die Rede, für ihn eine wichtige Rolle spielten, zeigt schon dieser kurze Abschnitt.
    In der oben zitierten Textstelle seiner Vita hinterfragt er sein eigenes Handeln, überlegt, ob er durch seine Starrheit sein Schicksal verursacht haben könnte. Hier ist eine der ganz wenigen Stellen, in der Ernst Selbstkritik andeutet. Diese Selbstkritik führt bei ihm aber nicht zu einer inneren Auseinandersetzung, sondern er sucht in seiner Umgebung jemandem, der diese Eigenschaft viel ausgeprägter hat. Die Schwester sei viel starrer.
    Dass Ernst die ihm unliebsamen Eigenschaften beim Anderen nicht nur sucht und sie benennt, sondern dort auch massiv entwertet, wird aus diesem moderaten Text in der Vita nicht deutlich sichtbar. Anders in den Briefen an Herta. Wie ich im Folgenden anhand der Briefe zeigen werde, bleiben Ernst

und seine Schwestern bis zu ihrem Tod in intensivem Hass miteinander verbunden. Das wird Phasen von gegenseitiger Übereinstimmung nicht ausschließen. In den letzten Jahren vor ihrem Tod im hohen Alter vermeiden sie den persönlichen Kontakt, sind aber dauernd mit dem jeweils Anderen beschäftigt. Schuldzuweisungen und Hasstiraden werden in Gesprächen mit Dritten oder in langen Briefen, zum Teil ungeöffnet zurückgeschickt, deponiert.

Die patriarchale Haltung hat Ernst schon von klein auf gelernt. Eine nicht nur von ihm, sondern auch von seinen Schwestern häufig erzählte Geschichte: Die Familie war auf dem Sonntagsspaziergang, Vater, Mutter mit den vier Kindern. Sie treffen einen Kollegen des Vaters. Dieser meint freundlich, die Meyersche Tradition wachse auf vier Säulen weiter. Ernsts Vater antwortet darauf ernst und bestimmt: »Nein, auf einer Säule« und meint damit nur seinen Sohn, die Töchter zählen nicht.

Ernsts Beziehung zu seinem Vater

Dazu Ernst in seiner Vita:

Der Vater (Univ. Prof.) arbeitete eigentlich immer. Von den Geldmitteln (5000 RM Gehalt und 5000 RM Zinsen pro Jahr zweigte er viel für das Institut ab zur Anschaffung von Instrumenten unter Verzicht auf Reisen und Sommerfrischen. Vielleicht entsprang auch daraus sein stiller Wunsch, dass sein Sohn Professor im gleichen Fach werden solle. Er träumte von einer Gelehrtendynastie, wie sie die Kohlrausch sind.

Der Filius ließ sich allerdings zunächst nicht so an. Da um 1900 das Schuljahr der Gymnasien Anfang September eröffnete und zuvor 4 Klassen Volksschule beginnend mit dem vollendeten sechsten Jahr vorgeschrieben waren, der Vater aber Zeit gewinnen wollte, so wurde ich nach Privatunterricht und dem Besuch eines Teiles der 3. und 4. Klasse mit noch 8 Jahren in die Sexta des Gymnasiums eingeschult. Die Aufnahmeprüfung bestand ich sicher nur, weil noch genügend schlechtere da waren. Ich lebte (und blieb mein ganzes Leben lang) mit der Orthographie auf Kriegsfuß, war damals geistig wenig wendig, konnte mich arg schlecht konzentrieren, lernte langsam bei nur mittelmäßigem Gedächtnis. Der natürliche Spieltrieb kam bei dem ewigen Pauken und Lernen viel zu kurz, ich wurde verträumt, was wieder dem Latein eines Cornelius Nepos und Julius Caesar wenig förderlich war. Dazu kam, dass dem Vater als Fachmann und experimentellem Forscher jeder Nagel und jede Schraube leid tat, die der unerfahrene Sohn vermurkste. Das Experimentieren lerne man in den Praktika der Universität, sonst werde es doch nichts Ordentliches. Was ich daher bastelte, war schrecklich primitiv, selbst die wenigen Laubsägearbeiten dann und wann einmal waren nicht so sauber, wie es auch vom erzieherischen Standpunkt aus gewünscht wäre. Es fehlte halt wieder die Feile (Vita I, 3).

Er beschreibt sehr klar, dass der Vater despotisch allein an den Leistungen seines Sohnes interessiert war, um sich selbst damit zu schmücken. Ernst verpackt diese Aussage in einen leicht humorvollen und beschönigenden Ton. Später wird er seiner Tochter gegenüber deutliche Worte für diesen Leistungsdruck finden: »Wird sie nicht versetzt, dann (...) kann sie hocken, möglichst abgesondert und im Dreck, aber auch besonders im seelischen Dreck verkommen« (3.4.1949).

Ernst muss unter dem Erwartungsdruck seines Vaters gelitten haben – »Tante Ady schreibt, dass Ute Dir sehr gleicht, dass Du nur viel ernster gewesen seist, da Du in der Jugend sehr unter Druck gestanden hättest« (Herta an Ernst 11.4.1948) –, er bekommt im dritten Gymnasiumsjahr eine Hirnhautentzündung und verpasst die Versetzung.

»Nun war der Traum des Vaters von der Frühreife ausgeträumt. Die Mutter sagte »Gott sei Dank!«. Der Vater knurrte. Die Großmutter Meyer [Mutter des Vaters] mit ihrer Kaernbachschen Strenge sah mich nur strafend an (...)« (Vita, 5b).

Ernst wird für ein Jahr in ein Internat geschickt und bezeichnet dieses Jahr als »das glücklichste meines Lebens«! (Vita I, 8).

Nach diesem Jahr kehrt er ins Gymnasium nach Freiburg zurück, macht sein Abitur und zieht einen Tag nach seinem 19. Geburtstag in den Ersten Weltkrieg. Nach vier Jahren Kriegserfahrung beginnt er dann das Studium der Physik und Chemie in Freiburg, der Universität seines Vaters; mit dieser Studienwahl versucht er den Fußstapfen des Vaters zu folgen.

An der Universität geht der Leistungsdruck seines Vaters weiter. Ernst hatte seinen ersten Vortrag im Doktorandenkolleg zu halten. Die Professoren saßen im Auditorium in der ersten Reihe, unter ihnen sein Vater. Nach seinem Vortrag, mit dem er selbst mäßig zufrieden gewesen wäre, bekam er von den Professoren keine Reaktion. Sein Vater und die anderen Kollegen standen schweigend auf und verließen den Saal. Zur Mittagszeit gingen Vater und Sohn getrennte Wege nach Hause, das Mittagessen fand schweigend statt. Erst am nächsten Tag kam der Doktorvater von Ernst, um ihm zu diesem Vortrag zu gratulieren. Sein Vater habe dieses Schweigen veranlasst:

Die Kollegen rühmten ihm freundlich den Fleiß, den Verstand und den Fortschritt des Filius. Die Reaktion des alten Herrn: Nur ihm selber das nie zeigen, sondern

ihn, den alten Feldsoldaten, (...) durch dauerndes Sondieren nach Lücken und Unklarheiten anspornen. Das entsetzte »Das weißt Du nicht!« klingt mir heute noch in den Ohren (Vita I).

Ernst bleibt auch nach seinem Doktorexamen weiter im Elternhaus wohnen und schreibt 1928 an seine Mutter, die zu der Zeit für drei Wochen in einem Kuraufenthalt in Königsfeld ist, weil sie einen »Nervenverbrauch« erlitten hat. Seine ältere Schwester Hanna besorgt in dieser Zeit den Haushalt.

1928 [genaueres Datum nicht angegeben]
Sonst sind wir beide, Vater und ich, vorsichtig miteinander, reden oft lange nichts, und ich habe innerlich schon umgedreht, wenn ich 25 Minuten nach meiner Heimkehr schon wieder draußen war auf der Straße auf dem Weg zum Institut. Ich mache ganz interessante Sachen eben, aber so freudlos schleicht mein Leben daneben, so schimmerlos und so arm, wenn die Freuden des Erfolges nicht wären und die nette Zusammenarbeit mit Port und dann und wann ein Skitag, ich verdorrte innerlich an dieser Lieblosigkeit. 10 Jahre seit ich mein Studium begann. Und das ist die eine Bilanz. Mir graut vor der weiteren, wenn ich mich frage, wo ich heute bin, und was mir diese 10 Jahre brachten. Die Schattenseiten des Freiburger Studiums habe ich bis zum letzten genossen, die Lichter, die Vorteile, die mir aus der Erfahrung des Vaters hätten erwachsen können, habe ich nicht geheimst, sie sind mir nicht geworden. Eine herrliche Bilanz. Und dies alles nur, weil der Vater nicht den Mut fand, sich einmal klar zu machen, dass die Geschichte jedes einzelnen einen langen Weg gegangen kommt von Ahnen und Großvätern zu einem selber und dass sie dann weiter geht zu Söhnen und Enkeln. Sie geht unerbittlich über ihn hinweg, auch wenn er sein Wissen noch so hütet und seine eigenen Sachen noch so versteckt vor seinem eigenen Blute. Die Geschichte geht über ihn hinweg, und sie wird nicht einmal eine Sekunde bei dieser Enge verweilen. Das Geschick kann sein Eigensinn nicht erzwingen, und die ehernen Gesetze der Entwicklung wird er darum nicht aufhalten, dass er sie nicht anerkennt und sich gegen sie verschließt. Wenn sein Ehrgeiz ist, dass er eine Spitze war in der Entwicklung der Reihe, dann wird er dies vielleicht erreichen, aber er wird damit den zweiten Traum nicht verwirklichen können, dass er der Gründer einer Gelehrtendynastie sei. Dazu gehört nun einmal das Kronprinzenproblem, und die Frage kann er nicht lösen mit bösen Blicken und Schweigen. Ich sehe alles ganz klar, und ich sperre mich nicht gegen die rohe Wahrheit dieser Erkenntnisse. Ich habe im Krieg zu viel und zu Hartes gesehen, als dass ich dies verschweigen könnte, wo ich selber bluten muss. Ich will seine Erbschaft nicht, und ich will ihm seine Heiligtümer nicht nehmen. Er mag sie verschenken, wie die Großmutter Meyer den Ahn Kaernbach fortgab und dem eigenen Sohn entzog.

Ich kann es bedauern, wie ich es als Enkel heute bedaure, dass dies herrliche Bild weg ging. Ich kann die Tradition nur weiterführen, wenn man mir sie in die Hand legt und die Klugheit gebietet, dies zu tun, solange es Zeit ist. Aber dies alles sind Dinge, bei denen das Herz das oberste Gesetz geben muss. Und damit überschreiten wir die Grenze der Sprache und müssen die Entscheidung dem Alltag überlassen und der freien Entschließung. Ich bin ganz darauf eingestellt, dass Vater selber sich durchringen muss, im Sohn nicht den Konkurrenten und Erben, sondern eben das nächste Glied in der Kette zu sehen.

Nachdem Ernst der Mutter in seinem Brief ins Sanatorium seine trostlose Situation geklagt hat, äußert er den Wunsch, dass ihm »die Tradition doch noch in die Hände gelegt werde«. Die Klugheit gebiete, es zu tun, solange es Zeit sei. Nach dem klaren, aber nicht sehr aussagekräftigen, weil selbstverständlichen Satz, wird Ernst diffus. »Und damit überschreiten wir die Grenze der Sprache und müssen die Entscheidung dem Alltag überlassen und der freien Entschließung.«

In diesem absurden Satz tauchen die Worte »Entscheidung« und »freie Entschließung« auf. Die Entscheidung überlässt Ernst zuerst einmal diffus einem Alltag. Der Alltag entscheidet nicht, der läuft monoton ins Land. Es geht wohl um Entscheidung, die aber erstickt bei Ernst wie eine Geste, die angedeutet ist, dann aber wieder zurückgenommen wird. Sein nächster Satz in diesem Brief ist sprachlich wieder klar formuliert; er sei darauf eingestellt, dass sich der Vater selbst durchringen müsse, den Sohn nicht mehr als Konkurrenten zu sehen. Ernst scheint eine Entscheidung zu suchen, um seinem unerträglichen Alltag und dem Druck seines Vaters zu entkommen. Aber nicht er »entscheidet«, und »entschließt« sich schon gar nicht »frei«, sondern lädt diese Entscheidung bei seinem Vater ab, dieser solle sich ändern und den Sohn nicht mehr als Kontrahenten bekämpfen, sondern als gleichwertiges Kettenglied in einer Generationenfolge anerkennen.

Ernst bleibt selbstmitleidig, sein Schicksal beklagend, an diesem Vater hängen, nur dieser könne ihn aus seiner Not befreien. Eine andere Möglichkeit, dieser giftigen Nähe zu entfliehen, sieht er nicht. Er kann sich nicht abwenden und sich eingestehen, dass dieser Vater zu einer anderen Art von Beziehung nicht fähig ist. Ernst bleibt an der Herzlosigkeit und dem Hass des Vaters kleben, in der Hoffnung, durch den Vater selbst, nicht etwa durch eigenes Handeln, irgendwann einmal davon befreit zu werden. Ernst muss auf seinen Vater, der ihn in ein so enges Leistungskorsett einschnürte, sehr wütend gewesen sein; Er äußert die Wut in diesem Brief verschlüsselt und indirekt, indem er sie an die Geschichte delegiert: »Die Geschichte geht über ihn [den Vater] hinweg, und sie wird nicht einmal eine Sekunde bei dieser Enge verweilen.« Die Geschichte wird den Vater auswischen, ihn nicht beachten und ihn zu einem bedeutungslosen, wertlosen Niemand machen. Soll sie den Vater so behandeln, wie dieser seinen Sohn behandelt?

In einem Brief aus derselben Zeit, den er ebenfalls 1928 seiner Mutter ins Sanatorium schreibt, sehen wir eine weitere Reaktionsmöglichkeit, mit der Ernst auf seinen Vater reagiert. Er übernimmt selbst die Rolle des Angreifers und verhält sich seinen Schwestern gegenüber genauso entwertend, wie sich sein Vater ihm gegenüber verhält.

Freitag abds. [1928, ohne weitere Angaben]
Liebe Mutter!
Ich sitze müde in einer Ecke des grünen Sofas im Esszimmer, 1/2 12 Uhr und warte auf das, was kommen wird. Hanna packt, hat bis eben die letzten Sachen des Haushalts geordnet und übergabefertig gemacht, Vater ist fort – irgendwo. Mir graut so ein bissel vor dem, was kommen wird. Vater will alle Schlüssel an sich nehmen, scheint schon jetzt entsetzt, will dabei sein, wenn die Mädchen etwas brauchen, d. h. er will immer daneben stehen. Hat es Zweck dagegen zu reden? Ich meine nein. Ich weiß gar nichts von Gertrud, sah weder Zeitung noch Briefe von Dir, denn wenn sie an ihn adressiert sind, dann verschwinden sie gleich in dem Schreibtisch. Ich bin selten daheim (...) und wenn ich dann heim komme, dann kommen vor lauter starren Gesetzen der Tradition die menschlichen nicht zusammen. Was ich erzähle – »Das hätte ich nicht getan!«, ich schweige prophylaktisch, halte mich an das gegebene, und werde vielleicht »aus dem Hause herausgehungert«, wie auch die Adlermutter ihre Jungen heraushungert, wenn sie erst flügge sind. Das muss wohl so sein. Jung bei jung und alt bei alt. Ich schreibe Dir dies nicht, dass Du Dich aufregst, aber vielleicht malt deine Fantasie noch schwärzer als mein Bleistift. Ich verstehe deine Krankheit sehr wohl. Ein Leben lang stehen auch für Dich die Gesetze, das »man muss«, »man darf«. Wen dürstet, der will trinken und fragt nicht nach Gebrauchsanweisungen für gefundene Regungen. (...), beim Vater sind es die Leiden einer verhassten Freiburger Zeit, die ihn stempeln. Nie selber frei, kann er nicht anders, in seinem Lexikon gibt es kein »ich will« aus innerem Herzen. So gehe ich morgen in die Berge, vielleicht nimmt er es wieder übel. Ich kann nicht helfen. Denn wenn ich da bleibe, wieviel wird er in 24 Stunden dann übel nehmen? Wenn ich gehe, kenne ich mein Konto im voraus, wenn ich bleibe, gibt es vielleicht noch eine schwärzere Bilanz. »Man« – echt deutsch. Der Engländer sagt »I«, und erobert sich die Welt. Vielleicht war ich zu lange »brav«, und je »braver« ich werde, um so tiefer komme ich unter das Fallbeil der »Man«-Gesetze.

Ich gehe zu Bett. Wenn der Alte dann heim kommt, sieht er nach, ob ich da bin. Ade dann Schlaf! Immerhin bis dahin! Gute Nacht.

Samstag schreibe ich weiter, nun da Hanna fort ist und Vater alles übernommen hat. Ud wird einen schweren Stand haben, tut mir leid, denn wenn der Alte mit der vorgefassten Meinung dran geht, dass Ud nie etwas leiste, dass Ud unzuverlässig sei (...) Und doch wird es besser sein als mit Hanna. Schreib Du noch einmal an Vater, er soll Ud alles übergeben und ohne gemeine Sautisen. Und schreibe auch, dass Ud hier Geld braucht und Freiheit und Licht und Sonne und Herz. Aber das kann der A.H. nicht geben.

Hanna ist fort – für mein Empfinden zu spät. (...)Hanna ist ganz der Vater, hat keinen Sinn für das Einfache. Ihr Haus ist die ewige Diskrepanz zwischen Wirklichkeit und ihren Theorien. Hugo [ihr Mann] muss sie arg lieb haben, sonst ginge es nicht. Sie fühlt sich nicht ein, ich musste ausgerechnet an dem Tage des Ministerbesuches das Kirschwasser packen. Nun ist es fort und ich werde mich hüten, auf so etwas einzugehen. Aber auch Hanna fühlte, dass sie es nicht meisterte. (...) Aber es fehlen auch die Begriffe. So wollte sie das Kirschwasser in altes dreckiges Stroh einpacken und verstand gar nicht, dass die Verpackung sauber sein müsse. Mir sagte sie zum Schluss, ich sei rücksichtslos. Sie hat vielleicht recht. Aber ich komme über eine gewisse Abwehr nicht hinaus, kämpfe um meine Freiheit und will sie nicht mehr opfern. Ich halte mich von daheim fern, verabrede Bindendes über Wochen, und sah, dass man dies verübelt. Ging diese Woche einmal ins Theater, erntete böse Blicke, keine Fragen, wie es war, kein Interesse. Deine Freude, nicht meine. Die Lebenswärme fehlt, ich habe sie immer wieder bringen wollen, aber das Polareis der »Man«-Gesetze kann ich nicht auftauen. Vater sorgt sich auch um mein Fortkommen. Ich verstehe dies, aber die Fehler, die er machte, macht er nicht mehr gut. Was ist übrig von den Ersparnissen der Inflation? Ich warte auf Antworten [Ernst hatte sich in Leipzig für eine Assistentenstelle beworben], bin auf die Folter gespannt und warte wortlos. Nur der Alte wettert bisweilen, dann muss ich es tragen. Als ob bei mir die Spannung nicht größer wäre? Und als ob ich schuldig wäre, dass sie nicht schreiben. Ich vermeide auch diesen Gegenstand. Der A.H. kann nicht mehr, bäumt sich selber gegen das Leben auf, macht sich Schwierigkeiten und wettert dann, dass sie da sind. Du kennst das alles und Du wirst es jetzt wissen, nicht dunkel nur ahnen. Quäle Dich nicht damit! Wir kommen schon durch, wir müssen es lernen. Und je eher, um so leichter. Das vergiss nie! Also fort bleiben und die anderen sich einschleifen lassen, der Kampf musste kommen, nun vernichte ihn nicht durch allzu schnelle Heimkehr.

Montag Mittag
Der Anfang des Briefes liegt wie ein Traum hinter mir. Wie abgeschnitten, wie weit, weit zurück. Am Samstag Nachmittag ging ich los 4h 15 mit der Bahn. Vorher eine eiskalte Verabschiedung, Dafür Tauwetter auf dem Feldberg. Allein zog ich zur A.S.C Hütte. Ganz still war es in dem dämmernden Wald, leise, leise sanken

die Schneeflocken. An sich war es nicht sehr dunkel, die weißen Bäume spendeten immer etwas Licht. Bis zur Rinkenstraße habe ich getragen, dann war es im Babschnee eine grausame Qual. Es wollte und wollte nicht gleiten. Oberhalb des Rinken wurde es besser. Ich hatte zu steigen, der Schnee wurde kälter und so passte mir das Kleben nicht übel.

Wie ich den Weg fand, weiß ich nicht mehr. Hundert Mal irrte ich ab, keine Spur war zu sehen. Hundert Mal kam ich wieder auf einen möglichen Weg und suchte dann weiter. Aber ganz ohne Aufregung und ohne Eile. Wozu auch? Ich hatte Zeit und in dem einsamen Wald war es so herrlich schön, dass ich mich immer wieder umschauen musste. Und so still, kein »man«, kein Gesetz, als das freie Glück, keine Sorgen, keine Gebote, ein friedlicher stiller Abend, indes leise der Neuschnee niederfiel. Ich dachte an meine Arbeit, meine Lage, an daheim, aber ganz losgelöst von allem Alltag, frei und darüberstehend, Licht und Schatten sehend. Ich habe mir nichts verschwiegen, nichts geschenkt. Aber es geschah sachlich und klar und ohne Bosheit. Daheim mag der Alte von der gottverfluchten Feldbergbummelei gewettert haben. Wozu? Er kennt solche Sammlung nicht. Sie war 1885 nicht Mode. Und darum existiert dieser Passus in den Man-Gesetzen nicht. Ihm fehlt noch das Naturerleben, das wir Heutigen wieder einmal haben. Wenn die Völker recht arm sind, blühen solche Freuden wieder auf; wenn man mit den billigen Freuden übersättigter Zeiten erst vollgesogen ist, wird man auch seelisch dickhäutig und träge.

Auf der Hütte dann eine frohe Aufnahme, wir gingen dann bald ins Bett und hatten gestern einen herrlichen Tag. Seebuck im Nebel. dann Scheidbachwächte und durch Wald zum Zeiger, Herzogenhorn, Hornkar, wieder zur Grafenmatte und nun Tiefgängelbach nach Fahl. Eine herrliche Fahrt! Wild, übermütig fuhren wir in den Morgen hinein und konnten nicht genug kriegen. Dann wieder mühsam und müde zum Seebuck und, heidi, hinunter zur A.S.C. Hütte. Dort trafen wir Seith, mit dem ich dann noch über Hinterwaldkopf nach Himmelreich fuhr. Den ganzen Tag hat es ununterbrochen geschneit. Und doch war es wieder einmal herrlich, ein fröhliches Wagen und Gelingen. Extra früh kam ich heim. Ein kühler Empfang, keine Frage, kein Interesse, »Deine Welt, Deine Sache, abgetan.« So lag es in diesem Schweigen, das so anders war und so friedlos. Ich will mir den Tag nicht rauben lassen und die Klarheit lass ich mir nicht wieder verwirren. In Gottes Namen denn. Wenn es nicht anders gehen kann, dann wäre es sinnlose Selbstverstümmelung!

Schreib bitte bald einmal mir. Bleib über Weihnachten fort, wenn der Doktor es will und lass dann den Alten hinaufkommen. Und mach uns allen die Freude, gesund zu werden und an Dich zu denken. Lass die Karre hier laufen. Auch wenn wir uns auf vielen Gebieten nicht verstehen, den Modus vivendi finden wir nur, wenn die Puffer fehlen. Lass deine Dickköpfe einmal weich werden und geh in den Wald, wie ich es tue, Du wirst dort viel finden. Und wenn Du erst gesund bist, dann gehen wir zusammen zum Feldberg und feiern Wiedersehen im Schnee!

Heil!
dein Ernst

Ich habe diesen Brief hier in der ganzen Länge zitiert, weil Ernst darin ein weiteres Stimmungsbild seines häuslichen Lebens und seiner Freizeit gibt, in der er voller Freude einen Skitag genießt. Wir können dadurch mehr über seine Beziehung zum Vater, zur Mutter und über die Dynamik innerhalb der Familie erfahren.

Bleiben wir bei Ernsts Beziehung zu seinem Vater. Wenn ich schematisch die Eigenschaften auflistę, die Ernst bei sich selbst und bei seinen Vater in diesem Brief sieht, entsteht ein eindrückliches Schwarz-Weiß-Bild.

Der Vater sei: entsetzt, wenn die Mädchen etwas brauchen; voller starrer Gesetze der Tradition: »man muss«, »man darf«; nie selbst frei; in seinem Lexikon gebe es kein »ich will«; er habe eine vorgefasste Meinung; die Lebenswärme fehle; gemeine Sautisen; das Polareis der »Man«-Gesetze; mache den anderen schuldig; bäume sich gegen das Leben auf; mache sich Schwierigkeiten und wettere dann; sei eiskalt; kenne keine Sammlung in der Natur; sei kühl; ohne Interesse am anderen.

Ernst selbst dagegen sei: schweigsam; halte sich an das Gegebene; kämpfe um seine Freiheit; habe dem Vater die Lebenswärme bringen wollen, er selbst habe also Lebenswärme; warte wortlos; ganz ohne Aufregung; frei und darüber stehend; Licht und Schatten sehend; sachlich und klar; ohne Bosheit; fähig, die Natur zu erleben; wild und übermütig.

Ernst beschreibt sich und seinen Vater als zwei Menschen, von denen der eine im Wesentlichen gute, der andere dagegen eher schlechte Eigenschaften zu haben scheint. Wenn ich die Eigenschaften der beiden noch einzeln gegenüberstelle, zeigt sich, dass sich Ernst in allem im Gegensatz zum Vater darstellt. Der Vater mache gemeine Sautisen – er selbst sei ohne Bosheit; der Vater wettere – er schweige, dem Vater fehle die Lebenswärme, – er selbst könne Lebenswärme geben usw. Ernst findet für sich in diesem Brief keine Eigenschaft, die nicht durch ihr Gegenteil beim Vater schon repräsentiert ist. Auch hier zeigt sich, wie im vorhergehenden Brief, wie eng Ernst an seinen Vater gebunden ist und sich selbst höchstens im Gegensatz zu diesem darstellen kann.

In dieser nahen Beziehung kämpfen Vater und Sohn unerbittlich gegeneinander. Ernst hat ausführlich beschrieben, wie ihn sein Vater bekämpft, aber auch er selbst glaubt über Waffen zu verfügen, die er gegen den Vater richten kann. »Vater sorgt sich auch um mein Fortkommen. Ich verstehe dies, aber die Fehler, die er machte, macht er nicht mehr gut.« Wenn Ernst seinen beruflichen Misserfolg so eng mit den Fehlern seines Vaters verbindet, dann wird das eigene Scheitern zur lebendigen Demonstration des väterlichen Verschuldens. Wähnt sich Ernst dadurch selbst in der machtvollen Position, den Vater bloßstellen zu können? An dieser Möglichkeit scheint er rachsüchtig festzuhalten, auch wenn er sich damit ins eigene Fleisch schneidet: »aber die Fehler, die er machte, macht er nicht mehr gut!« Für Ernst scheint die Wut auf den Vater und seine Rache an ihm wichtiger zu sein, als die Entwicklung seiner eigenen Fähigkeiten und Möglichkeiten. Vater und Sohn sind in einer engen Beziehung aneinander gebunden, in der sie sich gegenseitig hasserfüllt bekämpfen.

Ernst zeichnet von sich in diesem Brief das idealisierte Bild eines Menschen mit nur guten Eigenschaften, dass man sich fragen muss, ob er diese Eigenschaften bei sich wirklich erlebt oder ob er sich mit ihnen schmückt und sich eine Identität anzieht, die allein darauf basiert, anders und zwar besser als der andere, in diesem Fall als der Vater zu sein. Der Brief zeigt keine Selbstreflexion, er sieht keine Probleme bei sich selbst; treten Probleme auf, dann werden sie ausschließlich durch die Anderen verursacht, sei es durch den Vater oder z. B. durch die Schwester Hanna.

Unter dem Deckmantel, anders ja sogar besser als der Vater zu sein, behandelt Ernst seine Mitmenschen genauso verachtend wie dieser. Ernst schreibt über seine Schwester Hanna im gleichen Ton, wie sein Vater über seine Tochter Ud. Beide, Ernst und sein Vater beurteilen ihren Mitmenschen unerbittlich abwertend und lassen ihm kaum Möglichkeiten, ihre Aufgabe in eigener Regie zu erfüllen. Ernst müsste doch genau wissen, dass in diesem Haushalt kaum Anerkennung, Beachtung oder Dankbarkeit zu bekommen ist, findet aber nur abwertende Bemerkungen für seine Schwester Hanna, die in der Abwesenheit der Mutter den beiden Männern den Haushalt führt.

Seine Wut auf den Vater delegiert Ernst im letzten Brief an die Geschichte. Hier agiert er sie selbst aus, nicht am Vater, sondern an seiner Schwester Hanna, aber »Hanna ist ganz der Vater«. Gegen den Vater traut er sich nicht aufzumucken. »Nur der Alte wettert, dann muss ich es ertragen.«

In seiner Vita, die er etwa zwanzig Jahre später verfasst, »rettet« Ernst die Beziehung zum Vater, indem er dessen Hass als Liebe und Kameradschaft umdeutet. Er schreibt dort über das Verhältnis zu seinem Vater:

Aus dem Kronprinzenproblem war so ganz unmerklich ein neues, wahrhaft kameradschaftliches Vertrauensverhältnis geworden mit einer freundlichen Anerkennung

des nun doch endlich selbstständigen Sohnes. Und auf meiner Seite lag in dem Wort »Väterchen« eine tief empfundene Verehrung und Dankbarkeit für den, der seinen Sohn mit seiner Erziehung so reich beschenkt hatte. Der Acker war ein schwerer Boden gewesen und von der vielfältigen und reichen Aussaat planender und sorgender Liebe schien bei dem dummen Bub nur wenig aufzugehen. Aber was tief wurzelte, brachte Früchte zu seiner Zeit.

Es war deine Vaterpflicht, alles im Innern unter den Pflug zu nehmen. Vielleicht verstanden wir uns darum nicht immer, weil ich in meinem Innern ein Brachland brauchte für die Samenkörner, die der Gotteswind zuträgt.

Ja, Väterchen, Du bist ein treuer sorgender Hausvater gewesen. Hab Dank, Du rastloser Sämann, hab Dank! Auch dort, wo die Dornen wachsen und die Steine liegen und die Körner nicht auf Grund fielen, hat sie ausgeworfen deine Liebe (1947, Vita I, Seite 65, b).

In diesem Bild, das Ernst von sich zeichnet, gibt es keine eigenen Pflanzen, nur einen harten steinigen Boden, auf dem höchstens Gestrüpp mit Dornen wachsen könne und nur ein »gütiger Sämann« würde das Unkraut ausreißen, um Sinnvolles darin zu pflanzen. Entspricht das nicht dem Bild, das sein Vater von ihm gehabt haben muss? Die Eigenständigkeit des Sohnes höchstens ein wertloses Gestrüpp? Ernst scheint sich hier so zu sehen, wie sein Vater ihn sah. Nach dem Tod des Vaters wird Ernst am 10.6.1950 an seine Schwester Marga schreiben: »Mit Vater habt Ihr auch ein gutes Stück von mir eingeäschert.« Wenn die Saat des Vaters nicht gut genug aufgehe, stempelt Ernst sich selbst zum »dummen Bub«. Was der Vater dem Sohn wirklich angetan hat, wird hinter pathetischen Worten versteckt und das Bild eines liebenden Vaters darüber geworfen. Eine bedingungslose Liebe, die die eigenen Pflanzen des Kindes wachsen lässt, um im gleichen Bild zu bleiben, hat Ernst in der Beziehung zu seinem Vater offenbar nicht erlebt.

Nach dem Tod seines Vaters wird Ernst dann 10.3.1950 an Herta schreiben: »Dieser Mann war weich und musste oft vor lauter Liebe so starr sein, um sich nur selber halten zu können. (…) Vater war zuletzt so schwierig, weil diese Gütigkeit keine Heimat mehr hatte in der Ergänzung durch Mutter.«

Dass er dem Bild des Vaters nicht genügte, muss für Ernst lebenslang ein Stachel gewesen sein. Er schreibt in seinem Abschiedsbrief 1968 an seine Kinder (den Brief schreibt er in dem Jahr, in dem vier seiner Enkelkinder geboren werden. Tatsächlich stirbt er erst 1993, ohne den Brief noch zu ergänzen!): »Im Persönlichen scheint mir von dem, was anerziehbar oder erlernbar oder entwickelbar ist, heute der Fleiß besonders wichtig. Von allem, was rückschauend auf mir lastet, drückt mich am schwersten, was bei größerem Fleiß besser hätte gemacht werden können.«

Sein Vater hat ihm immer wieder mangelnden Fleiß vorgeworfen, wenn er zum Beispiel gegen die »Feldbergbummelei« gewettert hat. Bedauert Ernst noch mit 73 Jahren, dass er seinem Vater nicht besser gehorcht hat? Hätte er durch mehr Fleiß die väterliche Anerkennung und Liebe doch noch bekommen? Eine solche Vorstellung wird er jedenfalls später seinem Sohn gegenüber äußern. »Hans macht mir mit seiner Lernerei schrecklichen Kummer. Hat der Bub in all dem Elend gar nichts gelernt? Er hat seine Mutti eben nicht lieb, sonst machte er diese gemeinen Schwierigkeiten nicht. Das ist seine wahre Religionsnote« (Brief an Herta vom 27.11.1949).

Ich kann mich nicht daran erinnern, dass sich Ernst nach dem Krieg kritisch über seinen Vater geäußert hätte. Anders seine jüngste Schwester Gertrud. Im hohen Alter von 97 Jahren lag sie verwirrt im Bett, suchte einmal auf der Bettdecke nach einem Lied und verdächtigte alle Leute, es ihr gestohlen zu haben. Da tauchte sie plötzlich aus ihrer versponnen Welt auf, schaute mich mit klaren Augen an, und sagte mit fast kindlicher Stimme: »Was mein Vater uns angetan hat, dafür muss er büßen!« Nach diesem Satz rutschten die Augen wieder weg, und sie suchte auf der Bettdecke weiter nach ihrem verloren gegangenen Lied. Auch sie hatte genau wie Ernst ein Leben lang die »gute Tradition« der Familie Meyer hochgehalten und gegen alle Zweifel vehement verteidigt.

Wie wir sahen, ist Ernst eng an seinen Vater gebunden und will gleichzeitig von ihm befreit werden. Was versteht Ernst unter Befreiung?

Er beschreibt 1929 seinen Skitag: »Wenn nicht dann und wann ein Skitag, ich verdorrte innerlich an dieser Lieblosigkeit.« Anscheinend haben solche Skitage etwas mit Befreiung zu tun. Diese Tage verbringt er mit seinen Pfadfinderfreunden, über die er ausführlich in seiner Vita berichtet. Mit Ernsts eigenen Worten:

Für die zu leben, die für uns starben – das war für mich weit natürlicher außerhalb der Politik gegeben. Gerade dies Vermächtnis der Gefallenen führte mich ganz von selber in die Pfadfinderei zurück. Von Anfang 1919 bis zum Dr.-Examen am 25. Juli 1924 war ich wieder Führer. Ekkehart, wie mich die Buben nannten. Freiburg bot dem, der auch nur etwas die Augen aufmachte, ganz einzigartige Gelegenheiten, etwas ganz Großes zu leisten. Aber man musste mit dem Herzen dabei sein und selber hinter der Arbeit bescheiden zurückstehen. Arbeit? Jawohl Arbeit! Wer als Jugendführer nur eine Rolle spielen will, wer seine Gefolgschaft nur als Relief für sich selber gebraucht, wer als Rattenfänger oder mit dem Spieglein, Spieglein an der Wand selbstgefällig und eitel an die Aufgabe herangeht, ist billig und soll sich zum Teufel scheren! Denn der lebt für sich und nicht für die, die für ihn starben. Ihm bricht der Brüder Leidenskelch in Scherben. Nichts hat der

Jugendbewegung mit ihren ernstgemeinten und ehrlich erkämpften Idealen mehr geschadet, als jene Führertypen, die ewig jugendbewegt, kurzbehost und schillerbehemdet überall auffallen. Die Vielheit der Bünde garantierte – Gottlob! – den umgehenden Sturz solcher Helden mangels Zulauf. Denn die Jugend wittert fein, wer ein Kerl ist und wo es zünftig zugeht. (...)

Und weiter unten:

Weit schwieriger als das Körperliche war das Geistige. Denn in Zeiten solcher politischer Verelendung ist es nicht leicht, deutsches Wesen in Treue, Wahrhaftigkeit, Schlichtheit zu verwirklichen. Hunger, Armut, Not keine Armseligkeit, die sich gehen lässt. Hier waren Werner Flex und wieder die deutschen Heldensagen Quellen. Die Buben hatten einen gesunden Instinkt für das Echte und das Bleibende. »Wie einer wertet und wählt, ist tiefst in seinem Inneren begründet« (W. Flex) Aber es gehörte oft viel Mut dazu, diese innere Wertung überall mutig zu bekennen. Wir aber wollten auch im Alltag anständige und ganze Kerle sein. So haben wir das »Allzeit bereit für den anderen« vor uns selber ehrlich und treu zu leben versucht. Wer darin nicht zu uns passte, ging wieder (Vita I, 29, b).

Wir waren von der Frage ausgegangen, was Ernst unter »Befreiung« versteht. Wenn wir diese beiden Textstellen zusammen betrachten, entsteht der Eindruck, dass für Ernst »Befreiung« zuerst einmal etwas mit »großen« Worten zu tun hat. Der Text aus der Vita ist zwar nach dem Krieg geschrieben und Ernst könnte von nationalsozialistischem Pathos angesteckt worden sein, aber schon bei der Beschreibung des Skitages 1928, bevor Ernst ein Nazis war, finden wir denselben Ton. Es ist zu vermuten, dass Ernst unter anderem auch vom nationalsozialistischen Pathos angezogen wird, weil er dort auf Menschen trifft, die seine Sprache sprechen.

Weiter fällt die Idealisierung auf, die für Ernst zur Befreiung zu gehören scheint. Er schmückt die Jugendbewegung und sich als Teil davon mit saftigen Tugenden aus: Treue, Wahrhaftigkeit, Ehrlichkeit..... Auch das haben wir bereits bei der Beschreibung seines Skitages gesehen, »ganz losgelöst von allem Alltag, frei und darüberstehend, Licht und Schatten sehend (...) ohne Bosheit (...) ehrlich«. Hierbei wird die eigene Person überhöht und diejenigen, die sich nicht zu der »Gefolgschaft« bekennen, sollen sich »zum Teufel scheren«.

Pfadfinder und die Deutschen Heldensagen, gehören für Ernst und seine Kameraden zusammen. Man gibt sich die Namen dieser Helden.

Als ich dann von der Mutter 1907 in Königsfeld abgeliefert wurde, sagte diese zum Direktor: »Er hat eigentlich nur ein Buch gelesen: die Deutsche Heldensage«.

Das war für Quartaner sicher wenig und der strafende Blick meines neuen Schulleiters fiel auch entsprechend aus! Und doch – was hat mir dies eine Buch alles gegeben! So gründlich ich hier die Begriffe Treue, Wahrhaftigkeit, Rittersinn, Götterglaube etc. erarbeiten musste, so hab ich mich später immer wieder im Leben durchackern müssen. Ich habe von den Nibelungen nur Volker geachtet als den einzigen, der ganz echt und treu ist – ich glühte für Dietrich von Bern und verstand nicht, dass gerade so einer schließlich am Hof Etzels war als ein König ohne Land – ich durchlebte mit König Beowulf die Tragik des Heldentodes nach dem siegreichen Kampf mit dem Drachen – und den Sieg der Wahrheit mit Wolfdietrich – ich schmiedete mit Wieland dem Schmied das herrliche Schwert Mimung und war Zeuge seiner Schmach in der Hand Wittichs. Der alte Hildebrand wurde mir das Ideal eines älteren Freundes – in Theo Herzog habe ich ihn dann besessen. Ich wurde mit Wotan nicht fertig, weil er wohl göttlich, aber doch kein Gott war, denn auch er ging als Suchender zu den Nornen – ich verehrte Thor, weil er so tapfer mit dem Riesen kämpfte – Baldur war mir zu weichlich, aber ich liebte den Schwertgott Ziu, der nur eine Hand für die Führung des Schwertes und keine Hand zum Verzeihen hatte. Dass die Deutsche Heldensage in Loki auch einen Gott des Neides und der Niedertracht hat, lehrte mich das Leben. Nur modern sagt man heute, der Deutsche ist des Deutschen größter Feind. Im Gefangenenlager hat dies auch der letzte begriffen (Vita I,11).

Als Ernst im Internat »abgeliefert« wird, hat er als einziges Buch die deutschen Heldensagen gelesen. Das wird sich in seinem späteren Leben ändern, er wird viel und gerne lesen, besonders die Klassiker sowie historische Werke, und noch im hohen Alter nicht nur ganze Passagen aus Goethes Faust, sondern auch Ringelnatz, Busch und Morgenstern auswendig rezitieren können.

Aber vor dem Internat haben anscheinend ausschließlich die Deutschen Heldensagen den kleinen Jungen fasziniert, besonders die Figuren, die ihm ein »je härter, desto besser« vorleben. Ein Gott Wotan, der selbst ein Suchender ist, passt genauso wenig in Ernsts absolutes Weltbild zwischen Idealisierung und Verachtung wie ein Baldur, der nicht nur tapfer, sondern dabei auch milde ist. Er liebt Ziu, der nur rächen, nicht verzeihen und damit sicher keine Liebe geben kann. Ich gehe davon aus, dass Ernst als Junge wirklich so auf die Heldensagen reagierte, und seine Erinnerung nicht nachträglich verfälschte. Seine Reaktionen erstaunen auch nicht weiter, wenn wir sie vor dem Hintergrund von Ernsts Vaterbeziehung sehen. Im letzten Satz dagegen schlägt er zeitlich eine Brücke in die Zeit des Gefangenenlagers, in denen er die Existenz Lokis durch Neid und Niedertracht erfahren habe. Faktisch deutet er sich durch diesen Satz wieder vom Täter zum Opfer um, ohne die geringste Selbstreflexion seines Handelns. Darauf werde ich später ausführlich zurückkommen.

Hier drängt sich mir die Frage auf, ob er zu dem Zeitpunkt, als er den Text als 50-Jähriger schreibt, eine reifere Einstellung zu den einzelnen Figuren aus den Heldensagen gefunden hat, oder ob er immer noch an seinem kindlichen Weltbild »je härter, desto besser« festhält. Wenn er den Gott Loki eins zu eins in die Zeit seines Schreibens transportiert, hätte er dann nicht erwähnt, wenn sich seine Einstellung zu den anderen Helden geändert hätte? Es ist nicht notwendig, an dieser Stelle weiter über Ernsts Reifungsschritte zu spekulieren, denn genau diese Ideale, die einem harten, unversöhnlichen Auftreten mehr Wert beimessen als einem suchenden Zweifeln, lebt Ernst im Nationalsozialismus weiter aus: »Flink wie Windhunde, zäh wie Leder, hart wie Kruppstahl«, so Hitlers Devise für die deutsche Jugend.

Da Ernst die Selbstwahrnehmung und -reflexion weitgehend durch Selbstpropaganda ersetzt, wie wir in seinen Briefen gesehen haben, nimmt er sich Möglichkeiten zu reifen und Lebenskrisen als Schritte innerer seelischer Ausdifferenzierung und Bereicherung zu nutzen. Dazu müsste er Schwierigkeiten auch bei sich selbst sehen, Unstimmigkeiten und Unvereinbares in sich aushalten, um vom »Helden« in die Dimensionen eines verantwortungsbewussten und liebesfähigen Mitmenschen hineinzuwachsen. Ernst bleibt seiner Sicht der deutschen Heldensagen, in der er nur Sieger und Verlierer unterscheidet, ohne größere Differenzierung verhaftet. Ein solches primitives Weltbild wird ihm dann bei den Nationalsozialisten als großartige Weisheit und als Basis einer neuen Gesellschaft angeboten.

Ja, Ernst ist empfänglich für »Samenkörner«, die der »Gotteswind zuträgt« – es ist nicht der Gotteswind, es ist Hitler. Ernst ist empfänglich für jede Form von Propaganda, bereit, sich mit Haut und Haar einem Führer zu verschreiben und einen Eid und Führerbefehl über Mitmenschlichkeit zu stellen.

Ernsts Beziehung zu seiner Mutter

Wenn ich in Ernsts Vita nach Beschreibungen seiner Mutter suche, dann fällt auf, dass Ernst sie weniger häufig als den Vater erwähnt und wenn, dann in einer Funktion schildert. Die Mutter bringt den Sohn ins Internat, sie »begleitet [in der Zeit des Studiums in Freiburg!] oft freudig den unnötig gehemmten Bub[!], während der Vater so passiv und ablehnend war wie immer und starr auf seinen Geldbeutel sah« (Vita I,22), sie lädt heimlich Freunde zur Feier seines Doktorexamens ein. Eine der wenigen Stellen, in der die Mutter durch eine klare Stellungnahme sichtbar wird, ist der Ausspruch »Gott sei Dank«, als der Sohn in der dritten Klasse des Gymnasiums sitzen bleibt. Daneben gibt es Stellen, in denen Ernst sich pathetisch über Mütter und Mutterliebe im Allgemeinen auslässt. Seine Mutter bekommt als Person dadurch keine deutlicheren Konturen; laut Ernst war sie »so lieb, wie Mütter sind« (Vita I).

Dazu ein Beispiel aus seiner Vita. Er beschreibt in den Abschnitten davor, dass die gefallenen Soldaten des Ersten Weltkrieges die Identitätsbasis des deutschen Volkes sein müssten, der Nährboden, auf dem ein gemeinsames Volksempfinden aller Deutscher wachsen könne. Er untermauert das mit einem Zitat von Flex, einem seiner Pfadfinderfreunde, dass »sie [die Soldaten] starben nur für die, die für sie leben« und fügt noch ein Bibelzitat hinzu: »Für Euch gegeben und für Euch vergossen«.

Ich habe mich diesem Vermächtnis der Toten nie enger verbunden gefühlt als bei meinen Hochtouren und später beim Fliegen. Und niemand hat das so tief verstanden wie meine Mutter. Sie wusste vielleicht sogar mehr als später meine Herta, was mich immer wieder dahin trieb, wo das Herz noch gewogen wurde. Sie wusste, dass mir der Kampf in den Bergen das Leben war. (...) Nur einmal sprach sie aus, was sie bewegte, als ich Flieger wurde: »Muss es denn immer so etwas Gefährliches sein?« Und doch wusste sie, dass es so sein musste, wie es halt nur eine Mutter weiß (Vita I, 58).

Mit schwärmerischen Worten wird hier ein Mutterbild gezeichnet, so ideal, dass es schwer fällt, in dieser Mutter wirklich eine menschliche Person zu sehen. Sie ist Übermutter, die wortlos die Sehnsüchte des Sohnes versteht, auch wenn dieser den Tod fürs Vaterland mehr zu lieben scheint als das Leben. In den Bergen, wo das Herz noch gewogen würde, fühle er sich den Gefallenen Soldaten besonders nahe. Es entsteht eine eigenartige Verbindung von »Mutter, Übermutter und den gefallenen Soldaten«, eigentlich von »Mutter, Übermutter und Tod fürs Vaterland«. Diese Verbindung tritt an mehreren Stellen in seinen Briefen und in seiner Vita auf.

Sobald er von den gefallenen Soldaten schreibt, kommt er im gleichen Zusammenhang auch immer wieder auf die Mütter zu sprechen. Dazu ein Beispiel: Er schickt im Mai 1948 den Artikel: »ein verhängnisvoller Abschiedsumtrunk an der Front« aus den Stuttgarter Nachrichten – das genaue Datum dieser Zeitung ist nicht ersichtlich – an Herta, den er mit energischer Schrift am Rand und quer über das Bedruckte reich kommentiert. In dem Artikel wird über den Prozess gegen General Balck wegen »befohlener Erschießung eines untergebenen Offiziers ohne Standgericht« berichtet. Balck wurde nach dem Krieg zu drei Jahren Gefängnis verurteilt. Er hatte 1944 an der Westfront die Erschießung eines Oberstleutnants befohlen und ausführen lassen. Zu diesem Zeitpunkt wichen die Deutschen vor den Alliierten zurück und planten im Norden der Westfront eine Offensive. In dieser militärisch höchst gespannten Situation feierte der Oberstleutnant Schottcke die Ablösung seines Adjutanten und konnte, stark alkoholisiert, in der anschließenden Lagebesprechung keine Auskunft über den Standort seiner Batterien geben und wurde daraufhin ohne Gerichtsverfahren auf Befehl von General Balck erschossen. Ernst kommentiert diesen Artikel: »Was sind die Tränen deutscher Mütter? Physiologische Kochsalzlösung nichts weiter! Da liegen Hunderte umsonst im Massengrab, aber die Justiz verteidigt den ehrlosen Militaristen Sch. aus formalen Gründen. Was sind Tränen??« Ernst scheint auf diesen Kommentar besonders stolz gewesen zu sein, denn er zitiert ihn an mehreren Stellen wieder.

Was meint Ernst mit diesem absurden Kommentar? In dem Zeitungsartikel ist keineswegs von Müttern die Rede, schon gar nicht von »deutschen Müttern«; Ernst aber stellt sie ans Massengrab von umsonst gefallenen Soldaten, von denen in diesem Artikel ebenfalls nicht die Rede ist. (Haben Soldaten eigentlich keine Frauen und Kinder, sind sie denn alle nur Buben geblieben?) Im Gegenteil: in dem Artikel wird betont, dass der betrunkene Oberstleutnant zwar die Stellung seiner Batterien nicht wusste, das Kriegsgeschehen dadurch aber keineswegs beeinflusst hätte. Hier geht es also allein um Ernsts Fantasien. Die Tränen dieser trauernden Mütter würden durch die Justiz zu »physiologischer Kochsalzlösung und nichts weiter« gemacht. Ein Mensch, der aus den Tränen seines Mitmenschen eine Kochsalzlösung machen will, hasst vermutlich nicht nur die Tränen, sondern auch den Mitmenschen. Es geht nicht um irgendwelche Mitmenschen, sondern um die Mütter. In Ernsts Vorstellung sind die Richter also Menschen, die Mütter hassen. Spricht er hier über Gefühle, die er in der Beziehung zu seiner eigenen Mutter erlebt? Da sich Ernst kaum um den wirklichen Tatvorgang kümmert und sich genauso wenig für die realen Personen der Richter interessiert, können wir vermuten, dass er, zwar verschlüsselt und um einige Ecken herum, über Empfindungen schreibt, die er in der Beziehung zu seiner Mutter erlebt und erlebt haben muss. Wie sollte er sonst zu diesem Bild von den Richtern kommen?

Nur ans Massengrab der fürs Vaterland gefallenen Soldaten stellt Ernst die weinenden Mütter, um die eventuell trauernde Mutter des »Militaristen« kümmert er sich nicht. Die fürs Vaterland gefallenen Soldaten kommen auf einen Heldensockel, den »Militaristen« entwertet er. Ich werde im Kapitel »Ernst als Nationalsozialist« zeigen, dass Ernst die Beziehung zum Vaterland mit seiner Beziehung zur Mutter verbindet. Geehrt durch den Tod für »Mütterchen Vaterland«?

Ich habe diese Textstellen, in denen Ernst über seine Mutter oder Mütter im Allgemeinen schreibt, lange mit mir herumgetragen und konnte eher Fragen als Antworten formulieren. Die gläserne Grausamkeit, die in einer solchen Verbindung von Mutter und Tod verborgen ist und die in scheinbar liebevoller Beschreibung der so verständnisvollen Mutter daherkommt, wurde mir vor dem Hintergrund eines Abschiedsbriefes deutlicher, den ein 21-jähriger Widerstandskämpfer kurz vor seiner Hinrichtung an seine Mutter schrieb.

4. April 1945

Liebe Mutter!
Ich bin zusammen heute mit Jörgen, Niels und Ludwig vor ein Kriegsgericht gestellt worden. Wir wurden zum Tode verurteilt. Ich weiß, dass Du eine starke Frau bist, und dass Du dies auf Dich nehmen wirst, aber hörst du, es ist nicht genug, dass Du es auf Dich nimmst, Du musst es auch verstehen. Ich bin nur ein kleines Ding, und meine Person wird sehr bald vergessen sein, aber die Idee, das Leben, die Inspiration, die mich erfüllen, werden weiterleben. Du wirst ihnen überall begegnen – in den Bäumen zur Frühlingszeit, in Menschen, die Deinen Weg kreuzen, in einem liebevollen kleinen Lächeln. Du wirst auf das stoßen, was an mir vielleicht einen Wert hatte, Du wirst es lieb haben und Du wirst mich nicht vergessen (Gollwitzer 1954, S. 55).

Dieser junge Mann teilt mit seiner Mutter eine liebevolle Achtung vor dem Leben, vor seinem eigenen und dem Leben um ihn herum. Wie anders bei Ernst. Er lebt für die Gestorbenen – »sie [die Soldaten] starben nur für die, die für sie leben« – und weiß, dass die Mutter und nur die Mutter ihn darin versteht. Es ist anscheinend nicht das »liebevolle kleine Lächeln« eines Mitmenschen, das Ernst mit seiner Mutter verbindet, sondern der Totenkopf gefallener Soldaten. »Sie wusste, dass mir der Kampf in den Bergen das Leben war – denn dort, wo sein Herz noch gewogen wurde«, fühlte er sich den gefallenen Soldaten nahe.

Ernsts frühe Kindheit

Ich möchte Ernsts frühe Kindheit beschreiben, in der Hoffnung, dort mögliche Wurzeln für diesen grausamen Zusammenhang zwischen Mutter, Übermutter und Tod zu finden.

Es ist mir ein Bedürfnis neben Ernsts schwülstige Worte über die Mutter die reale Alltagsgeschichte dieser Familie zu stellen. Ernst war das dritte von vier Kindern, die alle mit nur einem Jahr Abstand zur Welt kamen. Als Ernst ein Säugling war, hingen bereits zwei ältere Schwestern der Mutter am Rockzipfel, die nächst ältere Schwester lernte vielleicht gerade laufen. Gestillt wurde Ernst sicher nicht lange, da die Mutter zwei Monate nach der Geburt wieder schwanger war. Stillzeiten wären Zeiten möglicher Zuwendung ausschließlich durch die Mutter gewesen. Es ist anzunehmen, dass die Mutter in Ernsts Säuglings- und Kleinkinderzeit restlos überfordert war. Seinen Platz auf dem Schoß der Mutter, falls Ernst ihn überhaupt je gefunden hatte, war elf Monate später schon wieder von der nächst kleineren Schwester besetzt! Nach der Geburt des vierten Kindes verordnete der Arzt den Eheleuten getrennte Schlafzimmer, da eine weitere Schwangerschaft die bereits angegriffene Gesundheit der Mutter zu sehr belastet hätte. (Mündlich überlieferte Familiengeschichte)

Sicher hatte diese Familie zwei Hausmädchen und Tanten in der Nähe, die helfen und einspringen konnten. Die Hausmädchen waren jung, häufig wechselnd; der Vater habe gespart, wie wir bereits wissen. In Ernsts Schriften habe ich wenig Stellen gefunden, die auf eine liebevolle und nährende Beziehung zu einer dieser Tanten schließen ließen, außer vielleicht zu seiner Tante Ady, einer Cousine seiner Mutter: »Wenn du, liebes, gutes Adylein angeregt wirst, etwas dazu zu schreiben, dann wäre dies herrlich. Täglich ein kleines halbes Plauderstündchen mit dem Ernstelmann« (Ernst am 4.8.1948, 53 Jahre alt!). Ernst hatte zu dieser Zeit den ersten Teil seiner Vita beendet und sie mit der Bitte, diese auch Tante Ady weiterzugeben, an Herta geschickt. Wieweit Ady in die Kleinkindererziehung mit einbezogen war, weiß ich nicht. Ady war Lehrerin an einer höheren Töchterschule, also berufstätig und damit für die Kinder vermutlich nur bedingt verfügbar.

Schon auf Grund der raschen Geschwisterfolge in dieser Familie können wir bei Ernst und natürlich auch bei seinen Schwestern einen eher entbehrungsreichen Lebensbeginn vermuten. Die schnelle Geschwisterfolge ist das eine, die Erziehungsprinzipien der damaligen Zeit haben das ihre zu der wohl eher deprivierten Kindheit von Ernst und seinen Schwestern beigetragen.

Erziehungsbücher um die Jahrhundertwende

Ich habe leider keine Unterlagen aus Ernsts früher Kindheit, dafür um so mehr Beispiele, wie er selbst mit seinen Kindern umging. Ich werde deshalb Erziehungsbücher aus der Zeit der Jahrhundertwende und des Nationalsozialismus heranziehen und daraus die Aspekte herausarbeiten, die mir für diese Familie wesentlich erscheinen.

Erziehungsprinzipien Ende des 18. Jahrhunderts

Dr. Friedrich August von Ammon schreibt im Vorwort der 9. Auflage seines Buches *Die ersten Mutterpflichten und die erste Kinderpflege, Belehrungsbuch für junge Frauen und Mütter* 1892 (Erstauflage 1860):[2]

> Noch herrschen unter den hoffenden jungen Müttern hinsichtlich ihrer Lebensweise mehr falsche Ansichten und Vorurtheile als man vermuthen sollte; noch erben sich viele verderbliche Erziehungsansichten in dem Schoß der Familien fort, noch greift oft die reinste Mutterliebe so oft fehl. Hätte man eine zweite, zum künftigen Lebensberuf gründlich heranbildende Erziehung des heranwachsenden weiblichen Geschlechtes, so würde sich durch solche viel Schädliches verhindern und viel Gutes erringen lassen und es würde sich mit der Gesundheit der Mütter und dem Gedeihen der Kinder besser verhalten. Eine solche zweite Erziehung wird aber wegen der großen Schwierigkeiten, die sie bietet, noch lange Zeit ein frommer Wunsch bleiben (S. IV).

Dafür ist also dieses Erziehungsbuch geschrieben.

Herr Ammon macht deutlich, dass die Frau erst erzogen werden muss, um ihre Mutterpflichten richtig erfüllen zu können. Klar ist auch, wer erzieht: der Mann und Arzt übernimmt diese wichtige Aufgabe! An diese von vornherein entmündigte Mutter sind harte Anforderungen gestellt.

> Ruhe, Zufriedenheit und Heiterkeit sind Eigenschaften des Gemüths, ohne welche das Wohlbefinden der Stillenden und das Gedeihen des Säuglings

---

2 (Gregor Dill zeigt in seinem Buch »Nationalsozialistische Säuglingspflege«, 1999, dass diese Haltung nicht nur von Herrn Ammon vertreten wurde, sondern gesellschaftliches Credo um die Jahrhundertwende war.)

nicht bestehen kann. Leidenschaften und Gemüthsbewegungen sind dagegen offenbar die schädlichsten Einflüsse, welche von der Mutter aus auf das Kind wirken können. Selbst die verborgene stille Sehnsucht wirkt hier als schleichendes Gift. (...) Durch heftige Gemütsbewegungen, durch Ärger, Verdruss, besonders aber durch Schreck, Zorn und Wuth wird die Milchausscheidung in den Brüsten der Stillenden fast augenblicklich auf eine bis jetzt der wissenschaftlichen Forschung nicht ganz erklärbare Weise in ihren Mischungsverhältnissen verändert. Ein sehr erfahrener Kinderarzt, A. Vogel sah die Milch einer Frau nach einem hysterischen Anfall durchsichtig wie Molke werden und fand sie ohne Zuckergeschmack; die Untersuchung derselben gab eine Zunahme an Wasser und eine Abnahme der festen Stoffe. Eine auf diese Weise veränderte, gleichsam vergiftete, Milch erregte bei dem Säugling Unruhe Kolik, Erbrechen, grüne Darmausleerungen, Durchfall, Fieberbewegungen und Zuckungen. Ja, man sah sogar, wenn auch selten, durch eine solch veränderte Milch den Tod des Säuglings plötzlich erfolgen (Ammon 1892, S. 96).

Die Mutter bekommt ein enges Korsett verpasst, sie soll ruhig, heiter und zufrieden sein, alle anderen Gefühle, besonders Wut und Zorn – z. B. über all die Einschränkungen – sind unter Strafe verboten: ihre Milch würde schlecht und sie schade dem Kind. Die Zwangsjacke, die ihr selbst durch diese Erziehung zum Mutter-Sein angezogen wird, wird auch ihre Haltung dem Kind gegenüber beeinflussen. Wie kann sie mit Gefühlen des Säuglings umgehen, die ihr selbst nicht erlaubt sind? Wird sie ein wütendes Schreien ihres Kindes nicht schon sehr frühzeitig unterbinden, weil es ihre eigene stoische, heitere Ruhe gefährden könnte? Das Kind muss beherrscht werden, um sich selbst beherrschen zu können. Herr Ammon ermuntert die junge Mutter zu diesem Unterwerfungsprozess und gibt ihr verschiedene Erziehungsmaßnahmen für alle Fälle unter dem Motto:

»Die Stillende darf aber bei allen Opfern, die sie dem Säugling bringt, sich nie durch falsche Nachgiebigkeit zur Sklavin des Kindes machen; sie ist berufen, dessen Herrin zu sein und lange zu bleiben.« (s.o. S. 101) Die Beziehung zwischen Mutter und Kind wird zu einem Kampf, bei dem es einen Sieger und einen Verlierer gibt. Der Ausgang eines solchen Kampfes ist ebenfalls festgelegt; die Mutter müsse die Herrin sein und lange bleiben!

Es erstaunt nicht weiter, wenn Herr Ammon in den folgenden Kapiteln seines Erziehungsbuches die Bedürfnisse des Säuglings genauso einschränkt wie die der Mutter:

Das neugeborene Kind ist sehr hülfsbedürftig. Es kann durchaus nichts durch sich oder für sich selbst thun. Es würde ohne Mutterliebe umkommen. Außer Nahrung, Wärme, Ruhe und einem reinen weichen Lager ver langt es aber nichts; es ist durch Befriedigung dieser Bedürfnisse vollkommen befriedigt (s.o. S. 175).

Was Herr Ammon unter Mutterliebe versteht, wird erst weiter unten deutlich werden. Die Bedürfnisse des Säuglings kann er an einer Hand abzählen und mehr »verlangt es aber nicht«. Weil Säuglinge und kleine Kinder schreien, weil sie doch noch mehr und vielleicht auch noch anderes brauchen, ist diesem Thema dann ein längeres Kapitel gewidmet.

Zuerst wird die Mutter angehalten, das Schreien des Kindes genau zu erforschen, und sich dazu an den oben beschriebenen Grundbedürfnissen des Säuglings zu orientieren. Sie muss sich fragen, ob das Kind Hunger habe, es ihm zu warm, oder zu kalt sei, ob es sich »verunreinigt« habe und nass liege. Das Baby solle nur alle drei bis vier Stunden gefüttert werden, da häufiges Stillen den kindlichen Organismus belaste und die Milch durch die geringe Verweildauer in den Brüsten nicht nahrhaft genug sei – für jede Erziehungsmaßnahme wird eine »wissenschaftliche« Erklärung mitgeliefert. Wenn diese Bedürfnisse befriedigt wären und das Baby trotzdem weiter schreie, dann solle die junge Mutter sorgfältig nach anderen Gründen für das Schreien suchen. Herr Ammon gibt zwei Beispiele dafür. Einmal schrie ein Kind Tage und Nächte hindurch heftig, sobald es auf die rechte Seite gelegt wurde. Man fand, dass »eine unter die Haut gekommene Stecknadel daran Schuld sei.« (s.o. S. 189) Bei einem anderen ebenfalls Tage lang schreienden Kind fand man »ein Haar, das eine böse wider ihren Wunsch entlassene Amme schlingenartig und fest um die Zehe des Kindes gewickelt hatte und das anfangs durch langes Liegen eine Entzündung verursacht hatte« (s.o. S. 189).

Nach diesen beiden drastischen Beispielen von Kindsmisshandlungen und zwar doppelten Kindsmisshandlungen – Misshandlung ist nicht nur die Tat selbst, sondern auch die Ungeheuerlichkeit, dass es Tage brauchte, um die Ursache des Schreiens herauszufinden – heißt es im nächsten Abschnitt:

> Findet man die Ursache des Schreiens nicht auf oder kann man ihm nicht abhelfen, und das Kind beharrt im Schreien, so darf man es keineswegs lange liebkosen, sondern muss es schreien lassen. Ein Kind schreit sich wohl kaum krank. Das Schreien ist eine Art Bewegung. Durch diese Thätigkeit der Lungen und der Bauchmuskeln geschieht eine beschleunigtere Cirkulation des Blutes und eine vermehrte Thätigkeit in vielen Teilen des Körpers. Ein sonst gesundes Kind bekommt durch Schreien keinen Bruch; das ist nicht zu fürchten. Bedenken Mütter das nicht, sondern glauben sie, sobald ihr Kind schreit, ihm durch Liebkosungen, durch Umhertragen entgegenkommen zu müssen, so werden sie dasselbe gar bald verwöhnen und sich ein unruhiges Kind heranziehen. Die Sorgfalt, welche man Kindern

widmet, muss mit Klugheit verbunden sein; Verwöhnungen bringen den größten Schaden (s.o. S. 189).

Ich möchte im Folgenden die Frauen betrachten, die in Familien mit starker patriarchaler Prägung aufgewachsen und in dieser Haltung gefangen geblieben sind. Als junge Mütter können sie deshalb den rigiden, gesellschaftlich anerkannten Erziehungsnormen wenig Eigenständigkeit und Herzenswärme entgegensetzen. Um der patriarchalen Ächtung, keine gute Mutter zu sein, zu entgehen, wird sie ihre »Mutterpflichten« auftragsgemäß erfüllen in der Hoffnung, sich dadurch die gesellschaftliche Wertschätzung zu verdienen. Was ihr bisher als »nur« Frau und früher als »nur« Mädchen eher vorenthalten wurde, wird ihr für ihre Rolle als »gute Mutter« eines »braven, wohlerzogenen« Kindes in Aussicht gestellt! Der Säugling, der »außer Nahrung, Wärme, Ruhe und einem reinen weichen Lager nichts verlangt« und »durch Befriedigung dieser Bedürfnisse vollkommen befriedigt ist« (Ammon 1892, S. X), verhilft ihr zur gesellschaftlichen Anerkennung, seine vitalen Lebensäußerungen aber, wenn sie nach Ansicht von Herrn Ammon nicht den kindlichen Grundbedürfnissen entsprechen, stellen die Autorität der Mutter wieder in Frage. In einer tragischen Verschiebung wird die Mutter nicht die patriarchale Gesellschaftsordnung, die ihr seit ihrer frühesten Kindheit durch die Eltern als mächtig und unumstößlich vermittelt wurde, sondern das Kind, das sich nicht widerstandslos fügt, bekämpfen. Aus dem Kampf gegen ihr Kind kann sie als Siegerin hervorgehen, Herr Ammon ermuntert sie dazu! »Die Stillende darf aber bei allen Opfern, die sie dem Säugling bringt, sich nie durch falsche Nachgiebigkeit zur Sklavin des Kindes machen; sie ist berufen, dessen Herrin zu sein und lange zu bleiben.« (s.o. S. 101) Eine im patriarchalen System gefangene Mutter wird tragischerweise ihre Säuglingspflege eher nach den Erziehungsvorschriften als nach den kindlichen Bedürfnisse ausrichten.

Die Erziehungsmaßnahmen werden jeweils dem Alter angepasst. Ein besonderer Kampf richtet sich gegen den »Eigenwillen« und den »Trotz« des Kindes. Dazu wieder Herr Ammon:

> Die Mutter überzeuge sich entweder allein, oder in Verbindung mit dem Arzte, ob, bei wiederholten Äußerungen des Eigenwillens und Trotzes, nicht körperliches Unwohlsein dieselben herbeiführe, und wenn das nicht der Fall ist, so glaube sie nicht, auf einmal wie mit einem Schlag oder an einem Tag diesen Auswuchs des zu rasch wachsenden Ich- und Selbstgefühls tilgen zu können. Sie vermehre und verstärke die Beachtung und Beobachtung des Kindes. Artet der Eigenwillen nicht aus und fügt sich das Kind dem Stärkeren, so ist dasselbe auf dem Weg, den Gehorsam kennenzulernen, und ist Gehorsam im Gemüthe, so wird nicht fern die Liebe sein.

Denn nun geht dem Kinde eine Ahnung von etwas Höherem außer ihm und seinen Gespielinnen allmählich auf, und zwar zunächst zu den Eltern; es sieht zu ihnen hinauf, es sieht in ihnen etwas über sich, etwas, dem es sich fügen muss. Oft dämmert dem Kinde bereits in dem Anblick der Eltern, die zunächst die natürlichen Vertreter des Höchsten sind, die ihm dunkle Ahnung des Höchsten (Ammon 1892, S. 297).

Hier klärt sich, dass Liebe für Herrn Ammon etwas mit Gehorsam zu tun hat.

Nachdem die Zielrichtung klar ist, beschreibt Herr Ammon dann die Mittel, mit denen ein solches Ziel erreicht werden kann und listet die Erziehungsmaßnahmen auf, falls sich das Kind nicht gleich dem Stärkeren fügt:

Ein großer Teil der ersten geistigen Erziehung des Kindes besteht sonach in der naturgemäßen Leitung seines Tätigkeitstriebes. Der Abweg, der sich hier öffnet, ist der Ausdruck einer ungeregelten Kraftäußerung, die Lust zu zerstören. Der Beaufsichtigung, selbst Regulierung bedarf daher das Spiel; es ist nicht immer möglich, bei den eben genannten Abweichungen der naturgemäßen geistigen Entwicklung bloß durch das Beispiel, oder bei geistig fortgeschrittenen Kindern durch das Wort auf den rechten Weg zu leiten. Wenn das der Fall ist, tritt die körperliche Strafe ein, die aber immer eine körperliche Mahnung, als ein schmerzerzeugendes Zuchtmittel sein sollte und nie den Kopf treffen darf (Ammon 1892, S. 300).

All das, was nicht ins Bild eines wohl erzogenen Kindes passt, wird bekämpft. Was ist eine »körperliche Mahnung«, was ein »schmerzerzeugendes Zuchtmittel«, und worin besteht der Unterschied, wenn es darum geht, auf alle Fälle die Erziehungsprinzipien durchzusetzen, damit das Kind die Eltern als »natürlichen Vertreter des Höchsten« anerkennt?

Liegen hier die Wurzeln von Ernsts grauenvoller Verbindung von Mutter, Übermutter und Tod? Ein stummer und toter (?) Säugling stört das mütterliche brüchige Selbstwertgefühl nicht mehr. Die Mutter kann sich jetzt ihr Kind allein nach ihren eigenen Fantasien als ideales Kind modellieren und sich selbst als gute, jetzt leidgeprüfte und trauernde Mutter daneben stellen. Eine entsprechende Aussage konnten wir aus Ernsts Kommentaren über die Tränen der Mütter herausschälen: die Soldaten werden durch den Tod für »Mütterchen Vaterland« aufgewertet und geehrt, oder vielleicht sogar direkter: die Söhne werden durch den Tod für die Mutter aufgewertet und geehrt, und dieser Glanz fällt anschließend wieder auf die Mütter zurück, die durch den toten Sohn eine Aufwertung erhält.

Viktor und Hans Mann, Söhne von Thomas Mann, beschreiben die extreme Ängstlichkeit ihrer Großmutter Julia, der Mutter von Thomas Mann. Sie befürchtete, dass ihren Kindern und deren Familienangehörigen auf ihren Reisen etwas zustoßen könnte, dass ein Blitz sie treffen oder schwere Krankheiten sie hinraffen könnten! Die tatsächlich tragischen Ereignisse in ihrem Leben, zum Beispiel der Selbstmord ihrer Tochter, Carla, waren für sie, wie Viktor meint:

> Schmerzen, die keine Mutter zu verstecken brauchte, (...) für die es immerhin den Balsam der liebevollen Anteilnahme gab. Sie gehörten in einem traurigen Sinn mit zum Lebensgefühl der Mutter, weil sie das Muttergefühl nicht brachen, sondern eher noch verstärkten (zit. n. Krüll 2001, S. 253).

Marianne Krüll liest aus diesem Satz, was auch ich daraus lese: »Damit sagt Viktor – vielleicht ohne sich dessen bewusst zu sein – dass Julia weniger Angst um ihre Kinder hatte als davor, dass das Bild von ihr als guter Mutter zerstört werden könnte.« (s.o. S. 253) Wir können noch einen Schritt weiter gehen: Julia bringt in ihren Fantasien ihre Kinder und Kindeskinder mit gewaltsamem Tod in Verbindung und fühlt sich nach dem tatsächlichen Tod der Tochter in ihrer Mütterlichkeit gestärkt. Viktor Mann schreibt, dass die Mutter die Schmerzen nicht »verstecken« müsse. Was muss sie sonst verstecken, welche Gefühle sind hinter diesen Ängsten verborgen, wenn es nicht primär die Sorge um das Kind ist und wenn die Fantasien solchen tödlichen Inhalt haben? Können wir auch bei Julia Hassgefühle gegen die Lebendigkeit ihrer Kinder vermuten? Julias beide Töchter, Carla und Lula, nehmen sich das Leben, die drei Söhne spielten mit der Mutter das Spiel: »Du bist die gute Mutter und uns geht's gut« bis in deren letzte Stunde (Viktor Mann beschreibt diese Szene; zit. n. Krüll 2001).

Erziehungsbücher im Nationalsozialismus

In den nationalsozialistischen Erziehungsbüchern wird der Ton wieder entsprechend wie um die Jahrhundertwende sein; die Kinder der schwarzen Pädagogik werden selbst Eltern und sind empfänglich für den vom Nationalsozialismus propagierten Erziehungsstil. In den zwanziger Jahren haben sich auch durch den Einfluss der Psychoanalyse die allzu rigiden Erziehungspraktiken etwas gelockert. Die Frauenbewegung kämpfte für eine größere Selbstbestimmung und das Bewusstsein, dass Mütter, die zuerst einmal entmündigt werden, keine selbstständigen Kinder erziehen können, konnte mehr in die Öffentlichkeit dringen. Das führte zu einem teilweise geänderten Erziehungsstil. Stillschwierigkeiten z.B. wurden als nicht nur physiologisch, sondern auch psychologisch bedingt erkannt und man versuchte deshalb den Druck auf die Mütter zu reduzieren und ging in den Erziehungsbüchern mit Stillschwierigkeiten eher aufklärend als moralisierend strafend um (siehe Dill 1999).

Im Nationalsozialismus werden diese neuen Erkenntnisse wieder vergessen:

> Das neue Reich will die Frau wieder hinführen zur Erreichung jenes Ziels, für das die Natur ihr gesamtes Wesen, Körper und Seele mit unerhörter Feinheit und unbedingter Vollkommenheit ausgestattet hat und dessen Erfüllung allein ihrem Leben den rechten Sinn und die wahre Befriedigung bringt: die Mutterschaft und die Aufzucht ihrer Kinder (Haarer *Die deutsche Mutter und ihr erstes Kind* 1934, S. 5).

Die Bücher von Johanna Haarer dienten als Unterrichtsmaterial in den Lehrgängen für junge Mütter. In den Großstädten wurden eigene nationalsozialistische Mütterschulen eingerichtet, die sich großer Beliebtheit erfreuten. Diese Erziehungsbücher sind nach Kriegsende keineswegs verschwunden, sondern wurden weiterverlegt, nur die nationalsozialistischen »Hurrarufe« gestrichen, die Erziehungshaltung und der Erziehungsstil aber blieben. 1983 edierte die Autorin zusammen mit ihrer Tochter (!) ihr Erstlingswerk, jetzt unter dem Titel *Die Mutter und ihr erstes Kind*. Das »deutsch« bei der Mutter wurde gestrichen. Die letzte Auflage erschien 1987 und soll bis vor kurzem noch erhältlich gewesen sein; inzwischen ist das Buch vergriffen (Siehe dazu die Untersuchung von Gregor Dill).

Johanna Haarer geht nach dem gleichen Muster wie Ammon vor: Zuerst werden die Kompetenzen der Frau beschnitten, sie solle zu ihrer einzigen, natürlichen Bestimmung der Mutterschaft zurückgeführt werden, und anschließend werden den Müttern die Erziehungswaffen in die Hand gegeben, um ihre Kinder in die Zwangsjacke zu stecken.

> Soll die Mutter wirklich ihrem Kind die beste Erzieherin sein, so sind natürlich bei ihr selbst gewisse Charaktereigenschaften und Fähigkeiten unerläßliche Vorbedingung. Nur eine pflichtbewusste, charakterfeste Frau mit gesundem Menschenverstand, die Sinn hat für Ordnung, Regelmäßigkeit, Pünktlichkeit und Sauberkeit, wird ihr Kind richtig erziehen können (Haarer 1934 I, S. 264).

Dieser charakterfesten Frau werden die Anleitungen zur nationalsozialistischen Erziehung anvertraut, wobei Johanna Haarer den entsprechenden Ton wie Herr Ammon findet.

> Wir haben schon darauf hingewiesen, dass es sehr oft schon frühzeitig zu förmlichen Kraftproben zwischen Mutter und Kind kommt. Sie in der richtigen Weise zu bestehen, ist das Geheimnis der Erziehung. Auch wenn das Kind auf

die Maßnahmen der Mutter mit eigensinnigem Geschrei antwortet, ja, dann lässt sie sich nicht irre machen. Mit ruhiger Bestimmtheit setzt sie ihren Willen weiter durch, vermeidet aber alle Heftigkeit und erlaubt sich unter keinen Umständen einen Zornausbruch. Auch das schreiende und widerstrebende Kind muss tun, was die Mutter für nötig hält und wird, falls es sich weiter ungezogen aufführt, gewissermaßen kaltgestellt, in einen Raum gebracht, wo es allein sein kann und so lange nicht beachtet, bis es sein Verhalten ändert. Man glaubt gar nicht, wie früh und wie rasch ein Kind solches Vorgehen begreift (Haarer, 1934 I S. 265).

Ziel einer solchen Erziehung ist das perfekte Kind: »Auch im Spielalter greift es [das Kind] nach verbotenen Sachen. Dieses Verhalten hat mit Ungehorsam und böse sein auch jetzt noch nichts zu tun, sondern es sind die natürlichen im Alter begründeten Unvollkommenheiten, die sich täglich mindern« (Haarer 1934, S. 253). Solche »Unvollkommenheiten« minderten sich keineswegs von alleine, – indem man das Kind in Ruhe wachsen und reifen lasse, – sondern durch stete Erziehung, die gleich nach der Geburt einzusetzen habe.

Nach der Geburt wird das Kind zuerst einmal »in ein Tuch eingehüllt und beiseite gelegt« (s.o. S. 95), denn die Aufmerksamkeit gälte primär der Mutter. Aber auch in den nächsten Tagen nach der Geburt ist der Kontakt zwischen Mutter und Kind eher spärlich. »Ist Hilfe im Haus, die sich um das Neugeborene kümmern kann, und ist genügend Platz vorhanden, so raten wir ganz unbedingt dazu, es von der Mutter getrennt unterzubringen und es ihr nur zum Stillen zu reichen« (Haarer 1934). Nach dem Aufruf, »Deutsche Mutter, Du musst dein Kind stillen« und nachdem das Stillen zur »rassischen Pflicht« (s.o., S. 114) erklärt worden ist, folgen die sechs Grundregeln für dieses Geschäft, das erst 24 Stunden nach der Geburt beginnen soll. Diese Zeit verbringen Mutter und Kind wohl in getrennten Zimmern! Unter Punkt 2 der Stillregeln wird die Mutter ermahnt, das Kind nie länger als 20 Minuten trinken zu lassen, sonst gewöhne es sich daran, an der Brust nur zu lutschen ohne zu saugen. Es »bummelt« an der Brust (s.o., S. 118). Unter Punkt 4 und 5 wird der Mutter nicht das Baby, sondern das strikte Einhalten von regelmäßigen Stillzeiten, alle vier Stunden mit einer achtstündigen Nachtruhe strikt ans Herz gelegt. »Die regelmäßig eingehaltenen, täglich gleich pünktlichen Mahlzeiten sind der entscheidende Beginn in der Erziehung deines Kindes« (s.o., S. 119). Ausnahmen von diesen Regeln sind nur erlaubt, wenn das Kind nicht genügend zunimmt und deshalb vom Arzt oder der Hebamme zu häufigeren Stillzeiten geraten wird, aber mit mindestens drei Stunden Pause dazwischen, denn wenn die Milch nur so kurz in den Brüsten bliebe, hätte sie zu wenig Nährstoff. Auch Johanna Haarer untermauert wie Ammon die Erziehungsvorschriften mit »wissenschaftlichen« Erklärungen.

Nach diesen Stillregeln geht Frau Haarer auf »Pflegegrundsätze« ein: »Erster Pflegegrundsatz: Reinlichkeit!« (s.o. S. 140. Das Ausrufezeichen steht im Text!) um das Baby vor Krankheiten zu schützen und den »berüchtigten ›Kleinkindergeruch‹« zu vermeiden. Der zweite »Pflegegrundsatz« heißt »Ruhe!« »Neben einwandfreier Ernährung und tadelloser Reinlichkeit gönne man dem Kind im größten Ausmaß Ruhe« (s.o. S. 165). Zeiten, in denen das Baby nicht gepflegt wird, soll es möglichst alleine in seinem Bettchen verbringen. Schreit das Baby in diesen Zeiten, ermahnt Frau Haarer, wie auch Herr Ammon sorgfältig nach einer Ursache für das Schreien zu suchen. Findet die Mutter keinen Grund und hilft auch der Schnuller nicht weiter,

> dann, liebe Mutter, werde hart! Fange nur ja nicht an, das Kind aus dem Bett herauszunehmen, es zu tragen, zu wiegen und zu fahren oder es auf dem Schoß zu halten, es gar zu stillen. Das Kind begreift unglaublich rasch, dass es nur zu schreien braucht, um eine mitleidige Seele herbeizurufen und Gegenstand solcher Fürsorge zu werden. Nach kurzer Zeit fordert es diese Beschäftigung mit ihm als ein Recht, gibt keine Ruhe mehr, bis es wieder getragen, gewiegt und gefahren wird – und der kleine, aber unerbittliche Haustyrann ist fertig (s.o. S. 170).

Es ist also Härte gefragt: »Man glaubt gar nicht, wie früh und wie rasch ein Kind solches Vorgehen begreift« (Haarer 1934, S. 265).

Um diesen eisernen Erziehungsstil nicht zu gefährden, ermahnt Johanna Haarer die Mütter, das Erziehungszepter möglichst nicht aus der Hand zu geben, denn Großmütter oder ältere Kinderfrauen könnten mit dem Kind zu nachgiebig umgehen und es verwöhnen! Junge Kindermädchen könne man leichter beeinflussen und an Strenge gewöhnen, sodass sie quasi als verlängerter Arm der Mutter die Kinder entsprechend konsequent anfassten. Dem Kind verbleiben in einem solchen rigiden System wenig Schlupflöcher. Der Mutter wird konsequentes Verhalten ihrem Kind gegenüber verordnet, um zu einem wohlerzogenen Kind zu kommen.

Sind vom ersten Lebenstag an die Erziehungsweichen auch noch so gut gestellt, wird die mütterliche Konsequenz immer wieder auf harte Proben gestellt, wenn zum Beispiel im »Spielalter« (s.o. S. 201) das Kind zu trotzen beginnt. »Die Auseinandersetzung mit dem Trotz und seine richtige Überwindung ist die wichtigste Erziehungsaufgabe im Spielalter« (s.o., S. 234). Scheinbar verständnisvoll betont Frau Haarer, dass der Trotz eine »natürliche Entwicklungserscheinung« (s.o. S. 234) sei. »Trotz ist ein anders wollen, nicht so wollen um jeden Preis. Wir haben gesehen, dass sich so der kindliche Wille in einer Zeit äußert, in welcher das Kind geistig noch nicht fähig ist, diesem Willen eigene sinnvolle Züge zu verleihen.« Klar ist auch, in welche Richtung sich der kindliche Wille zu entwickeln hat:

> Die zahllosen, wissbegierigen Fragen unserer Kinder bieten uns auf völlig zwanglose Weise den ersten Anlass dar, ihnen etwas von unserem Volk, unserem Vaterland und seinem Führer zu erzählen. (...) Einer Ahnung menschlicher Größe sind sie aber ebenso wie einer Ahnung des Göttlichen durchaus zugänglich (obwohl sie noch nicht alles verstünden). Schon in diesem frühen Alter können auch ihnen die Ziele unserer Staatsjugend anfangen, Richtschnur zu werden: Einordnung in die Gemeinschaft, Abstreifen aller Wehleidigkeit, Tapferkeit und Mut, Gehorsam und Disziplin kann man ohne alle Künstelei im Spielalter an die Kinder herantragen. Können doch die rechte Mutter und der rechte Vater gar keine anderen Erziehungsideale wünschen (s.o., S. 246).

Es werden reichhaltige Tipps genannt, wie der Wille des Kindes in diese Richtung gelenkt werden kann: indem man zum Beispiel das Kind an seinem »Ehrgefühl« packt »ein ordentliches Kind macht das so und so wie die Großen auch« (s.o. S. 255) – was auf ein Beschämen des Kindes herausläuft, obwohl Frau Haarer dies bestreitet – oder indem man es gewissermaßen kaltstellt und ihm die mütterliche Zuwendung entzieht oder indem man es die natürlichen Folgen seines Tuns spüren lässt – wolle das Kind z.B. trotz des mütterlichen Verbots an den heißen Ofen fassen, solle man es zulassen, damit das Kind die Konsequenz für seinen Ungehorsam spüre – oder die körperliche Strafe – ohne einen Klaps ginge es oft nicht.

> Je älter das Kind wird, desto mehr kann, ja muss man es zu einer rascheren Form des Gehorchens, schließlich zum Gehorchen aufs Wort hinführen. Man darf ja nicht zu lange bei den schonenden Umwegen verharren, sonst schlägt es schlau und berechnend seinen Vorteil daraus und drückt sich überhaupt ums straffe Gehorchen (s.o., S. 193).

Während der Zeit, in der der kindliche Wille ge- oder verbogen wird, würde bei den Kindern die Liebe zu den Eltern erst entstehen:

> Erst im Beginn des Spielalters, wenn das »Ich« im Kind zu erwachen beginnt, wenn seine Persönlichkeit sich deutlicher abzeichnet und sein eigener Wille häufiger von dem der Eltern abrückt, gerade in dieser Zeit entwickelt sich auch die eigentliche Kindesliebe zur Person des Vaters und der Mutter. Das Kind wird nun auch seinerseits zärtlich. Es drängt sich an die Eltern und liebkost sie (s.o., S. 254).

Es fragt sich hier, entsprechend wie bei Herrn Ammon, was Johanna Haarer unter Liebe, oder genauer unter »eigentlicher« Liebe versteht, wenn sie all die früheren Liebesbezeugungen des Kindes als solche nicht wahrnimmt, die das Kind in meinen Augen schon vom ersten Moment an schenkt.

Ich denke zum Beispiel an beglückende, innige Momente beim Stillen. Der Säugling sucht, dreht manchmal mit weit aufgesperrtem Mund heftig seinen Kopf nach beiden Seiten, bis er die Brustwarze findet und nach ihr schnappt. Es beginnt ein beidseitiger Prozess des Gebens und Nehmens. Die ersten Schlucke sind gierig, als müsse der Hunger ganz schnell gestillt werden, die Augen meist geschlossen. Die Spannung in den Brüsten lässt nach. Danach folgen Phasen mit an- und abschwellenden Aktivitäten, mal saugt das Baby, dann ruht er sich aus, scheint einzuschlafen und zu träumen, hält dabei die Brustwarze mit zeitweiligem Nuckeln aber immer noch fest im Mund und signalisiert dadurch, dass er noch keineswegs satt ist. Was mag in diesen Träumen rund um das Nuckeln in ihm vorgehen? Wenn es aus dem Schlaf wieder auftaucht, beginnt eine neue Trinkphase; manchmal öffnet es dabei die Augen, fixiert das mütterliche Gesicht, als wollte es auch noch mit seinen Augen aus ihren Augen trinken. Die Trinkphasen werden kürzer, die Schlafphasen länger, bis das Kind die Brustwarze verliert und sich in den Schlaf und ganz in Mutters Arm fallen lässt. Es kann und darf da sein, ohne etwas machen zu müssen. Dieser Ausdruck von Zufriedenheit, Satt-Sein, Hingabe und unendlichem Vertrauen hat mich bei meinen Kindern immer tief berührt. Es geht dabei für mich um Liebe und zwar um eine beidseitige, gleichwertige und bedingungslose Liebe zwischen Mutter und Kind.

Wenn ich die Texte von Johanna Haarer auf mich wirken lasse, dann werde ich den Eindruck nicht los, dass die Mutter in diesen Büchern primär dazu angehalten wird, sich die Kinder vom Leib zu halten und das schon vom ersten Moment an. Zwischen den Stillzeiten, die unbedingt einzuhalten sind, werden Beziehungspausen eingelegt, die ebenfalls unbedingt einzuhalten sind, um keinen »Haustyrannen« heranzuziehen. Beim Stillen solle die Mutter immer eine Uhr bei sich tragen, um die Stillzeiten auf höchstens 20 Min begrenzen zu können, damit das Kind an der Brust nicht »bummle«. Die Zeit, die ein Kind mit einer Bezugsperson verbringt, wird limitiert und möglichst kurz gehalten. Im Krabbelalter z.B. lohne sich die Anschaffung eines Kinderställchens, denn es würde nahezu eine Halbtagskraft ersetzen, da die Mutter in Ruhe ihrer Arbeit nachgehen könne, solange das Kind im Ställchen versorgt sei.

> Wer sich aufmerksam in der Welt umsieht, entdeckt, dass allenthalben schrankenlose und bis zur Selbstaufgabe gehende Liebe missbraucht wird. Das ist bei Kindern nicht anders als in der Welt der Erwachsenen und in mancher Ehe. Wappnen wir uns also rechtzeitig dagegen und nehmen wir auch von unsern Kindern nicht alles hin. Wenn wir beschäftigt sind, dulden

wir nicht, dass sie uns immer wieder unnütz stören und in Anspruch nehmen (...) (s.o. II, S. 242).

Der Beziehungswunsch der Kinder, den es außerhalb der vorgegebenen Pflegezeiten äußert, wird als störend abgetan und entsprechend bestraft; dem Kind wird Unersättlichkeit und Egoismus unterstellt, was nur mit einer konsequenten, »harten« Erziehung ausgemerzt werden könne.

Auf irgendeine, wenn auch noch so verdrehte Art lieben solche Mütter ihre Kinder, scheinen aber tragischerweise solche weichen Gefühle immer wieder zu bekämpfen und zu vergiften, indem sie sie entweder mit Härte überdecken, »dann, liebe Mutter, werde hart!« (s.o. S. 170) oder verhöhnen und abwerten:

> Das jüngst vergangene Zeitalter, das sich mit dem Namen »Jahrhundert des Kindes« brüstete – in Wahrheit wurde es zum kinderärmsten deutschen Jahrhundert – hat in dieser Hinsicht sonderbare Blüten getrieben. Damals bildete sich jener Typus von Eltern und Erziehern heraus, die über dem Beobachten und Erforschen der kindlichen Seelenregungen, also der »Psychologie«, die eigentliche Erziehung völlig vergaß und das Kind in Wirklichkeit führerlos heranwachsen ließ oder aber ins Gegenteil sich kehrend, aus einem Übermaß an »Psychologisieren« heraus das Kind so unablässig gängelte, dass eine unbefangene und geradlinige seelische Entwicklung von vornherein unmöglich gemacht wurde. Diese »schwierigen und komplizierten Kinder« wurden aufs Neue Gegenstand des unermüdlichen »psychologischen Interesse« ihrer Eltern (s.o. II, S. 265).

Nach einem Loblied auf konsequente Erziehung heißt es dann:

> Es ist kein Zeichen besonderer Mutterliebe, wenn man sein Kind unablässig mit Zärtlichkeiten, besonders vor Dritten überschüttet, oder all seinen Wünschen und Regungen unbedenklich nachgibt. Solche Affenliebe verzieht das Kind wohl, erzieht es aber nicht (s.o. II, S. 265).

Die Entwertungen für weiche, liebevolle Gefühle, für die sich die Mutter vermutlich schämen soll, da man sie vor Dritten schon gleich gar nicht zeigen dürfe, scheinen zu einer Entwertung des Kindes zu führen.

Solche Entwertungen finden wir bei Johanna Haarer in allen Entwicklungsphasen des Kindes. Manchmal werden sie subtil, manchmal sehr direkt ausgedrückt, wenn z. B. Frau Haarer die Mütter zur genauen Einhaltung der Sauberkeitsvorschriften ermahnt, um den »berüchtigten ›Kleinkindergeruch‹« zu vermeiden. Beim Lesen dieser Bücher entsteht der Eindruck, dass das

Kind, so wie es im Augenblick ist, nicht in Ordnung ist, sondern an dem gemessen wird, was es noch nicht kann und erst durch konsequente Erziehung zu erreichen hat. Das läuft auf eine Entwertung für die Welt des Kindes im Moment hinaus. Nehmen wir als Beispiel das Kinderspiel im »Zwischenalter« (zwischen ein und zweieinhalb Jahren), wie Johanna Haarer es nennt:

> Wenn das Kind spielt, lebt es in seiner Welt. Seine inneren Regungen drängen es zum Spiel. Es leuchtet ein, dass es dabei seine Kräfte übt und manches vorwegnimmt, was das Leben später von ihm fordern wird. Das Kind offenbart uns im Spiel sein innerstes Wesen und lehrt uns die Eigenart seiner jeweiligen Altersstufe zu erkennen (s.o., S. 138).

Johanna Haarer geht im Folgenden aber keineswegs so respektvoll mit dem kindlichen Spiel im »Zwischenalter« um, wie man es nach diesen versöhnlichen Zeilen vielleicht zu hoffen wagt:

> Keine junge Mutter darf sich also wundern, wenn ihr kleines Kind zu Beginn des zweiten Lebensjahrs sie in seinem Spiel gewissermaßen noch enttäuscht. Wohl hatte sie sich schon auf das Spiel des Kindes gefreut und darauf, es mit Spielzeug zu versorgen, seine Freude daran mitzuerleben (s.o., II S. 143).

Im Rückblick dagegen, wenn sie das Spiel des älteren Kindes beschreibt, besonders sein Nachahmen mütterlicher Geschäfte, macht Haarer ihre eigene Einstellung zum Kinderspiel im Zwischenalter deutlich:

> Das ist die Art zu Spielen, auf die die Mutter im Stillen so lange gewartet und an der sie nun so große Freude hat! Endlich kommt ein Sinn in das Tun des Kindes! Das blinde planlose Herumhantieren wird wenigstens teilweise abgelöst durch Beschäftigungen, die uns Großen viel eher verständlich sind (s.o. II,S. 150).

Beim »Herumhantieren« gehe Spielzeug, das nicht »niet- und nagelfest« sei, nur allzu leicht kaputt, da Kinderhände »derb« zupackten (s.o. II, S. 145).

Ich habe hier nur zwei Aspekte – das Beschneiden der kindlichen Beziehungswünsche und die Abwertung des Kindes – aus den Erziehungsbüchern von Johanna Haarer herausgearbeitet, da sie mir für meinen weiteren Text wichtig erscheinen. Eine genauere, sehr differenzierte und weiter reichende Analyse dieser Erziehungsbücher legte Sigrid Chamberlain 1997 vor.

Die Erziehungsprinzipien von Frau Haarer wird Ernst später seinen

Kindern gegenüber vertreten: »Auf unverschämte Antworten gibt es mitleidlos nur trocken Brot (...). Bitte versündige Dich nicht mit dieser verwünschten Milde. Deine Mutterliebe darf nicht zur Affenliebe entarten« (Ernst, 3.4.1949).

Eine solche Erziehung ist wirklich »mitleidlos«; Ernst scheint hier seine Schwierigkeiten, Mitgefühl zu empfinden, als Stärke umzudeuten. Wie Johanna Haarer wird Ernst seinen Kinder gegenüber Gehorsam und Liebe gleichsetzen. Als seine Schwester Marga brutale Erziehungsmethoden an Ernsts eineinhalb Jahre alter Tochter Sonja anwenden will, ist kein Mitgefühl bei Ernst für sein Kind zu spüren. Aus dem Brief spricht nur Empörung über die Schwester. Ernst 8.3.1936:

Marga war bei uns. Es ist ungeheuer schwierig mit ihr. (...). So redet sie auch in Sonjas Erziehung hinein (...) Sonja steckt noch viel die Zunge heraus. Marga verordnet die Reinigung einer Nadel und das Anstechen der Zunge, sobald sie erscheint. Herta hat dies den ganzen Montag ertragen, war aber dann am Ende ihrer Kräfte.

Marga behandelt dieses kleine Mädchen beziehungslos und grausam (Was hat Herta den *ganzen* Montag ertragen, »das Anstechen der Zunge« oder Margas Erziehungsvorschläge? Hat Herta ihre Tochter geschützt, oder Margas »Verordnung« zugelassen?).

Wenn Ernst und Marga in ihrer Kindheit liebevoll umsorgt worden wären, wären sie vermutlich nicht so blind und ignorant den kindlichen Bedürfnissen gegenüber. Ich nehme an, sie haben selbst eher eine Erziehung im Stile von Herrn Ammon erfahren.

Herta wird sich Ernsts Erziehungsvorstellungen unterordnen, dabei aber ihren Kindern gegenüber nicht immer bis zum Äußersten konsequent bleiben.

Mit solchen Erziehungsmaßnahmen wird dem Kind »mitleidlos« (Ernst, 3.4.1949) ein Bild übergestülpt und dem Bild entsprechend wird mit ihm umgegangen. Was erlebt das Kind, z.B. ein Säugling dabei? Die Erziehungsmaßnahmen treffen ihn nicht, wenn er zufrieden und selbstgenügsam in seinem Bettchen liegt, sondern wenn ihn etwas stört und er deshalb schreit. Er sucht vielleicht nach Zuwendung, Anregung, vielleicht hat er Hunger zur »Unzeit«, auf alle Fälle wird er sich bemerkbar machen. Er schreit, denn eine andere Sprache, seine Bedürfnisse zu äußern, hat er nicht. So schreit er ins Leere, wenn die Mutter, brav die Pflegevorschriften befolgend, gerade Beziehungspause verordnet hat. Das Baby, das den Stundenplan nicht versteht, ist wütend, trost- und hilflos einem unerträglichen Zustand ausgeliefert. Es schreit schrill, der ganze Körper bebt, zerrt und windet sich, als würde sich ein alles überflutender Orkan im ihm ausbreiten. Die Mutter dagegen nennt dieses verzweifelte Schreien Tyrannei, die ausgemerzt werden müsse. In seiner Not alleingelassen, wird das Baby irgendwann aus Erschöpfung einschlafen. Hat die Mutter kein waches Ohr und besonders kein offenes, liebevolles Herz für die Bedürfnisse ihres Kindes, wird sie in dem Einschlafen den Sieg ihrer Erziehungstechnik sehen und weiter an ihrem Stundenplan festhalten.

Aus der modernen Säuglingsforschung (Stern 1979, Dornes 1992, 2000) wissen wir, dass sich solche immer wieder durchlebten und durchlittenen traumatischen Ereignisse beim Baby als Erinnerungsspuren festsetzen, die zur Basis seiner Mutterbindung und Teil seiner Persönlichkeitsstruktur werden, solange es keine reparativen Erfahrungen gibt. Das Kind ist zutiefst verunsichert und wird sich wie jedes Kind Schutz und Hilfe suchend an die Mutter anklammern und auf jede Trennung von der Mutter beunruhigt und voller Panik reagieren. Das wiederum mobilisiert die mütterlichen Erziehungsstrategien, das patriarchale Damoklesschwert, das Baby sei verwöhnt, droht. Sie muss die Herrin bleiben, der Säugling bleibt mit seiner Panik alleine und wird immer hoffnungsloser: »Man glaubt gar nicht, wie früh und wie rasch ein Kind solches Vorgehen begreift« (Haarer, 1934, S. 265). Die eigenen vitalen Bedürfnisse werden für das Kind zur Bedrohung, weil sie den mütterlichen Zorn und ihre unerbittlichen Erziehungsmaßnahmen erregen können. Das Kind ist klein und abhängig; es bleibt ihm tragischerweise nur die eine Möglichkeit, die Eltern durch angepasstes Verhalten zu besänftigen. Obwohl das Kind nach außen braves Verhalten zeigt, ist es innerlich voll aufgestauter Wut über all die Beschränkungen, voll Panik und Angst vor den elterlichen Strafen und vor seiner eigenen Lebenslust (vgl. Niemelä 1992).

Mit all diesen Erziehungsmaßnahmen lernt das Kind genau, wie Gewalt ausgeübt wird. Es registriert bei der körperlichen Mahnung oder beim gewissermaßen Kaltstellen jede Bewegung der Eltern genau, die Hand, die z.B. weit ausholend auf seinen Körper schlägt, vielleicht eine harte, schrille Stimme, ein heftiges Schnaufen, oder ein demonstratives Wegschauen, das es in diesem Moment bei den strafenden Eltern wahrnimmt. Um seiner Hilflosigkeit zu entfliehen, wird es versuchen, diese Verhaltensmuster zu imitieren, um jetzt selbst die Waffen in der eigenen Hand, den Teddy oder das kleinere Geschwister zu traktieren. Um seinen inneren Aufruhr abzureagieren, wird es sich entweder selbst verletzen und seine Lebenslust folgsam beschneiden, oder es wird diesen Terror ausagieren und andere entsprechend quälen. Tragischerweise bleibt es mit allen Strategien, die es von diesen unerträglichen Gefühlen befreien sollten, im gleichen System gefangen, das den Terror verursacht hat und immer wieder neu verursacht.

Ein einzelnes Erlebnis wird die psychische Entwicklung des Kindes nicht so nachhaltig beeinflussen. Die Wirkung wird davon abhängen, wie häufig ein Kind solche Erfahrungen machen muss und welche Bedeutung ein solches Ereignis im ganzen Beziehungsgeflecht von Eltern und Kind bekommt. Gibt es daneben genügend korrektive Erfahrungen – vielleicht eine liebevolle Oma, ein Kindermädchen oder eine Tante – gibt es vielleicht Bereiche, in denen die Eltern dem Kind mitfühlend begegnen können? Dieser ganze Beziehungskontext wird die Bedeutung und die Auswirkung eines solchen isolierten Erlebens mitbestimmen. Bleiben dem Kind wenig Möglichkeiten zu korrektiven Beziehungserfahrungen, werden sich die Reaktionen auf das traumatisierende Erziehungsklima entsprechend rigide in seiner Psyche festsetzen.

Weiterhin spielt die Konstitution des Kindes eine Rolle. Manche Säuglinge und Kleinkinder finden schneller alleine wirkungsvolle Selbstberuhigungsstrategien und sind damit weniger häufig dem elterlichen Erziehungsdruck ausgeliefert als die leicht Erregbaren. Gerade diese wären in ihren Schreizeiten auf eine liebevolle Hilfe der Eltern angewiesen, um solche Strategien entwickeln zu lernen, bekommen statt dessen aber tragischerweise viel häufiger die elterlichen Zwangshandlungen zu spüren als die konstitutionell Stabileren (Zusammenfassung der entsprechenden Forschung bei Dornes 1992, 2000).

Der Überlebenswille eines Kindes ist groß und es wird hoffen, einen Menschen zu treffen, der seine Lebendigkeit und seine Liebe begrüßt, gleichzeitig eine solche Beziehung aber fürchten und bekämpfen. In einer solchen liebevollen Begegnung würde nämlich offensichtlich, dass die elterliche Züchtigung keine wohlwollende Handlung, sondern Gewalt war. Die seelische Wunde, die es bisher mit Scham, Schuldgefühlen, Selbstbezichtigung oder Ausagieren überdeckt und betäubt hatte, würde unerträglich schmerzen. Der liebevolle Partner wird scheinbar zur Bedrohung eines Sicherheitssystems, das den Schmerz zum Schweigen bringt und brachte. Auch wenn er das Kind oder später den Erwachsenen nicht verletzt, oder vielleicht gerade, weil er ihn nicht verletzt, wird er zum Feind erklärt und weggestoßen. Wie man einen Menschen wegstößt, weiß ein solches Kind oder der spätere Erwachsene sehr gut: das hat es von den Eltern erfahren und selbst dort erlebt. Jetzt nimmt es die Waffen in die eigene Hand und bekämpft liebevolle Begegnungen, die es sich andererseits zutiefst ersehnt. Das Kind und später der Erwachsene bleibt in seiner Geschichte gefangen und sucht immer wieder die gleichen Beziehungserfahrungen mit Menschen, die es beherrschen wollen oder die es selbst beherrscht. Das Erziehungsziel von Herrn Ammon scheint erreicht, die Eltern werden unfehlbar als *Höchste* anerkannt und das Kind bleibt auch als Erwachsener hörig an ihnen kleben. Ernst bezeichnet sich selbst zur Zeit seines Studiums als den »gehemmten Bub«, den »die Mutter oft freudig begleitete«. Herr Ammon nennt eine solche Dressur »Erziehung zur Liebe!«.

Ernsts Beschreibung seiner Mutter, seine grausame Verbindung von Müttern und Tod, sowie seine und seiner Schwester Haltung Ernsts eigenen Kindern gegenüber sprechen dafür, dass Ernst selbst als Kind »mitleidlos« nicht nur vom Vater, sondern auch von seiner Mutter erzogen wurde. Da ich keine direkten Briefdokumente von Ernsts Mutter aus seiner Kleinkinderzeit hatte, suchte ich nach Fotos der Familie. Es gibt eine Fotografie von den Kindern alleine, fein säuberlich vom Fotografen aufgestellt; Ernst im Matrosenanzug, die Schwestern in weiß gestickten und gestärkten Kleidchen daneben. Ich fand einen Schnappschuss von der Mutter mit zwei ihrer Töchter, als diese bereits im jungen Erwachsenenalter waren. Die Mutter sieht darauf sehr streng aus, mit durchgedrücktem Kreuz, mit nach hinten gezogenen Schultern, den Kopf sehr aufrecht auf einem gestreckten Nacken. Eine Frau, ich möchte fast sagen in militärischer Haltung, in der gleichen Haltung ihre Tochter Marga daneben. Das scharfe: »Ute, halt Dich gerade«, mit dem Tante Marga bei mir als Kind alle Rückenrundungen auszumerzen versuchte, ist mir noch in lebhafter Erinnerung.

Ernst hat seine Mutter zur Übermutter erklärt und ihre liebevollen Gefühle beschworen, sie sei so lieb gewesen, wie Mütter wären. Bei Johanna Haarer klingt es nicht anders.

> Er [der Mann] muss in ihr [der Frau] die ewige Mutter seines Volkes, die Gebärerin und Erhalterin deutscher Volkskraft sehen, zu der er aufschaut, die er verehrt, die ihm heilig ist, deren Recht und Ehre er erficht. Ihre Ehre muss seine Ehre sein. Es gehört zum nationalsozialistischen Ehrbegriff, dass keine Frau unverteidigt bleibt (Haarer 1934, zit. n. Chamberlain 1997).

Hier wird die Mutter zur heiligen Mutter und zur Gebärerin deutscher Volkskraft hochstilisiert und wie bei Ernst mit dem deutschem Volk oder Vaterland in Zusammenhang gebracht. Nach dieser überschwänglichen Idealisierung der »ewigen Mutter« kommt unvermittelt der nationalsozialistische Ehrbegriff, der keine Frau »unverteidigt« lasse. Der Text ist 1934, also mehrere Jahre vor Ausbruch des Krieges veröffentlicht worden! In der Umgebung dieser »ewigen Mutter« wird also auch in Friedenszeiten gekämpft. Der Erziehungskampf der Mutter gegen ihr Kind wird hierbei vermutlich nicht gemeint sein, hier wird eher gegen diejenigen gekämpft, die die Mutter nicht als heilige Mutter oder als Übermutter verehren, indem sie sie vielleicht als reale Person sehen, die keineswegs nur liebevoll mit ihren Kindern umgeht. Aus einer solchen differenzierten Sichtweise könnte eine gleichwertige Beziehung zwischen Eltern und ihrem erwachsenen Kind entstehen und das Kind müsste nicht auch als Erwachsener noch an Mutters Rockzipfel hängen. Verkürzt könnte das Zitat von Johanna Haarer heißen: Die Mutter soll idealisiert werden, so wie Ernst seinen Vater idealisiert und dessen Entwertungen als Liebe umgedeutet hat und gegen die, die sich diesem Diktat nicht anschließen, wird gekämpft.

Ernsts Beziehung zu seiner Mutter im Erwachsenenalter

In der Zeit seines Studiums in Freiburg schreibt Ernst der Mutter den Brief ins Sanatorium, den ich im letzten Kapitel bereits ganz zitiert habe. Ich möchte diesen Brief an dieser Stelle noch einmal betrachten und mich dabei auf Aussagen über Ernsts Beziehung zu seiner Mutter konzentrieren. Die Mutter war nach einem »Nervenverbrauch« für einige Wochen im Schwarzwald zur Erholung. Ernst ist zu diesem Zeitpunkt 33 Jahre alt. Er gibt vor, für den Erschöpfungszustand der Mutter Verständnis zu haben, ein Leben lang habe auch die Mutter, so wie er selbst, unter dem Vater gelitten. Aber die für all das Leid wohlverdiente Ruhe gönnt er ihr nicht. Kaum ist die Mutter der Familie entkommen und sucht im Sanatorium Erholung, schreibt Ernst ihr lange Briefe und schildert ihr minutiös alle Schwierigkeiten, die in der Familie auftreten. »Ungestraft« darf wohl niemand den Familienkampfplatz verlassen und die Beteuerungen, sie solle sich durch seine Schilderungen nicht quälen lassen, ihm im Gegenteil sogar dankbar für seine klaren Ausführungen sein, klingen eher zynisch. Wie auf einem Präsentierteller werden alle Schwierigkeiten, die in ihrer Abwesenheit auftreten, ausgebreitet – Probleme mit den Hausmädchen, Unstimmigkeiten zwischen dem Vater und seinen Töchtern, besonders die Konflikte, die Ernst mit seinem Vater hat. Aus dieser Familie gibt es kein Entrinnen und sind die Nerven auch noch so »verbraucht«.

Eine Mutter, die mit ihren Kindern liebevoll verbunden ist, könnte nach diesen Briefen nicht ruhig zum Sanatoriumsalltag zurückkehren. Ich denke, ein liebevolles Kind – und in diesem Falle ist das »Kind« 33 Jahre alt! – würde die Mutter in einer solchen Situation auch eher von den Alltagssorgen abschirmen. Das wäre Zeichen seines Mitgefühls. Anders bei Ernst und seiner Mutter: Er betont immer wieder, wie gut er sich in die Mutter einfühlen könne. Entweder zieht er sich hier ein Gefühl an, zu dem er gar nicht fähig ist, oder er weiß wirklich genau, was die Mutter braucht und sie leidet unter diesen Erzählungen gar nicht. Eine solche Mutter wiederum hätte mit ihren Kindern wenig Mitgefühl. Wir können also annehmen, dass die Beziehung von Mutter und Sohn durch eher geringes beidseitiges Mitgefühl und liebevollen Respekt füreinander geprägt ist.

Auffallend ist die Nähe von Mutter und Sohn. Die Nähe zur Mutter taucht in Ernsts Brief in zwei ganz verschiedenen Haltungen auf. Zum einen macht er sich ihr gegenüber klein und klagt ihr wie ein anhänglicher Junge weinerlich sein Leid, beschwert sich darüber, wie viel Unrecht ihm vom Vater geschehe. Zum anderen stellt er sich über sie und verfällt dann in einen recht direktiven Ton. »Bleib über Weihnachten fort, wenn der Dr. es will und lass den Alten hinaufkommen (...).« Ernst gesteht seiner Mutter hier wenig eigene Entscheidungsmöglichkeiten zu, entweder der Dr. oder Ernst sagen ihr, was sie zu machen habe. In dem ganzen Brief erkundigt sich Ernst weder nach dem Befinden seiner kranken Mutter, noch fragt er sie nach ihren eigenen Wünschen. Offenbar scheint er sie nicht als gleichwertige Person mit eigener Meinung und eigenen Wünschen anzuerkennen, sondern ordnet sich entweder unter und wird zum kleinen Bub, oder er bestimmt über sie.

Die Nähe zur Mutter benutzt Ernst, um sich vom Vater abzugrenzen.

Vater hat nun also dekretiert, dass er Dich holen will, er hat es sich nicht nehmen lassen, und die Verfügungen kamen so entscheidend, dass die Frage, ob ich Dich hole gar nicht diskutiert wurde. Ich habe natürlich geschwiegen und die Frage meiner Reise dann auch gar nicht angerührt, obwohl ich innerlich überzeugt bin, dass Vater weniger wird sich einfühlen können als ich (Dez. 1928).

Der Sohn könne sich besser in die Mutter einfühlen als der Vater. Die Mutter wiederum verstehe seine Liebe zur Natur und wisse, was ihm diese Freiheit bedeute, der Vater dagegen kenne solches Naturerleben nicht usw. In dieser Familie scheint man sich voneinander abzugrenzen, indem man sich als besser als der andere hinstellt. Auch seine Schwester Marga hatte diese Familienlektion gut begriffen: »Marga hat Herta wieder eine lange Rede gehalten, dass man sich immer höher fühlen muss als alle anderen Menschen, mit denen man zusammenkommt« (Ernst am 8.3.1936 an seine Eltern). Dass ein Mitmensch anders sein kann und deshalb nicht besser oder schlechter sein muss, scheint man in dieser autoritär strukturierten Familie nicht zu wissen.

Wenn Ernst die Nähe zur Mutter benutzt, um sich vom Vater abzugrenzen, gerät er aber vollends unter die Räder des patriarchalen Systems. Um seine eigene Männlichkeit zu entwickeln und vom Vater nicht noch mehr verachtet zu werden, wird er sich von seiner Mutter ab und ihm zuwenden müssen. Die Mutter ihrerseits wird in einem solch patriarchalen System, an dem sie selbst unter männlicher Verachtung leidet, die Loslösung des Sohnes nicht unterstützen. Im Gegenteil – durch den Sohn, den sie fest an sich bindet, kann sie an männlicher Macht teilhaben. Die frühen Traumatisierungen, die das Kind durch die starren Erziehungsprinzipien in der Beziehung zur Mutter erfährt, tragen das Ihre bei und stellen schon von vorne herein die Weichen zu einer solchen anklammernden Nähe, aus der der Sohn sich kaum befreien kann. Unter diesem Blickwinkel bekommt das »Gott sei Dank« der Mutter, als der Sohn in der dritten Klasse des Gymnasiums sitzen blieb, noch einmal eine andere Bedeutung. Die Mutter signalisiert vielleicht nicht so sehr Mitgefühl mit dem überforderten Kind, sondern Triumph dem Ehemann gegenüber – der Sohn erfüllt die Erwartungen des Vaters nicht – ein Gewinnpunkt im Geschlechterkampf zwischen den Eheleuten.

Auf einen solchen Kampf zwischen den Eheleuten weisen Kommentare, die Emma, Ernsts Mutter, in ihre Abschrift von Ernsts Feldpostbriefen 1943 einfügt. Ernst beschreibt am 28.3.1943 die Bergwerke im Donezbecken mit ihren reichen Erzvorkommen, aus denen die Russen, ohne Rücksicht auf spezielle Sicherheitsmaßnahmen, ungeheure Mengen Rohmaterial förderten. Bei der Verarbeitung würden Dinge des täglichen Bedarfs zurückgestellt, es fehle z.B. an einfachen Tellern, Eimern, Nägeln, denn alles Rohmaterial fließe in die Rüstungsindustrie. Emma kommentiert:

Genauso Emmas Haus. Arme Frau, hat alles gesehen – daran machtlos – fehlten aber auch jedes Verstehen. Mitgehen, gut arbeiten, die Pflichten, oftmals kaum das Einfühlen. Kulturlosigkeit, eine Herunterwirtschaftung bis zur vollkommenen Armut!!! Emmas Augen sind schon lange, lange offen, verblutete, bei Überfluss an Rohstoff.

Ernst schreibt weiter, dass der Russe materiell nicht zu schlagen sei, aber personell sei es möglich, und Emma kommentiert dazu: »Ja, wenn Emma gesund wäre!« Damit verlegt sie den Kriegsschauplatz, den Ernst in Russland beschreibt, in den Professorenhaushalt!

Ernst wird als Kind, wenn wir weiter bei dieser Sichtweise bleiben, von der Mutter genauso benutzt wie von seinem Vater. Die Beziehungsfalle schnappt für Ernst von beiden Seiten zu. Der Mutter soll er durch seine »Wohl-Erzogenheit« gesellschaftliche Anerkennung verschaffen, den Vater soll er zur Spitze einer Gelehrtendynastie erheben und ihm damit seine wissenschaftliche Anerkennung sichern. Für Ernst bleibt kaum Luft und Raum, um eine eigene Identität mit eigenen Wünschen und einem eigenen Lebensentwurf zu entwickeln.

Aus diesem erstickenden Horror flieht Ernst in eine scheinbar heile, eher mit der Mutter verbundene Welt. Seine Skitage unternehme er aus freiem Willen – der Vater sei dazu nicht fähig – die Mutter dagegen habe dafür Verständnis. Ernst schmückt diese heile Welt mit viel Pathos und sich mit den entsprechenden Tugenden. Nur zwei Gefühlsqualitäten werden in Ernsts Briefen deutlich spürbar: Wut und Hass. Wenn er dagegen pathetisch über

Liebe, Treue, Pflichterfüllung, Freiheit, Kameradschaft und dergleichen mehr schreibt, kann ich kaum eine entsprechende Gefühlsqualität empfinden.

Ernst muss voller Wut und Hass auf beide Elternteile gewesen sein. Wir sahen in den beiden Briefen, die er 1928 an die Mutter ins Sanatorium schrieb, dass er die Wut auf den Vater entweder an die Geschichte, die über den Vater hinwegginge, delegierte oder sie an seinen Mitmenschen abreagierte. Den Eltern gegenüber äußert er diese Wut nicht direkt. Beim Vater »schweigt« er und mit der Mutter flüchtet er in die Illusion einer gemeinsamen »heilen« Welt, in der er den Tod verherrlicht und mehr zu lieben scheint als das Leben.

Er kann sich von beiden Eltern nicht abgrenzen und vermeidet reale Auseinandersetzungen mit ihnen. Ein Leben lang wird er in diesen Abhängigkeiten und auf der Suche nach mächtigen Vater- oder Mutter-Figuren gefangen bleiben – und wird nur allzu bereit einem Führer zujubeln und sich ihm kritiklos unterordnen.

Eine solche Abhängigkeit ist ihm allerdings nicht bewusst, er wird sie als *Treue zu sich* selbst umbenennen und z. B. an Herta zu ihrem 43. Geburtstag schreiben: Ernst 10.11.1951:

Vielleicht ist es Dir ein Trost und eine Freude, dass ich mich bemühe, mir treu zu bleiben um Deinetwillen, dass ich mich nicht selber verraten und die alten Erbschaften beider Elternhäuser nicht feig im Götzendienst der Nützlichkeit wegwerfen will. Es ist arg schwer, mehr kann ich Dir nicht schenken. Auch Du wirst Dir nicht untreu und dafür danke ich Dir ganz besonders.

Ernst, der in dieser patriarchalen Familie scheinbar das große Los gezogen hat, weil er nämlich ein Junge ist, erleidet die gleichen Verletzungen wie die Schwestern, weil sie Mädchen sind. Er ist für den Vater nicht der richtige Sohn, die Schwestern sind für die vom Patriarchat geprägte Mutter »nur« Mädchen, für den Vater sowieso.

Der Erste Weltkrieg

Wie viele seiner Mitabiturienten und jungen Männer seiner Generation zog Ernst mit einer Rose im Gewehr begeistert in den Krieg. Diese Begeisterung schlug bei den meisten schnell in ein Entsetzen über die Realität des Krieges um, wie Erich Maria Remarque es stellvertretend für viele dieser jungen Kriegsfreiwilligen in seinem Buch *Im Westen nichts Neues* beschreibt. Nicht so bei Ernst; er war und blieb gerne Soldat, so absurd das auch klingt. Er war zwei Jahre in Russland, dann in Frankreich zuerst an der Somme, dann an der Aisne und zum Schluss in Reims.

Ernst am 23.1.1915: »Nun bin ich Kriegsfreiwillig Gefreiter, am 22.1. zu diesem Dienstgrad befördert.- den Gehalt bekomme ich nicht, (…) da ich unetatmäßig bin. Das ist mir aber ganz egal. Um den Gehalt ist es mir nicht zu tun.«

Als Funker richtet Ernst Funkstationen hinter der Front ein, er transportiert Akkus mit Lastwagen, manchmal schleppt er sie durch die Schützengräben, zieht Drähte, errichtet Antennen und richtet sie aus und hat Dienst am so genannten Klappenschrank, an dem die Morsemeldungen ankommen und weggehen.

In Russland dann Ernsts erstes Kriegsweihnachtsfest. Ernst am 1.1.1915:

Unser Weihnachtsfest war sehr schön (…).Es wurden lustige Geschichten aufgeführt, bis unser Senior, der Gefreite Gut, das Wort ergriff. Er hat durch seine Rede das ganze Fest erst zum Weihnachtsfest gemacht. Er ging von zu Hause aus, dachte an Weihnachten zu Hause. An die frohen und betrübten Weihnachten; die frohen, wenn die Angehörigen den fernen Soldaten gesund wissen, die betrübten, wenn der Verlust eines Vaters und Sohnes zu beklagen ist. Er sprach von den Kriegsherrn, mit denen wir alle Weihnachten feiern und endete mit dem Hinweis auf den Kriegsherrn und dessen Heerscharen, die gefallenen Heldensöhne »aller Nationen«. »Sie ruhen in Frieden.« Schlicht und einfach hatte der Postschaffner gesprochen, als Familienvater, der selber Kinder zu Hause und als Sohn, der noch Eltern zurückgelassen hat.

Am Schluss haben wir unter freiem Himmel das niederländische Dankgebet gesungen. Das war alles sehr einfach, aber doch schön.

Ernst hat diesem Tagebuchband einen Zeitungsartikel, in dem dieses »holländische Dankgebet« abgedruckt ist, beigelegt. Das Datum dieser Zeitung ist leider nicht ersichtlich, es muss nach 1933 gewesen sein, denn dieses

Dankgebet wird nach dem »Friedensappell des Führers« und nachdem »die Glocken des Kölner Doms den Friedensruf in die Welt getragen haben«, gesungen.

Holländisches Dankgebet

Wir treten zum Beten vor Gott den Gerechten;
Er waltet und haltet ein strenges Gericht;
Er lässt von den Schlechten nicht die Guten knechten,
Sein Name sei gelobt, er vergisst uns nicht.
Im Streit zur Seite ist Gott uns gestanden;
Er wollte, es sollte das Volk siegreich sein.
Da ward, kaum begonnen, die Schlacht schon gewonnen;
Du Gott, warst ja mit uns, der Sieg, er war Dein!
Wir loben Dich, oben, Du Lenker der Schlachten,
Und flehen, mögst stehen uns fernerhin bei,
Dass Deine Gemeinde nicht Opfer der Feinde!
Dein Name sei gelobt, O Herr, mach uns frei,
Herr, mach uns frei!

Das beeindruckte Ernst im Ersten Weltkrieg, die gleichen Töne wird er wieder bei den Nationalsozialisten finden und sich kritiklos dieser Bewegung verschreiben. Ernst am 28.2.1915:

Ich bin immer noch viel zu leidenschaftlich, wenn es nicht klappt. und kann so wild werden, dass ich auch nach dem Dienst immer ganz kaputt bin.

Bei allem Zorn über das schlechte Quartier, über die Enge der Stube und Kameraden, die stehlen, ist er doch stolz mit seinem Soldatendasein identifiziert. Ernst am 28.2.1915:

Und nun, liebe Mutter, muss ich Dir eine Rede halten: Springerle, der Kuchen! Als Sohn bedanke ich mich und kann Dich versichern bei einer Flasche Rotwein mit Deinem Gebäck waren wir beide überglücklich.
    Aber als Soldat muss ich zanken, es darf nicht sein, sonst müssen wir kapitulieren, weil wir kein Brot mehr haben, und alle Gefahren waren umsonst, weil das deutsche Volk essen seiner Existenz und der des Germanentums vorzog. Und nun, so gern ich noch mehr hätte, es darf nicht sein, ich muss entsagen und Du entsage bitte auch der Freude, mir welches zu schicken. Der Einsatz ist Sein oder Nichtsein. Es darf auch kein Brot vergeudet werden (...).

Ernst sieht den Krieg für Deutschland, für das Germanentum und für sich selbst als berechtigt an, und ist voller Hass auf die Feinde, in diesem Fall die Engländer.

Pozamcze den 21.4.1915
Ein echter Abend, wie ich schon manchen erlebt habe, draußen Gewitterregen, in der elenden Hütte sitze ich allein, neben mir die Kerze und denke und denke, ohne ein Ende zu finden über das »bis wann noch!«. Bis Frühling hatten wir gesagt, und nun, da er da ist, schlagen wir uns noch. Wir hatten eben auf Menschen, deutsche Menschen und nicht auf Tiere gerechnet. Denn Tiere sind sie, diese reichen elenden, niedrigen Geldmenschen Englands, die einen Krieg, einen Weltkrieg brauchten, um die deutsche Konkurrenz aus dem Felde schlagen zu können. Aber Abrechnung kommt, ihr Herrn, Abrechnung, es lebt ein Gott zu strafen und zu rächen!

28.9.1915 Pruzana
Wenn des abends blutrot über dem Sumpf die Sonne unterging und wir still »nach Hause« gingen, da kam mir die trostlose Öde dieses Sumpfes so recht zum Bewusstsein. Da haben wir oft nach Hause gedacht und so manchen Abend sangen wir am Feuer: »Nach der Heimat möcht ich wieder«. Zwischen dicken, fetten Grasbüscheln schaut fette nasse Erde hervor und trägt den Leichtsinnigen, als sei es fester Boden. Aber es federt verhängnisvoll, und nach Regen ist alles ein See, aus dem Grasbüschel und Birkenbäumchen hervorragen. Und wie sah dieser Sumpf zwischen Pruzana und Rozana aus! Von Wysoko-Litowsk an lag beinahe alle 100 mtr. ein totes übelriechendes Pferd. Bei Koladycze aber sah es aus wie Sodom und Gomorra. Hier kam es zur Katastrophe. Tausende von Männern, Frauen, Kindern mit Sack und Pack, vor den Deutschen fliehend, wurden mit Hab und Gut, mit Wagen und Vieh von Kosacken in den Sumpf getrieben, weil sie die Straße für die russische Flucht sperrten. Und zwischen dem allen deutsche Granatlöcher. Ich kann hier nicht beschreiben, es ist unmöglich. Wagen, Truhen, Kisten, Kasten, Wäsche, Decken, Mehl, Brot – kurz alles vom Größten bis zum Kleinsten lag kunterbunt durcheinander. Und von da an, rechts und links der Straße Vieh, eingebrochene Kühe, noch lebend. Schweine und Kälber liefen wild umher. Wir fingen auf einen Schlag 8 Kälber. Die Luft war verpestet. Und über all dem Krähen, riesige Schwärme.
  Das ist der Krieg, der rohe fanatische, verrannte, sündhafte Krieg; die Jagd von Mensch auf Mensch!

Bei Ernst folgt auf diesen Bericht kein entsetzter Aufschrei, dass dieser grausame Krieg aufhören solle, sondern er berichtet, wie in einem Schulaufsatz von der riesigen Kaserne in Pruzana, die sie vermutlich als Winterquartier beziehen würden und in der auch noch die Offiziere lebten. Die obige Szene wird auch im Folgenden nicht wieder aufgenommen, sodass man sich fragen muss, wie tief sich Ernst davon wirklich berühren ließ. Vermutlich nicht nachhaltig, denn er bleibt ein begeisterter Soldat. Wird dieser »rohe fanatische, verrannte, sündhafte Krieg« nur von den Feinden und nicht von den Deutschen geführt?

Ernst schreibt am 16.10.1916: »Ich will hier für das Vaterland arbeiten und da mein Mögliches leisten«; und identifiziert sich ganz mit seiner Rolle als Soldat: »So gehen wir eben, denn als Soldat gibt es im Kriege keine Heimat. Dahin und dorthin fegt uns der Kriegsbesen.«

1. Nov. 1915:
Teile nur mit, dass ich heute zum überzähligen Unteroffizier ernannt wurde (...).Nun habt Ihr also einen Unteroffizier, ich freue mich besonders auch für Euch, denn Vater wartete doch darauf.

Den Winter über bleibt Ernst noch in Russland stationiert, am 11.4.1916 Telegramm an die Eltern: »Abkommandiert nach Klausburg.« Von dort geht es weiter nach Frankreich in das Gebiet der Somme. Sein Aufgabenbereich vergrößert sich, er ist für einzelne Funkstationen hinter der Frontlinie verantwortlich und führt junge Rekruten in die Funk- und Morsetechnik ein: »18-, 19-jährige unreife Burschen [Ernst ist zu diesem Zeitpunkt 21 Jahre alt]; die Tintenbuben muss man ironisch betrachten und immer so gelinde durch den Cacao ziehen. Dann müssen sie schließlich über sich selbst lachen« (Nov. 1916).

Während er seine Arbeit immer wieder lobt und sich als besonders mutig darstellt, verteilt er Sticheleien nach oben und unten.

6. Oktober 1916 an der Somme:
Gestern Abend war wieder ein kleiner Scherz, der Franzmann schoss wie toll, wir antworteten aber nicht.
Heute blieben wir zu lange in der zweiten Stellung, und da bekamen wir Feuer. Immer wenn wir es pfeifen hörten, duckten wir uns, bis die Kugel vorbei, dann wurde wieder geschanzt. Wären wir nicht dageblieben, wären die ganzen Infantristen stiften gegangen. Es war direkt komisch, wie ängstlich die Infanterie ist. (...).Als die Leitung fertig war, gingen wir auch stiften und zwar nach vorn in die erste Linie, von da wie die Katze um den heißen Brei auf Umwegen heim. Und da hatten sich die Infant. alle in ihren bombensicheren Stollen und Unterständen verdrückt, nur wir Tel. sausten noch nach Hause. Ein feines Gefühl, wenn man so

springt und sich immer wieder an die Grabenwand drückt, wenn eine angepfiffen kommt.

In der Schlacht an der Somme fanden mehr als eine Million Soldaten den Tod. Ernst wird im Dezember 1940 nach der Besetzung Frankreichs nach Bordeaux fliegen und eine Flasche Bordeaux-Wein aus dem Jahr 1916 »in memoriam unserer Sommeschlacht« trinken. »Es war schon einzig!!« (22.12.1940).

4.12. 1916:
Am 3.12. rückte ich 5 h. vorm. mit 43 Infantristen und 2 Wagen nach Pancy ab. Die Infantristen sind bei uns eine Lotterbande geworden. Der Infantrist mag in Zucht der Kompanie ein tüchtiger, fleißiger und guter Soldat sein, für das freie Leben des Tel. erscheint er mir nicht geeignet, weil die Initiative zum selbstständigen Arbeiten und zur freiwilligen Pflichterfüllung fehlen. Wenigstens muss er dazu erzogen werden. Auch kann er sich nicht aus freien Stücken so unterordnen, wie man dies von einem Soldaten als Vorgesetzter erwarten muss. Und dieses Taktgefühl schätze ich am Tel. sehr.

Anders werden seine Berichte im Zweiten Weltkrieg auch nicht klingen. Während sich Ernst selbst im besten Licht darstellt, als mutig und unerschrocken seiner Arbeit nachgehend, entwertet er andere. Wir kennen das von ihm bereits. Am 19.11.1916 schreibt er über seinen Vorgesetzten:

Die Unterführung mit den 5 Rohren, die in die Straße eingelassen wurden, machte mir viel Spaß, während der Schulmeister Brandes die Hose voll hatte, dass es nicht funktionieren konnte. (...) Und was ist ein Offizier, der nicht mehr nach den idealen Aufgaben seines Standes sieht? »Oh, es ist schade um die Menschen« sagt Strindberg, und das muss ich immer wieder denken.

Wird ihm dagegen die Anerkennung verwehrt, beginnt Ernst mit allen Mitteln, »ohne jede Rücksicht« zu kämpfen.

16.10.1916:
Ärger gibt es noch immer genug. Nun habe ich wieder den zweiten Trupp, während ich bis jetzt den 4. hatte! Es ist ein Elend mit dieser Einteilerei, jeder sagt anders, die Kameraden müssen getrennt sein, die Freunde auseinander, bis keiner mehr Lust und Liebe zum Geschäft hat.
Ich will hier für das Vaterland arbeiten und da mein Mögliches leisten. Aber diese elenden Schiebungen und Stänkereien verpesten mir die Luft. Ich bin nicht

noch einmal Sprungbrett für andere! Werde ich zur Notwehr gezwungen, drängt man mich in den Hintergrund, dann will auch ich drängen und wie in Döbnitz so auch hier schieben. Ich empfinde Ekel davor, aber mit Idealismus komme ich nur unter anständigen Leuten durch. Ich lasse mich mit den Herren gar nicht ein, zum Streiten und Feilschen bin ich nicht Res. Offz. geworden, ich gehe bald möglich zum Leutnant, und der mag dann befehlen. Aber das lerne ich hier wieder, ich passe nicht zu den Leuten und halte mich deshalb zurück! Ich intrigiere gegen keinen, dazu bin ich nicht hier, wenn aber der Konkurrenzneid der anderen so weit geht, dass sie mir einen minderwertigen Trupp zuschustern, dann bin ich Kerl genug, mit realer Wahrheit ohne jede Rücksicht, mich zu wehren.

Mit einer ähnlichen Argumentation wird Ernst wohl für sich und für Deutschland den Krieg als einen gerechten beanspruchen, während die Feinde einen »fanatischen, sündhaften Krieg« (28.9.1915) führten.

21.1.1917:
Am Freitag Abend also wurde ich Offiz. Stellvertreter! Und nun am Samstag ließ ich Achselstücke aufnähen und die Uniform ändern. Mein Bursche musste nach Laon, Handschuhe, Seitengewehr, Leibriemen kaufen, dass ich als Stellvertreter auch etwas darstelle!

Neben allem Kompetenzgerangel innerhalb seiner Abteilung, beschreibt Ernst mit einem rein strategischen Blick genau, wo wann wie welche Angriffe stattfinden

9.5.1917:
Vor unserem Abschnitt liegen in größerer Anzahl (etwa 10) Tanks [so wurden die Panzer im Ersten Weltkrieg genannt], die der Infanterie den Weg bahnen und den Sturm zu einem Spaziergang machen sollten. Der Abgott der Franzosen, hinter dem sie noch energisch angreifen, hat wieder gründlich Fiasco gemacht. Kein einziger kam durch die Stellung durch, und kein einziger kam zurück. Sie liegen alle zerschossen vor der deutschen Linie.

In einer Stelle seines Abschnitts aber geht es »nicht so ganz gut«. Der »Franzmann« bricht durch eine deutsche Stellung bei St. Martin Ferme und kann von da aus ein Gelände, in dem die Deutschen operieren, überblicken.

Beim 3. Angriff wird es ernst, denn jetzt, wo wir uns so in die Karten schauen lassen müssen, ist es ganz übel. Aber das Überlegen und Bedenken überlässt man am besten dem deutschen Reichstag und der Soz. Arbeit. Gemeinschaft, die von diesen

Leistungen keine Ahnung haben und doch durch Reden das verderben, was hier im Felde durch die besten Leistungen geschaffen wird.

Ernst wird zum Leutnant befördert und hat dann einige Funkstationen unter sich. Am 30. 7. 1918 erkrankt er an einem Darmkatarrh und kommt für zwei Wochen ins Lazarett, »aus dem ich am 14. August entlassen wurde. Am 17. August auf nach Deutschland zum 14-tägigen Urlaub!« Der nächste Tagebucheintrag am 23. September 1918:

Am 3.9. war der Urlaub zu Ende, und hinaus ging es wieder zum 5. Male, einem unbekannten Schicksal entgegen. Die Freiburger Unken ließ ich gerne hinter mir zurück, jene Giftmischer und Schwarzseher, die auch nicht Recht behalten und nach dem Endsiege mit Stöcken aus Deutschland herausgetrieben gehörten. Schwer wurde mir der Abschied aber von dem Heim, der Arbeit, dem Familienkreise mit seiner Liebe und Freundlichkeit. Das kann ich im Felde nicht bekommen.

Gleich nach seiner Rückkehr aus dem Urlaub ein neuer Einsatz: Ernst soll seine Funkstation verlegen und beschreibt in seinem Tagebuch seinen Weg von der einen in die nächste Station:

Das Gerät musste jetzt getragen werden. Wir mussten durch unser altes Stellungssystem hindurch, von dem aus wir am 15.Juli gestürmt hatten und hinein in die französischen Gräben, die wir damals nahmen. Also los. Wir gingen auf Deckung (...). (...) Wie wohl tut doch das Bewusstsein wieder im Krieg zu sein.

Die Beschreibung einer Schlacht auf den Höhen bei Reims:

Am 25.9. um 23 Uhr begann der böse Feind seinen Angriff (...). Um 5 Uhr war ich auf. Draußen war die Hölle los. Krach, krach schlugen in unserer Nähe die Granaten ein, dass wir nach jedem Schuss besorgt fragten, ob wir noch Empfang hatten oder ob die Antennen kaputt waren. Gottlob, die hielten während der Dunkelheit! Gegen 6 Uhr war das Feuer mehr und mehr zu hören, es war ein wildes, furchtbares Krachen, Toben und Tosen, ein entsetzlicher Trommelwirbel des Kriegsgottes.
   Und unten tief unter der Erde saßen wir, gleichgültig und ruhig, als ob uns das Krachen und Toben nichts anginge, saßen vor unseren Apparaten und horchten und funkten, funkten; trotz Feuer und Granaten brachten wir unsere Meldungen durch, obwohl sich der Feind die erdenklichste Mühe gab, unseren Verkehr zu stören. Immer gewaltiger wurde das Schießen, immer seltener kamen unsere Nachrichten durch...Die Antenne getroffen: Krach! Bruch! Jetzt schnell! .. also ein Stück fehlt! Bruch! Die Brocken! (größere Minen) Alles liegt auf der Wiese! Auf! Weiter! Draht

her! .. hinlegen! Bruch! Wieder die Brocken – Sammlung, dann wieder weiter! (...) nicht zu stramm anziehen, dass sie (die Antenne) nachgeben kann! Gottlob. und hinunter in das dumpfe Erdloch.
Am 5.10. nachmittags ging ich dann noch zu Schwarzlose in das Außenlager. Wie üblich mit meinem Infanteristen und Adlatus. Wenige Stunden vor meinem Eintreffen war dort Funker Heinrichs (19 Jahre) gefallen. Die Leute hatten ihr Tretrad vor dem Stollen aufstellen müssen. Als nun gefunkt werden sollte, waren sie zu Dreien herausgegangen, 2 auf das Tretrad einer zur Ablösung stellte sich daneben. Zuerst wurde Heinrichs abgelöst. Lachend stand er daneben und ulkte mit den 2 anderen, die sich abstrampelten. Da Bruch! Heinrichs mehrere Durchschüsse, Splitter im Herz, außerdem Kopfschuss – tot. Und den beiden auf dem Tretrad war nichts passiert! Aber bei Schwarzlose gab es kein Zaudern! Seine Leute taten ihren Dienst weiter. Die Trauer um den Toten lähmte nicht das Pflichtbewusstsein der Lebenden.

12.10.1918:

L. E. [Liebe Eltern]
Gesund und munter! Die deutsche Heimat hat mit dem Unken gespielt, herrlich ging die Frucht auf und nun, wo die Ernte kommt, da könnt ihr des Unkrauts nicht Herr werden. (...) Ich habe große Tage hinter mir. Was vergangene Nächte geleistet wurde, wird auf die Unken deprimierend wirken, sie würden die Nase noch tiefer hängen, wenn dies überhaupt ginge. Und doch hört! Es ist Nacht. Richtung Norden orientiere ich mich vor meiner Kolonne gehend nach dem Polarstern. Hinter mir die Kerls in frohster Stimmung, singend, lachend, denn sie haben Grund! Freude und Dankbarkeit in aller Augen. Warum? Hinter uns zieht ein Zug Civilisten, bepackt, beladen, keuchend, die Habseligkeiten auf Handkarren etc. fliehen auch sie vor der Kriegsfurie. Die besten Kleider am Leibe, sonst nur ein kleines Bündel Wäsche und einige Decken, so ziehen sie mühsam ihre Straße. Hinter ihnen liegt die Heimat, hinter ihnen alles, was ihnen lieb und teuer war (...). Das sind Franzosen nicht Deutsche ihr Unken! Auf französischem Boden wird gekämpft. Euer unseliger Biertisch steht auf festem Boden. Also Ruhe!

Der Krieg nähert sich seinem Ende; Ernst scheint weiterkämpfen zu wollen, vermutlich bis zum Endsieg. Entsprechend wird er auch im Zweiten Weltkrieg agieren. Bei Kriegsende:

In Inneville, wo wir nochmals Öl auffüllen wollten, bekamen wir das letzte Mal Feuer. Dies war die letzte Granate, die ich im Kriege hörte.
In Mont Laurent feierten wir in der Kantine, vor der ich mit dem Lastauto vorfuhr, begeistertes Wiedersehen mit den tags zuvor Abgelösten, vor allem auch mit dem gänzlich besoffenen Schwarzlose.

Ich war fertig, vollkommen fertig. In dem Augenblick, in dem ich in Inneville aus dem Feuerbereich heraus war, ich und meine Leute, außer dem Unteroffizier Schöne, der am 25.9. beim Dienst nachts verwundet wurde, und dem Funker Hinrichs, da konnte ich nicht mehr.

Nach meiner Ankunft in Mont Laurent ging ich ins Bett, wo ich eine schreckliche Nacht mit entsetzlichen Träumen durchmachte. Den ganzen folgenden Tag konnte ich keinen vernünftigen Gedanken fassen.

Schwarzlose bekommt von Ernst bei Kriegsende das Eiserne Kreuz.

Um 11 Uhr trat die ganze Abteilung an. Die EK II werden ausgegeben. Ich heftete Schwarzlose das EK an, das er sich redlich verdient hatte. Dem Guten liefen vor Freude die hellen Tränen über die Backen. Als ich ihm die Hand schüttelte, antwortete er mir laut: »Und wenn es eine Gerechtigkeit gibt, dann müssen es Herr Leutnant auch bekommen!«

Der letzte Eintrag in diesem Kriegstagebuch ist ein Funkspruch des Kronprinzen Wilhelm: (Datum dieses Funkspruches nicht genau ersichtlich)

Heeresgruppe Deutscher Kronprinz drahtet: An 14. I.D.
Seit 4 Tagen steht die 14. I.D. in schwerem Kampf. Alle Versuche des Feindes, die Division ins Wanken zu bringen, sind an der Tapferkeit und Pflichttreue von Führer und Heer gescheitert.
    Ich spreche der Division meinen Dank und wärmste Anerkennung für ihre hervorragende Leistung aus.
    Dieser Befehl ist den Truppen bekannt zu geben.
    Der Oberbefehlshaber Wilhelm, Kronprinz

Soweit die Auszüge aus den Briefen und dem Kriegstagebuch. So schrecklich es klingt; der Krieg scheint für Ernst eher etwas Positives gewesen zu sein. Bekam er da die Anerkennung, die er von seinem Vater nicht bekommen hatte? Vielleicht auch darum als letzten Eintrag in diesem Kriegstagebuch der Funkspruch von Kronprinz Wilhelm. Im Krieg hat er in der Hierarchie seinen sicheren Platz und einen klar umrissenen Aufgabenbereich und die Anerkennung in seinem militärischen Rang. Das scheint für Ernst wichtig gewesen zu sein: »Wie wohl tut doch das Bewusstsein wieder im Krieg zu sein.«

Remarque lässt in seinem Buch *Im Westen nichts Neues* seinen Protagonisten sagen:

Oft sitze ich vor mir selber, wie vor einem Fremden. (...),das Leben ist nur auf einer ständigen Lauer durch die Bedrohung des Todes, – es hat uns zu denkenden Tieren gemacht, um uns die Waffe des Instinkts zu geben. Es hat uns mit Stumpfsinn durchsetzt, damit wir nicht zerbrechen vor dem Grauen, das uns bei klarem bewussten Denken überfallen würde, – es hat in uns den Kameradschaftssinn geweckt, damit wir dem Abgrund der Verlassenheit entgehen.

Remarque beschreibt voller Entsetzen das Grauen dieses zerstörerischen Krieges und die innere Verwüstung, die die andauernde Lebensbedrohung in den Menschen anrichtet. Er ist sich dessen bewusst, er sitze oft vor sich selbst wie vor einem Fremden. Wie anders der Ton bei Ernst; er legt über all den Horror seine persönliche »Heldengeschichte« und scheint kaum Momente zu kennen, in denen er aus dieser Rolle aufwachen und für sich selbst, und für andere in diesem mörderischen Kampf Mitgefühl empfinden kann. War das Kriegsende ein solcher Moment, wurde ihm in dieser »schrecklichen Nacht« die Lebensbedrohung, der er immer wieder in den letzten vier Jahren ausgesetzt war, bewusst, und/oder litt er darunter, dass der Krieg zu Ende war? Ich habe in Ernsts Texten nach Kameraden gesucht, die ihm nahe gestanden haben könnten oder denen er nahe stand. Ich habe keinen gefunden, dagegen immer wieder Kameraden, von denen er sich schlecht behandelt fühlte; sei es, dass sie ihm bei seinem militärischen Fortkommen im Weg standen, sei es, dass sie ihn benachteiligten, indem sie ihm zum Beispiel das schlechteste Pferd gaben, das er gewaltig drannehmen musste, was die Kameraden als Tierquälerei einstuften. Am Chemin des Dames machte er mit einem »netten Kerl« eine Erkundungsfahrt, aber dieser »nette Kerl« wird als Person nicht weiter sichtbar und von ihm ist im Folgenden auch keine Rede mehr. Zu einer engeren Beziehung hätte Ernst mehr Einfühlungsvermögen gebraucht. Ich denke, dazu war er kaum fähig.

Ernst kehrt nach diesen Kriegsjahren in sein Elternhaus zurück und studiert am Institut seines Vaters Physik. In dieser Zeit schreibt er dann 1929 die Briefe über sein trostloses Zuhause.

Der Erste Weltkrieg scheint ein erster Versuch gewesen zu sein, sich vom Elternhaus zu befreien, einen zweiten unternimmt er wenige Jahre später mit den Nationalsozialisten.

Ernst wird Nationalsozialist

Ernst bekommt 1930 eine Assistentenstelle an der Universität Leipzig und verlässt das Elternhaus. Am 14. September 1930 sind Reichstagswahlen. Ernst an seine Eltern (14.9.1930):

L. E. [Liebe Eltern] Heute ist also Wahltag. Ich hatte eigentlich vor, Euch vorher noch einmal zu schreiben. Denn ich hatte hier Gelegenheit, Herrn Treviranus zu sehen und sprechen zu hören und muss schon sagen, dass er mir sehr gut gefiel, trotz einer geradezu unglaublichen Schnoddrigkeit während der Diskussion. Ich habe so etwas noch nicht gehört, hielt allerdings solch dumme Diskussionsredner nicht für möglich. Sein eigentlicher Vortrag war gut, vor allem so klar, einmal hinsichtlich der Ablehnung der alten Luderwirtschaft, dann auch hinsichtlich der Forderung der Notverordnung, dass ich mich für die Volkskonservative Liste 16 entschloss. Ich bin nicht der Überzeugung, damit die beste Partei gewählt zu haben, aber diese Schnauze des Herrn Treviranus wird im neuen Reichstag in der Mitarbeit und in der Opposition gleich unangenehm sein, und sie gehört einem Mann, der sich nicht scheut, auch einmal über die alten parlamentarischen Zöpfe hinwegzuspringen und die Dinge über alle anderen Rücksichten hinweg beim richtigen Namen zu nennen. Er wird zu den Leuten gehören, an denen man nicht vorbeikommt und je stärker seine Partei ist, um so entschiedener wird er fordern können, dass er mitmachen und mitregieren kann. Er macht mir nach meinem Begriff genug Hallo, ich habe daher auf die Nazis verzichtet, die mir in letzter Zeit nach der Spaltung nicht mehr gefielen.

In Herrn Treviranus scheint Ernst einen Mann gefunden zu haben, der sich nicht scheut, »über alte Zöpfe hinwegzuspringen«, der gegen die »Älteren« protestieren und wegen seiner »unbequemen Art« nicht übergangen werden könne. Sucht Ernst in Herrn Treviranus einen Vorkämpfer, der sich – für ihn – gegen Autoritäten und damit auch gegen Väter durchsetzt? Es fällt auf, dass sich Ernst für einen Kandidaten nicht wegen seines politischen Programms entscheidet, sondern wegen seiner charakterlichen Eigenschaften und dabei besonders wegen der Fähigkeiten, sich gegen die »Alten zu wehren«. Bei Hitler werden ihn dieselben Eigenschaften begeistern.

Drei Tage nach der Wahl schreibt er an seine Mutter (17.9.1930): »Mittwoch Abend rasch noch ein paar Zeilen, nun nach der Wahl und nach der Pleite der Volkskonservativen Partei. Ich bin nun froh, dass ich für Treviranus bei Euch nicht mehr geworben habe.« Und danach ist von Herrn Treviranus in Ernsts Briefen keine Rede mehr. Ernst ist erleichtert, dass er bei den Eltern nicht für Treviranus geworben habe. Als müsse er mit dem Ratschlag, Treviranus zu wählen, auch gleich noch die Verantwortung für die Entscheidung der Eltern übernehmen. Oder umgekehrt: Handelt oder entscheidet Ernst auf Anraten eines Anderen, dann glaubt er, die Verantwortung für sein eigenes Tun dem Anderen unterschieben zu können. Eine solche Argumentation wird im Wesentlichen die Rechtfertigung seiner Tat nach dem Krieg bestimmen; er habe auf Befehl gehandelt, seinen Eid erfüllt und sei daher unschuldig verurteilt worden.

Die Nationalsozialisten haben bei dieser Wahl einen sensationellen Anstieg von 12 auf 107 Sitze errungen, mehr als sie selbst damals erwarteten; das begeistert Ernst.

Ernst 28.9.1930 an seinen Onkel Paul in Amerika. Dieser Onkel Paul, ein Vetter von Ernsts Mutter, wird in der Familie schon allein wegen seines Geldes eine große Rolle spielen. Ich werde weiter unten darauf zurückkommen.

Lieber Onkel Paul
In meinem letzten Schreiben habe ich Dir noch einen Brief über die Nationalsozialisten angekündigt. Über Nacht hat Deutschland durch sie (Nationalsozialisten) ein anderes Gesicht bekommen. Man hatte mit einer Zunahme der Nationalisten im Reichstag gerechnet, die Nationalsozialisten selber hatten etwa 50-60 Sitze erwartet. Sie haben 107 Sitze errungen und sind damit die zweitstärkste Partei im neuen Parlament. Es sind abgegeben worden

13 Millionen Stimmen links für die Sozialisten und Kommunisten – insgesamt 220 Mandate davon 77 Kommunisten
12 Millionen Stimmen für die Mitte, die an der bisherigen Politik entscheidenden Anteil hatte – 200 Sitze
8,8 Millionen Stimmen für die Rechte, Hitler und Hugenberg – 147 Sitze.

Wenn man die Sache unter diesem Gesichtspunkt betrachtet, dann stimmt zunächst die rote Seite des Reichstages ernster als die nationalsozialistische. Ich kann offen gestanden nicht verstehen, dass man aus dem Anwachsen der Kommunisten nicht mehr Aufhebens macht im Ausland. Wir haben heute in Deutschland 4,5 Millionen kommunistische Wähler. Sowjetdeutschland hat entscheidenden Fortschritt gemacht. Man sollte sich über diese Gefahr keinen Täuschungen hingeben. Das Ausland und vielleicht auch das Inland steht so unter dem Eindruck des Hitler'schen Wahlsieges, dass die Kommunisten still im Trüben fischen können, und sie tun dies auch. Wesentlich schwieriger ist der zweite Punkt des Sozialismus. Hier habe ich offen gestanden selber Angst und Bedenken. Denn ich kann zu wenig übersehen, ob hier der richtige Weg gefunden werden kann. Die Tatsache, dass eine revolutionäre, radikale Gruppe gerade vor der Wahl absplitterte, gibt zu denken. Man kann aber sicher sagen, dass die sozialistische Seite dahin gerichtet sein wird, das Interesse des Staates allen Sonderinteressen voranzustellen. Die Bewegung will nicht mehr und nicht weniger als das, was die Sozialdemokratie auch will: den Lebensstandard des Ärmsten so heben und so fördern, dass er ein gutes Los hat. Aber in diesem einen unterscheidet sie sich von der Sozialdemokratie: Es soll dies nicht auf dem Wege der Interessengemeinschaft, auf dem Wege »der Staat im Staate« geschehen, sondern auf dem Weg, dass eine verantwortungsvolle Regierung für die Gesamtheit sorgt und nicht eine Schar von Parteien für Einzelinteressen. Das Volk selber soll Träger sein dieses sozialen Empfindens.

Ein Kapitel für sich sind die Juden. Sie werden schlechte Zeiten bekommen. Schon heute sind sie sehr nervös. Die Kapitalflucht, die unmittelbar nach der Wahl einsetzte, ist darauf zurückzuführen, dass die Juden ihre Mittel rasch in Sicherheit brachten. Hitler sagte, dass er einen wahren Volksstaat aufbauen will, in dem die Rassenmerkmale des Blutes die treibende Kraft sein sollen. Die Juden sind wesensfremd, Semiten, und fliegen daher raus. Sie erhalten kein Stimmrecht, werden nach dem sozialistischen Programm vielleicht auch enteignet werden (Siehe auch die amerikanische Presse mit jüdischem Kapital).

Wer ist Hitler? Ich hatte Gelegenheit, gestern mit einem Verteidiger im Hochverratsprozeß gegen die 3 Reichswehroffiziere zu sprechen. Es ist ein guter Bekannter von mir aus den Zeiten der Pfadfinderei. Dieser Mann erlebte das Verhör Hitlers über seine Bewegung aus nächster Nähe und hatte Gelegenheit, diesen Mann zu beobachten. Vor den Schranken steht ein mittelmäßig gewachsener fast kleiner Kerl. Der Anzug ist nicht besonders gepflegt. Man sieht, dieser Mann gibt nichts oder wenigstens nicht viel auf sein Äußeres. Auch an der Haltung ist nichts Imponierendes. Er steht da, bescheiden, ohne Pose, frei und natürlich. Er wird nach seinem Namen gefragt etc. »staatenlos«. Kein Wort sonst. Man ist bei formalen Dingen, zu Erklärungen ist nicht die Zeit. Der Mann ist so sachlich bei seinem Verhör vor dem Höchsten Deutschen Gericht. Nichts, aber auch gar nichts ist daran, was erkennen lässt, dass hier der Mann steht, der Millionen Wähler in seinen Bann zog. Man nennt ihm sein Thema, über das er aussagen soll. »Ist Ihre Bewegung hochverräterisch?« (Das sagen die Sozialdemokraten immer, das kommt bei jeder Gelegenheit auch bei den amtlichen Stellen.) Und Hitler spricht. Siehe die anliegenden Zeitungen. Und man fühlt, hinter dieser Stimme steckt ein Wille, steckt eine herrliche Begeisterung. Nichts fesselt an diesem Mann, als dies Gefühl, dass etwas dahinter steckt, ein Daimon, der sich nicht fürchtet und der sich nicht beugt. Er spricht frei, ganz ohne Papier und seine Stimme geht mit ihm durch, dass der Vorsitzende mahnen muss. Dann unterbricht er sofort, schweigt einen Moment und beginnt von Neuem, erst ruhig und sachlich, bis es sich wieder selber über ihn hinaushebt. Mein Freund sagte mir, was an diesem Menschen wirkt, ist seine Natürlichkeit. Der Mann ist darum der Führer, weil er an seinen Willen und sich selber glaubt, so klar und so stark, dass er aller Äußerlichkeiten entbehren kann. Und er spricht 2,5 Stunden. Die Querfragen fechten ihn nicht an, er ist hieb- und stichsicher.

Der Reichsanwalt hat als Gegenzeugen den Staatssekretär im Reichsministerium des Innern. Er ist auf Vorschlag der Berliner Regierung geladen und soll vermeiden, dass das dort gesammelte Material Gegenstand der Verhandlung wird. M. a.W. Er soll die Vereidigung Hitlers nur grund seiner (...) [nicht leserliches Substantiv] verhindern. Hitler darf nicht vereidigt werden. Und der Herr Staatssekretär, der höchste nicht parlamentarisch gebundene Beamte im Ministerium tritt vor. Er hat zur Widerlegung gegen Hitler nichts als ein Zitat auf ein Aktenbündel, Material, das das Ministerium sammelte. Irgendwo in einem Stapel liegt es, kein Mensch kennt es im ganzen Saal, es sind Zitate aus Reden und Zeitungsabschnitte geschickt aus dem Zusammenhang herausgeschnitten und geschickt geordnet. Damit soll Hitler widerlegt werden. Die Verteidigung springt auf. Der Nationalsozialistische unter ihnen fährt mit dem Herrn Staatssekretär Schlitten. Seit 1,5 Jahren schwebe gegen Hitler ein Ermittlungsverfahren wegen Hochverrat, aber man habe immer noch nicht so viel beisammen, dass es zu einer Anklage langt. Er verlacht das Aktenstück des Herrn Staatssekretärs, er kennt es, er weiß, dass dies nichts weiter sei als ein Sammelsurium, aus dem heraus man vielleicht einen Hochverrat herauslesen und herauskonstruieren könne, wenn man wolle. Er höhnte in den Saal, man habe nur wieder die ewig gleiche Grammofonplatte gehört, die die Behörden immer ablaufen ließen, wenn von den Nationalsozialisten die Rede sei. Der Herr Staatssekretär steht da wie ein begossener Pudel und verschanzt sich hinter den Akten. Und wie der Vorsitzende ihn nun auffordert, sich zu Hitlers Ausführungen zu äußern, da sagt er nur, dass er darüber kein Gutachten abgeben wolle. Er wagt es nicht, mit diesem Mann seine Klinge zu kreuzen, der da frei und frisch vor dem Reichsgericht sprach. Er wagt es nicht gegen Hitler anzutreten.

Hitler selber steht still und ruhig zur Seite. Ein feines Lächeln, das ist alles. Aber wie dann das Gericht verkündet, dass er vereidigt werden soll, da kommt Glanz in seine Augen. Er hat gesiegt! Er ist einen großen Schritt weitergekommen!

An sich ist der Sieg der Nationalsozialisten nicht so schwer zu verstehen. Eine Partei, die die Verlogenheit der Friedensverträge anprangert, muss den Zulauf im deutschen Reich haben. Es gibt keine bessere Propaganda für die Sache Hitlers als die Völkerbundversammlung in Genf. Der gleiche Versailler Vertrag, der gegen Deutschland bis zum Letzten ausgebeutet wird, enthält auch Paragraphen über Abrüstung und Minderheitenschutz. Man sagt nicht zu viel, wenn man heute behauptet, dass die Siegerstaaten ihren Verpflichtungen, die für sie selber aus diesen Verträgen entspringen, nicht erfüllt haben. Die alte Generation glaubte, dies durch eine Erfüllungspolitik erzwingen zu können. Dass sich der Versailler Vertrag an der jungen Generation mehr auswirkt, das ist ganz sicher. Der Nachwuchs sieht mit der Schulentlassung die Arbeitslosigkeit vor sich. Auch wer unterkommen kann, weiß am ersten Tag schon, dass er nun in diese untergeordnete Stelle gebannt ist, dass er still sitzen muss und sich nicht rühren darf, denn sonst nimmt man einen Anderen. Es gibt keine Sonne mehr für die jungen Leute, keine Aussichten, keine Entwicklungsmöglichkeiten. Die Alten, die den Verträgen zustimmen, die unterschreiben und immer wieder unterschreiben, die sitzen noch drin und verstehen die Sorgen einer Generation nicht, die anders denkt, die anders denken lernte, die aufwuchs unter dem einen Eindruck, dass die Siegerstaaten mit ihrem Völkerbund und ihrer Abrüstung und mit ihrer Verlogenheit gar nicht daran denken, die Verträge zu halten, die sie unter der Fahne der Alleinschuld Deutschlands am Kriege gegen uns immer wieder ausnutzen. Die Jugend, der Nachwuchs der Jungwähler ist nicht politisch klüger und reifer, aber er denkt anders, weil er anders sehen lernte, als die letzte Generation des kaiserlichen Deutschland.

Ich glaube, dass Du nun verstehst, was man in diesen Kreisen als national bezeichnet. die Deutschen Sozialdemokraten möchten mit einer gewissenlosen Propaganda das Ausland vor den eigenen Wagen spannen. In einer Zeit, in der alle Parteien zunahmen infolge einer regen Wahlbeteiligung, haben die Gewerkschaften verloren. Und der Bohrwurm, der an ihrem Fundament nagt, ist das Erwachen einer Generation, die dies ewige Erfüllen als einen Schwindel erkannte und als einen sinnlosen Doktrinismus. Es zieht nicht mehr, mit Bebel und Marx zu agitieren und von alten Heroenzeiten zu erzählen, man will mehr, man will wieder einmal selber jung sein, und darum sagt man den alten Parteien Lebewohl und lässt den Apparat einfach leer laufen. Es hört einmal von selber auf. Dem Ausland aber kann man sagen, lasst euch nicht missbrauchen von der alten Parteimaschine. Die Krisengerüchte werden in der Hexenküche der internationalen Sozialdemokratie zusammengekocht, einfach weil man damit hofft, die alte Herrlichkeit wieder aufrichten zu können. – teils auch bei den Juden [handschriftlich an den Rand geschrieben]

Denn was will Hitler? Was ist eigentlich Nationalsozialismus. Nach außen hin ein Volk, eine geschlossene Masse, die sich nicht zum Michel der Welt machen lassen will. Man kann mit der neuen Generation aus Deutschland kein Kriegsgefangenenlager machen, diese Zeiten sind vorbei. Revidiert die Verträge, beseitigt die Sinnlosigkeit des polnischen Korridors, macht das Abstimmungsunrecht von Oberschlesien wieder gut, gebt dem Deutschen Volke Raum in Kolonien, lenkt den Fleiß und die Tatkraft in vernünftige Bahnen.

Seine Bedenken gegenüber den Nationalsozialisten, die er in dem Brief an die Eltern vor der Wahl geäußert hat, werden zwei Wochen später im Brief an Onkel Paul zwar noch zögernd benannt, aber noch im selben Brief weggewischt und durch eine große Bewunderung ersetzt. Ernst wird nach dieser Wahl begeisterter Nazi. Die Nazis versprachen wie Treviranus Protest gegen die Alten, konnten aber gleichzeitig viele Wählerstimmen für sich gewinnen! Ist für Ernst eine Entscheidung dann richtig, wenn sie von der Mehrheit mitgetragen wird?

Die leisen Zweifeln an den Nationalsozialisten wischt Ernst mit der Feststellung weg, dass die nationalsozialistische Seite »sicher« (!) dahin gerichtet sein werde, das Interesse des Staates allen Sonderinteressen voranzustellen. Da ist kein Ringen, kein Abwägen von Argumenten und Gegenargumenten, kein genaues Hinschauen; Ernst will der Propaganda glauben. Die Ziele der Nazis, den Lebensstandard der Ärmsten zu heben, seien die gleichen wie die der Sozialdemokraten, nur würden diese Ziele von beiden Parteien auf unterschiedlichem Weg verfolgt. Die Nazis propagierten, »dass eine verantwortungsvolle Regierung für die Gesamtheit sorgt und nicht eine Schar von Parteien für Einzelinteressen«. Das gefiel Ernst. Interessen von verschiedenen Gruppierungen gelten lassen, sie abwägen, Konflikte aushandeln, und die Unverträglichkeit gegebenenfalls auch aushalten, das alles hat Ernst in seiner patriarchal strukturierten Familie nicht erlebt, noch kennt er solche Vorgänge in sich selbst. Wie wir bisher sahen, vermeidet er Konflikte, indem er sich entweder dem anderen unterordnet oder über ihn bestimmt und sich gleichzeitig in eine heile Welt und in ein idealisiertes Selbstbild flüchtet. Genau dasselbe wird ihm bei den Nazis geboten. Zuerst wird die heile Welt beschworen: »Die Bewegung will nicht mehr und nicht weniger als das, was die Sozialdemokratie auch will: den Lebensstandard des Ärmsten so heben und so fördern, dass er ein gutes Los hat. (...) Das Volk selber soll Träger sein dieses sozialen Empfindens.«

In der im Zuchthaus nach dem Krieg geschriebenen Vita wird er diese heile Welt noch blumiger ausmalen (in den Brief an Onkel Paul vor dem Krieg fließt seine ganze Begeisterung in die Beschreibung von Hitler ein!):

Ja es ging ein Frühling auf in jenen Tagen. (...) Ich glaube nicht, dass das deutsche Volk im Innern auf dem Weg zum Frieden und zur werktätigen Gemeinschaft je solch einen Aufbruch erlebt hat. Der Deutsche hat oft genug bewiesen, dass und wie er auf den Schlachtfeldern selbst unseligster Kriege zu sterben vermag. Nun sollte auf dem hart umstrittenen Boden des Sozialismus ein Sieg des Friedens errungen werden, der alle Schlachten überstrahlt. Ein germanisches Reich deutscher Nation sollte entstehen, in dem in Treu und Opfersinn der eine den anderen stützt. Keiner sollte hungern und frieren, auch der letzte und ärmste nicht. Kein Klassenkampf, sondern soziale Gemeinschaft. Ja, es pfiff wirklich von allen

Dächern (...) Dass die Arbeiter der Stirn und der Faust sich ergänzen und als zwei Glieder des gleichen Körpers zusammen gehören, war sicher nicht neu, aber hier wurde es wieder einmal praktische Wirklichkeit (II, 25).

Pathetische Worte für eine heile Welt: Im Brief an Onkel Paul geht er nach der noch etwas weniger überschwänglichen Beschreibung dieses germanischen Reiches deutscher Nation zu der Frage über: »Wer ist Hitler?« Als wäre Ernst selbst bei diesem Prozess anwesend gewesen, gibt er begeistert eine detaillierte Schilderung des Prozessverlaufs und vor allem von Hitlers Person. Zuerst zählt Hitlers Eigenschaften auf: Er sei natürlich, bescheiden, müsse keinen Wert auf Äußerlichkeiten legen. »Man fühlt, hinter dieser Stimme steckt ein Wille, steckt eine herrliche Begeisterung. Nichts fesselt an diesem Mann als dies Gefühl, dass etwas dahinter steckt, ein Daimon, der sich nicht fürchtet und der sich nicht beugt.«

Es lohnt sich, diese Sätze genauer anzuschauen. Es geht darin um ein Gefühl und zwar um ein Gefühl, das man gemeinsam hat. Denn nicht Ernst fühlt, sondern »man« fühlt, also der Volkskörper fühlt, dass es »hinter« der Person von Hitler etwas gebe, für das es keine Erklärung und keine sichtbaren Zeichen brauche. Bei dem dann beschriebenen »Daimon« kann es sich nicht um einen normalen Menschen handeln, der seine Mitmenschen durch Taten und Einstellungen überzeugen kann; wir sind also beim »Übermenschen« angekommen. Dieser Übermensch aber wird vom Gefühl des Volkskörpers aufgebaut und gespeist und ist somit vom Volkskörper abhängig. Also muss dieser Volkskörper ebenfalls etwas Besonderes sein und wird zum auserwählten Volk. Damit sind wir bei einer beidseitigen Abhängigkeit angekommen, der Übermensch ist von seinem auserwählten Volk abhängig und das auserwählte Volk von seinem Übermenschen. Wird der Führer verehrt, verehrt sich das Volk also auch selbst, oder, bezogen auf jeden Einzelnen dieses Volkes: jede Führerverherrlichung ist gleichzeitig also auch eine Selbstverherrlichung. Hitler steuert den Rassebegriff dazu, und wir sind damit beim Führer und seinem auserwählten Volk arischer Rasse angekommen. Ernst hat das ziemlich schnell begriffen. Auffallend ist die Gefühlsreaktion, mit der Ernst die Nazis beschreibt. Er steht damit keineswegs alleine. Interviewzitate in Steinbach (1983), zitiert nach Brockhaus:

»Ich wurde zuerst gefühlsmäßig von der NSDAP angesprochen.«

»Unser Verhalten war viel mehr auf Emotionen, Erlebnis und Erfahrung gegründet als auf Intellekt.«

»Man stirbt nicht für ein Programm, das man verstanden hat, man stirbt für ein Programm, das man liebt«, zitiert Ernst Bloch einen jungen Nazi.

Die NSDAP ist also keine politische Partei mehr, sondern wird zur gefühlsbetonten Glaubensgemeinschaft: *»Ein Land, ein Volk, ein Führer!«*
Die Beschreibung der »heilen Welt« erinnert bei Ernst in Ton und Inhalt an die Beschreibung seines Skitages in seinem Brief von 1928. Er suchte an solchen Wochenenden die Befreiung vom Vater und einem Alltag, in dem er *»verdorrte«*.

Auch in diesem bereits ausführlich zitierten Brief an seine Mutter hat Ernst das freie Glück ohne Sorgen propagiert und ein Leben heraufbeschworen, in dem es kein Gesetz brauche, weil es auch gar keine Bosheit gebe. Entsprechend sieht das Bild aus, das er vom Volkskörper arischer Rasse malt. Man lebe ohne Hass und Rache, man gebe sich die Hand und alle hätten einen höheren Lebensstandard!

Vergleicht man dann noch die Eigenschaften, mit denen sich Ernst bei der Beschreibung seines Skitages schmückt, mit denen, die er bei Hitler zu sehen glaubt, dann trifft man auf eine verblüffende Ähnlichkeit. Hitler habe einen Willen, glaube an sich selbst, sei frei, bescheiden, natürlich, hieb- und stichfest in seiner Argumentation. Ernst beschreibt sich (1928) selbst als frei und darüber stehend, sachlich, klar und ohne Bosheit, fähig zum Naturerleben, was nur die armen Völker könnten, also auch er: natürlich und bescheiden. Es scheint, als habe Ernst seine Selbstpropaganda nahtlos in die nationalsozialistische Propaganda mit einfließen lassen und schmückt Hitler mit den gleichen Tugenden, die er für sich in Anspruch nimmt. Hier sehen wir noch einmal wie oben, wie sehr eine Führerverherrlichung einer Selbstverherrlichung gleichkommt. Ernst hat bei den Nazis seine Heimat und in Hitler seinen Übervater gefunden.

In seiner Vita wird Ernst den Nationalsozialismus ähnlich euphorisch wie in seinem Brief an Onkel Paul beschreiben:

Die Historiker und alle, die wieder ein Alibi brauchen, stellen fest, dass man mit dieser Selbstauflösung [der Parteien] nur einem Verbot – eben wegen des Ermächtigungsgesetzes! – zuvorgekommen sei. Das ist völlig belanglos gegenüber der Tatsache, dass auch diese Selbstauflösung wie ein Fanal, wie ein Gebot, wie ein Symbol der Zeit und des Aufbruchs wirkte. Wenn das Zentrum und die Demokratische Partei so einschwenkten, dann fielen bei vielen Unwissenden wieder die letzten Bedenken.

Aber mit dieser Selbstauflösung geschah tatsächlich noch mehr: Nun verlor bei der NSDAP auch das Wort Partei seinen beschränkenden Sinn. Jetzt erst wurde sie zur »Bewegung«, die alle umfasste. Gewiss verschwanden die Apostel des Klas-

senhasses in den KZs – gewiss schied man rigoros und weit brutaler, als das Volk im Allgemeinen ahnte, die Juden aus, aber sonst reichte die NSDAP allen, auch den ehemaligen Gegnern die Hand. Sie machte ernst mit der Volksgemeinschaft, indem sie selber den alten Hass und Kampf verbot und auch den ehemaligen Gegner als Volksgenossen annahm. Allen Arbeit und Brot! Allen einen höheren Lebensstandard! – und die breite Masse des Volkes hat so ehrlich gewollt und so ahnungslos geglaubt.

Es gehe also um eine Gesellschaft, in der Gleiche mit Gleichen »*ohne Hass*« zusammenlebten. Der Weg dorthin wurde allerdings keineswegs ohne Hass beschritten, denn all die, die nicht zur Volksgemeinschaft gehörten, wurden rigoros bekämpft: Die »Apostel des Klassenhasses verschwanden« (Vita), die Juden »flogen raus« (17.9.1930). Erschreckend kritiklos übernimmt Ernst 1930 die nationalsozialistische Propaganda gegen die Juden und schreibt an seinen Onkel Paul: »Sie [die Juden] werden schlechte Zeiten bekommen.« Allein die Tatsache des Anderssein reicht in seinen Augen offenbar aus, andere auszugrenzen. »Die Juden sind wesensfremd, Semiten, und fliegen daher raus.« Es bleibt offen, wie Ernst sich zu diesem Zeitpunkt das »Rausfliegen« vorstellt. Jahre später wird er in seiner Vita schreiben, die Juden seien »ausgeschieden« und damit die Ausgrenzung der Juden aus dem öffentlichen Leben meinen, damit »die alten Kämpfer der NSDAP in die parlamentarisch besetzten Ämter einrückten und auch sonst in viele Büros, um dort als Träger des neuen Gemeinschaftsideals an dessen Verwirklichung zu arbeiten« (Vita II, 34).

Ernst muss nicht von vornherein speziell antisemitisch eingestellt gewesen sein; ich vermute, er hätte auch bereitwillig einen anderen Fokus angenommen. Es ging ihm meines Erachtens nicht so sehr um die Juden als vielmehr um das Ausgrenzen all derer, die nicht gleich waren, die anders lebten, anders dachten oder auch einfach nur anders aussahen. Nach dem Krieg wird er behaupten, »Anti-Semitismus habe ich stets verworfen« (Vita II, 36), und dass »das grausame verbrecherische Vernichtungswerk in den KZs hinter einer undurchlässigen Mauer vor sich gehen konnte«, sei ein Beweis dafür, dass das »deutsche Volk ganz anderen Fragen nachging [er meint damit das »Frühlingserwachen«], (…) der Durchschnittsdeutsche dachte und denkt viel zu sauber, als dass er solche Verbrechen auch nur ahnen konnte.« In diesem Zusammenhang geht Ernst doch noch auf die Frage ein, »warum und woher also dieser Judenhass« kam: Hitler habe ihn im letzten Weltkrieg in Russland erlebt und von dort importiert, andererseits seien die Juden selbst aber auch nicht unschuldig daran, sie hätten sich in den deutschen Alltag integriert, Schlüsselstellungen bevorzugt unter den Glaubensgenossen verteilt und wären dabei als Fremde äußerlich nicht mehr sichtbar gewesen wie zum Beispiel die orthodoxen Juden. Der Fremde, der Ernst nahe kommt, muss ihn besonders bedroht haben. Mitgefühl mit den Opfern spricht aus keiner seiner Ausführungen.

In dem gemeinsamen Volkskörper, den die Nazis mit pathetischen Worten beschwören, ist Ernsts Individualität nicht gefragt, genauso wenig, wie sie bei seinem Vater gefragt war. Sätze wie »Der Einzelne ist nichts« (Knauer 1939, S. 244) müssen Ernst seit seiner frühesten Kindheit vertraut gewesen sein. Wenn Ernst die erwünschten Leistungen nicht brachte, wurde er vom Vater abgewertet. Dies muss tiefe Spuren in ihm hinterlassen haben, sodass er sich der »Bewegung« blind verkauft, in der Illusion, dadurch von den »alten Zöpfen« und damit auch vom Vater befreit zu werden. Er bewegte sich bei den Nazis aber wieder auf wohlvertrautem Boden und roch den gleichen Mief wie in seiner Kinderstube. Der »gehemmte Bub« hatte wenig Freiraum, andere Lebensmöglichkeiten spielerisch zu erforschen, er war am Rockzipfel der Mutter und am Gehrockzipfel des Vaters hängen geblieben. Wie eine Offenbarung muss ihm der Schlachtruf der Nazis, »jetzt sind wir am Drücker und wir bestimmen, wer ausgegrenzt wird« in den Ohren geklungen haben. Ernst wird mit Leib und Seele Nationalsozialist. – Wie viel solcher leicht entzündbarer Fackeln brauchte es, um einen Flächenbrand auszulösen?

Die Idealisierung der eigenen Volksgemeinschaft oder eines Menschen und die Ausgrenzung eines Feind gehen Hand in Hand und lassen sich nicht voneinander trennen. Was Ernst in seiner Familie gelernt hat, findet er jetzt bei den Nazis als Parteiprogramm. In ihrem Kreis bekommt er eine gesellschaftliche Legitimation für seinen Hass und der Fokus wird von der Propaganda gleich mitgeliefert. Der Volkskörper »fühlt« gemeinsam und hasst auch gemeinsam. Bekanntlich ist für Ernst etwas legitimiert, wenn es von der Mehrheit getragen wird; wir sahen das bei seiner Wahl von Treviranus 1930. Ich denke, die Legitimation dieses jetzt »gemeinsamen« Hasses trägt bei Ernst wesentlich zu diesem »Wiedererkennen« bei, ohne das seine spontane Begeisterung für die NSDAP nicht zu erklären wäre.

Auch der scheinbare Widerspruch des Nationalsozialismus, der die Tradition pflegt und gleichzeitig Fortschritt und technische Neuerungen verherrlicht, also »Blut und Boden« neben die Euphorie über die Autobahnen und die neue Luftwaffe stellt, hat für Ernst eine tiefe Logik. Ernst erhofft sich einerseits die Loslösung vom Vater und schwärmt von seinem Skitag als Sinnbild einer solchen Befreiung, andererseits hält er gleichzeitig am Vater fest in der Hoffnung, »die Tradition (…) weiter[zu]führen, wenn man mir sie in die Hand legt.« (Ernst, 1928) Ernst findet im Nationalsozialismus

Menschen mit seiner Sprache und viele Gleichgesinnte, die ab 1930 die »Bewegung« immer schwungvoller zum Laufen bringen.

1933 wird Ernst in die SA eintreten, 1935 die Universität verlassen, ohne die Habilitation zu beenden, und sich zur Luftwaffe melden. Er sei »einem Ruf Görings gefolgt« (Vita II, S. 72), der Nachrichtenoffiziere aus dem ersten Weltkrieg suchte, um die Flugsicherheit und die Schulung der jungen Flieger zu übernehmen. Seine Entscheidung, die Universität zu verlassen und Berufssoldat zu werden, begründet Ernst in seiner Vita mit einer eindrücklich widersprüchlichen Geschichte:

Er beschreibt die Schulungen in nationalsozialistischer Lehre, die nach 1933 in vielen Organisationen und auch in den Universitäten stattfanden. »Die Tragödie des deutschen Volkes hat ihren Ursprung in den Jahren 1935/36, als sich die Schulung endgültig totlief« (Vita II, 72, b).

Es ist eine meiner bittersten Erinnerungen, die mich schließlich auch die Universität aufgeben ließ, dass trotz dieses offenkundigen Sehnens in der Schulungsfrage auch die Hochschule nicht befruchtend zu wirken vermochte. Das Gegenteil ist der Fall, sie versagte! Da war 1934 für die Dozenten ein dreitägiges Schulungslager bei Leipzig veranstaltet worden, um sich gemeinsam über die neuen Ideen auszusprechen. Männer aus allen Fakultäten, vom Ordinarius bis zum frisch gebackenen Doktor, kamen zusammen. Weltberühmte Männer mit glänzenden Namen waren darunter. Der NS-Philosoph Prof. Baumler war eigens aus Berlin verschrieben worden. Er war ein Heros der neuen Richtung der Ganzheitsphilosophie, die nun den totalitären Staat in die Wissenschaft übertragen sollte. Die moderne Physik lieferte etwas Wahrscheinlichkeit, die Geschichte die Parallelen mit Caesar und weiß Gott wem und damit war das tausendjährige Reich im Schulungslager gesichert und als das einzig Richtige bewiesen. In Wirklichkeit war es furchtbar! Neben dieser ad hoc Wissenschaft übten wir- alle reife erwachsene Männer und größtenteils Kriegsteilnehmer – unter Leitung von jungen HJ-Führern Kanons und Sprechchöre ein – wozu? wofür? – und auch dazu gaben sich alle diese Heroen der Wissenschaft und ernsten Männer her – es war irrsinnig jugendbewegt und wissenschaftlich ein Krampf und dies 3 in Worten Drei, ich buchstabiere d-r-e-i Tage lang! (Vita II, 78).

Ernsts Entscheidung, auf Grund dieser Geschichte die Universität zu verlassen und zur Wehrmacht zu gehen, ist beim ersten Hinschauen schwer nachzuvollziehen. Er schließt sich einer Bewegung an, die er für unfähig hält, ein diskutables wissenschaftliches Fundament zu bieten und die statt dessen Kanons singen lässt. Gleichzeitig wird er wohl in diesen drei Tagen etwas erlebt haben, was seine Entscheidung beeinflusst hat, wenn das überhaupt noch nötig gewesen ist. Er sieht die Professoren, »weltberühmte Männer mit glänzenden Namen«, die all diesen »Blödsinn« mitmachen. Ernst wird erlebt haben, dass die Schulungsleute anscheinend Macht haben, die Teilnehmer nach ihrer Pfeife tanzen zu lassen, ohne Widerspruch zu bekommen. Ob nicht auch dabei wieder sein Vater, der Herr Professor, auftaucht? Sein Wunsch, den Vater so abhängig zu sehen, nur damit beschäftigt, das auszuführen, was die Nazis ihm vorschreiben? Ich vermute, dass sich Ernst davon beeindrucken ließ. Wie aber geht er mit seiner Einsicht um, dass die Nationalsozialisten in diesen Schulungstagen nicht wirklich etwas anzubieten haben? Er trennt einfach den Nationalsozialismus von dieser Schulung und hinterfragt nicht die Lehre selbst, sondern nur die Schulung. Das macht er konsequent und sieht in der falschen Schulung gleich die Tragödie des deutschen Volkes.

Ernst kann Situationen klar beobachten und z. B. die drei Schulungstage treffsicher beschreiben. Ich gehe davon aus, dass diese drei Tage wirklich so stattgefunden haben. Sobald es aber darum geht, aus diesen Einsichten Konsequenzen zu ziehen, die ihm unangenehm sein könnten, weicht er aus, und schiebt scheinrationale Begründungen für seine Entscheidungen und sein eigenes Handeln vor. Er ist gegen den Willen seines Vaters in den Ersten Weltkrieg gezogen. Mit seinem Abschied von der Universitätslaufbahn verlässt er 1935 mit 40 Jahren endgültig den vom Vater gewünschten Berufsweg.

Ernst lernt Herta kennen

1930 zieht Ernst nach Leipzig, weil ihm dort eine Assistentenstelle am physikalischen Institut angeboten wird. Aus Leipzig schreibt er ausführliche Briefe an seine Eltern, oft auch nur an die Mutter, die er immer genauestens über seine Beziehungen zu Frauen unterrichtet. Ein Beispiel vom 5.7.1930:

L. E. Liebe Mu!
(...) Ich hatte in den letzten Tagen Halsentzündung und etwas Grippe, war nicht ganz auf der Höhe. Jetzt geht es wieder. Dazu kam diese Berliner Sache. Ein feines reizendes Mädel, nicht gerade schön im Gesicht, ein Stupsnäschen, mehr lustig als begeisternd, Bubikopf-Herrenschnitt, seidenfeines blondes Haar (Mutter Friesin) $1/2$ Kopf kleiner wie ich, 10 Jahre jünger, flott, lebendig, klug, sogar sehr klug, eben die Tochter eines Reichsgerichtsrats, dabei aber einfach in Wesen und Lebensstil (das trifft nur auf wenige Reichsgerichtsratstöchter zu) – kurz die Sonnenseiten der Abstammung und Erziehung sehr weitgehend, die Schattenseiten in praktischen Dingen kaum. Aber stockkatholisch (...). Ich hatte gleich nach dem Kennenlernen die theologische Frage angeschnitten, um zu vermeiden, dass wir uns zusammenfänden, bevor diese Frage geklärt ist. (...) So waren es seit letzten Sonntag bittere Tage. Nun bin ich über dem Berg, habe doch auch viel gehabt. War so lange »Weiberfeind« (eine klare Folge der vielen Schwestern und der Erziehung, »Du kannst noch lange nicht heiraten«, »Der muss es erst lernen« und »Das Lehrgeld ist Herzblut«). Ich glaube sagen zu können, dass ich nun ein Hereinfallen nicht mehr fürchte. Ich lerne bei Mittelstaedts die oberflächlichsten, überzüchteten Dämchen einer übersteigerten Wohlhabenheit kennen. (...) Ich sehe, wie sie ihr Leben aufbauen innerlich so öd und leer, äußerlich so fein. Und ich kenne auch das Mittel, wie ich sie prüfe: Kommt mit mir in die Berge. Dort, wo der Firnis abfällt und die Seele allein Bestand hat, dort wollen wir uns anschauen. (...) Meint nicht, dass ich dann zu viel fordere in den Bergen. Ich kann nicht erwarten, dass sie klettert, dass sie aushält in Eis und Geröll viele, viele Stunden lang, aber dass sie blanke Augen hat und gern ihre, wenn auch noch so geringe Kraft einsetzt, das will ich allerdings sehen. Bedenkt, man hat doch so ein liebes nettes Ding viel zu lieb, als dass man es schindet.

Der »Weiberfeind« berichtet in abwertenden Worten über die »Dämchen« und findet Kriterien, um bei ihnen nicht »hereinzufallen«; – so ganz ungefährlich scheinen diese »Dämchen« für ihn doch nicht zu sein. Erst wenn auf einer Bergtour die Herrschaftsverhältnisse zwischen ihm und der Frau klar etabliert sind, er der Erfahrene, die Frau die Schwächere, aber doch bis an ihre Grenzen gehend mit »blanken« Augen für die Berge, aber vermutlich auch für ihn, scheint die Gefahr gebannt, bei ihr »hereinzufallen«!

Eine »Berliner Sache« scheitert an der Glaubensfrage evangelisch-katholisch. Danach ist längere Zeit »nicht Neues vom Heiratsmarkt« zu berichten.

Die Beziehung zu der Frau, die Ernst später heiraten wird, hat seine Mutter aktiv mit eingefädelt. Ernst beschreibt es in seiner Vita: Vor der Abreise zu einer seiner geliebten Bergtouren beginnt Ernst in Freiburg einen Brief an Herta S., einer Studentin aus seinem Praktikum in Leipzig, und lässt ihn dann unfertig auf seinem Schreibtisch liegen. Die Mutter schreibt diesen Brief weiter und lädt Herta ein, sie in Freiburg zu besuchen. Diese sagt zuerst ab, kommt dann aber doch, nachdem die Mutter ihre Einladung wiederholt hat. Zur Überraschung von Ernst steht Herta vor der Tür des Elternhauses, nachdem er gerade von der Bergtour zurückgekommen ist. Bei diesem Treffen verloben sich Ernst und Herta heimlich auf der Steinbank im Garten von Ernsts Elternhaus.

Dem Bergtourentest unterzieht er Herta erst auf der Hochzeitsreise. Herta liebt wie Ernst die Berge, im Winter das Skifahren und im Sommer das Bergsteigen, die erste gemeinsame Reise geht also in die Alpen. Bei der ersten Hochtour aber platzt diese Einigkeit: Ernst will Herta ans Seil nehmen, sie bekommt panische Angst und wagt keinen Schritt in die Wand, die Tour wird abgebrochen und keine weitere geplant. Ernst ist darüber maßlos enttäuscht. Er wird in seiner Ehe in den Ferien weiterhin in die Berge, seine junge Ehefrau mit den sich in den nächsten Jahren einstellenden Kindern an die See fahren. Jahre nach Ernsts Entlassung aus dem Zuchthaus wird Herta mit einem Freund und einem Bergführer den Piz Buin besteigen und sich dabei ans Seil nehmen lassen. Ernst wird es erfahren und es als die »tiefste Kränkung in seiner Ehe« (mündliches Zitat) bezeichnen.

Am 9. September 1933 werden Ernst und Herta von Hertas Vater, einem Pastor getraut. Ich weiß leider sehr wenig von Hertas Aufwachsen im Pfarrhaus in O. in Sachsen. Ihre Kindheit sei glücklich gewesen, mit einer lieben Mutter und einem zwar strengen, aber sehr gütigen Vater, bei dem sie als Lieblingstochter aber doch ihre Wünsche habe durchsetzen können. Herta wird 1908 als das dritte von vier Kindern geboren, zwei Jungen und zwei Mädchen. Zwei Begebenheiten aus ihrer Kindheit erzählte sie uns häufiger.

Als in den zwanziger Jahren die kurzen Bubikopf-Frisuren in Mode kamen, und die beiden Töchter die Haare abschneiden wollten, verbot es der Vater. Hertas ältere Schwester wagte trotzdem den Gang zum Friseur und erntete das väterliche Missfallen, das ziemlich massiv ausgefallen sein muss. Als Herta dann mit ihrem frisch geschnittenen Bubikopf am Mittagstisch erschien, erwartete die Familie ängstlich schweigend das väterliche Donnerwetter. Herta trat die Flucht nach vorne an, überreichte ihrem Vater den abgeschnittenen Zopf in einem Kästchen mit einer Schleife als Geschenk, das der Vater zum Erstaunen der ganzen Familie lächelnd annahm. Über die frisch geschnittenen Haare verlor er danach kein Wort mehr.

Die zweite Geschichte bezieht sich wiederum auf den Familientisch. Herr Pastor herrschte mit patriarchaler Härte über die Tischsitten, zu denen fraglos auch die Tischgespräche gehörten. Mit dem immer wieder gleichen Satz, bis hierher und nicht weiter könne er das Gespräch dulden, schnitt er Unterhaltungen ab, wenn sie nicht seinen moralischen Vorstellungen entsprachen. Um diesen Satz zu unterstreichen, klopfte er rhythmisch mit Zeige- und Mittelfinger auf den Esstisch, bis alle schwiegen. Das ist eine der wenigen Geschichten, die die Mutter lächelnd und voller Verständnis für ihren Vater von ihrem »nur glücklichen« Aufwachsen erzählte und dabei das gebieterische Fingerklopfen demonstrierte.

Ihr jüngerer Bruder Traugott war da schon etwas deutlicher: Von ihm erfuhr ich, wie durchgreifend der alte Herr herrschen konnte. Der Haussegen hing im Pfarrhaus an Samstagen, wenn der Herr Pastor seine Predigt schreiben musste, besonders schief. Um seinen Unmut über diese ungeliebte Arbeit zu entladen, nahm er sich seinen ältesten Sohn, Werner, mit in das Arbeitszimmer und ließ ihn dort Vokabeln lernen. Kam der »*alte Herr*« (mündliches Zitat von Traugott) in seinem Predigttext nicht mehr weiter, fragte er Werner Vokabeln ab, was meistens mit einer Tracht Prügel endete. Davon sprach Herta nie. Herta soll die Lieblingstochter des Vaters gewesen sein, Werner, der älteste Sohn, ihr Lieblingsbruder. Diese beiden wären dem Vater ähnlich, Hertas ältere Schwester Ille und Traugott der Mutter.

Im Pfarrhaus muss es ähnliche Geldprobleme wie im Professorenhaushalt gegeben haben. Hertas Mutter kam aus wohlhabendem Hause, die Verwaltung des Geldes lag aber ausschließlich in den Händen ihres Mannes. Er ließ sich mit Freuden maßgeschneiderte Anzüge anfertigen, hielt die Ehefrau in ihrem Haushaltsgeld dagegen recht knapp, sodass Frau Pfarrer die Hausmädchen anpumpen musste. (Erzählung von Traugott)

Das patriarchale Gebaren mag im Pfarrhaus nicht so erstickend wie bei Ernst im Professorenhaushalt gewesen sein. Der Vater von Herta unterstützte zum Beispiel 1926 den für damalige Zeiten nicht üblichen Wunsch seiner Tochter, Naturwissenschaften zu studieren. Sie schrieb sich für Mathematik, Physik und Chemie an der Universität in Leipzig ein und lernte dort Ernst kennen. Davor war sie mit einem Mann befreundet, der sie sehr verehrte. Sie hat sich von ihm getrennt, weil er bei einem gemeinsamen Bootsausflug so ungeschickt mit den Rudern hantierte, dass er ins Wasser fiel. Herta erzählte mir, sie hätte nach diesem Erlebnis vor ihm keine Achtung mehr haben können. Ernst, der »Weiberfeind«, mit seiner durchgreifenden Härte muss ihr dagegen Eindruck gemacht haben. Er wäre der erste Mann in Hertas Leben gewesen, den sie nicht um den Finger hätte wickeln können. (Erzählung von Hertas jüngerem Bruder Traugott) Von Ernsts Härte bekommt sie zu Beginn der Beziehung einige Kostproben zu spüren:

Ernst ist Leiter des Praktikums am physikalischen Institut in Leipzig, Herta seine Studentin. In der ersten Prüfung, die Herta bei ihm ablegen muss, lässt er sie durchfallen. Sie ist anschließend – so erzählte mir ihr jüngerer Bruder Traugott – »voller Empörung über diesen gemeinen Menschen und seine gemeine Art zu prüfen«. Zwei Jahre später heiratet sie ihn. Der erste Freund stellt sich ungeschickt an, Herta deutet diese Ungeschicklichkeit als Schwäche, und Schwäche scheint sie nicht ertragen zu können. Ernst zeigt ihr seine Macht, – sie nennt es Stärke – und lässt sie durchs Examen fallen. Später wird sie zu ihren Kindern sagen, sie habe damals Stärke mit Sturheit verwechselt.

Kurz vor der Hochzeit muss es zwischen den Brautleuten eine Auseinandersetzung gegeben haben. Herta schreibt am 6.1.1950:

Ich gehöre weiß Gott nicht zu dem Haufen, der jetzt umschwenkt. Ich habe Dir bereits im Jahre 33 im August 14 Tage vor unserer Hochzeit meine Meinung gesagt, wie ich die Tätigkeiten Knicks und die Ausnützung Deiner Person für seine Schnüffeleien, überhaupt das zu Gericht sitzen usw. verachtete! Du ließt mich damals auf der Straße stehen. Ich bedaure nur, dass ich 8 Tage später nicht härter war und mich nicht durchsetzen konnte, es wäre uns viel Leid erspart geblieben.

Ernst ist Mitglied der SA und Mitglied des nationalsozialistischen Dozentenbundes, Knick ein Professor, der durch die Nazis seinen Lehrstuhl bekommen hat, ist Leiter dieses Bundes. Ziel dieser Vereinigung ist es, die nationalsozialistische Gesinnung der Parteigenossen und der Nicht-Parteigenossen an der Universität unter die Lupe zu nehmen.

Herta empört sich über die Machenschaften dieser Vereinigung, schaut aber gleichzeitig von Ernsts Handeln weg. Alle Verantwortung liege nur bei Knick, und Ernst werde von ihm ausgenützt. Dass Ernst aus eigener Entscheidung und Überzeugung in dieser Vereinigung mitarbeitet, blendet sie aus. Später wird sie im Zusammenhang mit seiner Verurteilung immer wieder entsprechend reagieren und den Einfluss anderer Menschen für Ernsts Tat verantwortlich machen. Trotz dieser Meinungsverschiedenheiten zwischen dem jungen Paar und auch, nachdem der Hochtourentest auf der Hochzeitsreise negativ ausgefallen ist, wird Ernst in seiner Vita die ersten Ehejahre in den höchsten Tönen loben.

Mit einer unsagbaren Dankbarkeit denke ich bei all diesem Schaffen und Erleben an meine Herta. Sie hat mich verstanden, sie hat mit mir gelebt, und sie am allerbesten wusste, dass es so sein musste. Sie hat dies innere Glühen im Dienste des deutschen Volkes zu dessen Schutz und Sicherheit verstanden und darin auch ihr Glück gefunden. Sie hat mit ihrem Heim und ihrem fraulichen Wirken erreicht, dass wir uns in einfacher Bescheidenheit im Werten, Denken und Wesen treu blieben, auch als es uns steigend besser ging. Sie war nie die »Frau Hauptmann« oder »Frau Major« etc., sie war und blieb die Frau Meyer, sie war und blieb meine liebe gute Herta. Sie war und blieb sich treu, durch ihre Kinder und durch die besten Traditionen ihres pfarrherrlichen Elternhauses (Vita II, S. 104).

Hier wird die patriarchale Familie beschworen und mit nationalsozialistischer Terminologie ausgeschmückt; Sein Glück sei auch ihr Glück. Herta muss von Ernsts Pathos sehr beeindruckt gewesen sein. Auch sie schildert die ersten Ehejahre als glücklich und schreibt am 21.3.1937 an die Schwiegereltern:

Meine lieben Eltern!
Schon über manch eine Zensur, die ich im Leben schon so oft kriegte, hab ich mich gefreut, aber so begeistert, wie über das Zeugnis von Dir lieber Mu, dass ich deinen Ernstelmann gut gehalten hätte, war ich noch nie. Aber er kriegte genau das gleiche von meinen Eltern gesagt, so gut ging mir es im Leben noch nie wie jetzt.

Die Jahre von 1933 bis 1943

Die ersten Ehejahre in Leipzig

Ernst und Herta beziehen nach der Hochzeit als junges Paar eine Wohnung im Physikalischen Institut der Universität Leipzig. Ernst arbeitet an seiner Habilitation und leitet das physikalische Praktikum, Herta macht ihre Referendarzeit fürs höhere Lehramt und führt den Haushalt. Herta bewundert Ernst (Herta an die Schwiegereltern 5.4.1935):

Dem Ernstelmann geht's gut, er schuftet tüchtig an seiner Arbeit, bald ist sie fertig getippt. Heute hat er einen fabelhaften Vortrag über die kommenden Aufgaben des Physikunterrichts als »Wehrphysik« vor ca. 120 höheren Lehrern und Oberstudiendirektoren gehalten. Es war ganz herrlich. Er kann eben blendend vortragen mit herrlichen Episoden aus dem Praktikum oder seinen Erlebnissen aus dem Krieg gewürzt. Man war sehr begeistert, und es wurde tüchtig getrampelt.

Ernst bewundert den Führer und seine Anhänger: An seine Eltern schreibt er am 17.10.1934:

Am vergangenen Sonntag hat mir der Stabschef Lutze die Hand gedrückt. Er mag dies bei dem Leipziger Aufmarsch oft getan haben, ich war aber sicher der einzige SA-Mann. Ob ich mir darauf etwas einbilden soll? Ja – und vielleicht besser nein. Aber ich habe diesen Mann länger aus nächster Nähe gesehen und im Verkehr mit hohen Würdenträgern aller Sorten bis zum Direktor beobachtet und muss sagen, er hat Format! Ein herrlich adliges Wesen, keine Pose und Haltung, ein ganz natürliches Auftreten, aber sehr zielbestimmt. Wieder ein Mann aus Hitlers Umgebung, der als Klasse und besondere Auswahl angesehen werden muss.

Ernst muss Herta von seinen nationalsozialistischen Ideen wohl nicht überzeugen: »Im übrigen geht es uns herrlich gut, wir führen ein zu schönes Leben, nett und bescheiden, passen in allem zu gut zusammen (...)« (Herta an die Mutter, 4.7.1935). In seinen Briefen an die Eltern und vermutlich auch in seinem Leben, nimmt sein nationalsozialistisches Credo einen breiten Raum ein, als wolle er die Eltern bekehren oder sich zumindest für den Weg, der nicht ihre ganze Zustimmung findet, rechtfertigen.
Ernst an die Eltern 17.10.1934: »Der Führer hat Euch in seiner letzten

Rede mit dem Erntedank und dem Professorenhieb nicht gefallen. (...) Aber wollen wir einmal in der Geschichte blättern (...).« Ernst blättert bis ins Jahr 1932, als eine Anti-Versailles-Kundgebung nur dann in der Universität stattfinden durfte, wenn garantiert würde, dass keine Studenten mit Hakenkreuz daran teilnehmen würden. Dieses Verbot hätten jüdische Professoren durchgedrückt. Aber auch auf Professoren aus der Partei könne man sich nicht wirklich verlassen, denn manche wären nur ihres Vorteils wegen in die nationalsozialistische Partei eintreten, und nicht – wie er, obwohl er es nicht erwähnt – aus innerer Überzeugung:

Ein Prof. Karg flog hier aus Amt und Partei und landete beim Staatsanwalt, als er vom geraden Weg abwich. Grausame Wirklichkeiten und sie wären nichts, wenn heute ein Ruck durch diese Reihen ginge, wenn sie jetzt wenigstens einschwenkten. Mag sein, dass es nicht leicht ist, aber wenn die Philosophie und Nationalökonomie und die Juristerei plötzlich »nationalsozialistisch« geworden ist, wenn die, die bisher in International und Freihandel konnten, nun in Nazi machen und in Autarkie, dann fragt man sich doch, wo hört das Kugellager-Gehirn auf und wo fängt das Herz an? Seid Gegner oder Hasser, oder Bekenner und Anhänger, aber seid endlich etwas Ganzes, habet den Mut eines Galilei im Bekennen oder den Fanatismus eines Lenard, aber seid etwas Ganzes, mit dem man rechnen kann (...).

Nach dem Beispiel eines Professors, Parteimitglied seit 1933, »dem die Partei über die höchste Hochschulbehörde die Faust gezeigt habe«, kommt Ernst zum Fazit: »Ja, das alles erfasst Hitler, das alles muss er erleben. Ich sehe hier viel: Eid und unbedingter Gehorsam A.H. und dann – Umgehen seiner Bestimmungen. Muss es denn erst ein Meineidsverfahren geben? Weiß ein Prof. nicht, dass man einen deutschen Menschen nicht mit krummen Wegen und Hintertüren erzieht?«

Ernst, der ja bereits 1933 in die SA eingetreten war, zählte sich also selbst zu den treuen Nazis aus voller Überzeugung und ohne »Kugellager-Gehirn«. Nach dem Krieg wird er 1947 in seiner Vita schreiben (Vita I, 51b):

Es war erstaunlich, wie sehr Hitler von seinen Anhängern als Retter, Prophet, als der Unfehlbare, alles in allem als der Führer vergöttert wurde. Dabei verlangte er von seinen Anhängern sehr viel: unbedingten blinden Gehorsam auch gegenüber allen mit Rangzeichen gekennzeichneten Unterführern, restloses Einschwören auf seine und nur seine Meinung, eine körperliche, seelische und geistige Unterordnung bis ins Letzte. (...) Von allem Überschwang hielt mich von Anfang an die Erkenntnis zurück, dass ich als Dinarier sowieso nicht zur nordischen Rasse gehörte. Ich war stolz auf meine Zugehörigkeit zu den Schwarzwäldern.

Auch Herta wird nach dem Krieg erklären, sie habe mit diesem »Quatsch« nie etwas zu tun gehabt, sei nicht in der Partei gewesen, da ihr Vater auch nicht in der Partei gewesen wäre.

Herta schreibt in ihren Briefen kaum über Politisches, das überlässt sie Ernst, der das dagegen mehr als ausführlich macht. Ernst an seine Eltern 29.8.1934:

Und noch etwas Grausames: da ist ein Dr. Grau med. vet. – ein feiner Kerl – uneheliches Kind (und dennoch PG), aber bezahlt hat ein Jude – Kämpfer vom 9. Nov. 1923 – Gutachten der Rassesachverständigen, dass er Arier sein muss, der Vater hat bezahlt, bezweifelt aber selber die Vaterschaft heute, war damals anständig, steht vielleicht für einen Unbekannten ein – hat einen Ruf – da kommen die Fragebögen – gute Freunde und der akademische Futterneid tun das ihre – ein Schreiben von Berlin, dass er nicht Arier sei – heute bei mir, dann bei Knick – ich habe ihn getröstet, dass er (bisher sein Schmerz) keine Kinder hat, für sich und sein Fraule kommt er durch, und dann kam Knick, wenige Worte und ein Leuchten ging auf in diesem Ausgestoßenen, und wir haben ihm gesagt Angriff! Wehre dich! Und er hat wieder Mut für einen Kampf der nun schon ein Jahr dauert. (...) Gruß Ernst u. Herta

Herta unterschreibt diesen Brief, von ihrem Protest gegenüber Prof. Knick und seinen Machenschaften, den sie nach dem Krieg in die Waagschale ihrer Schuldlosigkeit wirft, ist in diesem Brief nichts zu spüren.

Die Themenaufteilung in den Briefen ist klar. Ernst schreibt z.B. (Brief vom 3.4.1934) über die nationalsozialistische Universitätspolitik, Herta schreibt über das wunderbare Osterfest, das sie in strahlender Sonne auf der Dachterrasse in Liegestuhl und Hängematte verbringen, »mittags gab es Rehblatt und Rotkraut, fein!« Der gleiche Aufbau zieht sich durch die meisten Briefe bis 1945.

Entsprechend scheinen die Rollen in der Ehe verteilt zu sein, Herta ist für den Haushalt zuständig, Ernst für den Beruf und seine berufliche Anerkennung reicht gleich für beide; sie ist auf ihren »Ernstelmann« stolz, wenn er ein gutes Zeugnis seiner Vorgesetzten nach Hause bringt, frei nach dem Motto, sein Glück war auch das ihre: »sie hat dies innere Glühen im Dienste des deutschen Volkes zu dessen Schutz und Sicherheit verstanden und darin auch ihr Glück gefunden« (Ernst, Vita II, S.104).

Man muss sich vergegenwärtigen, dass Herta eine intelligente Frau war und in den zwanziger Jahren bereits erfolgreich ein Studium in Naturwissenschaften abgeschlossen hatte, als es noch kaum Frauen an den Universitäten gab, noch weniger in naturwissenschaftlichen Fächern. Sie hatte sich in einer von Männern dominierten Welt irgendwie behauptet, bevor sie sich Ernst anschloss und sich in der ihr zugewiesenen Nische in der Familie als Hausfrau und Mutter einnistete.

Ich denke, aus dieser unpolitischen Haltung, die Herta in ihrer Ehe einnahm, gleich zu folgern, sie habe mit dem »Quatsch«, wie Herta den Nationalsozialismus nach dem Krieg nannte, nichts zu tun gehabt, ist ein sehr gefährlicher Schluss. Mit einer solchen Unschuldsbezeugung wird sie nach dem Krieg keineswegs alleine sein, sehr viele Frauen werden entsprechend reagieren bis hin zu Feministinnen. (Der erste Kongress über die Mitbeteiligung der Frauen am Nationalsozialismus fand 1990 in Würzburg mit dem Thema »Beteiligung und Widerstand. Thematisierungen des Nationalsozialismus in der neueren Frauenforschung« statt. Initiiert wurde dieses Symposium von der Frauenakademie München in Zusammenarbeit mit der Friedrich-Ebert-Stiftung.) Margarete Mitscherlich (1985) bezeichnet den Faschismus und den Antisemitismus als genuin männliche Krankheit, mit der die Frauen höchstens angesteckt werden könnten. Die Frauen seien die Opfer, die Männer die Täter. Es steckt in dieser Aussage Wahres, denn Frauen wurden und werden von Männern unterdrückt. Gleichzeitig scheint sie mir auch falsch und gefährlich zu sein, denn sie verharrt in der spaltenden Gut-Böse-Dichotomie, die eine Verarbeitung der eigenen Beteiligung im Nationalsozialismus – sofern das überhaupt möglich ist – von vornherein untergräbt. Mich interessiert die Frage, ob und auf welche Weise Frauen den Nährboden für den Nationalsozialismus angereichert haben. Die Frauen wurden zwar ins Haus verbannt und auf ihre »natürliche Bestimmung« (Haarer 1934) als Mutter und Erzieherin nationalsozialistischer Nachkommen eingeschworen. Mit ihrer Begeisterung für ihre Nazimänner und für den Führer leisteten sie aber einen wichtigen Beitrag zum gemeinsamen Zelebrieren der eigenen Großartigkeit, der Großartigkeit der arischen Rasse, der Großartigkeit des Führers. Sie halfen dadurch mit, die Sicht auf die realen Machenschaften der Nazis zu vernebeln.

Der Faschismus beginnt nicht mit einer Regierung, die das Volk mit nationalsozialistischem Gedankengut wie mit einem Virus infiziert. Eine solche Regierung wurde zuerst einmal gewählt und fand Zulauf besonders von Menschen wie Ernst, die ihren eigenen Wert nicht aus sich selbst heraus finden können, sondern immer jemanden brauchen, den sie entwerten, um sich selbst daneben im hellen Licht darzustellen. Es sei hier noch einmal an Ernsts Begeisterung für nationalsozialistisches Gedankengut erinnert, das er bereits 1930 kritiklos nachbetete. Die Terminologie war neu, die zugrunde liegende Haltung dagegen war ihm aus seinem Elternhaus allzu vertraut.

Das scheint mir nicht nur eine männliche Krankheit zu sein, an der sich die Frauen anstecken können. Was ist mit dem Immunsystem solcher Frauen, um in Mitscherlichs Bild zu bleiben, wenn sie angesteckt werden können? Aus irgendeinem Grund heiraten sie solche Männer und trennen sich vor allem nicht von ihnen. Wenn man schon wie Mitscherlich von Ansteckung sprechen will, muss man die Wurzeln einer solchen Krankheit meines Erachtens in der Kindheit dieser Frauen und nicht erst bei der Hochzeit suchen.

Herta fällt in der Familie Meyer eine wichtige Rolle zu. Durch ihre Begeisterung und ihren Stolz auf alle Bonuspunkte, die Ernst in diesem hierarchischen NS-System nach Hause bringt, hilft sie, Ernsts unrealistisches Selbstbild, das aus einer Mischung von Illusionen und nationalsozialistischer Propaganda besteht, mit aufzublasen. Er ist auf die Bewunderung angewiesen und sein Schein scheint dann auch sie zu erhellen. Im privaten Bereich läuft es entsprechend:

Wir legten Wert darauf, dass unseren Gästen mehr geboten wurde als gutes Essen und Alkohol. Wer nicht bei uns hineinpasste, musste sich einen anderen Verkehr suchen. Und wieder war sie [Herta] es, die hier die Zügel in ihren weichen und doch so festen Händen führte. Sie hatte es gern, wenn ihr Ernstelmann an solchen Abenden sein Wissen und seine Gedanken lebhaft heraussprudelte, und sie half ihm oft hinein, wenn laute Betriebsamkeit die verhaltenere Gründlichkeit mit der Gischt vieler Schlagworte überspülen wollte (Vita I, 63).

Das erste Kind

Während ihrer ersten Schwangerschaft schreibt Herta am 26.9.1934 an ihre Schwiegermutter

Liebes Mulein!
Vielen herzlichen Dank für Deinen lieben rührend besorgten Brief, aber bitte, bitte, sorg Dich nicht; wenn Du wüßtest, wie mords fidel ich bin, wie gut es mir geht. Und wenn der süße kleine Kerl da drinnen mir nachts manchmal im Bein die ganze Ader absperrt, weil er das ganze Blut braucht und auch mal nach dem vielen Strampeln was Gutes genießen will, dann kann man es ihm eigentlich gar nicht verdenken. Es kommt aber ganz selten vor und Ille hatte es auch und meinte tröstlich, das wären noch nicht die schlimmsten Schmerzen. Und als sich gestern Herr Prof. Knick bei Ernst sehr nett nach mir erkundigte, fragte Ernst ihn deshalb und er meinte, ja das wäre so und ginge später alles wieder zurück. (...) Goldig, dass Du dem Ernstelmann einen Kuchen gebacken hast. Am Sonntag gibt's sein Lieblingsessen: Suppenhuhn mit Nudeln. Herzlichst Herta

Am 16.12.1934 kam kein »Kerl«, sondern eine kleine Tochter namens Sonja auf die Welt. Ernst sprach nach der Geburt zwei Tage nicht mit der Haushälterin, sodass diese befürchtete, Herta oder dem Kind wäre etwas passiert. Das Kind war zwar gesund, aber nur ein Mädchen. Herta schreibt ein Kindertagebuch:

5.2.1935
Doch noch einmal zurück zu den Kliniktagen. Ganz goldig war das Herzel am heiligen Abend. Das kleine Bäumchen brannte und das Christkindel wurde mir in den Arm gelegt, aber was verstanden wir von Weihnachten, wir dachten, es gäbe schon wieder etwas zu trinken und waren so enttäuscht, dass das Suchen erfolglos war, sodass wir wegen Riesenbrüllerei wieder ins Bettel abtransportiert werden mussten.

6.2.1935:
Nur mit dem Waschen war es am Anfang so eine eigene Sache. Angreifen ließ sich das kleine Prinzeßchen nicht gern, ja wenn es gar ans Waschen ging, brüllte das kleine Wesen so laut, dass sich Schwester Gerda die Ohren zuhalten musste. Aber auch das haben wir nun schon alles gelernt. Jetzt macht sogar das Baden schon Spaß, obwohl es ja noch immer eine ziemlich ängstliche Angelegenheit ist und sich das eine Händchen fest an Muttis Arm krampfen muss, das Bäuchlein steckt man natürlich nie ins Wasser, das ist viel zu gefährlich.

6.2.1935
Erzählen möchten wir schon lange, und das kleine Mundel geht dabei nach allen Seiten, aber heraus kommt noch nichts. Wir trinken jetzt immer schon mit den großen Leuten Kaffee, das ist zu interessant, vom Kinderwagen aus dabei zuzusehen, dabei vergisst man das große Kummerchen, dass es erst um 9 zweites Frühstück gibt.

Es fällt mir schwer, über diese Textstellen zu schreiben. Das Baby, das »wegen Riesengebrüll ins Bettel«, also von der Mutter weg, »abtransportiert« wird, ist »ganz goldig«? Oder wenn es beim Waschen sehr brüllt, hält sich Schwester Gerda die Ohren zu? Und das sicher nicht zum Ärger von Herta, sonst hätte sie anders darüber geschrieben. Auch Herta, die die vitalen kindlichen Äußerungen belächelt? Dieses eigentümliche »wir«, mit dem Herta in Sonjas Namen spricht, erscheint mir gleichzeitig distanzierend und vereinnahmend, als würde sie sich von dem Baby nicht wirklich berühren lassen und es doch mit einem gemeinsamen »wir« umschließen. Macht ihr die eigenständige kindliche Vitalität Angst? Eine solche Angst kann auch hinter ihren Bildern stecken, die sie während der Schwangerschaft von dem »kleinen Kerl« hat. Sie unterschiebt scheinbar liebe- und humorvoll ihrem noch ungeborenen Kind eine im Grunde genommen grausame Absicht, dass es »nach dem vielen Strampeln« das mütterliche Blut für sich gebrauche, sodass für die Versorgung von Mutters Beinen nichts mehr übrig bliebe. Die Vorstellung, im eigenen Körper einen für sie selbst so gefährlicher Fötus zu beherbergen, muss ihr Angst gemacht haben. Ängste während der Schwangerschaft und in den ersten Wochen mit ihrem Baby wären daher verständlich, zumal Sonja ihr erstes Kind ist. Über Ängste schreibt Herta aber nicht und man muss sich fragen, ob sie sich solche Gefühle überhaupt zugesteht, denn Angst wurde in der Familie als Schwäche angesehen und verachtet.

Die Textstellen über Hertas Baby stammen aus dem Jahr 1935, also aus einer Zeit, die Herta selbst später als die glücklichste ihres Lebens bezeichnen wird. In dieser Zeit bei ihr schon Vorläufer von Verhaltensweisen zu finden, die nach dem Krieg ihre Beziehung zu den Kindern zeitweise so belasten werden, half mir dabei, die Mutter nicht mehr nur als Opfer des Vaters, des Krieges und der Lebensumstände zu sehen, sondern als selbstverantwortliche Person mit ihren Stärken und Schwächen. Eine solche Sichtweise schmälert keineswegs mein Mitgefühl für das Leid, das sie im und nach dem Krieg erfahren hat. Ich werde später noch näher darauf eingehen.

Aus der Gegenwart

Ich war mit dem Familiendogma aufgewachsen, dass der Vater »böse«, die Mutter dagegen »gut« wäre. Ich hatte schon, bevor ich diese Arbeit anfing, eine solch starre Polarisierung zwischen den Eltern zu relativieren gelernt, begegnete ihr aber während des Schreibens immer wieder, nicht nur als Polarisierung zwischen den Eltern, sondern auch als Polarisierung zwischen mir und meiner Mutter. Als ich zum Beispiel Zitate über Hertas Beziehung zu ihren Kindern und ihren Umgang mit den Kindern aus den Briefen zusammengestellt hatte, und darin keineswegs die »nur gute« Mutter herauslesen konnte, sondern über ihre Härte entsetzt war, bekam ich Schuldgefühle und wertete nicht nur mein Schreiben ab, sondern entzog mir selbst die Berechtigung, eine solche Arbeit in Angriff zu nehmen: die Mutter hatte mich und meine beiden Geschwister schließlich heil durch den Krieg gebracht und sich nach dem Krieg für uns Kinder geopfert, so das Familiendogma. Ich erlebte immer wieder solche Selbstentwertungen, die manchmal über längere Zeiten anhielten. Das durchgängige Familienmuster »der eine oben, der andere unten« oder »der eine gut, der andere böse« brodelte auch in meinem Inneren.

Als ich wieder einmal in einer solchen Selbstentwertung gefangen war, ging ich nach einem langen Spaziergang in ein Restaurant. Am Nebentisch saß eine junge Familie mit zwei kleinen Kindern. Der kleinere der beiden stand, auf die Lehne gestützt, auf seinem Stuhl und schäkerte mit den Leuten der Nachbartische. Auch mir schenkte er ein breites Lachen. Dieses Spiel fand ein abruptes Ende, als der Kellner seiner Schwester einen Eisbecher brachte. Der Kleine drehte sich in Windeseile um, und sein ganzes Interesse, das vorher seiner Umgebung galt, war jetzt nur noch auf diesen Eisbecher gerichtet. Arme, Beine, Augen, Mund: alles nur noch ein Verlangen.

Wie tief muss es ein Kind treffen, wenn ihm in einer solchen Situation mit einer Erziehungsmaßnahme und nicht mit liebevollem Verständnis begegnet wird. Die Szene berührte mich sehr, ich dachte an meine Eltern und ihren Umgang mit uns Kindern, und ich begriff schmerzhaft, dass ich in meiner Selbstentwertung mein eigenes Erleben als Kind und das meiner Geschwister aus den Augen verloren hatte.

Ernst wird Offiziersanwärter

Während Herta zu Hause ihr Kind versorgt, nimmt Ernst immer wieder an mehreren nationalsozialistischen Schulungen teil; nach dem Krieg wird er in seiner Vita kritisch nur das eine oben bereits zitierte Beispiel, an dem er zusammen mit allen Professoren pflichtgemäß teilnehmen musste, erwähnen. In Wirklichkeit sah es anders aus. Herta an die Schwiegermutter 4.7.1935:

Liebes Mulein!
(...)Nun will ich Dir zum Ersatz als Geburtstagsfreude recht viel erzählen. Dass uns Ernst jetzt 3 Wochen verlässt, ist natürlich sehr sehr traurig. Ich kann es mir noch gar nicht denken. Aber es muss halt sein – ist es doch wieder ein großes Stück weiter zur Habilitation. Er wird sich sicher dort schnell einleben. Einheitskleidung: kurze braune Hose, braunes Hemd mit schwarzem Schlips ist vorgeschrieben. Hoffentlich haben sie auch von Kiel etwas, es muss ja eine herrliche Stadt sein, und was freut sich Ernstelmann über die Schiffchens!

Diese Einheitskleidung lässt eher auf nationalsozialistische Schulung als auf wissenschaftliche Fortbildung schließen. Herta hält an der Idee von Ernsts Habilitation fest und sieht in der Schulung einen wichtigen Schritt in diese Richtung. Leider entspricht ihre Vorstellung den Praktiken der damaligen Hochschulpolitik! Ernst dagegen bereitet seine militärische Laufbahn vor und bekommt am 13.8.1935 von General Wachenfeld, dem Befehlshaber im Luftkreis III, Dresden, ein Zeugnis: »Persönlicher Eindruck: große Figur, offenes Wesen, ausgesprochene Forscher- und Gelehrtenerscheinung. Seine Ansichten über Aufbau der Hochschulen und die heutigen Mängel decken sich mit den Staatsnotwendigkeiten« (Personalakte Dr. E. Meyer, Bundesarchiv – Abt. VI – Militärarchiv Freiburg). Herta schreibt am 29.7.1935 in Sonjas Tagebuch (Sonja, 7 Monate alt):

Nun ist der Vati wieder aus Kiel zurück. Sie kannten sich beide kaum wieder. Er fand Sonja ganz ganz anders, als er sie sich vorgestellt hatte. Er war nicht mit allem ganz einverstanden. Wir [Herta und die Haushälterin Frau Kretschmar] hatten natürlich viel mehr Zeit und haben den kleinen Frosch tüchtig verwöhnt. Oder ob es an der zunehmenden Vernünftigkeit liegt? Sie gibt jetzt genau kund, was sie will, und was ihr nicht passt. Wenn man sie vom Sitzen hinlegt, brüllt sie. Sie wird nun wieder straffer gehalten zum großen Kummer der Frau Kretschmar.

Frau Kretschmar, von Sonja später liebevoll »Tantan« genannt, leidet – und Herta? Kann Herta mit ihren Kindern dann gewährend und liebevoll umgehen, wenn eine solche Haltung, wie hier von Tantan, von der Umwelt unterstützt wird? Tantan spielt in den Jahren in Leipzig eine wichtige Rolle in der Familie, nicht nur für Sonja, sondern auch für Herta. Herta am 4.7.1935 an die Schwiegereltern:

Seit 8 Tagen bin ich ohne Frau Kretschmar, sie ist mit Mann durch »Kraft durch Freude« im Nordseebad Büsum. Sie waren selig, mit 55 Jahren packten sie ihren ersten Koffer. Ich bezahlte ihr den Urlaub und sie kaufte sich noch ein Kleid und eine Strickweste und reiste entzückt ab. Morgen abend kommen sie wieder. Zur Ankunft backe ich noch eine Erdbeertorte und hole sie mit Sonja ab. Ich hatte natürlich allein tüchtig zu tun, Windeln waschen, kochen, aufwaschen usw. dazu heute noch Kaffeebesuch und gestern ein Doktorand von Debay, der sich seine Hose von oben bis unten bekleckert hatte und nun mit sehr traurigem Gesicht in meiner Küche erschien. Ich wusch und plättete sie, er holte sie sich strahlend ab, eine Hose von Ernst half über das Interregnum hinweg.

Ein Jahr später, wenn die Familie nicht mehr in Leipzig wohnen wird, wird es ein Gespräch zwischen Mutter und Tochter geben. Herta, Kindertagebuch am 7.10.1936

Ihre Tantan liebt sie noch zu sehr. Als ich sie mal fragte, wo denn die Tantan sei, da sagte sie: »Tantan leibt zu Hause bei Onkel Fitz« Ich sagte, dafür hast Du aber doch den Vati, was ist schöner: der Vati oder Tantan. Sie: »Tantan ist schöner«.

Ernst fährt im März 1936 zu einer nächsten Schulung nach Halle und zu diesem Zeitpunkt macht er seinen Eltern gegenüber aus seinen neuen beruflichen Absichten keinen Hehl mehr. Ernst an die Eltern: 29.3.1936

Wie ich oben bereits erwähnte, werde ich vermutlich als Lehrer in Halle bleiben. Der Kurs geht Ende dieser Woche vorzeitig zu Ende. So brennend ist der Bedarf an Offizieren. Ich brauche nicht zu betonen, dass die Ausbildung dieser Herren noch lückenhaft ist. Aber da sollen große Nachrichtenschulen eingreifen! Ihr macht Euch von dem Rahmen keine Vorstellung! Dazu kommen wesentliche Schulbedürfnisse auch für die gewöhnliche Landfliegerei! Es liegt in der Natur der Sache, dass das Reichs-Luftfahrtministerium diese Dinge einheitlich regelt. Ich möchte hier für alle Fälle eine Feststellung machen: Ein Grund zu einer Entschuldigung anläßlich dieses Wechsels liegt nicht vor. Das Leben ist keine Einheitsware – Din-Format – normalisiert nach festgefügten zwangsläufig ablaufenden Schemen. Das tut unsere Zeit schon gar nicht. (...) Wir heute bauen einen neuen Typ eines Staates in einem verjudeten und demokratischen Zeitalter. (...) Wenn ich später einmal meinen Lebenslauf schreiben werde, dann wird es kunterbunt sein. Aber dies eine möge mir der Himmel bescheren: dass ich dann schreiben kann, wir sind als brave Deutsche durchgekommen. Herzlichst Eure Herta und Ernst

Mit der Partei im Rücken wagt Ernst den Protest und das Abweichen vom väterlichen Weg. Er hat seine Empfehlung zum Offiziersanwärter in der Tasche:

Mit der Universitätslaufbahn ist er unzufrieden, weil das Studentenmaterial schlecht ist und das ganze System sich noch nicht genügend umgestellt hat und verknöchert ist. Ich empfehle Einberufung zum Offiziersanwärter.
   gezeichnet Wachenfeld, General der Flieger
   (Personalakte Dr. E. Meyer, Bundesarchiv – Abt. VI/Militärarchiv Freiburg)

Nach dem Krieg wird er über seine Erfahrungen in Halle schreiben: »Hier sollten wir zukünftigen Fliegerhorst-Nachrichten-Offiziere ausgebildet werden. Es war in Wirklichkeit ein öder Formalismus ohne Idee und Format. Leiter dieser Lehrgänge war ein verschrobener Ehrgeizling, über dessen Charakter bei allen Schülern nur eine Meinung herrschte(...)« (Vita II, S. 107b).

Umzug nach Lechfeld

Ernst wird nicht Lehrer in Halle, sondern Lehrer an der Flugsicherungsschule des Flughafens Lechfeld. Diese Nachricht erhalten Ernsts Eltern von Herta am 30.4.1936 auf einer Postkarte ohne Anrede.

Ihr könnt strahlen: Zur Leitung an den Fliegerhorst Lechfeld bei Augsburg abkommandiert, ca. 200 km von Euch entfernt; ich kann es gar nicht fassen. Ernst rief eben aus Halle an, ganz selig. Er kommt morgen Donnerstag kurz nach Leipzig, fährt abends nach Augsburg. Nur 3 von 25 haben sofort ihre endgültigen gekriegt, darunter Ernst. Die Stelle ist etatmäßig, mehr weiß ich durchs Telefon auch nicht. So, nun ist Euer Sohn doch auch mal was geworden. Was wird Sonja sagen, wenn nun bald wieder eine so lange Bahnfahrt kommt? Hoffentlich schreibe ich Euch zum Sonntag Genaueres. Herzlichst Herta

Herta kurze Zeit später, als Datum steht nur Mittwoch.

Glaubt uns betr. »habilitus«: wir tun, was wir können, es liegt an anderen, wenn's noch nicht geklappt hat. Ich verstehe Dich voll und ganz, auch das Väterchen, aber auch Ihr müsst verstehen, dass uns vorläufig der Kampf ums tägliche Brot wichtiger ist als der Kampf für ein Titel, von dem wir absolut nichts haben. Ernst passt nicht auf die Universität, jetzt erst hat er seinen richtigen Beruf gefunden. Selbstverständlich werden wir nicht locker lassen und die Arbeit noch unter Dach und Fach bringen.

Aus der Habilitation wird nichts mehr. Im September zieht die Familie nach Lechfeld bei Augsburg. Der Umzug hat sich verzögert, da Ernsts Chef Krüger in Lechfeld die Verlängerung der Probezeit beantragt, »weil sein militärisches Auftreten und seine Haltung noch straffer werden müssen«. (Personalakte Dr. E. Meyer, Bundesarchiv – Abt. VI– Militärarchiv Freiburg).

Ernst wird Krüger in seiner Vita einen »kleinen dicklichen Kerl« nennen »mit einem ostischen Rundschädel, auf dem das silbergraue Haar mit Pomade festgeklebt war- da rettete auch ein riesengroßer Diplomatenschreibtisch vor dem Fluch der Lächerlichkeit nicht, den solch eine Wichtigtuerei und selbstherrliche Eitelkeit auslöste« (Vita II, 112).

Die abwertende Beschreibung von seinem Vorgesetzten – »abstoßend aber waren die eisenfresserischen Linien um den Mund. Was konnte da schon dahinter stecken« – und auch von anderen Offizieren ziehen sich wie ein roter Faden durch die Vita seiner Lechfelder Zeit. Unbehelligt oder genauer im strahlenden Licht dagegen stellt er sich selbst und seine Arbeit dar:

Die große Kampffliegerschule Lechfeld mit einem so herrlichen Fliegerhorst war eine ganz besonders schöne Aufgabe. Dass diese gelöst wurde, ist in gar nichts Krügers Verdienst. (...) Was hatten wir auch in den Händen: die Elite der deutschen Jugend. Ich kam von der Universität, hatte auch dort mit einer Auslese zu tun gehabt. Was ich nun in die Hand bekam war mehr. Denn hinter diesen Jungens stand ein Erleben: die Fliegerei! Und sie formte alle, die ihr verfallen waren. Sie griffen unersättlich und begeistert nach dem Höchsten: die Welt bezwingen durch Erkenntnis und durch Tat. Und wenn ein widriges Geschick sie in die Tiefe schmetterte – sie spendeten ihre Leiber gläubig ihrem Volk. Ihre Seelen aber fanden heim zu einem Gott, der sich ihnen in seinen unbegreiflich hohen Werken geoffenbart hatte. (...) Es war schon eine beglückende Aufgabe, für diese Jungs ein vernünftiger, vielleicht sogar ein besonders geachteter verehrter Lehr-Meister zu sein! (Vita II, 113).

Weiter unten im Text beschreibt er seine Lehrmethoden, nicht ohne sich vorher von den anderen Lehrern abgesetzt zu haben, die ihr Rangabzeichen zur Disziplinierung aufmüpfiger Schüler benutzten.

Und wehe, wenn sich mehrere solcher Meuterer in einer Klasse zusammenfanden! Dann wurde der Rang herausgekehrt, ein geistloses Dienstgesicht aufgesetzt und ev. mit Geschrei »Recht behalten«. Bei mir hatten solche Extratouren bald ein Ende. Ich brauchte meine Schulterstücke nicht. Aber ich ging an alle Fragen heran, mochten sie auch noch so lausbübisch gestellt sein, um den Lehrer zu leimen. Und dann bohrte ich tiefer und tiefer, bis dem Fürwitz die Luft ausbleibt. Aber nicht einseitig im Fach, nein kreuz und quer durch die ganze praktische Kampffliegerei hindurch, wie es der schwierige Schlechtwetterflug wirklich bringt (Vita II, 114).

In den Briefen an seine Eltern aus dieser Zeit kann ich keine Kritik an Mitarbeitern und Kollegen des Flughafens finden. Vielleicht ist ihm das zu gefährlich, denn er hätte dem Vater damit Nahrung für »bissige« Kommentare geliefert. Ernst an die Eltern am 7.8.1936:

Drei Monate Lechfeld als einziger, völlig selbstständiger und allein verantwortlicher Nachrichtenoffizier sind schon etwas Gutes gewesen. Vater soll grollen und teils bissige Bemerkungen machen. Ich verstehe dies nicht so ganz. Denn schließlich sind wir doch eingeschmiedet in unsere Zeit, und jede Generation hat ihre eigenen Aufgaben zu lösen. Man kann darüber nicht urteilen nach irgendwelchen prinzipiellen Gesichtspunkten.
Herzlichst Euer Ernst

Herta bleibt mit der kleinen Tochter bis zu Ernsts endgültiger Berufung nach Lechfeld in Leipzig. Dort findet auch der Besuch von Marga statt, über den Ernst ausführlich seinen Eltern berichtet.

8.3.1936.
[Liebe Eltern]
(...) Marga war bei uns. Es ist ungeheuer schwierig mit ihr. An ihrem Hochmut und an ihrem Anspruch, überall belehrend und besserwissend einzugreifen, scheitert ungeheuer viel. (...) Marga hat Herta wieder eine lange Rede gehalten, dass man sich immer höher fühlen muss als alle anderen Menschen, mit denen man zusammenkommt. Aus dieser Einstellung folgt ohne weiteres, dass Marga vereinsamt. So redet sie auch in Sonjas Erziehung hinein mit der typischen Vorrede »die Hanna hat das so und so gemacht«.

Nach der Beschreibung, wie Marga der kleinen eineinhalb-jährigen Sonja mit einer Nadel in die Zunge stechen will, sobald sie erscheint, schreibt Ernst aufmunternd weiter:

(...) Macht Euch darüber keine Sorgen! Das Leben wird das Problem selber lösen, Marga wird es lernen, wenn auch auf grausamem Weg. Sie ist tapfer und fleißig, nur im neuen Staat sehr rückständig. Es gibt keine »Proleten« mehr und die Geburt aus gutem Hause tut es nicht! Es ginge alles, wenn sich Marga mit den NS-Organisationen gut stellen könnte. Sie kann es aber nicht! Aber nochmals, macht Euch keine Sorgen! (...) Sonja ist ein wahrer Sonnenschein! Eben musste Herta mit ihr »Mutter und Tochter« spielen, denn sie macht große Geschäfte mit Vorliebe in die Windel. Aber da hat es dann von ihr eine ganz unerhörte Versöhnungsszene gegeben: »Mama! Mama! gut! gut!« und sie packte Herta hinter den Ohren und zog sie an sich, sagte dann selig: Ei! ei!!!
Ja, ihr werdet viel Spaß an der Kleinen haben. Herzlichst Euer Ernst

Ernst beschreibt in seiner Vita, dass er eher an den Rand der Fliegerhorstgesellschaft rückt, vermutlich auch ausgelöst durch die Kränkung über die verlängerte Probezeit. Seine Ernennung zum Hauptmann feiert er nicht mit seinen Kollegen in Lechfeld, Herta dagegen in Leipzig um so begeisterter:

Liebes Mulein, liebes Väterchen!
(...) Aber nun der Reihe nach: denn ihr habt beide nach Euren so lieben Briefen mit den Glückwünschen einen genauen Gang der Ereignisse verdient. Montags, den 31. August nachmittags 3 Uhr klingelte es, und die beiden Brieftelegramme kamen, die Eltern hielten Mittagsruhe, ich spielte mit Sonjalein. Wir brüllten um

die Wette, weckten, was zu wecken war, alles juchzte, ich sprang über sämtliche Stühle – und das waren nicht wenige – Sonja wollte es mir nachtun, hob aber an jedem Stuhl nur ein Bein (wie ein Hund). Das gehört sich wohl für eine Hauptmannsfrau nicht mehr. Zum Kaffee gab's viel Schlagsahne und abends führten mich die Eltern zum fürstlichen Essen in den Ratskeller aus (Herta, 15.9.1936 noch aus Leipzig).

Zwei Wochen später zieht die Familie ins Einfamilienhäuschen nach Lechfeld. »Wir haben ein ganzes Haus (...) wir sind selig darüber« (Ernst an die Eltern 25.10.1936).

Auch mit seiner Familie bleibt Ernst eher am Rand der Fliegerhorstgesellschaft. Als eigentlichen Grund für seinen Rückzug gibt er in seiner Vita eine Auseinandersetzung mit Herta an, die bei einem Damenkaffee realisiert, dass die anderen Offiziersfrauen bedeutend mehr über Flughafen-interne Nachrichten informiert sind als sie selbst. Herta fühlt sich von Ernst zurückgesetzt, und Ernst wettert über die mangelnde Verschwiegenheit der anderen Offiziere; mit ihnen wolle er sich nicht mehr austauschen. Als Fazit zieht man sich in die eigenen vier Wände zurück und beschwört die heile Welt in der Familie herauf.

So wuchs in uns den Abseitsstehenden etwas Eigenes, was uns auch seelisch immer fester zusammenfügte. Herta schuf ein Heim, das uns gehörte und uns gefeit machte gegen alles Fremde und Meyers eine Eigenstellung gab in allem. Sie hütete in ihrem Heim die tiefen reinen Quellen unseres inneren Wesens. So war sie auch mein guter Geist (Vita II, 119).

Etwas Fremdes kann Ernst wirklich nicht ertragen, sondern muss dagegen ankämpfen. Auch seine Kinder werden das immer wieder zu spüren bekommen.

Unterstützung der spanischen Faschisten

Durch Unruhen linker Gruppen und Gegenreaktionen des Militärs war die innere Ordnung in Spanien erschüttert; zum Bürgerkrieg kam es 1936, als das Militär unter Führung von General Franco einen Putsch gegen die durch die »Volksfront« gestützte Regierung machte. Franco wurde von Deutschland besonders mit Flugtransporteinheiten unterstützt. Ernst war an dieser Aktion beteiligt und erhielt dadurch »taktische(n) [militärische] Lehren schon ernsterer Art« im Bereich Nachrichtenwesen und Flugsicherheit (Vita II, 143, b).

Auch mit dem Spanienkrieg hatte ich einiges zu tun. Denn dafür war Lechfeld Luftstützhafen und Absprunghafen gewesen für die direkten Flüge nach Palma auf Mallorca. Trotz dieser Mitarbeit sah ich nie durch in diesem Trauerspiel. Es kamen erst Ju 52, die bei uns neu angepinselt, wobei alle alten Kennzeichen einschließlich Hakenkreuz verschwanden. Etwa ein halbes Jahr später war dann derselbe Zauber mit dem Typ Heinkel 111. Die Besatzungen kamen in Zivil und wurden streng getrennt gehalten. Selbst die besten Freunde, die sich ein letztes Mal auf dem Fliegerhorst sahen, durften sich nicht einmal stumm die Hand geben. Es ist bezeichnend für den damaligen Geist in der Truppe, dass solche Befehle auch wirklich durchgeführt wurden. Anschließend an diese Massenstarts folgte nun das »Unternehmen Meyer«, wie es in Lechfeld genannt wurde. Ich bekam vom R.L.M. [Reichsluftfahrministerium] von einem mir persönlich unbekannten Offizier einen Anruf mit liebenswürdigsten Erkundigungen, wie es mir und meiner Familie gehe. Er kündigte mir dann Kaffee oder sonst irgendwelche rarste Genüsse an, die er für mich in Berlin besorgt hatte (dann kamen je nach Menge ein oder mehrere Flugzeuge von Berlin) oder ich bedankte mich für irgendetwas bei ihm (dann waren Flugzeuge aus Palma eingetroffen), oder ich kündigte bayrische Spezialitäten an wie Bier oder Weißwürste, dann waren Maschinen von Lechfeld nach Berlin unterwegs (Vita II. 146).

Warum der Spanienkrieg für Ernst ein »Trauerspiel« war, erklärt er auf den nächsten Seiten seiner Vita mit kaum nachvollziehbarer Argumentation. Er habe mit vielen Spanienkämpfern später gesprochen, die ihm sagten, die Deutschen hätten auf der falschen Seite für den asozialen Feudalismus gekämpft. »Sicher war es mehr als nur ein diplomatischer Schönheitsfehler, dass die Nationalsozialisten gegen den Sozialismus kämpften. Denn gerade der Sozialismus war damals für jeden Deutschen der innerste Kern der neuen Entwicklung und gerade bei den Besten Herzenssache« (Vita II, 147 ff).

Damit war Ernst bei einem Konflikt angekommen. Er nennt es einen »inneren Widerspruch«, der aber keineswegs eine Selbstreflexion, wie das Adjektiv »innere« vielleicht vorgaukeln könnte, nach sich zieht, sondern die Suche nach demjenigen, der für diesen Widerspruch verantwortlich ist. Zuerst ist es für ihn die englische Politik. »Das so streng puritanische und äußerlich so religiöse England sympathisierte und paktierte mit der Partei in Spanien, die wirklich auf einer anderen wesensfremden Ebene dachte.« Das Verbindende zwischen den spanischen Faschisten und den Engländern sei das Religiöse, da die katholische Kirche größte Großgrundbesitzerin in Spanien sei und damit auf der Seite der Faschisten und gegen die Sozialisten. Ist der Verantwortliche gefunden, wird er hasserfüllt bekämpft. Ernst über die Engländer:

Auch Antifaschismus und Liebe zur Demokratie hätten an gewisse ungeschriebene höhere Gesetze binden müssen. Oder gilt Treue zu den eigenen ideellen Grundlagen des Staates so wenig, wenn es um Politik geht? Ich habe in meinem Leben die bittere Erfahrung machen müssen, dass Treue oft nur ein Zerrwort für eine Attrappe aus Gelatine ist, die zudem in Wasser und verdünnten Säuren leicht löslich ist.

Damit ist Ernsts Argumentation über den »inneren Widerspruch«, warum die deutschen Faschisten den Kampf gegen die spanischen Sozialisten unterstützten, noch nicht abgeschlossen; er fügt noch eine weitere Argumentationsrunde an:

Auch heute noch bin ich der Ansicht, dass es sich in dem Spanienkrieg um eine einigende Angelegenheit des gesamten Westens handelte, in der Einigkeit und einmütiges Handeln besonders nahe lagen. Denn wir waren und sind alle Glieder der einen gleichen Gemeinde Christi.

Die Spanier selbst hätten eine solche einigende Handlung verhindert. Ernst habe volles Verständnis für revolutionäre Bewegungen in Spanien nach dem inquisitorischen Absolutismus eines Philipp II – »nie aber für einen Bürgerkrieg der Hemmungslosigkeit. Denn auch der Kommunismus hat Ideale, die unangetastet und unbefleckt bleiben müssen.« Damit ist die Verantwortung der Deutschen für ihre Unterstützung der spanischen Faschisten wieder »erfolgreich« ausgeblendet und ein Feind gefunden, den es zu bekämpfen gilt: die Spanier hätten einen hemmungslosen Bürgerkrieg angezettelt und damit die eigenen Ideale verraten. Diese scheinlogischen Argumentationen verlaufen immer nach dem gleichen Muster. Die Eigenverantwortung wird abgelehnt, einem anderen die Verantwortung zugeschoben und dieser wird dann abgewertet und feindselig bekämpft.

Die deutsche Legion Kondor, die durch überstrichene Flugzeuge und in den Funksprüchen mit Codewörtern wie Kaffee, bayerisches Bier und Weißwürste gedeckt wurde, hat 1937 unter anderem auch die baskische Stadt Guernica zerstört.

Familienalltag in Lechfeld und Geburt des zweiten Kindes

Wie sich der Familienalltag in Lechfeld gestaltete, erfahren wir hauptsächlich durch Die Briefe Hertas an ihre Schwiegereltern und durch ihre Aufzeichnungen im Kindertagebuch.

Zuhause Frau und Kind. Die Tochter ist im Trotzalter:

Wenn sie Wut hat, kann sie wahnsinnig brüllen. Als ihr der Vati jetzt mal, weil sie nicht folgte, ein paar auf die Finger gab, ließ sie dadurch ihre Wut aus, dass sie mit der Faust auf den Tisch knallte und sich mächtig weh tat, aber nichts ließ sie sich anmerken (20.4.1937 Kindertagebuch).

»Gute« Erziehung war den Eltern und Großeltern wichtig. Über einen Besuch ihrer Eltern am 1.7.1937 (Kindertagebuch, Sonja ist zweieinhalb Jahre alt):

Mitte Juni waren die Eltern da und waren begeistert von Sonja, fanden sie ganz ganz anders als vor 8 Monaten. Sie waren entzückt, wie gut sie erzogen sei, wie sie folgt und wie sauber sie mit Schieberchen und Löffelchen isst.

Mehr erzählt Herta über den Besuch ihrer Eltern nicht.
Im März 1937 geht Ernst auf Dienstreise an den Bodensee und macht anschließend einen Abstecher zu seinen Eltern nach Freiburg. Herta schreibt über sein Heimkommen nach diesem Besuch an die Schwiegereltern am 21.3.37:

(...) Sonja war natürlich über die Mitbringsel mehr begeistert als über den Vati selbst. Der ganze Tisch voller Ostereier, die Sonja gewissenhaft teilte, mir ein einziges, sich den übrigen Haufen. Von wem stammt diese Erbmasse? Sonja ist ein wonniger Kerl, ich gönnte sie Euch ja so sehr, aber nur stundenweise, denn auf die Dauer ist sie viel zu anstrengend, sie steht neben mir an meinem Pultchen und stört mich dauernd, packt alle Kästen aus, die sie erreichen kann, schreibt dauernd mit an die Omi.

Ein Geschwisterchen für Sonja wird geplant:

Als ich ihr [Sonja zweieinhalb-jährig] einmal sagte, dass wenn wir ein Babychen kriegen, dass es dann mir gehört und Sonja dem Vati gehört, da meinte sie: »Ich krieg das Babychen und Du kriegst den Vati« (Herta 20.4.1937 Tagebuch).

Die letzten 13 Wochen der Schwangerschaft mit ihrem zweiten Kind muss Herta wegen einer Nierenbeckenentzündung im Standortlazarett in München liegen. Herta am 13.3.38 im Kindertagebuch:

Ich musste mein Sonjalein auf 13 Wochen verlassen. Sie ist von Liesel sehr fein und vorbildlich erzogen worden und sehr selbstständig geworden. Sie hat mich in der Zeit fünf Mal im Lazarett besucht und einmal sahen wir uns 8 Wochen nicht. Ich war begeistert, wie sie sich in der Zeit herausgemacht hatte, ein süßes kleines Dickerle war sie geworden, herrlich gesund und wohl aussehend, nur äußerlich etwas verwahrlost. Alles war zu klein geworden, Leibchen zu eng, Loch im Schuh, und zwar in den einzigen, die überhaupt noch passten, die Ferse der Strümpfe saß mitten auf der Sohle, am Hacken hatte sie sich eine Blase gelaufen, aber dafür war sie geistig so viel weiter, einfach entzückend. (...) Zu Haus hat sie mich würdig vertreten: Als Vati abends müde aus dem Dienst kam und Zeitung las, nahm sie sie ihm weg und sagte: »Alterle, jetzt erzähl erst was vom Dienst.« Die beiden haben sich in der Zeit entzückend angefreundet. Sonja liebt den Vati seitdem noch viel mehr. Und auch Liesel schätzt sie jetzt erst richtig. Sehr traurig war der Abschied für beide Teile im Krankenhaus. Als ich dann wieder aufstehen konnte und sie herunter ans Auto brachte, konnte sie einfach nicht begreifen, dass ich nicht mit heimfuhr; und als ich ihr sagte, dass ich doch noch aufs Babylein warten müßte, da sagte sie: »Soll doch der Vati aufs Babylein warten und Du fährst mit nach Haus.« Leider war der Vati über den Vorschlag nicht einverstanden. Das süße Dingel soll dann noch bis Landsberg geschluchzt haben.

Mehr schreibt Herta über die Trennungsreaktionen von Sonja nicht. Am 7.2.1938 kam das erwartete Brüderlein Hans auf die Welt. Ernst berichtet seinen Eltern einen Tag später:

Am 7.2. hatte Herta den ganzen Tag Wehen. .. Nachmittags nahmen die Angriffe zu. ... ½ 12 war die Sache in vollem Gange, 22:40 Uhr war das Kind da. .. Der Zustand war heute früh strahlend, aber doch sehr erschöpft. Das Kind ist ihr merkwürdigerweise noch fremd, die lange Krankheit zuvor rückt weniger das neue Gottesgeschenk als die Rückkehr zu Sonja und nach Hause in den Vordergrund.

Während Ernst bei seiner Frau beobachtet, dass das Neugeborene der Mutter »merkwürdigerweise noch fremd« sei, wird Herta später erzählen, dass sich Ernst von diesem lang ersehnten Sohn mit der Bemerkung abwandte, den könne man nirgends vorzeigen, der habe ja Haare auf dem Rücken. Ein Beglücktsein der Eltern, ein weiteres Kind in die Arme schließen zu können, wie es bei der Geburt eines Kindes in der Regel der Fall ist, ist in diesen Äußerungen nicht zu finden. Herta am 13.3.1938 im Kindertagebuch:

Sonja durfte mich mit dem Vati und der Omi im Krankenhaus besuchen. Ich war enttäuscht, wie wenig Eindruck ihr das Brüderchen machte, dafür freute sie sich um so mehr über die Mami, saß den ganzen Tag auf meinem Bettel. Ich hatte 39,7° Fieber, aber trotzdem war es himmlisch, dass ich auch mal meine Mutti hatte. Groß war dann das Entsetzen, als das Brüderchen gewickelt wurde. Am 25.2. durften wir endlich heim.

Die Annektierung Österreichs

Wenige Tage, nachdem Hitler Reichskanzler geworden war, erklärte er in einer Ansprache vor Generälen sein Ziel, Deutschlands Macht entgegen der Auflagen durch den Versailler Vertrag zu stärken und neuen Lebensraum für das Deutsche Volk im Osten zu erobern. Erste Schritte in diese Richtung waren die Annektierung deutschsprachiger Länder – von Österreich im März 1938 und vom Sudetenland im September 1939. Hitler berief sich bei seinem Einmarsch auf das Selbstbestimmungsrecht der Völker, obwohl es in beiden Ländern nur kleine nationalsozialistische Parteien gab. Dem Einmarsch ins Sudetenland (»Heim ins Reich«) stimmten die Alliierten im Sinne ihrer Appeasementpolitik auf der Münchener Konferenz vom 29./30. September zu und zwangen die Tschechoslowakei, die von Deutschen bewohnten Gebiete, das Sudetenland, an Deutschland abzutreten.

Beide Annektierungen erlebt Ernst mit und bekommt dabei wieder »taktische(n) Lehren schon ernster Art« (Vita II,143 b).

Nun Österreich: Mit einem Skerzo fing es an, mit einem Krügerium ging es weiter, in einem beglückenden Jubel klang es aus. Es war Donnerstag etwa 22 Uhr, als wir plötzlich den Befehl erhielten, unsere Hörsaalmaschine als Transporter einsatzbereit zu machen. Die Befehle widersprachen sich dabei laufend: Alle Kennzeichen entfernen – Maschinen mit MGs kriegsmäßig ausrüsten, als Hansamaschinen der Verkehrsfliegerei tarnen – irgendwelche Fantasienamen aufmalen, die in keinem internationalen Verzeichnis stehen – die Kennzeichen der Flugzeugstammkarte aufpinseln – Hakenkreuze ohne weißen Kreis auf rotem Grund – überhaupt kein Hakenkreuz – nur ein Hakenkreuz auf grauem Grund etc. etc., bis es uns schließlich zu dumm wurde, wir die Farbtöpfe stehen ließen und ins Bett gingen (Vita II, 147 ff).

Es folgen zwei Seiten mit zynischen Bemerkungen über die Unfähigkeit seines Vorgesetzten Krüger.

Die Gesamtlage war damals beängstigend verworren. Das Heer war teilweise mobilisiert worden, die Luftwaffe aber nicht. So fehlte es bei und an vielem! Wir sollten evtl. Krieg spielen ohne Mobilmachung. Jede ernstere Reaktion seitens des Westens hätte sicher zu einem Wirrwarr geführt! Ich z.B. bekam vom Höheren Nachrichtenführer der Luftflotte ein dickes Paket Mob. – Unterlagen, die mit den bisher vorhandenen nicht mehr übereinstimmten. Die Fernsprechleitungen waren von der Post anders geschaltet und nummeriert. (...) Es darf schon von einem kleinen Chaos gesprochen werden.

Auch die Gestapo stellte sich ein! Da waren Aufrufe zum Abwerfen aus der Luft, die ganz besonders gelagert und unheimlich bewacht werden mussten!! Die versiegelten Pakete durften unter gar keinen Umständen irgendwie beschädigt werden – bis halt doch eines beim Abladen so unglücklich hinfiel – selbstverständlich ganz zufällig und ohne Absicht. Und da ging die Hülle gleich so stark kaputt, dass man den ganzen Inhalt lesen konnte! Jetzt verstanden wir die Sorgen der Gestapo: Die Aufforderung, gegen die eigene Regierung Revolution zu machen und der kämpfenden Truppe in den Rücken zu fallen, war reine Exportware und durfte nur beim Gegner von Hand zu Hand gehen. Als es dann gut ging, kamen auch die Hüter der inneren Sicherheit erstaunlich prompt, um schleunigst ihre revolutionäre Fracht in den Reißwolf zu werfen, während gleichzeitig alle reichsdeutschen Flugzeuge über der Heimat des Führers die Zettel abwarfen: »Das nationalsozialistische Deutschland grüßt in brüderlicher Verbundenheit das nationalsozialistische Österreich.«

Diese Papierbomber waren in den ersten Tagen aber auch das einzige, was Starterlaubnis erhielt. Alle Jagd- und Kampfverbände standen einsatzbereit in Richtung Westen. (...) Hier gab es die erste Erprobung, was ich seither erdacht und aufgebaut hatte. Auf die obige Theorie des Horstnachrichtenoffiziers gab es gerade damals die erste Praxis in kriegsähnlichem Einsatz (Vita II, 148ff).

Ich nehme an, dass Ernst bei diesen Beschreibungen nicht in seinem Rechtfertigungszwang gefangen ist und diesen Teil so wahrheitsgetreu beschreibt, wie es seine Erinnerung zulässt. Er kann seine Umwelt in Situationen, in denen er sich nicht angegriffen fühlt, differenziert wahrnehmen. Er wird zum Beispiel 1943 die russischen Bergwerke im Donez-Becken besichtigen und daraus eine klare Beschreibung der Auswirkungen russischer Planwirtschaft herleiten. Eine solch distanzierte Sichtweise wird er in seinem Bericht nicht durchhalten können, sondern wird immer wieder seine abwertenden Bemerkungen über Juden und Bolschewiken einfügen. Hier finden wir den entsprechenden Verlauf. Nach der Beschreibung der Wirren auf dem Flughafen zuerst einen Seitenhieb auf die Siegermächte, die Hitlers Einmarsch zuließen und sich damit schuldig gemacht hätten, dann der direkte Hieb nach Österreich. Rein historisch sei und bliebe es die deutsche Ostmark mit »derselben Logik«, mit der Frankreich seinen Anspruch auf Lothringen geltend mache. Er stellt zwar noch eine nächste Frage, ob sich die Österreicher als Deutsche fühlten, hat aber seine Propagandaantwort direkt bereit (Vita II, 154):
Wer das Glück hatte mitzufliegen und drüben vom Flugplatz herunterzukommen,

fand heimgekehrt keine Worte für das Erlebte. Wenn heute die Österreicher sagen, sie wären 1938 »vergewaltigt« oder »überrannt« worden, dann bestärken sie mich nur in der Frage, ob sie noch Deutsche sind oder ob sie mit den Italienern und den Ungarn zu den »Katzelmachern« gehören. Waren dieser unbändige Stolz auf ihren größten Österreichischen Landsmann Adolf Hitler, dieses überschrieene Heil-Rufen, dieser Taumel um jeden deutschen Soldaten, dieses Reißen um die bisher so verpönten Hakenkreuzfahnen nicht echt? Dann seid ihr Österreicher damals Meister der Lüge gewesen – oder seid ihr es heute, wenn ihr dies alles nicht mehr wahrhaben wollt?

Laut Duden ist »Katzelmacher« eine abschätzige Bezeichnung für einen Italiener und wird im süddeutschen Raum und in Österreich benutzt.
Zuhause Frau und Kinder. Herta am 3.9.1938 ins Kindertagebuch:

Nun ist Sonjalein ein süßes Lockenköpfchen geworden, ganz plötzlich eines Tages nach einem tüchtigen Regen kamen sie [die Locken] und sind geblieben. Sie ist selig, die kleine eitle Person. Sie macht zu gerne Staat, jeden Morgen, wenn man kommt und sie anziehen will, sagt sie: »Was ziehen wir heute für ein Kleidchen an?« Einen süßen roten Pullover hat sie von Frl. Nägeli gestrickt gekriegt, dazu ein blaues Trägerröckchen. Wonnig sieht sie aus, sie weiß es aber auch. Eben donnert es, da sagt sie: »Jetzt war der liebe Herrgott nicht lieb, darum donnert's« Mit ihrem Brüderchen hat sie sich jetzt ganz nett abgefunden und ist nicht mehr so eifersüchtig, wie am Anfang; aber fahren tut sie ihn nicht, das ist ihr viel zu langweilig.

Ernst am 11.9.1938:

[Liebe Eltern]
(...) Sonja gedeiht herrlich, Hans kniet stundenlang im Wagen und steht sogar. Der Großvater S. hat ihn etwas neidisch mit seinem Stammhalter in Leipzig verglichen und gemeint, umgekehrt wäre es ihm lieber. Auf jeden Fall gedeihen die Kinder hier prächtig und in einfachen Verhältnissen.

Der Stammhalter S. in Leipzig ist der Sohn von Hertas älterem Bruder Werner.

Einmarsch ins Sudetenland

Der nächste militärische Ernst-Fall findet im Herbst desselben Jahres statt, als Hitler ins Sudetenland einmarschiert. Ernst hat seine Erlebnisse in einem Brief an seine Eltern festgehalten. Mir liegt der Brief nicht im Original vor, sondern in einer Abschrift von Ernsts Mutter, überschrieben mit »II. Brief, Abschrift – vertraulich«. Zum Teil sind bei dieser Abschrift Worte vergessen worden, da der Text gut zu verstehen ist, zitiere ich die Abschrift wortgetreu.

Wieder daheim! »Krieg zu Ende!« Und wir wollen alle unserem Herrgott danken! Genau 3 Wochen – seit jenem Abend 28.9.38, an dem 19 Uhr dem armen Frauli eröffnen musste, dass 6 Uhr früh weg muss. Und wieder eine Woche später Okt. 7. war dann der Tag von Freudental. [Hier sollte die feindliche Linie durchbrochen werden, wenn man sich nicht einigte.] – Was dann kam, wird wohl nie groß gewertet werden: das Warten. In steter Einsatzbereitschaft lagen wir auf einem F-Hafen – warten – warten. Es war grimmig kalt, gab keine Bettwäsche, gab ein sehr wenig anmutiges Barackenleben – und doch waren wir froh und guter Dinge. Das Wasser war nicht zu trinken. – Locus hm.– unsere Flugzeuge standen im Freien, die Wartung war schwierig. Alles war auf Befehl eingestellt, und doch waren wir jederzeit startklar, wenn es die Lage je erfordern sollte.

Dann kam die Nachricht, dass nicht abgestimmt wird, und dass der tschechische Minister beim Führer war. Nun ging es schnell! Die Truppen wurden nochmals umgelegt – und dann ab nach Lechfeld – endlich Dienstag 18.10. war es so weit! Montag flogen wir noch mehrere Ketten. Der Rest packte und ob wir noch wegkommen? Jetzt da alles fertig war, konnte uns das Wetter einen Strich durch die Rechnung machen. – Vom Rhein wurde Warmluftfront gemeldet. Wie schnell wandert sie? Wir horchen im Äther auf die Schlechtwettermeldungen der Horte. Hat Lechfeld gbi? Nürnberg Dreck? Wie steht es in Erfurt und Weimar – Und was meldet Dresden? Fort! Nur fort!! Eine Staffel nach der anderen startet. Kurs Dresden, Meißen. Dass Kurswechsel auf Eger – Amberg – Ingoldstadt und dann sind wir daheim. Noch kurz vor dem Start wird mir bereits gemeldet, dass Magdeburg bereits schlecht Wetter hat. Fort! Nur fort!

Endlich ist es so weit! Wieder dröhnen die Motoren! Breslau rechts, Liegnitz – Görlitz und dann da unten im Dunst Dresden. Nur die Türme schauen aus dem Großstadtdreck heraus. Da unten in diesem Häuserblock wohnen die Eltern S. und Marga. Wenn die wüssten!

Wie wird das Wetter? Wir fliegen nun gegen das Erzgebirge hin. Und dann kommen voraus Fichtelgebirge und Keilberg in Sicht. Noch ziehen die Täler nach Nordwesten, da oben am Kamm verlief einmal die Grenze. Das Fliegen ist nicht leicht. Schwer stehen die Wolken im Westen. (...) Die Orte unter uns sind noch beflackt. Dort feiern sie immer noch! Erst feierten sie das Reich und den Führer, dann die Deutschen Soldaten – dann das heimkehrende Korps und jetzt feiern sie die heimkehrenden Flüchtlinge.

Noch am vergangenen Sonntag habe ich dies alles bei einer Autofahrt durch den Altvater selber erlebt. –

Von Ohlau über Neiße nach Ziegenhals, wo wir vorsorglich noch einmal tanken. Gleich dahinter die Grenze. Die Uniform erspart Formalitäten. Der deutsche Schlagbaum geht hoch, wir holpern über ein wüstes Katzenkopfpflaster zu den Resten der anderen Schranke, die abgeräumt im Straßengraben liegt und sind – im neuen deutschen Gau! Dort an dem alten Grenzpfahl beginnt auch wieder eine gute Straße. Sie mag einst bei Aufmarschplänen eine Rolle gespielt haben.

Wir fahren gegen den Altvater zu. Alle Häuser sind geschmückt, in den Fenstern stehen Bilder vom Führer und Fähnlein zwischen den Blumen. Die Häuser machen einen guten Eindruck, nur die Fabriken wirken tot. (...) [Es folgen zwei Seiten mit einer Beschreibung der Verteidigungsanlagen: die Gräben falsch angelegt und die Bunker falsch konstruiert, gefährlich für die Menschen, die darin Schutz suchen.]

Eines verdient festgehalten zu werden: die Tschechen wollten ihre Bevölkerung einschließen – nach russischen Methoden! Ein Einwohner berichtete sehr interessant, dass die Tschechen am 27./28.9. mit Brotbeutel und aufgepflanztem Seitengewehr umherliefen. Am 29.9. noch mit Brotbeutel, aber ohne aufgepflanztes Bajonett, am 30. ohne Brotbeutel und ohne klare Führung, ab 1.10 bereiteten sie den Abtransport vor. Ein tschechischer Leutnant sagte einer aus Sudetendeutsch abseits Kolonne beim Abrücken nur: »Viel Glück im deutschen Reich« – mehr erfahren sie nicht.

Und wir fliegen heim! Das Alpenvorland hat die typische Föhnlage, so haben wir gute Sicht. Und dann laufen die Motoren leer, wir sinken und setzen auf. Daheim! Mein Horchgerät an die Maschine.

Das Zeug hinein und heim! Sonja vor der Tür und grüßt mit Blumen in den Händen und bekommt ein Püppchen. Selig ruft sie –––––! Die schaut nur mal dann und – schnell –– freut sich! Wieder daheim!

Am Anfang dieser Zeit in Guben ging ich 29.9 abends noch in die Stadt ein zweites Kriegstagebuch kaufen. Würde ich es vollenden? Der Laden war zu! Und am 30.9. nach der Frühmeldung – habe diese Ausgabe gespart. »Gott sei Dank!«

Man wird hier ganz unmilitärisch fragen dürfen, warum die Flugzeuge bei so gefährlicher Wetterlage starteten, da ja eigentlich keine Eile geboten war. Was bei der Haustüre bei seinem Heimkommen wirklich passierte, wird in seiner Vita auch nicht klarer beschrieben.

»Daheim wartete ein herrlicher Kaffeetisch, (...) Nun war auch der Herta bei meiner Heimkehr ein Stein vom Herzen gefallen.––In aller Stille verbrannte ich den Abschiedsbrief, den ich im Panzerschrank meines Dienstzimmers hinterlegt hatte« (Vita II, 160b).

Dieses überhöhte Selbstbild – »Die ungeheure Beweglichkeit der eigenen Einheiten, aber auch der des Gegners bedingen ein Tempo im Denken, Entschluss und Handeln, das ohne gewissenhafte Arbeit an sich selber nie erreicht wird« (Vita II, 161) – wäre nicht so gefährlich, wenn es nicht mit dieser zerstörerischen Entwertung anderer verbunden wären, wie die zwei Seiten ein und derselben Medaille. In seinem Brief richtet Ernst seinen Hass gegen den Feind, bei der Beschreibung derselben Erlebnisse in seiner Vita gegen einen Kameraden. Dort schildert er die Wartezeit in Guben – der Rückflug wird gar nicht erwähnt – streicht seine großen Leistungen heraus, das nicht funktionierende Funksystem des dortigen Fliegerhorst betriebsbereit zu machen und spart dabei nicht mit zynischen Seitenhieben auf die, die sich ihm in den Weg stellten; zum Beispiel auf den Materialmeister des Flughafens: »Er kam bei mir an den richtigen, ich holte mir sehr energisch heraus was ich brauchte (…). Zu was war solch ein Jammerlappen überhaupt zu gebrauchen? Weg damit!« (Vita II, 159).

Ich bezweifle nicht, dass Ernst auf seinem Fachgebiet auch gute Arbeit machte, sie scheint aber sein Selbstwertgefühl nicht wirklich genährt zu haben. Würde er seine Arbeit und sich selbst wertschätzen, könnte er z. B. um das benötigte Material bitten, statt es sich »sehr energisch herauszuholen«. In seiner Kindheit sind seine Leistungen immer wieder abgewertet worden: was Ernst anpackte, erntete die beißende Kritik seines Vaters. Aus dieser Lieblosigkeit ist Ernst in ein unrealistisch überhöhtes Selbstbild geflüchtet und sucht sich jetzt immer wieder einen potenziellen Feind, den er dann mit all seiner aufgestauten Wut bekämpft. Als Nazi reagiert er entsprechend. Manchmal ist der Gegner der gemeinsame Feind der Nazis, manchmal (oder meistens) wird er in den eigenen Reihen gefunden. Natürlich trifft er bei den überzeugten Nazis auch auf Parteigenossen (vermutlich der größere Prozentsatz), die ängstlich ihr eigenes Ressort verteidigen und eine Kooperation erschweren oder unmöglich machen; Ernst selbst würde nicht anders reagieren, wenn jemand in seinen Aufgabenbereich bestimmend eingriffe. Es kann durchaus sein, dass er in Guben auf einen solchen Menschen gestoßen ist und darüber wütend wird. Ernst bleibt aber nicht bei der Wut, er muss das Gegenüber in seiner Fantasie gleich zerstören. »Zu was war solch ein Jammerlappen überhaupt zu gebrauchen? Weg damit!« Diesen mörderischen Hass, den er hier mit Worten ausdrückt, wird er in den letzten Kriegstagen in Ansbach in die Tat umsetzen.

Zwischenbetrachtung

Hätten die Alliierten dem Einmarsch der Deutschen in das Sudetenland nicht zugestimmt, wäre dieser Brief vom Oktober 1938, den Ernsts Mutter abgeschrieben hat, bereits ein »Kriegsbrief« geworden. Ich habe von ihr Abschriften von Ernsts Briefen aus dem Ersten und dem Zweiten Weltkrieg und diesen Beinahe-Kriegsbrief, aber keine weiteren Abschriften von Briefen aus Friedenszeiten gefunden. Warum schrieb die Mutter diese Briefe des Sohnes ab? Wir können entweder annehmen, dass Ernsts Vater sie las und »dann verschwinden sie gleich in dem Schreibtisch« (Ernst, an die Mutter 1929), oder dass sie in der Verwandtschaft weitergeschickt wurden und die Mutter über die Originale nicht mehr verfügen konnte. Was machte ihr diese Briefe, in denen ihr Sohn über seine militärischen Einsätze berichtete, so wichtig, dass sie sie selbst besitzen wollte und deshalb keine Mühe scheute, sie auch noch im hohen Alter mit krakeliger Schrift abzuschreiben?

Dass die Berichte von der Front innerhalb der Familie weitergegeben und dann gesammelt werden, wird in einem Brief von Ernst aus dem Ersten Weltkrieg deutlich. Er schreibt am 23.1.1916 an die Schwester seiner Mutter:

Liebe Tante Mariele!
(...) An Mutter habe ich zuletzt etwas öfter geschrieben, so wirst auch Du etwas mehr zu hören bekommen. Ich freue mich immer über diese heimatlichen Briefe, denn aus jedem Wort und jedem Satz spricht die Mutter mit anderem Gesicht. Ich merke so recht, dass die gute Mutter in diesen Briefen aufgeht, und sie in dem Gefühl, mit mir zusammen zu sein, schreibt(...).Er würde von den Kameraden, den Stümpern, immer wieder gestört, so musst Du den Brief dann in die Bertholdstraße [Wohnung der Eltern] weiterleiten, wo er dann abgeschrieben und einregistriert wird.

Eine solche Begeisterung für die Kriegstaten der Söhne finden wir auch bei Hertas Mutter, Marta S. Sie schreibt am 5. Mai 1940 an Ernsts Mutter:

Liebe Frau Meyer!
(...) Der böse Krieg fordert viele Opfer. Unsere beiden Söhne sind ja draußen. Werner ist seit einem halben Jahr zum Aufbau in Polen auf sehr gefahrvollem Posten. Er schrieb uns mutig aus Krakau, sehr begeistert von seiner dortigen Tätigkeit. Für seine Familie ist die Trennung sehr schlimm. Er hängt ja so besonders an seinen Kindern. Wie glücklich und dankbar ist unsere Herta,

dass sie ihren Ernst noch daheim hat. Obgleich er selbst wohl anderer Meinung ist. Die Jugend will hinaus, auch unser Jüngster konnte es kaum erwarten, endlich ins Feld ziehen zu dürfen. Wo er jetzt steht, wissen wir nicht, jedenfalls hatte er einen ganzen Tag auf der Bahn liegen müssen und hat volle Feldausrüstung. Er ist ja nun schon bereits »Unterveterinärshelfer«, schon Offiziersrang, wohne in einem wunderschönen Holzhaus und habe ein eigenes ganz prächtiges Reitpferd. (...) Wir können unsere Kinder nur auf betenden Herzen tragen und sie dem treuen Gott anheimstellen. Und wie geht es Ihnen, liebes Mütterlein, und ihrer anderen großen Familie? Ist ihr lieber Herr Gemahl noch immer tätig? Um meinen Mann sorge ich mich so sehr, er ist erschreckend abgekommen, was ich nicht nur auf die Kriegskost schiebe. Wir leben ja ganz still und zurückgezogen, nicht mal Radio darf ich anmachen, weil es meinem Mann zu viel ist. Wie gern würde ich selbst die jetzigen schönen Siegesmeldungen hören. Unsere Truppen haben doch Fabelhaftes geleistet. Und wie wird es weitergehen? Wie lange wird sich der böse Krieg noch hinziehen? Der treue Gott schenke uns einen ehrenvollen Frieden. (...) Und dies ist auch mein herzlicher Pfingstgruß und Gruß für die liebe Familie Meyer.
In treuem Gedenken, Ihre Marta S.

Der »gefahrvolle Posten« in Polen hatte mit der landwirtschaftlichen Nutzung der Ukraine zu tun, Werner war Professor für Maschinenbau. Die Professur verdankte er unter anderem auch der nationalsozialistischen Hochschulpolitik. Herta am 3.4.1934 an die Schwiegereltern:

Mein Bruder Werner hat jetzt einen Lehrauftrag gekriegt, es kommt also kein neuer Professor hin und außerdem hat das von seinem damaligen Juden-Chef stark gekürzte Gehalt von 170 Mark auch ein Ende. Er kriegt jetzt 305 Mark. Fein nicht? Die Eltern freuen sich tüchtig.

Und Herta am 21.3.1937 an die Schwiegereltern:

Eben kommt der Sonntagsbrief. Mein Bruder Werner ist nun also ab 1. April Prof. am (...) Institut, da ihn der Reichsnährstand aber leider erst im Herbst freigibt, muss er nächstes Semester wieder beides machen.

Sein Chef im Reichsnährstand war Darré, »der Blut- und Boden-Theoretiker der Partei« (Kershaw 1998, S. 421). Nach dem Krieg wird Herta behaupten, dass Werner nur auf Grund seiner Begabung auch ohne

Abschluss seiner Doktorprüfung zum Professor ernannt wurde, und dass ihre Familie, ihre Geschwister, ihre Eltern und natürlich auch sie selbst, nie etwas mit dem Nationalsozialismus zu tun gehabt hätten!
Von Polen wird Werner S. weiter nach Russland »vorrücken«. Herta am 23.11.1941 an die Schwiegereltern:

Gestern kriegten wir endlich mal einen Brief von meinem Bruder Werner, der noch viele km östlich von Kiew sitzt. Er sei vollkommen verbeult von Wanzenstichen, er schreibt, dass mithilfe von Russland ganz Europa ernährt werden kann, wenn erst mal alles ersetzt ist. Zunächst muss erst alles allmählich anlaufen, da die Russen sämtliche Maschinen zerstört hätten und die Intelligenz, je weiter man nach Osten käme, aufhöre, und man nur mit ganz kleinen »Würstchen« verhandeln könnte. Er fürchtet sehr, Weihnachten nicht zu Haus zu sein. Mein jüngerer Bruder war jetzt von Frankreich aus 10 Tage auf Urlaub, den er zwischen Eltern und Braut redlich teilte.

Der jüngere Bruder Traugott wird später von Frankreich nach Russland verlegt. Nach Kriegsende wird Werner, der für den landwirtschaftlichen Anbau der Ukraine verantwortlich war, von den Russen gesucht. Auf Grund einer tragischen Verwechslung wird aber Traugott gefasst und an seines Bruders statt in die Kriegsgefangenschaft nach Sibirien verschleppt und kehrt erst Jahre später nach Hause zurück.

Die Begeisterung der beiden Mütter von Ernst und Herta ist widersprüchlich. Sie »gehen« als »gute Mutter« in den Briefen des Sohnes »auf« oder loben die »fabelhaften Leistungen« »ihrer Truppen« im allerdings »bösen Krieg, der schöne Siegesmeldungen« bringt – und hoffen auf einen »ehrvollen Frieden«.

Familienalltag 1938–1939 in Lechfeld

Zurück zum Familienalltag von Ernst, Herta und den beiden Kindern in Lechfeld. Der Alltag der Familie ist mit Kindererziehung und »Kriegsspielen« ausgefüllt. Ernst 23.12.38 an seine Eltern:

[Liebe Eltern]
Ich muss eben ein Planspiel vorbereiten, das ich am 13.1. abhalten soll. 10 Tage zuvor sind die Unterlagen einzusehen. Da muss ich die Weihnachtsferien wieder streng arbeiten. Ich habe vollkommen freie Wahl und denke, den Krieg gegen die Tschechei nochmals aufleben zu lassen und den Anfang der gottlob verhinderten

Kampfhandlungen durchzuspielen. (...) Unser Hans hat nun auch den ersten Zahn. Er ist quicklebendig. Heute fiel er aus seinem Wagen. Der kleine Mann zieht sich seinen Haltegurt selber aus und erlebt dann die Folgen! (...) Und nun steht Weihnachten vor der Tür! Sonja bekam zum Geburtstag eine Puppenwiege und war restlos erfüllt. Sie sprach es spontan aus, dass sie nun an Weihnachten den anderen Kinderchen auch etwas lassen müsse und sie verzichtete spontan auf den Puppenwagen. Auch als wir sie in Augsburg an den Laden mit den Wagen führten, suchte sie nur Sachen für unser Hansel und wollte anscheinend nicht anbeißen. Erst in den letzten 2 Tagen erwachte dieser Wunsch wieder. Nun wird sie morgen strahlen!

Ernst am 15. 1.1939:

L. E. [Liebe Eltern]
(...) Ich kann heute vermelden, dass sogar am Freitag den 13.1. mein Planspiel sehr gut vorbeiging und für mich und meine Nachrichtensache ein voller Erfolg wurde. Ich habe meinen Verband in dem $1\,^1/_2$ Stunden Spiel gut in die Luft gebracht und trotz schwieriger Einlagen wieder gut auf den Boden. Als einer der Herren in höchster Not Klartext funken wollte, habe ich ihm in Aussicht gestellt, er würde wegen Landesverrat erschossen und ich hatte die Lacher auf meiner Seite.

Herta schreibt diesen Brief weiter:

Das Planspiel muss wirklich fabelhaft gewesen sein, der ganze Horst ist noch heute erfüllt davon. (...) Den Kindern geht es auch herrlich. Der Hans läuft 2–3 Schrittchen, sagt zu Ernst »Papa«, zu mir noch nichts, gemein! Er antwortet mit »Ja«, wenn man ihn beim Namen ruft, futtert herrlich, mittags immer schon das, was wir auch essen. – Am Donnerstag habe ich großen Kaffee, 8 Damen habe ich eingeladen, da jetzt so viele neue da sind, 2 Torten und einen Kuchen muss ich backen, hier gibt's nichts zu kaufen. (...)

Umzug nach Tutow

Ab 1932 wurde im Gau Pommern der Fliegerhorst Tutow als einer der ersten »neuen« Fliegerhorste in Deutschland mit einer Flugschule errichtet und entwickelte sich in der Folgezeit zum größten Flughafen und Vorzeigeobjekt für militärische Ausbildungseinrichtungen. Neben dem Fliegerhorst entstand eine Siedlung für die Familien der dort stationierten Soldaten und Offiziere.

1939 wird Ernst an die dortige Nachrichtenschule versetzt und zieht mit seiner Familie um. Wie in Lechfeld richtet er sich auch in Tutow wieder in seinem Alltag zwischen Flughafen und Familienleben ein.

Ob die Familie den Kriegsausbruch im September 1939 in Lechfeld oder Tutow erlebte und wie Ernst und Herta darauf reagierten, kann ich nicht eruieren, es gibt keine Briefe aus dieser Zeit.

Von seinem neuen Zuhause schreibt Ernst am 9.3.1940 an seine Eltern:

Draußen im Garten liegt noch 20 cm Schnee. Wir bereiten jetzt einen guten Gemüseanbau vor. Ich lege ein Frühbeet an, habe 50 m Hasengitter gekauft, denn es wimmelt hier von Karnickeln, die in der Nacht wegfressen, was am Tag gearbeitet wird. Gelt – das sind Sorgen? Aber Kinder müssen Vitamine haben!! (...) Hans ist ein Reibeisen, ein Klimperer auf dem Nervenklavier. Heute habe ich ihn zweimal vor die Tür gesetzt, einmal verhauen, sämtliche Vorhänge neu anmontiert, und noch immer ist keine Ruhe. »So ist es immer, wenn der Vati da ist« sagt meine Frau und hofft auf den Montag ...[Punkte im Text] Herzlichst Eure Tutower

Hans ist gerade zwei Jahre alt!

Tutow, den 22.12.1940

L. E. [Liebe Eltern]

Nun ist wieder Kriegs-Weihnachten! Wir hatten vor einem Jahr gehofft, dass wieder Friede sein würde, denn die großen Ereignisse hatten sich ahnen lassen und waren auch im Ausgang wenigstens teilweise als sicher angenommen. Frankreichs Niederlage war noch viel vollständiger, als wir hatten ahnen können. Ich habe sie in der letzten Woche persönlich erlebt. Ich hatte einen Flug nach Paris und Bordeaux. Früh gegen 10 Uhr in Tutow weg und 13:19 in Le Bourget, dem Flughafen der Weltstadt gelandet. Dort empfingen wir zunächst die Ausweise, und war die Maschine abzustellen. Das Auto, das uns in die Stadt bringen soll, muss lange warten. Der Vogel sperrt sich. Aber in den Splitterschutz muss er hinein! Endlich sind wir unterwegs.

Wir fahren durch enge wenig gepflegte Straßen mit billigen und alten Häusern stadtwärts. An den Barrikaden ist strenge Kontrolle. Keines darf hinein ohne Ausweis. Immer verwahrloster wird das Bild. An den Geschäften stehen Schlangen von Menschen, armselig gekleidet, frierend, um auf ihre Karten Portionen zu kaufen, die kleiner sind als die unseren. An den Mülleimern sehen wir die ersten Armseligen, die aus den Abfällen noch etwas heraussuchen wollen. Paris ist im Dämmer dieses Nachmittags dreckig.

Ich bekomme einen Wagen und fahre über die Champs Élysées zum Triumphbogen. Mitten unter der Wölbung das Grabmal des unbekannten Soldaten. Wir stehen und erweisen die Ehrenbezeigung. Unter der ehernen Platte liegt der

Gefallene. Zu seinem Haupt brennt flackernd die ewige Flamme. Ein Polizist steht ein paar Schritte abseits und schaut uns zu. Die Franzosen, die vorbeikommen, reißen Hut und Mütze herunter, mechanisch ohne Linkswendung. Kaum einer verhält im Tempo. Ich war im Ehrenmal Unter den Linden. Ich war in München an der Feldherrnhalle und in den Ehrentempeln. Die Gasflamme ersetzt die Wache nicht. Wir stehen lange an dem monumentalen Bau, dessen Kapitell und Seiten mit den Namen der französischen Siege bedeckt sind. Hoch über der Scheitelstelle des Bogens steht in einem Schild »Jena«. Weiter!

Zum Eiffelturm und über die Seine-Brücke! Ich kann es nicht lassen, ich muss einmal hineinspucken! [Herta schreibt daneben: »Und das als Major in Uniform!!«] Und wieder weiter zum Invalidendom. Schon am Eingang das Denkmal von Gallienni, dem »Sieger« der Marneschlacht, gegenüber der Marschall, der von Saloniki her den Weltkrieg beendete. –

Der Vorplatz ist unordentlich. Der Rasen mit Steinen durchsetzt, viel Sand auf dem Hauptweg – wohl aus den Sandsäcken, die einst das Grab Napoleons schützten. Drinnen eine weihevolle Stille. Einige Invaliden führen die Aufsicht, gelangweilt und wenig soldatisch in ihrem Benehmen. Man tritt an die Brüstung und sieht mitten unter der Kuppel den Sarkophag Napoleons. Der Stil hat wenig klare Linien. Besonders der Deckel mit seinen Wülsten zu beiden Seiten und der Einsenkung in der Mitte ist nicht gekonnt. Sicher wertvoll, roter Marmor. Ferner sind da vorhanden die Grabmäler von Turenne und Vauban. Dann liegen hier zwei Brüder Napoleons begraben.

In einer Nebenkapelle das Grabmal von Foch. Auf seinem reich verziertem Sarg stehen 8 Mann, die den toten Marschall auf den Schultern tragen. Dies Monument macht einen großen Eindruck. Und doch ist auch uns etwas Fremdes darin. Theatralisch, allzu theatralisch.

Wir wissen, dass dieser Sieger kein Großer war. Am 1. Mai 1917 hatte trotz vieler Verluste Frankreich noch 3,2 Millionen Mann. Am 8.9.1939 waren es eine halbe Million weniger. Im Mai 1918 standen 85 engl. Divisionen im Kampf, im Mai 1940 nur 10. 52 italienische und 42 amerikanische Divisionen fehlten dies Mal. Die deutsche Luftwaffe musste dies Mal 1:6 kämpfen. An der Somme standen 1940 150 deutsche Divisionen gegen nur 65 franz. Und diese 150 waren auch noch überlegen bewaffnet. Damals als Foch »siegte«, war es doch anders gewesen. 20 Jahre später war sein Sieg schon wurmstichig. Und das Ende 1940 war nicht mehr die Sünde Einzelner. Gerade das Grab Fochs ist eine Weihestätte der Franzosen. An diese Erinnerung klammert sich heute ganz Frankreich. Man will die grausamen Zahlen nicht wahrhaben, man will den Glauben nicht aufgeben, dass es wieder so kommen muss!

Über den Place de la Concorde geht es weiter. Herrlich! Herrlich!! Da steht jener einzig schöne Obelisk, den Napoleon aus Ägypten mitbrachte. Hier war einmal die Guillotine aufgebaut. Auf diesem wahrhaft königlichen Platz raste der Mob. Was Berlin heute endlich erhält, die klare und weite Straßenführung, hat dies Frankreich schon dreihundert Jahre. Da sind Straßen gebaut, die heute noch genügen und sogar modernen Paraden entsprechen.

Hier ist einmal groß gedacht. Und wieder weiter zur Madeleine. Ein griechischer Tempel von außen, wieder groß und weit in den Ausmaßen – ein herrlicher Raum auch innen, wenngleich der Stilsprung vom griechischen Tempel zur Renaissance nicht ganz befriedigt.

Wir treten nun in ein Kaufhaus ein. Der erste Eindruck, wie leer!! Wie grausam ausverkauft!! Es wimmelt aber auch von Soldaten und jeder kauft. (...) So kann ich hier wenig ergattern. Aber einige Stoffe für warme Kleider und evtl. Kindersachen und dann Gummiband sind schon etwas. Aber es ist nicht schön, so den ganzen Vormittag herumzuirren, um ein paar Dinge des täglichen Lebens zu ergattern. (...) Ausverkauf Frankreich zu Spottpreisen. Denn 1 Fr. = 5 Pf. Frankreich hat die Inflation. Ich habe Herta in Bordeaux ein herrliches wundervolles blaues Wollkleid gekauft, ganz ideal weich, wundervoll warm – wie wir es seit Jahren nicht mehr bekommen für 1175 Francs = 58,75 RM. Man hat die ganze Tasche voller Scheine und die meisten sind verdächtig neugedruckt! Ach, wir kennen dies!–– Damit sind wir in Bordeaux. Eine elende dreckige Stadt!! Im Hotel de Bordeaux gegenüber dem Stadttheater liegt heute ein hoher deutscher Stab. Was hat dieser Bau schon alles erlebt! 1871 saß hier die französische Regierung. Ganz in der Nähe steht exaltiert, den Blick verzückt in die Weite gerichtet Gambetta. Dies Denkmal ist errichtet anno 1904! Dann 1940 wieder eine französische Regierung da, bevor Pétain nach Vichy ging. (Während ich in Paris war, war er ebenfalls da. Am Quai d'Orsay alle 50 m ein Schutzmann.)

Dann bezog ein deutscher Befehlshaber diese Räume. Der Hafen war verödet, man erwartet mehr. Ich habe aus der Luft Hamburg gesehen, und ich war erstaunt, wie wenig Bordeaux daran heranreicht. Wohl gibt es der Gironde entlang Lagerhäuser und Kräne. Ich kenn aus Luftbildern auch Liverpool und London. Ich kenne Bristol und Hull und Newcastle in der Tyme-Mündung: und ich muss sagen, Bordeaux kann da nicht mit. Der Dom ist schön. Die herrliche Wirkung gotischer Dome mit dem Langschiff fehlt bei diesem gotischen Dom. Man tritt seitlich ein und damit geht die Wirkung verloren. Das Negerviertel ist grausam. Solch ein Elend, solch eine Armut! Aber der Wein ist herrlich! Ich habe am letzten Abend einen Bordeaux aus dem Jahre 1916 getrunken in memoriam unserer Sommeschlacht. Es war schon einzig!!! Was brachte ich nun alles mit?

jedem Kind 1 Paar Schuhe
Herta ein Kleid
Stoff für 2 Wollkleider
Stoff für 2 Sommerkleider (Herta und Sonja)

Hans ein Paar Hosen
einen Korb mit Obst für die Kinder
2 Paar Kniestrümpfe für Hans

Dann in einem Rutsch durch von Bordeaux nach Tutow. 1600km!! Bei +10° starten wir im Süden, bei einer Zwischenlandung in Frankfurt stehen wir auf hart gefrorenem Boden, in Tutow sind 10° Kälte. Ich könnte Euch noch viel erzählen vom Flug über den Wolken im Loire-Becken – von den alten Weltkriegsstellungen von Saint-Michel – von Metz mit den alten Forts und den neuen Befestigungen – solch ein Flug ist ein herrliches Erleben!!!
Und nun feiert ein frohes Fest ohne amouröse Eskapaden der Donnas [Hausmädchen], die man besser hinnimmt. Ohne all die vielen Aufregungen, die im Grunde genommen keine sind. Es ist keiner Zeit bei aller Größe auch die Schlacke erspart. Und das muss man halt in Kauf nehmen! Je anspruchsloser wir werden, um so besser für uns. Um so unverwundbarer sind wir dem Leben gegenüber.
Herzlichen Gruß Euer Ernst

Mit Scheuklappen und einem den Gegner verachtenden Blick geht Ernst in Paris von Kriegerdenkmal zu Kriegerdenkmal, genießt »seinen« Triumph und profitiert vom »Ausverkauf von Frankreich«, der – wir kennen es bei Ernst nicht anders – von den Franzosen selbst mit der Inflation verursacht wäre, ohne nach anderen möglichen Ursachen für diese Inflation zu fragen. In Bordeaux das gleiche Muster.

Neben Ernsts Dienst auf dem Flughafen Tutow wurde er auch zu »anderen Aufgaben« (Ernst an seine Eltern, 14.6.1942) herangezogen, in den Briefen steht über den Zweck solcher Missionen nichts, und in den Archiven in Freiburg und Berlin konnte ich nichts darüber finden. Herta an die Schwiegereltern 8.4.1941

Unseren U-Boot-Vati haben wir seit 4 Tagen wieder und genießen ihn nach 6 Wochen sehr. Hoffentlich behalten wir ihn recht lange da. (...) Wie wird es nun im Balkan werden, wann werden wir Saloniki genommen haben? Zu traurig, dass der Krieg nun dadurch wieder so erschwert und verlängert wurde. (...) Ernst ist eben noch zur Beaufsichtigung des Nachtfluges hinausgefahren. Der Tutower Dienst fing wieder mit Macht an, ich hätte ihm so sehr mal 8 Tage Urlaub gegönnt, aber daran ist gar nicht zu denken. Sobald Ernst am Freitag wiederkam, fragte Hans ihn sehr gewichtig: »Bleibst Du nun wieder ganz da, oder musst Du wieder Schiffchen fahren?« Er liebt seinen Vati ganz besonders, obwohl es gleich am 2. Tag endlich wieder nach 6 Wochen die ersten wohlverdienten Prügel gab. Wenn der kleine Mann dann mal wieder seine Grenzen zu spüren bekommt, ist er ganz besonders

wonnig und zärtlich und versucht mit allen Mitteln der Kunst bei allen Beteiligten wieder gut Wetter zu machen und ist so brav. Tat es Ernst auch so? Nochmals tausend Dank und Euch ein schönes Fest.
Eure Herta.

Mittwoch früh: Eben klingelt das Telefon und Ernst meldet sich als Kommandeur der II. Ausbildungsgruppe an der Nachrichtenschule in Königgrätz. Er strahlt. Hoffentlich kann er Ostern noch hier bleiben. Ob wir wohl umziehen dürfen?

Die Familie darf umziehen und lebt in den kommenden zwei Jahren in Königgrätz, dem heutigen Hradec Králové.

23.10.1941
Mein liebes Mulein!
(...) Nun zu unserem Schulmädchen Sonja, das uns augenblicklich mit dem Lesenlernen viel Schwierigkeiten macht. Ich sitze oft zwei Stunden und länger mit ihr über den einfachsten Silben: mir, einen, nun, male usw. Man kann manchmal verrückt werden. Ernst behauptet, ihm hätte der Anfang des Lesens auch solche Schwierigkeiten gemacht, stimmt das? Das wäre immerhin tröstlich. Ich lehne für mein Teil die Erbmasse ab. Da ruht sich die Generation mal wieder gründlich aus. Ernst strahlt, dass er 10.000 M fürs Studium spart. Hans lernt sämtliche Verslein und Lieder mit und kann alles so fehlerfrei wie Sonja.

Die entsprechende Szene aus dem Kindertagebuch:

Im Herbst 41 kam Sonja in die sog. deutsche Schule. Er kriegte natürlich die gleiche Schultüte wie sie. Sonja fand sich sehr schnell in die Pflichten eines Schulmädels hinein. Nur mit dem Lesen hatte sie furchtbare Schwierigkeiten. Es gab von Seiten Muttis manche Schläge und Gebrüll und bei Sonja viele Tränen, bis man endlich kapierte, aus einzelnen abgehackten Buchstaben l-e-s-e-n ein zusammenhängendes Wort zu bilden (geschrieben am 7.7.1943).

Die Zwietracht, die von Herta in ihrem Brief an die Schwiegermutter in die Geschwisterbeziehung gesät wird, – Sonja, die beim Lesenlernen Schwierigkeiten macht, während Hans mit Leichtigkeit die Verschen und Lieder mitlernt – wird von Ernst bei allen möglichen Gelegenheiten noch verstärkt. Die Saat hat leider später giftige Früchte getragen. Die Zuschreibungen, die eine dumm, der andere schlau sind keineswegs immer gleich bleibend. Herta wird am 23.4.1948 an Ernst schreiben:

Heut brachte sie [Sonja] wieder in einer sehr schweren Mathematikarbeit eine 1–2, d.h. 18 Punkte!!!! Es ist schon allerhand Leistung, denn sie hat glatt 1,5 Schuljahre übersprungen. Wenn Hans nur halb so viel Ehrgeiz hätte wie sie, eine Schande, dass er mit 10 Jahren noch in der 3. Klasse in der Volksschule sitzt.

Ein Kampf zwischen Mutter und ihren Kindern: Herta war eine gute Schülerin. Bringen ihre Kinder nicht die erwarteten Leistungen nach Hause, werden sie verletzend kritisiert und mit ihnen auch gleich noch die Meyersche Erbmasse. »Ich lehne für mein Teil die Erbmasse ab.«

Während in der Kriegszeit 1941 die Schulleistungen der Tochter bei Herta auf massive Kritik stoßen – »Man kann manchmal verrückt werden.« – lösen Ernsts Leistungen dagegen uneingeschränkte Lobeshymnen aus. Herta am 23.12.1941 an die Schwiegereltern:

Ernst hat seit 12 Tagen jeden Abend eine Weihnachtsfeier mit seinen Soldaten gehabt, er hat doch jetzt 8 Kompanien mit insgesamt über 3000 Mann. Er hat entzückende sinnige Geschenke von den Männern gekriegt. Alles selbst gearbeitet, ein herrliches Ölgemälde, einen holzgeschnitzten Führerkopf (Wert 1000 Mark). Ich habe von den Männern ein Bild von Ernst gekriegt, riesengroß und ganz fabelhaft, ich wünschte, Ihr könntet es sehen. Sie müssen Ernst schon sehr schätzen. Auch von oben gibt es viel Anerkennung. Alle Kommandeure von den anderen Nachrichtenschulen kamen, um sich die vorbildliche Abteilung von Ernst anzusehen. Und der Kommandeur der Nachrichtenschule I in Nordhausen sagte anerkennend: »Sie haben uns überrundet!« Nun ist bereits von oben Ernsts Beförderungsbeurteilung angefordert worden. Eigentlich ist man über 3 Jahre Major und Ernst ist erst am 1. Juli 3 Jahre Major! – (...) War die letzte Führerrede nicht fabelhaft? Nun feiert ein schönes Fest, holt dazu die Pralinees aus dem Kassenschrank und seid herzlich bedankt und gegrüßt von Euren Meyers.

Und Ernst genießt die Bewunderung; wenn sie ausbleibt, greift er, wie der nächste Brief zeigen wird, auf seine wohlbekannten Abwehrmechanismen zurück: er versucht den Kritiker auszuschalten und stärkt sich selbst mit nationalsozialistischer Propaganda. 14.6.1942 schreibt er an seine Eltern:

L. E!
Es ist ein merkwürdiges Leben – Arbeit über Arbeit, nicht immer ohne Schwierigkeiten und Mühen. Solange man in den Regionen der Technik bleiben darf, ist alles herrlich! Auch die Soldaten machen Freude, ich habe einen starken Einfluss auf die Kerle und kann oft helfen. Aber grausam ist es auf der Ebene des Personellen, ein ewiges Hin und Her, dazu leider auch Disziplinar- und Gerichtssachen, welch

Letztere meiner Stellungnahme bedürfen, was natürlich erst nach Rücksprache mit den armen Sündern erfolgen kann. Dabei zeigt sich, dass die jüngeren Offiziere oft recht abstrakt und theoretisch urteilen und nicht so menschlich handeln, wie es im Hinblick auf Jugend und Dummheit sein müsste. Überhaupt die Dummheit! Es ist eine Gottesgabe, aber in meinem engsten Arbeitskreis mag ich sie nicht leiden. Nichtskönner, besonders mit Geltungsbedürfnis sind ein Malheur, die dann ganz unerträglich werden, wenn sie in zu hohe Stellungen kommen. Unten machen sie sich lächerlich und irgendein tüchtiger Nachbar trägt sie im breiten Strom mit, aber oben begehen sie Flurschaden und machen sie Schaden, den man nicht mehr reparieren kann. Schrecklich! Dazu manchmal prinzipielle Fragen, wo man eben doch an großen Entscheidungen mitwirkt. In diesem Zusammenhang dann Flüge; ich kam so nach Kopenhagen. Da ich dort selber den Vorsitz hatte, ging es schnell, langatmige Unterhandlungen liebt der Soldat nicht, besonders, wenn er anderes vorhat. So war ich nachmittags frei und verlebte in Kopenhagen einige interessante Stunden. Ich habe auch Dr. Havely besucht. Es war ein sehr nettes, wenn auch distanziertes Wiedersehen. Ich war in Uniform und eben doch Deutscher, vielleicht auch Nazi. – Im Institut von Nils Bohr, den ich auch kurz sah, lebt H. als Abteilungschef in ganz wenigen Räumen, ob mit oder ohne Assistent kann ich nicht ergründen. Arbeitsgebiet: künstliche Radioaktivität in Anwendung auf biologische Vorgänge. (...) Sehr nett war, dass in dem eigentlichen und vermutlich einzigen Labor Havelys Vaters Bild hängt, an dem v. H. viel Freud hat, wie er mir sagte. Auch ich war freudig überrascht. Es ist nur schwer verständlich, wie man sich vom Direktor in Freiburg mit viel Platz in diese Enge mit sicher mehr Möglichkeiten zurückziehen kann, vielleicht ohne Verwaltung, aber doch als Appendix. Dann nach Hause mit ihm in eine Etagenwohnung, wo eine kurze Teestunde war. Sie sehr nett, Jenny eine junge Dame, hübsch und frisch, aber doch höhere Tochter aus gutem Haus, der Bub ein kleiner (etwas jüdischer) Ungar, kein guter Schädel. Dann noch zwei Mädels, die klein sind. Das Gespräch drehte sich einmal um Euch, dann um den Krieg. (...) »Man ist hier nicht für den Krieg«, Krieg ist etwas für arme Leute, die nichts haben, und dann mit Krieg bessere Lebensbedingung erzwingen, oder sterben. Und damit wird gerechnet. Deutschland hat aufgerüstet, dass es so gut ging, hat enttäuscht, »die Franzosen waren faul«, man ist erstaunt, dass sie so wenig Widerstand leisteten, dass es so schnell ging, – aber die Amerikaner werden in 2–3 Jahren kommen und dann? Ich lachte. Ich weiß wieviel Arbeit solch ein Aufbau einer neuen Wehrmacht bei einem Volk mit alter soldatischer Tradition ist – wir brauchten von 35–39 für die Luftwaffe, die Amerikaner brauchen nicht weniger! Wie lange geht es, ein Flugzeug frontreif zu machen? Und wenn schon! Ich habe Entsetzen und Erstaunen erregt, als ich sehr ernst fragte, was wohl die Folge eines solchen Sieges wäre? Die Bolschewisierung von Dänemark und der Tod durch Hinrichtung in einem Keller bei allen Anwesenden. Sie wollten es nicht glauben und hofften dann auf die Anständigkeit der Engländer. Das alles in der Atmosphäre angenehmer und freundschaftlicher Beziehungen. Ich werde wieder nach Kopenhagen kommen, dann aber nicht hingehen. Es war für beide Teile ein frohes und interessantes Wiedersehen, aber damit genug! Nicht wiederholen! Nicht erneuern! Es ist klüger so!

Er (Havely) ist erheblich älter geworden. Sein kluges Gesicht etwas faltiger und spitziger. Sein Tun und Benehmen ausgewogen herzlich und höflich. Seiner Frau sieht man die 4 Kinder entschieden an, Haare wallend bis zur Schulter, etwas unordentlich wirkend. Jenny jung, etwas sehr verwöhnt. (...) So ist es doch eine andere Welt. Die Wohnung nicht besonders hübsch. Enges Entree, aber dann große, mit alten Stücken wertvoll eingerichtete, aber sicher nicht gemütliche Räume. Viel Freundschaft und auch ehrliche Freundschaft nur für Vater und besonders bei Frau H. auch für Mutter. Als ich droben in der Maschine wieder über Kopenhagen flog, die Stadt unter mir mit ihrem Hafen und den vielen Schiffen, da war ich froh, den Kurs wieder heimwärts nehmen zu können. Aber über die Ostsee, die lange unter uns lag, indes der Horizont in Dunst und Nebel verschwand. Ich sah lange die blauen, leicht gekräuselten Wassermassen unter mir, sah die wenigen Schiffe und war froh, dass die Weite versank. Wir brauchen heute solche Menschen und Freunde nicht. Sie wollen nicht unseren Sieg, so können wir uns im tiefsten Innern nicht verstehen. Sie wollen auch unsere Niederlage nicht, aber sie wollen eines: ausweichen – nicht selber opfern – nicht an große Ziele glauben, sondern nur an sich denken. Sie sind satt und wollen satt bleiben. Hier ist die Lage wieder einmal ernst. Ausnahmezustand. Täglich ca. 30 Erschießungen in der Zeitung. Heute nach der Ergreifung der Täter sogar 180. Für die Ergreifung dieser Mörder ist typisch, dass sie sich in der Krypta der Borromäus-Kirche in Prag verborgen hielten, Tschechen waren, die England in Nachtflügen per Fallschirm absetzte; und dass der anliegend abgebildete Kaplan diese Lumpen ernährte. Dies ging Wochen so! Wie man schließlich auf die Spur kam, ist psychologisch und kriminalistisch sehr interessant, kann hier aber nicht geschildert werden. Auch der Endkampf um die Krypta, die mit dem Mut der Verzweiflung von den gestellten Mördern verteidigt wurde, war ein sehr ernstes Problem, denn an sich war nur schwer an die Verteidiger heranzukommen. Nun wird noch eine grausame Nachlese kommen. Ein Dorf, in dem die Verräter aus London besonders gute Unterstützung fanden, ist dem Erdboden gleichgemacht. Alle Männer ab 15 Jahre sind erschossen, alle Frauen in ein Konz.-Lager geschafft, die Kinder einer geordneten Erziehung zugeführt. Die Wirkung war hier schon groß, doch fehlt bei dem Naturell der Tschechen eine tiefgreifende Wirkung.

Sonst wenig Neues! Frau und Kinder wohl. Sonja und Hans sind eben gegen Diphtherie geimpft. Herzlichst Euer Ernst.

Ernst trifft im Juni 1942 Prof. Havely, einen Kollegen seines Vaters, der in Freiburg ein häufiger und geschätzter Gast in seinem Elternhaus war. Havely nimmt ihn mit zu sich nach Hause, man trinkt zusammen Tee und plaudert über alte Zeiten. Dass Ernst Nazi ist, kann er nicht leugnen, er trägt seine Offiziersuniform. Das Gespräch kommt zwangsläufig auf den Krieg und Ernst steht mit seinen Parolen vom deutschen Endsieg alleine da, Havely setzt ihm ein »Man ist hier nicht für den Krieg« (Ernst am 14.6.1942) entgegen. Das scheint Ernst zu verunsichern.

An dieser Stelle gibt er dem Gespräch eine Wendung: »Ich habe Entsetzen und Erstaunen erregt, als ich sehr ernst fragte, was wohl die Folge eines solchen Sieges wäre? Die Bolschewisierung von Dänemark und der Tod durch Hinrichtung in einem Keller bei allen Anwesenden.« Ernst macht damit zweierlei: Er vernichtet die Person – in diesem Fall lässt er die Familie Havely, die seine Siegesparolen anzweifelt, durch die Bolschewisten morden und sichert sich gleichzeitig den nationalsozialistischen Rückhalt, indem er deren Propaganda nachbetet.

In der Not die Angst vor dem Bolschewismus zu schüren, hat bei den Nazis Tradition. Hitler drohte immer dann vor der Gefahr der Bolschewisten, wenn sich in den eigenen Reihen Unzufriedenheit über das Regime breit machte. Als sich z.B. 1934 die Hoffnung auf nationale Erneuerung bei sich eher verschlechternder Wirtschaftslage nicht erfüllte und besonders in den Reihen der Bauernschaft und Mittelschicht Unmut geäußert wurde, stellte die Nazi-Propaganda den Nationalsozialismus als die einzig mögliche Abwehr gegen die Gefahr des Bolschewismus dar. Dadurch wurde 1934 verhindert, dass aus der Unzufriedenheit eine echte Opposition gegen Hitler erwachsen konnte. (Kershaw 1998)

Ernst reagiert im Gespräch mit Havely in gleicher Weise. Wird ihm die Zustimmung verwehrt, trumpft er mit dem Schreckgespenst der Bolschewisten auf, die die anwesende Familie hinrichten würden.

Was mag in Ernst bei dieser Teestunde vorgegangen sein und was mag in ihm diese grausamen Fantasien ausgelöst haben? Ernst steht mit seiner Überzeugung vom deutschen Endsieg im Kreis um Familie Havely alleine da. Am Beispiel der Wahl von 1930, als Ernst noch nicht die Nazis, sondern Treviranus wählte, sahen wir, dass er eine Entscheidung und eine Meinung dann für richtig hält, wenn sie von einer Mehrheit getragen wird und nur allzu bereit ist, seine primäre Wahl aufzugeben, um sich dieser Mehrheit anzuschließen. Er scheint auf ein zustimmendes Gegenüber angewiesen zu sein. Eine solche Zustimmung wird ihm bei der Teestunde in Kopenhagen verwehrt, im Gegenteil, man spricht die Hoffnung aus, dass die Amerikaner in zwei bis drei Jahren ins Kriegsgeschehen eingreifen werden, um die Deutschen endgültig zu besiegen. Ernst kann sich als deutscher Offizier in Uniform, dem der Nationalsozialismus zum Lebensinhalt geworden ist, weder der Meinung Havelys anschließen, noch findet er ein zustimmendes Nicken für seine Naziparolen in diesem Kreis. Er sitzt in der Klemme, was ihn zutiefst zu verunsichern scheint. Angesichts seiner mörderischen Reaktion auf Havely und seine Familie, können wir erahnen, wie bedroht und gefangen er sich gefühlt haben muss.

Als Kind erntete er den Hass seines Vaters, sobald er sich von dem von ihm vorgezeichneten Lebensweg entfernte, oder auch wenn er ihn nicht mit der Perfektion beschritt, die sein »Väterchen« von ihm erwartete. Diese Kindheitserfahrung muss sein ganzes weiteres Leben bestimmt haben. 1929 schreibt Ernst, dass sich sein Vater um sein Fortkommen sorge, »aber die Fehler, die er machte, macht er nicht mehr gut« (Ernst 1929). Rachsüchtig scheint Ernst an dem Hass, den er von seinem Vater bekommen hat, festzuhalten. Ein Gemisch aus Rache und aufgestauter Wut scheint bei Ernst dann an die Oberfläche zu kommen, sobald er nicht auf Zustimmung und Anerkennung stößt.

Ernst kämpft in einer solchen Situation unerbittlich, als ginge es ihm selbst ans Leben. 1948 wird er schreiben: »Ich gebe nicht auf. (...) Selbstmord nur, wenn andere mitgehen. Verlass Dich darauf. Jetzt ist Hass mein Motor!« (17.12.1948). Bevor sich die Gewalt gegen ihn richtete, würde er sie zuerst gegen andere richten und diese hasserfüllt bekämpfen. 1948 beschreibt Ernst sein Verhalten unverblümt sehr deutlich. Bei Familie Havely reagiert er keineswegs anders als 1948, nur dass er seinen mörderischen Hass auf die Anwesenden verschleiert ausdrückt und ihn den Bolschewisten in die Schuhe schiebt. Ernst muss sich durch eigenständige Menschen, die nicht im Gleichschritt auf dem gleichen, vom Führer vorgegebenen Weg marschieren, zutiefst bedroht gefühlt haben, anders ist seine Reaktion auf Havely und seine Familie kaum zu verstehen.

Seinen Hass auf Havely äußert Ernst nicht, ohne sich gleichzeitig einen Zufluchtsort im Lager Gleichgesinnter zu sichern; im Gespräch mit Havely erreicht er es durch das Nachbeten nationalsozialistischer Propaganda. Wenn Ernst in Ansbach 1945 ein solcher Zufluchtsort verloren gehen wird, wird er tatsächlich morden.

Mit erschreckender Selbstverständlichkeit berichtet Ernst nach der Beschreibung des Besuchs bei Havely über die grausamen Vergeltungsmassnahmen in Prag, ohne für die Opfer Mitgefühl zu empfinden.

Im März 1943 wird Ernst auf eigenen Wunsch nach Russland versetzt, Herta, die im vierten Monat schwanger ist, und die beiden Kinder ziehen wieder zurück nach Tutow in ihr Haus, das bis hin zu den Kohlen im Keller vollständig eingerichtet geblieben ist.

Herta schreibt in das Kindertagebuch: (Tag der Eintragung ist nicht genannt) »Ende April 43 kehrten wir nach Tutow zurück und verlebten dort einen wunderschönen Sommer. An Meta Mösch hatte ich eine herrliche Hilfe.«

Zum Zeitpunkt meiner Geburt im August 1943 ist Ernst immer noch in Russland und kehrt erst im November nach Tutow zurück, allerdings nicht aus familiären Gründen, sondern weil die Ostfront zusammengebrochen ist.

1943: Ernst an der Front in Russland

Briefe von 1943, die Ernst aus Russland schrieb, der einzigen Zeit, die er im Zweiten Weltkrieg an der Front verbrachte, hat Ernsts 80-jährige Mutter mit viel Mühe in ein Wachstuchheft abgeschrieben: mitten in einem Brief kommentiert sie: »Teil schwierig zu lesen für die alt gewordenen Augen und den Kopf – richtig abzuschreiben im übermüdet sein bei Störungen aller Art.«

Dieses Heft blieb erhalten und kam auf für mich undurchsichtigem Weg in Ernsts Kiste, in dem er seinen Briefwechsel mit Herta während der Zuchthauszeit aufbewahrte.

Da ich auch im Archiv in Nürnberg den zweiten Teil von Ernsts Personalakten über seine militärische Laufbahn nach 1936 nicht fand, entnehme ich seinen Werdegang in den Jahren 1936–45 den Vernehmungsprotokollen vom Ansbacher Gericht. Ernst:

Seit 7. Januar 1936 bin ich wieder Soldat. Ich wurde geholt zu Görings neuer Luftwaffentruppe. Juli 1936 erfolgte meine Übernahme zur Luftwaffe als Hauptmann-E-. Ausgenommen 10 Monate Frontdienst im Osten – Febr. bis Nov. 1943 – als Kommandeur der Flugsicherungsabteilung der Flotte 4, war ich dauernd in der Ausbildung fliegenden Personals, im Unterricht über Flugsicherung, Funknavigation, Funkgerätelehre, Funkmaß u. a. tätig. Im April oder Mai 39 wurde ich Major, am 1.4.42 Oberstleutnant und am 1.8.44 Oberst. Bis 39 war mein Wohnsitz Lechfeld, anschließend Tutow. Ab August 1944 kam ich zur Verbandsführerschule in Katterbach bei Ansbach.
Am 27.3.45 erhielt ich den Auftrag, die Verteidigung im Raume Ansbach zu organisieren; ich wurde zum Kampfkommandanten bestellt. Am 3.5.45 begab ich mich in Traunstein in Gefangenschaft und kam dann in die Lager Boel, St. Avold und schließlich nach Heilbronn. Am 16.10.45 holte mich die MP von Heilbronn nach Ansbach. Seit Mai 33 war ich Parteigenosse. In der SA war ich Rottenführer, Blockleiter oder Zellenwart war ich nicht. Ferner war ich Mitglied des NS-Dozentenbundes und der DAF. Meine Parteimitgliedschaft ruhte seit 7.1.36, seitdem ich bei der Wehrmacht war. Sonst war ich nur noch zahlendes Mitglied der NSV. NS-Offizier war ich nicht.

Ernsts Feldpostnummer lässt darauf schließen, dass er 1943 im Donezgebiet hinter der Front stationiert war. Um die Briefe, die Ernst in die Heimat schrieb, besser verstehen zu können, möchte ich zuerst allgemein auf die Kriegssituation zu dieser Zeit in diesem Gebiet eingehen. 1943 war Stalingrad bereits gefallen und die deutsche Armee auf dem Rückzug; Ernst verschlüsselt diese Tatsache mit der Formulierung, er müsse seine Quartiere immer wieder »verlegen«. Das Donezbecken wurde im November 1943 von der russischen Armee zurückerobert, vor dem Rückmarsch zerstörte die deutsche Armee die in diesem Gebiet reich angesiedelte Montanindustrie, die Ernst in den Briefen ausführlich beschrieben hat, fast gänzlich.

Am 14.2.43 gibt Hitler den so genannten »Führerbefehl Nr. 4« für den Rückzug im Osten heraus.

> Auf Grund mir erstatteter mündlicher Meldungen muss ich nochmals auf folgende Forderungen hinweisen und ihre strikte Durchführung durch Führung und Truppe verlangen. Sie liegen im ureigensten Interesse der kämpfenden Truppe selbst. Ihre Nichtdurchführung bringt dem Feind unübersehbaren Vorteil.
>
> 1.) Bei Räumung dürfen keine Waffen, kein Fahrzeug, kein Gerät unvernichtet in Feindeshand fallen. Zeit zum Zerstören muss immer noch vorhanden sein. Der Russe hat uns das gezeigt. Es darf nicht vorkommen, dass er uns mit unseren eigenen Waffen und Munition beschießt und mit den eigenen Fahrzeugen verfolgt.
>
> 2.) Bei Räumungen müssen für den Feind wertvolle und bald nutzbar zu machende Einrichtungen, Unterkünfte usw. vernichtet oder verbrannt werden. Oft wird Munition, deren Rückführung nicht mehr möglich ist, dazu ausgenutzt werden können. Je gründlicher die Zerstörung, um so mehr wird das Vorgehen des Feindes verlangsamt.
>
> 3.) Bei Räumungen sind alle Männer zwischen 15 und 65 Jahren von der Truppe mitzuführen. Die Truppe hat so immer Arbeitskräfte für Schanzarbeiten bei sich und es werden Kriegsgefangene für neue Verwendung (Abgabe an Luftwaffe als Ersatz für abgegebene Mannschaften) frei gemacht. Der Feind kann so nicht, wie er es jetzt massenweise so macht, die gesamte männliche Bevölkerung als Kämpfer einziehen.
>
> 4.) Bei planmäßigen größeren Räumungen ist, wenn irgend möglich, die Zivilbevölkerung mitzunehmen und später als Arbeitskraft zu verwenden. Die Dörfer sind dann zu vernichten.
>
> 5.) Bei Räumungen sind alle deutschen Soldaten noch mehr als bisher als Verstärkung der Kampftruppe oder als Verkehrsregelungs- und Aufsichtsorgane zu erfassen und einzusetzen. Es darf nicht vorkommen, dass bei Rückwärtsbewegungen ein großer Schwarm sich mehr oder weniger ungeordnet nach hinten wälzt, viel Privatsachen mitführt und üble Gerüchte ausstreut.
>
> Es muss hier mit eisernen Mitteln, durch Einsatz aller verfügbaren Stäbe und Offiziere, durch Einsatz der Generäle z. B. V. mit fliegenden Kriegsgerichten, durch restlosen Einsatz des Streifendienstes, der Feldgendarmen, der G.F.P. und aller bisherigen territorialen Dienststellen eingegriffen werden.

Die Herren Oberbefehlshaber der Heeresgruppen und Armeen haben hier mit allen Mitteln scharf durchzugreifen und Maßnahmen durch planmäßiges Abfliegen der Haupt-Rückmarschstraßen und Durchführung starker Razzien in den Großstädten zu überwachen und sofort einschreiten zu lassen (zit. n. Müller 1991).

Terror und Gewalt gegen die Zivilbevölkerung waren nicht nur auf den Rückzug beschränkt, sondern wurden während des ganzen Russlandfeldzuges verübt. Dazu die Meldung des Oberkommandos der 6. Armee an die Heeresgruppe Süd vom 7. Dezember 1941 (in diesem Gebiet war Ernst dann 1943):

> Im Armeebereich ist das Partisanenwesen so gut wie beseitigt. Die Armee schreibt dies den rigorosen Maßnahmen zu, die angewandt wurden. Die Anordnung an die Bevölkerung, ihr alle Lebensmittel wegzunehmen und die Dörfer abzubrennen, wenn sie nicht rechtzeitig den Aufenthaltsort von Partisanen anzeigt, hatte vollen Erfolg. Neben den eigentlichen Partisanen wurden auch die vielen ohne Ausweis im Land herumstreichenden Elemente beseitigt, hinter denen sich der Agenten- und Nachrichtendienst der Partisanen verbirgt.
> Im Zuge dieser Aktion sind im Armeebereich mehrere tausend öffentlich gehängt und erschossen worden. Der Tod durch den Strang wirkt erfahrungsgemäß besonders abschreckend. In Charkow sind mehrere hundert Partisanen und verdächtige Elemente in der Stadt aufgehängt worden. Die Sabotageakte haben seither aufgehört. Als Erfahrung ist festzustellen: Nur solche Maßnahmen führen zum Ziel, vor denen die Bevölkerung noch mehr Furcht hat als vor dem Terror der Partisanen.
> Gez. Oberst Ferdinand Heim

Oberst Heim war am 1.11.1942 zum Führer des 48. Panzerkorps berufen und wurde am 26.11.1942 wegen angeblicher Schuld am Versagen seines Korps an der Befreiung Stalingrads verurteilt, saß in Moabit in Einzelhaft, wurde dann aber 1944 wieder reaktiviert und in Italien eingesetzt (Bradley/ Hildebrand/Brockmann 1999).

Die Sicherungs-Divisionen wurden den drei Heeresgruppen zugeteilt, um – so die offizielle Version – zu verhindern, dass sich Rotarmisten hinter der Frontlinie wieder neu formieren könnten. Zu den Aufgaben dieser Divisionen gehörten neben der Sicherung der Eisenbahnlinie, der Rollbahnen und der Nachrichtenverbindungen vor allem:

1.) »Planmäßige Säuberung von zersprengten Feindteilen«,
2.) »die Festnahme solcher Anwohner, die der Zusammenarbeit mit dem Feinde verdächtig sind«,

3.) »Die Verhinderung bzw. Zerschlagung von Aufständen, Sabotageakten und Bandenbildung«
(Befehlshaber rückwärtiges Heeresgebiet Mitte, zit. n. Heer 1995)

In Wirklichkeit hatten sie die Funktion, Hitlers Vernichtungskrieg gegen Russland voranzutreiben. (Heer 1995) Aus einer Weisung von Generalfeldmarschall Wilhelm Keitel vom 23. Juli 1941:

> Die zur Sicherung der eroberten Ostgebiete zur Verfügung stehenden Truppen reichen bei der Weite der Räume nur dann aus, wenn alle Widerstände nicht durch die juristische Bestrafung der Schuldigen geahndet werden, sondern wenn die Besatzungsmacht denjenigen Schrecken verbreitet, der allein geeignet ist, der Bevölkerung jede Lust zur Widersetzlichkeit zu nehmen (Müller 1991).

Noch deutlicher ist die Weisung des Oberbefehlshabers des Heeres vom 25. Juli 1941:

> Leitender Gesichtspunkt bei jedem Handeln und für alle zu ergreifenden Maßnahmen muss der Gedanke unbedingter Sicherheit für den deutschen Soldaten sein.
> 1. Behandlung feindlicher Zivilpersonen
> Der Russe ist seit jeher an hartes und schonungsloses Durchgreifen der Autorität gewöhnt. Die notwendig schnelle Befriedung des Landes ist nur zu erreichen, wenn schon jede Bedrohung durch die feindliche Zivilbevölkerung rücksichtslos unterbunden wird. Jede Nachsicht und Weichheit ist Schwäche und bedeutet eine Gefahr (...).
> Angriffe und Gewalttaten aller Art gegen Personen und Sachen, auch alle Versuche sind rücksichtslos bis zur Vernichtung des Gegners niederzukämpfen.
> Wo sich passive Widerstände abzeichnen und wo bei Straßensperren Schießereien, Überfällen und sonstigen Sabotageakten die Täter nicht sofort festgestellt und in der bereits angeordneten Weise erledigt werden können, sind unverzüglich kollektive Gewaltmaßnahmen auf Befehl eines Offiziers in der Dienststellung mindestens eines Bataillons- usw. -kommandeurs durchzuführen(...)
> Verdächtige Elemente, denen zwar eine schwere Straftat nicht nachgewiesen werden kann, die aber hinsichtlich Gesinnung und Haltung gefährlich erscheinen, sind an die Einsatztruppen bzw. Kommandos der SD [Sicherungsdivision] abzugeben (zit. n. Müller 1991).

Mit dieser Weisung, dass allein der »Verdacht«, jemand könnte auf Grund seiner *Gesinnung* gefährlich sein, ausreichte, ihn zu bestrafen, war jeglicher

Willkür Tür und Tor geöffnet. Jeder Zivilist wurde zum Freiwild, es konnte jeder verdächtigt werden, ohne dass Gründe angegeben, geschweige denn bewiesen werden mussten. Das führte zu Säuberungsaktionen mit Massenexekutionen und dem Niederbrennen ganzer Ortschaften. Partisanenkrieg im eigentlichen Sinne wurde von den Russen erst 1943/44 hinter der Front geführt, in den Jahren davor setzten die Russen kaum Partisanen hinter der Frontlinie ein und es entstand »die bizarre Situation eines Partisanenkrieges ohne Partisanen« (Heer 1995).

Die einzelnen Säuberungsaktionen verliefen alle nach ähnlichem Muster:
1. Die einer Aktion zugrunde liegenden Meldungen waren eher ungenau und beliebig und schienen nicht so sehr auf der realen Situation als vielmehr auf dem mitgebrachten Feindbild zu beruhen. Es war durchaus möglich, im Einzelfall Fehlentscheidungen zu korrigieren!
2. Je größer die Frustration, keine Beweisstücke zu finden, desto mehr wuchs die Bereitschaft zur Exekution. Zu Beginn einer solchen Aktion wurde noch auf rechtsgültige Verhöre geachtet, die Maßnahmen mündeten dann aber in willkürliche Gewaltakte und wurden durch Massenmord beendet.
3. Anschließend beugte man sich wieder der Moral und die Aktion wurde als Kampfhandlung umgedeutet, indem die für den Kampf fehlenden Details dazu erfunden und die Ermordung der Zivilbevölkerung einschließlich Frauen und Kinder als »Partisanenaushebung« verkauft wurden. (nach Heer 1995) Das Bedürfnis zu Morden scheint in solchen »Säuberungsaktionen« im Vordergrund zu stehen, ein Feind wird gefunden, gemordet und die Tat dann anschließend so umgedeutet, dass sie in einen Rechtskontext passt und als gerechtfertigt erklärt wird. Ernst wird in den letzten Tagen in Ansbach nicht anders verfahren.

Die Zivilbevölkerung war neben diesen Willkürakten auch noch weiteren Terrorisierungen ausgesetzt. Arbeitskräfte wurden zwangsrekrutiert und nach Deutschland deportiert, die Ernährung war durch die nicht zu erfüllenden Zwangsabgaben von Lebensmitteln unzureichend. Terror, Hunger, aber auch das ab 1942 wachsende Bewusstsein, dass die deutsche Armee nicht unbesiegbar war, ließ in der Bevölkerung den Widerstand wachsen. Ganze Dörfer wurden durch die Massenflucht in die Wälder menschenleer. Zusätzlich zu der Kampfbereitschaft der Zivilbevölkerung wurden von den Sowjets Partisanenverbände hinter der Frontlinie abgesetzt. Der Partisanenkrieg begann etwa 1943/44. Zu diesem Zeitpunkt kam Ernst an die Front.

Die Sicherungstruppen wurden Himmler unterstellt. Ab 1942 setzte Göring dann seine Luftwaffensoldaten im Erdkampf ein und gab dazu die folgende Anweisung aus:

1.) Bei der Bekämpfung der Bandengruppen und der Durchkämmung der von ihnen verseuchten Räume sind gleichzeitig sämtliche dort vorhandene Viehbestände in gesicherte Gebiete abzutreiben, desgleichen die Lebensmittelvorräte so wegzuschaffen und zu sichern, dass sie den Banden nicht mehr zugänglich sind.
2.) Sämtliche männliche und weibliche Arbeitskräfte, die irgendwie für einen Arbeitseinsatz in Frage kommen, sind zwangsmäßig zu erfassen und dem Bevollmächtigten für den Arbeitseinsatz zuzuführen zur Verwendung in den rückwärtigen gesicherten Gebieten oder in der Heimat. Die Unterbringung der Kinder ist in rückwärtigen Lagern gesondert zu regeln (Müller 1991).

Dieser Befehl betraf den Einsatzbereich von Ernst als Kommandeur einer Flugsicherungsabteilung der Luftflotte 4 im Donezgebiet. In seinen Briefen schreibt er ausführlich über Autofahrten durch sein Gebiet, für das er »*verantwortlich*« sei. Ich vermute daher, dass Ernst zu einer solchen Bodentruppe gehörte. Ob Ernst im Osten in Verbrechen verwickelt war und wenn in welche, konnte ich nicht eruieren. Es gab weder im Archiv in Berlin noch in Freiburg Unterlagen davon. Ich bezweifle es nicht, wenn ich seine Haltung dem Feind und der Zivilbevölkerung gegenüber in den Feldpostbriefen und sein späteres Vorgehen in Ansbach betrachte.

Als ich 1961 mit meiner Klasse zur Abiturreise nach Berlin fuhr, erlaubte mir mein Vater weder die Durchreise durch die DDR noch durfte ich mit der Klasse nach Ostberlin. Mit zwei meiner Klassenkameraden und unserem Mathematiklehrer, der aus der DDR geflohen war, flog ich von Hannover nach Berlin, während die übrigen Klassenkameraden mit dem Interzonenzug fuhren. Ernst befürchtete, ich könnte wegen meines Namens Meyer von den Grenzbeamten festgenommen und an die Russen ausgeliefert werden. Eine weitere Erklärung bekam ich damals nicht, fügte mich aber seinem Wunsch. Was stand hinter seinen Befürchtungen? Warum sollten die Russen an einem Mitglied seiner Familie interessiert gewesen sein?

Briefwechsel 1943

Ernsts Feldpostnummer lautet »F.G. Nr. 11146 Lg GA Breslau«. Auch diese Briefe zeigen Ernst, entgegen der Aussage vor dem Ermittlungsrichter, er sei kein NS-Offizier gewesen, als linientreuen Nazi, der die Parteipropaganda mit allen Facetten aufgesogen hat.

18.2.1943
Liebe Eltern. Gesund und munter!
So fing ich im letzten Weltkrieg immer an und das Gros der Post ging an Euch. Diesmal ist mein Hertali der Hauptempfänger, aber sie wird Euch unterrichten. Und auch Ihr werdet Briefe austauschen. Ich habe schon viel geschrieben und über Russland berichtet.
Wir leben zwischen den Russen ohne ihnen zu trauen. Das stumpfe gutmütige Volk von einst ist jetzt heimtückisch geworden. Die gottlose Propaganda als Gegenstück ein billigster Darwinismus (der Mensch stammt vom Affen ab) haben den inneren Gehalt genommen, und aus dem gottgläubigen Menschen ein Tier homo sapiens gemacht, das hungert und kämpft und irgendwann einmal verreckt. Die Verlogenheit des herrschenden Judentums kommt darin zum Ausdruck, dass nur ihre Kirchen und Synagogen erhalten bleiben: Das hängt damit zusammen, dass in der regierenden Klasse, dem Politbüro, unter Vorsitz Stalins fast nur Juden sitzen. Stalin selbst ist in der Hand dieser Leute nur ein billiger, sturer und wenig kluger Mann, der starrköpfig an dem Katechismus des Karl Marx festhält, weil er im Grunde mehr als die angelernten Phrasen gar nicht versteht. Es ist nicht auszudenken, dass solche Elemente ein ganzes Volk in eine Herde zitternder Hasen verwandeln, die bis zum Gesichtsausdruck und zur leisesten Lebensäußerung bewacht sind.

Seine Lektionen vom Nationalsozialismus hat Ernst gut gelernt: die Juden seien die Weltverschwörer, die Kommunisten ihnen ausgeliefert, die wiederum ihr Volk in eine Herde von zitternden Hasen verwandelten.

Einen Exkurs zu den Quellen dessen, was Ernst da nachbetet:
Hitler warnt in Mein Kampf vor dem »jüdischen Bazillus«, der »Pestilenz«, die als »Gift in den Volkskörper arischer Rasse eindringt«. Die Demokratie des heutigen Westens sei der »Vorläufer des Marxismus«, dieser wiederum »Nährboden für die jüdische Weltpest«.

Die jüdische Lehre des Marxismus lehnt das aristokratische Prinzip der Natur ab und setzt an die Stelle des ewigen Vorrechts der Kraft und der Stärke die Masse der Zahl und ihr totes Gewicht. Sie (...) entzieht der Menschheit damit die Voraussetzung ihres Bestehens und ihrer Kultur. Sie würde als Grundlage des Universums zum Ende jeder gedanklich für Menschen fasslichen Ordnung führen(...). Siegt der Jude mithilfe seines marxistischen Glaubensbekenntnisses über die Völker dieser Welt, dann wird seine Krone der Totenkranz der Menschheit sein, dann wird dieser Planet wieder wie einst vor Jahrmillionen menschenleer durch den Äther ziehen. – Die ewige Natur rächt unerbittlich die Übertretung ihrer Gebote. So glaube ich heute im Sinn des allmächtigen Schöpfers zu handeln: Indem ich mich des Juden erwehre, kämpfe ich für das Werk des Herren (Adolf Hitler: Mein Kampf, zit. n. Amery 2002, S. 74).

Hinter dieser zur Heiligkeit hochstilisierten Natur verbirgt sich ein primitiver Darwinismus: die arische Herrenrasse, die per definitionem die Stärkste wäre, wäre durch den jüdischen Bazillus gefährdet. Um nicht selbst unterzugehen, müsse man sich »der Juden erwehren«. Das alles hat Ernst wohl begriffen und betet es getreulich nach. Er »sieht« den primitiven Darwinismus, stülpt diesen aber dem Feind über.

Es ist ein in der nationalsozialistischen Propaganda immer wieder auffallendes Phänomen, dass der Terror, den die Nazis dem Feind antun werden, vorher immer sehr deutlich benannt wird und zwar mit umgedrehten Rollen, zuerst wird dem Feind die eigene Absicht untergeschoben, gegen die man sich wehren und genau das in die Tat umsetzen müsse, was dieser primären Absicht entspricht. Z. B.: Der Jude strebe die Weltherrschaft an und wolle die Arier vernichten. Die Nazis führten das Verbrechen gegen die Juden in unbeschreiblichem Ausmaß tatsächlich aus.

Wenn Ernst über physikalisch, technische Bereiche schreibt, ist er sehr klar und kritisch, mischt einen solchen Bericht aber immer mit propagandistischen Seitenhieben auf die Bolschewiken und vor allem auf die Juden.

22.3.43 L11146 Lg. PA Breslau
Gesund und munter Liebe Eltern.
Heute habe ich auf dem nächsten und größten Hochofen der Welt gestanden. Inhalt 13.000 to. Geführt wurden wir von einem volksdeutschen Ing. der in Russland geboren ist, als Sohn eines volksdeutschen Kulaken, der von Haus und Hof vertrieben wurde, während sein Sohn noch studierte als Werkstudent. An sich hätte er nicht studieren dürfen, denn wer nicht aus waschechten proletarischen Familien stammt, hat weder Zutritt zur Partei noch zu irgendeiner gehobenen Laufbahn. Immerhin der Ing. kam durch und machte in Odessa sein Diplomexamen. Das Diplom wurde ihm aber nicht ausgehändigt, sondern in das riesige Werk geschickt, in dem er als Ing. nunmehr 3 Jahre arbeiten musste, bevor er in den Besitz des Diploms kam. (...) Das Werk ist aus der Steppe aus dem Nichts entstanden. Die Eisengruben ringsum mit 50-60 % Erz legten seinen Aufbau nahe, weil es immerhin rentabler ist, die Kohle zum Erz zu fahren, und dann den Stahl weiter zu verschicken, als wie Roherz auch Schlacke nach den Kohlengebieten zu verfrachten. 1930 wurde mit dem Bau begonnen. Planung auf 32 Millionen Tonnen Stahl pro Jahr. Der Hang zum Gigantischen war auch hier wieder bestim-

mend. So entstanden eine eigene Kokerei, Riesensilos für Erz und dann zunächst 3 Hochöfen. 7 sollten es werden. Die Riesenkraftzentrale (Dampf) wurde aufgebaut mit 70.000 Kilo Watt Leistung. Daneben Dampfturbinen mit riesen Gebläsen mit etwa 300 eben.

Das Roheisen kam entweder in die Gießerei oder gleich in den Bessemerschen Prozess und wurde dann in einem Walzwerk verarbeitet. Das Ganze weitläufig und übersichtlich gebaut. Aber eben doch russisch gebaut, hauptsächlich mit Sträflingen- wie einst im alten Rom mit Sträflingen für die Galeeren gebaut wurde, so war es jetzt in diesem Elendsstaat mit Arbeitern für die gigantischen Pläne. In der Holzwirtschaft jagte man die Kulaken von Haus und Hof und trieb sie als Häftlinge in die Wälder. Ihr Verbrechen war die Tüchtigkeit und gute Erbmasse der Familien. Und ebenso brauchte man Sträflinge für diese Riesenprojekte. So sind die Hochöfen in 1/4 der Zeit innen gemauert wie bei uns in Deutschland. Menschen möchten zerbrechen und zugrunde gehen, davon gab es genug. Nur vorwärts! Es ist außerdem interessant, dass die Russen nach genau gleichen Plänen hier in K. und im Ural bauten. So hatten sie Einheitsmaschinen, von denen sie sich ein Exemplar irgendwo in Westeuropa bauen ließen, die übrigen bauten sie dann selber nach, natürlich ohne Patentgebühren – rein als geistigen Diebstahl. So ist von diesen riesenhaften Dampfkesseln einer von deutschen Ing. gebaut und angefahren. Die restlichen haben dann die Russen nach den Plänen nachgebaut. Die Leiter und Führer waren dann die Juden. Sie saßen an allen entscheidenden Stellen. In den Gruben am Hochofen oder an den Walzstraßen fand man keinen. Oft verstanden sie gar nichts. Dann hatten sie einen Ing., der die eigentliche Arbeit tat, aber sie saßen davor (wie einst der Sack im Leipziger Institut) und sie überwachten die Arbeit und schnüffelten Gesinnung. Die Juden hatten alles, weil sie sich gegenseitig überall halfen. So waren sie in Wohnungen, Verpflegung, guten Stellen überall vorne. Der Jude hatte alles in der Hand, auch in der Partei: Waren sonst nur waschechte in der Abstammung rote Proletarier aus verelendeten Familien, von Vater und Großvater her würdige Bolschewiki zu werden und nun Herren im Hause und rote Genossen zu werden, so galt dies nicht für Juden. Hier war auch der einstige Gegner und Großkaufmann willkommen. Es liegt ein raffiniertes System in diesen Dingen: die Vernichtung der Intelligenz, die Ausschließung aller vollwertigeren Familien aus der herrschenden Schicht. Juden und dahinter ungebührliche Proletarier, von Abstammung und Gesinnung. Wahrlich, sie teilen mit den miesesten und kümmerlichsten. Und nur mit diesen. Sie zeigen jetzt, welch ein Gesindel sie tatsächlich sind. Sie kaufen sich Ing. aus Amerika und dem Westen und rüsten damit einen Krieg. Man hat die Pläne zu diesem Riesenwerk und sie verbieten schon in der Planung Konservierungsanlagen irgendwelcher Art, die Zeit kosten. Es geht nur darum, rasch die notwendigen Mittel zu erhalten, um dann das System auf ganz Europa ausdehnen zu können. Mag dann alles wieder verfallen, denn für die Juden als Herren der Welt bleibt auch so noch genug. Dass die schlechten Proletarier nicht gefährlich werden können, setzt G.P.U. [Geheimdienst der Sowjetunion] und Einhaltung dieses niedrigen Zustandes voraus. Einmal war es übrigens schon einmal so weit, dass sich dies System selber aufzufressen drohte, als 1938 Cechow Chef der G.P.U. wurde. Damals waren auch Parteigenossen nicht mehr sicher und bis in die tieferen Schichten griff, selbstverständlich unter Ausschluss der Juden, der Henker. Letzten Endes fand damals eine Begnadigung großen Stiles statt, als Cechow selber von Stalin beseitigt wurde.

Frägt man nach der Produktion dieser Werke, dann erhält man zuerst Zahlen, d.h. die Sollzahlen. Dafür erhielten die allenthalben vorhandenen Antreiber Prämien. Aber diese Zahlen waren doch Betrug. Gewiss wurden 3.000 to vergossen aber über die Qualität sagt man nichts. Und der bei dieser Produktion erzeugte Ausschuss wandert im Kreisprozess wieder in den Ofen zurück und vermehrt dann als bereits verschmolzenes Metall die Ausbeute. Der Ing. gab mir unumwunden zu, dass ohne Rentabilität gearbeitet wurde. Das Werk gehörte dem Staat. Es gab keine Konkurrenz. Interessant war auch die Werkskontrolle. Da waren die Erzanalysen noch nicht fertig, wenn bereits die Masse im Bessermerschen Prozess auf Stahl verarbeitet wurde. So gab es viel Ausschuss, aber bei diesen gigantischen Werken auch viel gutes Material. Man konnte selbst einen Nutzeffekt verkraften. Menschen kosten wenig, Konkurrenz gibt es nicht. Hauptsache ist, dass man nach Moskau Zahlen melden kann. Man sollte meinen, dass die hier anstehenden reichen Erze von 50–60% verhältnismäßig wenig Koks brauchen. In Salzgitter sind es 1.300 kg pro Tonne, hier nur 1.000 kg. Und dabei ist der Eisengehalt 27:60! Es ist ziemlich viel Silizium und auch Schwefel dabei. Interessant ist auch, dass seitens der Russen die hohe Temperatur der Kokereien zum Kraken der Na.-Rückstände benutzt werden. Irgendein Chemiker in Moskau hatte dies ausgeknobelt. War der Prozess der Koksgasentwicklung erst in vollem Gang, wurde dies Zeug zugesetzt und dann mit verstärkter Kühlung Petroleum und teils auch leichter siedendes Material gewonnen. Soeben kommt die Meldung, dass wir am Samstag erst einen Vortrag vom Geologen und dann die Begehung eines Schachtes haben werden. So ist dann die Fortsetzung dieses Briefes zu erwarten. Und noch eine Freude. Soeben kommt Post. Ein Gruß von Hanna, Konfirmation v. 10. März ab. Postsendung vom 6.3. Von Herta habe ich erst einmal Nachricht vom 4.3. Sonjas Brief liegt bei. Er hat mir aber viel Freude gemacht, sehr viel. Das Wetter ist hier komisch. Als ich seinerzeit in meinem Marschziel St. ankam, war es recht kalt, und wir hatten noch etwa 20 cm Schnee. Immerhin kam die Sonne und in den kritischsten Tagen hatten wir sogar Stuka-Wetter. Das schafft dann immer. Immerhin war es operativ (23.2.) nicht ganz leicht und die damals zu treffenden Entscheidungen waren richtig. Den Wehrmachtsbericht vom 23.2. werde ich so bald nicht vergessen. Bei dem riesen Gebiet, in dem ich zuständig bin (etwa 1.000 km in der Nord-Süd-Achse, um 600 km in der West-Ost-Richtung) habe ich dann zunächst verlegt. Es war der Anfang der Schlammzeit. 3 Tage unterwegs, teils arbeitend, teils im Auto fahrend, in Pelzen nicht frierend. Und nun rüste ich bald wieder teils mit Auto, teils mit Flugzeug. Wann wird wieder eine Verlegung kommen? Die Schlammperiode war verhältnismäßig einfach. Seit Wochen kein Niederschlag. Egal schönes Wetter. Unsere Operationen bei Charkow haben dadurch viel gewonnen. Jeden Tag Flugwetter, jeden Tag Bombenmöglichkeiten. In den letzten Tagen hatten wir einen einzigen Wind aus Nordosten. Im Norden bei Kursk ist es also noch schlechter wie hier. Nur die Nächte sind noch kalt. Das Wohnen ist diesmal doch angenehmer als 1914/18 auch für die Mannschaften. Der Russe hat viele Schulen gebaut mit lichten großen Räumen. Da wir außerdem im Bereich des Riesenkraftwerkes liegen, haben wir auch Licht, und an Kohle fehlt es uns naturgemäß auch nicht. Immerhin sind solche reichen Gebiete nicht überall, und im Norden mit seinen Sümpfen haben sie es sicher viel schlechter. Ich habe mir von allen diesen Fronten Karten besorgt. Kann jetzt manches verstehen. Aber eines muss man sich immer wieder vor Augen halten. Heute haben wir dieses Gebiet. Man muss sich einmal vor Augen halten, dass hier 50% der Montanindustrie liegen. Was würde es bedeuten, wenn auch diese Werke Panzer und Granatwerfer gegen uns produzierten? Die Post muss weg! Macht Euch um mich keine Sorgen. Fliegerbomben gibt es schließlich überall. Herzlich Euer Ernst.

Wehrmachtsbericht vom 23.2.1943, den Ernst nicht so schnell vergessen wird:

In der großen Winterschlacht im Südteil der Ostfront sind die weitgesteckten Ziele des Feindes gescheitert. Da es ihm nicht gelang, die am Ostrand des Donezindustriegebiets fest gefügte Front der deutschen Truppen zu durchbrechen, versuchte er, sie, nordwärts ausholend, im Rücken zu fassen. Die auf diese Weise hinter unsere Front gelangten sowjetischen Divisionen sind inzwischen vernichtet oder versprengt. (...)Reserven, die ihnen nachgeschickt wurden, wurden von der Luftwaffe erkannt und in ihren dicht gedrängten Kolonnen durch anhaltende Luftangriffe vernichtend getroffen.

Ernst am 28.3.43 an seine Eltern:

Gestern war ich mit den Geologen unterwegs und kann nur sagen: Solch ein Land! Man kann den Erzreichtum von K. nicht beschreiben. Ich habe von der Grube einige Gesteinsproben entnommen, die ich als Päckchen abschicke. Man muss solch ein Stück in der Hand gehabt haben und es in der Hand einmal selber gewogen haben. Da sind Schichten von so ungeheurer Mächtigkeit bläulichen Gesteins mit etwa 60% Eisengehalt. Also 60% reines Fe! Nur etwa 100 m unter Tage, kann verhältnismäßig leicht abgebaut werden. Was unter 40% Eisen enthält, wird als Abraum auf die Halden geschmissen!

Aber nun einmal etwas systematischer: Die Sache beginnt mit einem peilelektrischen Reinfall aber das steht wieder auf einem anderen Blatt, das hier nicht verhandelt wird. Item, ich kam so in den Besitz der geologischen Karten mit eingezeichneten Erzlagerstätten und – was vielleicht am wichtigsten ist – ich kam an die Beziehung zu den entsprechend maßgeblichen Leuten. Nun um Klarheit zu bekommen, habe ich mit diesen Herren erst einmal theoretisch an Hand einer hübschen Gesteinssammlung die Lage besprochen. Dabei habe ich wieder einiges Interessantes über Russland gehört. Sie haben hier in diesem Gebiet pro Jahr 20 Millionen Tonnen Erz herausgeholt. Und zwar wurde nur das Höchstwertige von mehr als 50% Fe abgebaut. Wir haben solch ungeheure Haldenbestände gefunden, dass wir ununterbrochen abfahren können, auch während die Gruben erst wieder in Gang gebracht werden. In diesem Tempo haben die Russen etwa 10 Jahre gefördert. Nehmen wir an, dass wir etwa 50% der Fe-Erzeugung in Händen haben, dann wäre mit einer Friedensförderung von 40 Millionen Tonnen im Jahr d.h. mit 400 Millionen Tonnen in 10 Jahren zu rechnen. Das wären etwa 200 Millionen Tonnen Roheisen. Denn die Erze sind oft sogar 60%. Es kommt nicht genau darauf an. Die Rechnung soll ruhig zu unseren Ungunsten sein. Denn nun kommt folgende Feststellung: Mit all diesem Eisen wurden nur Dinge produziert, die irgendwie mit der Rüstung zusammenhingen. Da wurden die ungeheuren Mengen Traktoren geschaffen, an denen wir heute Mangel haben, weil die Dinger heute russische Kanonen ziehen! Damit schufen sie Landmaschinen und sonst nur Material für die Rote Armee. Man versteht jetzt, warum wir überall z.B. im Stalinwerk, in dem ich ja öfter war, über das ich am Anfang meines Russlandaufenthaltes berichtete, solch ungeheure Vorräte haben. Dort sah ich ein Gebiet von 2 mal 5 km fast mannshoch mit Waffen von Roheisen dicht bedeckt. Diese Produktion musste überall zu Stau und ungeheuren Vorräten führen. Das merken wir heute! Trotz solcher Riesenproduktion fehlt es am einfachsten Geschirr, beim Eimer angefangen, – es fehlt an Nägeln. Auf dem Markt der Landeinwohner werden alte, verrostete und wieder etwas gerade gebogene Nägel angeboten, die schon in weiß Gott was für einem alten Lattenzaun saßen, zu ungeheuer überrissenen Preisen gehandelt. Es gibt keine Dachrinnen bei diesen alten Panjebuden, nur die Schulbauten haben solche, allerdings mit einer symbolischen Wirkung. Wo man sonst noch Eisen erwartet, z.B. beim einfachsten Besteck – alles ist verknappt, alles – alles, alles trotz 200 Millionen Tonnen in den letzten 10 Jahren. Gewiss, an einer Stelle hatten die Russen riesenhaften Verbrauch: Maschinen aus aller Art aus Westeuropa bezogen, wo sie eine Amortisationszeit von 20 Jahren haben und gut und gerne 50 Jahre laufen, sind sie hier nach 10 Jahren vollkommen heruntergewirtschaftet. Heruntergewirtschaftet bis zum Schrott! Es wurde einfach mit Hochtouren losgefahren, ohne hinreichende Pflege und Konservierung. Ich habe im letzten Brief bereits beschrieben, wie sogar in den Plänen die Konservierung verneint ist. Es wurde losgewütet mit dem einzigen Ziel einer kurzfristigen und ungeheuren Produktion, koste es was es wolle. Und es hat viel gekostet!

Und es hat in Russland viel gekostet! Nicht nur Menschen sondern einen Lebensstandard! Es gab Eisen in ungeheuren Mengen, eine Produktion, wie es sonst das ganze übrige Europa nicht hat, und doch war kein Segen in dieser Arbeit. Nicht Dinge des täglichen Bedarfs, sondern anderes wurde hergestellt bei Überfluss an Rohstoff. Versteht man jetzt, warum die Russen, mit diesen ungeheuren Mengen Waffen kommen? Verstehen wir jetzt, woher sie ihren ungeheuren Vorrat an Material haben? Das sieht auf den ersten Blick böse aus. Das heißt, dass wir die Russen materiell nicht schlagen können. Aber personell ist es möglich!

Denn einmal sind die Verluste unheimlich hoch. Und dann hat es eine natürliche Grenze, ein Volk zu verelenden. Menschen kann man nicht. (...) Dies Land müsste in den nächsten Jahren unbedingt losschlagen, denn seine Planung war auf eine Dauerleistung nicht abgestellt. Und ein zweites – sie (fahren) in 10 Jahren Maschinen zusammen, die bei uns 50 Jahre laufen. Diese rasante Lawine läuft sich von selber tot. Gewiss werden sie jetzt vielfach amerikanische Ing. haben, aber auch diese werden aus diesem elenden Volk keine Präzisionshandwerker mit hochwertiger Arbeit machen können. Der Verlust der Menschen führt auch hier zur Verknappung. Sie haben bereits Kinder in die Arbeit eingestellt. Frauenarbeit ist etwas ganz Alltägliches schon seit vielen Jahren. Ich fand sie in den Bergwerken als Schlepper. Und der Verschleiß an Maschinen wird sich nicht aufhalten lassen.

Man kann die Dinge schwer fassen, aber sie begegnen dem kritischen Beobachter auf Schritt und Tritt. Es stimmt in all diesem Aufbau irgend etwas nicht. Dafür wieder ein typisches Beispiel: Die Russen haben in jedem einzelnen Aufgaben-Kreis nur Spezialisten. So auch unter den Geologen kluge Leute. Aber da ist einer für Eisenerz zuständig. Frägt man ihn nach Kohle, dann hat er heute noch eine völlig unverständliche Angst, eine Antwort zu geben. Er weiß die Geologie von K., die des Donez-Beckens kennt er nicht. Er kennt ein ganz kleines Gebiet innerhalb des Erzvorkommens. Auch hier wieder streng begrenzt. Er kennt nicht alle Tiefen, sondern nur gerade die erschlossenen. Gebohrt hat ein anderer, und der durfte wieder nicht wissen, was zum Beispiel in den einzelnen Gruben vor Ort passiert. Dahinter stand ein G.P.U. Wer mehr wissen wollte, als man ihm zu arbeiten erlaubte, war bereits ein Spion. Eigeninitiative war gefährlich. Und wer hatte nun den Überblick? Ein alter zaristischer Professor, der streng bewacht in D. saß und als Gefangener der G.P.U. in seinem Institut mit Riesensammlung lebte. Dieses System war nicht auf lange Sicht gebaut. Losfahren mit hingestellten Fabriken,

Fordern ins Gigantische und ohne Rücksicht auf Raubbau, jeder ein Arbeitssklave. Nur wenigen im Kreml war der Überblick möglich, und sonst nur Spezialisten bis in die leitenden Kreise, um jeden eigenen Gedanken auszuschalten. Es liegt etwas Beängstigendes, Anorganisches in dieser Maschinerie des Volkes. Dies Volk lebt nicht mehr! Von meinem Quartier über ein paar Steinmauern auf die Straße sehen. Diese Steinmauern zwischen den Gärten sind Erz von 40 % Rostraum rotbraun von Farbe, reichlich von Eisenadern durchzogen – ein Querschnitt durch das ganze Erzgebiet im kleinen. An tiefen Löchern eines ehemaligen Tagbaues geht es dem eigentlichen Erzgebiet zu. Rot leuchten jetzt die Halden. (engl. Rot), von einem Eisengehalt, wie er sonst in ganz Deutschland nicht vorkommt. Rechts und links der Straße stehen armselige Panjebuden. Dort wohnen teils die Bergleute, meist die ärmsten unter den Bauern, die nicht einmal einen Garten haben. Sie sehen in entsetzlich verlumpten Kleidern, die diesen Namen nicht mehr verdienen, hellrot aus. Die blassen Gesichter sprechen eine ernste Sprache von Arbeit unter Tage schon seit Jahren. Im eigentlichen Erzgebiet ist der Tagbau seit Jahren verlassen. Mit viel abstützenden Wänden hat der Mensch bis zu 200 m tief in die Erde hineingegraben, oft 1 km lang und 500 m breit. Von dem, was hier das Auge sieht, ist keine Beschreibung möglich. Tagbau musste aufgegeben werden, da die Wände einstürzten.

Weitere drei Seiten die Beschreibung einer Fahrt unter Tage, in denen er mangelnde Sicherheitsbedingungen beschreibt.
Ein Brief von Herta an die Schwiegermutter vom 2. Mai 1943, ebenfalls von Ernsts Mutter abgeschrieben, ihre Anschrift: »Tutow, Pommern, Hindenburgdamm 22«:

Heute kriegte ich wieder einen sehr netten Brief von Ernst. Es geht ihm sehr gut, er bedauert, dass angeblich bei ihnen wenig los ist!? (Was bin ich froh darüber.) Die Verpflegung fabelhaft, sie kriegen Eier. Dabei hält man es schon aus. (...) Nun ist es so, wie Ernst gehofft hatte. Der Feldmarschall Richthofen unter dem er jetzt im Osten steht, gibt Ernst vor Okt. nicht frei, obwohl der Berliner General den Ernst jetzt im Mai schon haben wollte. Wird wohl nichts nützen, da die Front eben mehr Gewicht hat. Für mich ist es ja sehr traurig, ich hätte Ernst gerade jetzt in dieser Zeit etwas mehr in der Nähe gewusst. Muss halt auch so gehen. Ernst sorgt ganz rührend für uns. All seine Bonbons und Schokolade spart er sich ab und schickt sie seinen Kindern. Mir schickte er auch etwas (...) Das eine Paket kam aus—-, das andere konnte er jemandem mitgeben. Kann alles so gut brauchen, ich habe doch stets sooo Hunger [»Erwartet ein Kleinchen, kein Wunder« Kommentar Emma]. (...) Liebe Grüße Herta

Karte von Herta 17. Mai 1943:

Gruß zum Muttertag. Ernst geht es gut, er hat wieder eine 1.600 km Fahrt in 4 Tagen im Volkswagen durch sein Gebiet hinter sich. Er rechnet ja damit, dass er am 1.7. nach Berlin muss. Sonja hat sehr viel in der Schule nachzuholen. Sonja knallte beim Turnen an der Teppichstange so unglücklich auf den Arm, dass sie ihn wegen Sehnenbänderzerrung und Bluterguss in Gips tragen muss. Euer schönes Osterpäckchen!–- Wir erfreuen uns daran. Uns geht es gut, da wir endlich gute Hilfe haben.

Ernst an die Eltern am 8.5.1943:

Heute geht die Fahrt in den Süden ins Mangangebiet. Es gehört schon eine gesunde Natur dazu, auf Russlands Straßen sich Auto fahrend und stoßend in einem Tanz durch Schlaglöcher aller Grade und Dimensionen rollend sich vorwärts zu bewegen. Und noch besser wie die eigene Natur müssen Motor und Steuerung, Getriebe und Differential sein! Ganzen – Nitschewo! – Das lernt sich! Heute war ich auch wieder unterwegs mit meinem Volkswagen: 4 Pannen! Ganz kurz vor dem Ziel besonders zu begrüßen, wenn man in Zeitnot ist. (gewöhnt man sich im Osten übrigens ab) [Kommentar von Ernsts Mutter: »Fortsetzung hat der Vater für sich abgeschrieben«].

Die Striche und Auslassungszeichen befinden sich in der Abschrift.

Nitschewo sagt der Russe, auf Deutsch »ist egal«! Nitschewo sagen auch wir nur mit dem einen Unterschied, der Russe spuckt die Hülsen der Sonnenblumenkerne aus, wir machen es billiger, ohne Spucken! Verquerter Anfang Stirnrunzeln des Väterchens? Nitschewo! Da fällt mir ein, dass ich noch immer auf eine Abhandlung über Vaters Arbeit im Hegau warte. Auch Warten lernt sich im Osten Nitschewo! – Wenn Väterchen nicht funktioniert, kaufe ich mir Sonnenblumenkerne. ––- (sehr schwer lesbar) Viel darf ich nicht sagen, denn das Geheimnis muss –- bleiben. – Aber zuallererst kann ich sagen, »Lieb Vaterland magst ruhig sein!« Denn hier wird gearbeitet.–-Aber es gibt doch auch herzergreifende Sachen, die erzählt werden dürfen. Der Direktor, ein Dipl. Ing. ist der eigentliche Hüttenkönig. Ihm unterstehen alle Schächte, die nur wenige Meter unter Tage liegen. Die Chefs der einzelnen Gruben sind Deutsche, mit einem bin ich besonders bekannt geworden. Er ist ein kleiner König hier. Daheim ist er Vorarbeiter, nicht einmal Steiger in einer Westfälischen Grube und es geht. Der Mann in seiner gediegenen Einfachheit füllt seinen Posten herrlich aus! Alles in Ordnung! Gewiss sind die einzelnen Gruben klein, aber mit diesem Volk! und diesen Hilfsmitteln! ist die Arbeit eine Kunst!

Denn——— von den Russen übernommen? Pfusch! wie überall. Alles abgestellt auf Raubbau!? —- Ohne alle Sicherheitsbestimmungen!! Es ist bekannt, dass die Eisenbahnschienen nicht mal auf den Schwellen angenagelt, sondern auch miteinander verbunden sind. – Verschiedene Modelle. Für Strom gibt es immerhin ein Kabel —– ohne die Endverschlüsse. Allen Sicherheitsbestimmungen widersprechend. Pfusch auch von den Russen —–überall! In einem mit Kriegsgefangenen betriebenen Werk war es besonders schwierig. Wassermangel herrschte, Grubenwasser gepumpt als Nutzwasser? – Da gewöhnten sich selbst die Russen an eine gewisse Ordnung. Disziplin, die sonst doch in allen selbstverständlichen Dingen doch —- ist.

Ernst an Herta am 23.5.1943:

Heute Nacht gab es viel und für mich auch Persönliches und Entscheidendes zu tun. Es ist nicht ausgeschlossen, dass die Gespräche dieser Nacht für mich persönlich neue Wendung hier bedeuten. Dabei darf man dennoch keine breiteren Schlüsse ziehen. Es kommt oft vor, dass wir nachts evtl. über Stunden telefonieren, weil dann die Leitungen freier sind. Und das Thema dieser Nacht ging speziell für mich über das Laufende hinaus. Ich habe völlig neue Ideen als richtig erkannt, und damit in gewissen Schwierigkeiten einen Ausweg gefunden. Ob man mir für die Durchführung die Zügel freigibt? Oder ob wieder ein Jüngerer die Ideen stiehlt? Wäre mir auch egal. Als ihr Schöpfer bin ich nicht mehr wegzuleugnen. Ich habe eben sehr viel zu tun. Heute morgen habe ich von 7 h bis $^1/_2$ 11 fast ununterbrochen diktiert, und nun muss ich all den Mist durcharbeiten und umstellen. Dass dann die prinzipiellen Nein-Sager das Wort haben, ist ja klar. Ich denke in diesen Zusammenhängen auch an Dich. Aber man kann seinem Schicksal nicht entgehen. Ich kann doch nicht eine solche verantwortungsvolle Tätigkeit nur halb tun, weil ich dann wieder in die Heimat komme. Das wäre Dir doch sicher auch nicht recht. Wenn ich schon hier draußen bin, will ich meine Pflicht tun! Bis zum letzten, dass ich später einmal meinem Hansi ohne Scheu in die Augen schauen kann, denn er ist für mich der nächste deutsche Soldat, der einstens ein Recht haben wird zu fragen! (...)

Heute ist es wieder unangenehm kühl. Wir haben die herrliche Sommerkleidung wieder abgelegt, tragen das wärmere Tuchzeug, und neben mir steht ein elektrischer Ofen, den ich mir auch schon organisiert habe. Im Winter kleine Buden, viel Strom: und ich kann es aushalten. Bist Du eigentlich eifersüchtig, wenn ich berichte, dass ich heute früh einer Dame mit einem Blumenstrauß einen ganz feierlichen Besuch gemacht habe? Mein Bursche hat gelbe Rosen, weiße Akazien und viel Schwertlilien ganz herrlich zusammengebunden. Und ich habe in voller Uniform den großen bunten Buschen feierlich durch die halbe Stadt getragen.

Das fiel erheblich auf! Und dann habe ich eine ganz feierliche Verbeugung gemacht und eine große Lobrede vom Stapel gelassen an die Schwestern vom Offiziersheim, die uns am Freitag Kartoffelpuffer in Sonnenblumenöl gebacken hatten. Es wäre direkt ein Gruß aus der Heimat gewesen, und die ukrainischen Küchenmädchen haben alle zugeschaut und fröhlich mitgelacht. Und wann gibt es wieder Kartoffelpuffer? Sicher bald und ich bekomme wieder 6 Stück, alles für meinen Blumernstrietz und ein freundliches Wort.

Als ich diesen Brief abschrieb, realisierte ich, dass mir meine Legasthenie wieder einmal ein Schnippchen geschlagen hatte, denn ich hatte immer gelesen, dass wenigstens »die ukrainischen Küchenmädchen« auf die Kartoffelpuffer schauten, aber nein, auch ihre Augen waren strahlend auf Ernst gerichtet. »Das fiel erheblich auf!«
Innerhalb der Kompanie feiert Ernst Kameradschaft und sich als Vorgesetzten.

24. Mai 1943
Am vergangenen Freitag hatten wir einen sehr netten Abend in unserem Stab. Es gab Bier, außerdem habe ich die kleinen Sachen, die es noch im Marketenderladen gibt, mithilfe einer Verlosung verteilen lassen, bei der ich leider einen Hauptgewinn erwischte. Ich habe aber dann doch zu meinen Ungunsten getauscht, und dafür den Kindern gute Hustenbonbons erworben. Auch Packung Rasierseife, dann gab es eine amerikanische Versteigerung: Ergebnis (unleserlich) – bei 30 Mann und 7 Offz.-Beamten. Ich selbst habe etwas darüber ausgegeben. Da ich als einziger Flieger Zulage bekomme, war das eine Gelegenheit, das beneidete Geld öffentlich und mit ausgleichender Gerechtigkeit anzulegen. Interessant, wie das die Männer registrierten. Die Summe wird nun bei einem Wunschkonzert bekanntgegeben auf dem hiesigen Soldatensender. Als Lied haben sie sich gewählt: »Freunde, das Leben ist lebenswert«. Ich glaube darin den Ausdruck des Geistes sehen zu dürfen, der im Stab nun lebt.
Du schreibst von vielen Fliegen. Hier gibt's noch keine, es ist auch kalt eben. Ich trage wieder Wintersachen, die bezaubernde herrliche Sommerkleidung ist wieder vorbei! Interessant, wie die Russen jeden Witterungsumschlag nehmen. Pepos sind immer ganz warm in Tücher eingeschlagen und auch Sommers gegen die Hitze durch die Tücher geschützt. Auch die kleinen Kinder verziehen sich sofort wieder in Wintersachen, wenn ein Einbruch kühler Winde erfolgt. Davon können wir lernen. Kinderwagen gibt es hier gar nicht, die Muttis tragen die Pepos, bis sie laufen können. Es ist wahrhaft schwer in diesem Land, Mutter zu sein. Es gibt kein Opfer, das diese Mütter nicht brächten, dabei haben sie es wirklich schwer. Kürzlich sah ich an einem verhältnismäßig ordentlichen Haus ein Panje, der sich mit

zwei Rädern einen armseligen Karren zusammenzimmerte. Ein Blick in den Garten zeigte, dass alles sehr nett und ordentlich bestellt ist. Aber dann erzählte mir der Panje strahlend, dass er wandern wollte. Und die Frau zeigte mir, dass sie sich ebenfalls freut. Was treibt diese Leute von Haus und Hof weg? Da haben sie ein Daheim, der Garten mit viel Mühe bestellt, aber der Wandertrieb sitzt in diesen Leuten drin, sie zimmern sich einen elenden Rumpelkarren, leben dreckig und verstaubt am Rande unter freiem Himmel oder auf die Güte gütigen (sic!) Tages angewiesen, wenn es mit der Witterung nicht zu arg wird. Ich hab sommers, aber auch winters diese Züge gesehen, wie sie sich mühsam weiterquälten. Wenn ich bei meinen Fahrten früh um 1/2 4 unterwegs bin, dann sind die Straßen noch einsam, und nur hier und da von diesen Wanderern bevölkert. Ich traue diesem Volk nicht. Denn es sind sicher auch Spione darunter. So haben wir meistens viel Waffen bei uns, und ich werde sofort sehr energisch, wenn sie nicht schnell Platz machen.

Ernst stellt sich als menschlicher Vorgesetzter hin, bescheiden, gerecht und großzügig: »interessant, wie die Männer das registrierten«. Er scheint auf die bewundernden Blicke angewiesen zu sein. Wäre er wirklich so uneigennützig und gerecht gewesen, dann würde er über Begegnungen mit anderen Menschen schreiben, die ein eigenes Gesicht bekämen und nicht nur als Ernsts Bewunderer aufträten. So geht sein Brief von den angezogenen Charaktereigenschaften folgerichtig zu der »herrlich bezaubernden Sommerkleidung« über; In Ansbach lief er als Kampfkommandant in Uniform mit hellen Reiterhosen und schwarzen Mannschaftsstiefeln herum. Ernst hatte wohl bei den Nazis seine Identität zum Anziehen gefunden.

Er trug übrigens, nachdem er in die Partei eingetreten war, in der Universität in Leipzig immer nur noch braune Hemden. Es existiert eine Fotografie von Ernst und Herta als frisch verheiratetes Paar, Ernst im braunen Hemd. Auf die Rückseite schrieb Hertas Mutter: »Zwei, die sich trotz des braunen Hemdes gut verstehen.«

Nach der Schilderung des Kameradschaftsabends schreibt Ernst scheinbar liebevoll über die russischen Mütter, die es so schwer haben und keine Mühe scheuten, ihre Kinder groß zu ziehen, kommt anschließend auf das russische Paar, das Haus und Hof verlasse, um seinem Wandertrieb zu frönen und das auch noch mit einem fröhlichen Lächeln für Ernst, der dieser Szene staunend beiwohne.

Die Ungeheuerlichkeit dieser Beschreibung wird erst vor dem Hintergrund des oben zitierten Führerbefehls von der verbrannten Erde sowie der Zwangsrekrutierung von Arbeitskräften genauer ersichtlich. Ernst beschreibt diesen »Wandertrieb« der Russen, der in Wirklichkeit eine Flucht vor dem Terror deutscher Soldaten ist, nicht als Reaktion auf den Krieg, sondern sieht ihn in der russischen »Rasse« begründet. Leute dieser Rasse würden eher den Dreck suchen und wären »auf die Güte gütigen Tages« angewiesen, als dass sie im sauber gepflegten Haus blieben. An dieser Stelle wird Ernsts Hass sichtbar und er nimmt die Waffe zur Hand, nicht ohne sich vorher noch einmal an die Kriegspropaganda zu halten, die in der Bevölkerung beliebig »Spione« und Partisanen sieht, um ein mögliches Töten zu legitimieren.

Er beschreibt deutlich, warum er die Waffe benutzt: »wenn sie nicht schnell Platz machen.« Ernst ist mit dieser Aussage vermutlich sehr ehrlich. Hierbei ist von Partisanen nicht mehr die Rede, sondern nur noch davon, dass man ihm Platz zu machen habe. Wird ihm dieser Platz nicht respektvoll überlassen, würde er »sofort sehr energisch«. Was bedeutet das im Kontext, dass er meistens viel Waffen bei sich habe? Droht er nur, gibt er den Befehl zu schießen, schießt er selbst? 1943 richtet sich sein Hass gegen die Russen, 1945 wird sich sein Hass gegen Deutsche richten, die nicht oder nicht mehr linientreu sein werden.

Dem obigen Brief muss Ernst noch einen Brief an seine Tochter Sonja beigelegt haben, den Ernsts Mutter kommentiert:

24. Mai Brief ans liebe Schwachtelchen Sonjakind! Er hat seine Kinder doch so lieb! Bedankt in besonderer Freude ein Briefle, geht auf alles und 's Kleinste noch besonders ein, freut sich, dass die Tutowschulen so sehr gut sind und die Kinder darin leben, der lieben Mutti alles wiedergeben! Diese in Atem halten. Lieb.

Ernst und seine Mutter scheinen hier die Überzeugung zu teilen, dass Liebe eher etwas mit Tauschhandel als mit bedingungsloser Zuwendung zu tun hat, nach dem Motto: Geb ich Dir etwas, musst Du mir auch etwas dafür geben oder auf die Kinderebene bezogen: putz ich Dir als Kind den Po, dann musst Du mir später dafür gute Schulleistungen bringen und damit »der lieben Mutti alles wiedergeben!«

Herta muss in ihren Briefen an die Front, die nicht erhalten sind, ihre Sorge um Ernst ausgedrückt haben, denn Ernst antwortet (27. von welchem Monat steht nicht dabei):

Nächste Woche bin ich wieder unterwegs, aber ganz einfach nur. Wenn Du Dich darum sorgst, darf ich Dir das gar nicht mehr schreiben. Über die Marschverpflegung kränke Dich nicht, ich fahre mir Hühner tot, dann kann ich leicht sparen. 1914, 1917 kostete eine Gans nur 5 Finger und ein Griff ja, ja soo war es – und ist's!

Das Wetter, die Ernte, Aprikosenbäume und harmlose Begebenheiten nehmen danach einen immer größeren Raum in Ernsts Briefen ein.

Ernst sollte im Mai 1943 von Russland nach Berlin zu den höheren Flugsicherungsschulen versetzt werden.

17.4.1943

Kommandeur der Höheren Luftnachrichtenschulen
Lieber Meyer – Haben Sie herzlichen Dank für Ihren Brief, der mich außerordentlich interessierte. Ich werde versuchen, die Angelegenheit des gegenbewegten Schießstandes zu prüfen. In einer Weise hat man ja hier noch weniger Zeit als da draußen.

Ich kann mir denken, dass Ihr Frontleben draußen für Sie einen Höhepunkt darstellt und den Wunsch aufkommen lässt, überhaupt draußen zu bleiben. Wenn ich Sie hier nicht so dringend nötig hätte, und mich ganz besonders darauf freute, mit Ihnen eng zusammenzuarbeiten, weil ich außerordentlich viel Gleichgesinntes bei Ihnen spüre, würde ich der Letzte sein, der Ihnen das Frontarbeiten abkürzte oder nicht gönnte, aber ich brauche Sie und glaube, dass wenn Sie mal hier im Hause sind, Sie auch Freude an der Steuerung des Unterrichts haben werden. Die Schießprobleme sollen Sie auch hier weiter verfolgen, aber mehr als Steckenpferd, das ist nicht Ihre eigentliche Aufgabe. Wenn wir es in verbleibender Freizeit machen und uns gegenseitig anregen, und dem anderen weiterhelfen, – so ist das schön und gut. Wir haben aber unendlich viel zu verbessern auf unserem eigenen Gebiet, dass Sie dabei wahrscheinlich bald genügend Arbeit und Freude finden werden. Also noch einmal; Ich freue mich, wenn Sie kommen. An und für sich wäre das der erste Mai. Schreiben Sie mir, wenn Sie hier sind.
Alles Gute Heil Hitler Ihr

»Das ist der Berliner General, der Ernst nach Berlin ziehen will«, schreibt Ernsts Mutter statt des Namens des Generals unter die Abschrift dieses Briefes.

Ernst bleibt dann auf eigenen Wunsch in Russland. Seine hochschwangere Frau scheint ihm das nicht übel zu nehmen. Sie schreibt am 6. Juni 1943 an Ernsts Eltern:

Ernst schreibt heute: »Nun hat sich das hin und her um meine Person entschieden, ich bleibe bis auf weiteres hier!« (Herta hat zuerst ein paar Tränen zerdrückt, sie hätte ihn zu gerne bald noch einmal gesehen und hatte sich so sehr auf sein Kommen gefreut – gehofft–) Aber Ihr habt ja einen tüchtigen Sohn, es war ja vorauszusehen, dass man ihn an der Front behielt. Der gute Kerl schrieb, er habe Gewissensbisse, mächtige, er hofft, nun Ende September oder Anfang Oktober kurz auf Urlaub zu kommen, um seine Wintersachen für Russland zu holen.

Die Wintersachen für Russland brauchte er zu diesem Zeitpunkt nicht mehr, die Ostfront war bereits zusammengebrochen. Ernst kommt im November 1943 nach Tutow zurück und wird 1944 zur Westfront, zum Flughafen Katterbach in Bayern abkommandiert. Tutow 4.10.1943 Herta an Marga:

Nun wolltest Du von den Kindern hören: Sonja wird im Dezember 9 Jahre und geht das dritte Jahr in die Schule, die hier auf dem Dorf ganz fabelhaft ist. Sie ist ein liebes, verständiges und so vernünftiges Dingel und hat sie viel Freude an ihrem kleinen Schwesterchen, die sie ganz zärtlich liebt. Sie liest schrecklich gern, spielt sehr nett mit ihren Püppchen, schneidert sehr gern für ihre Kinder, häkelt und stichelt, mit der Rechtschreibung steht sie auf Kriegsfuß, wie der anliegende Brief zeigt.
Hans wird im Februar 6 Jahre und kommt nächsten Herbst zur Schule. Gott sei Dank! Er ist ein wahnsinniger Lümmel! Er macht den ganzen Tag nichts wie Dummheiten, klettert auf Bäume, Dächer, Zäune, zerreißt seine Hosen und Strümpfe und Schuhe! Er ärgert seine Schwester, das tat wohl Ernst auch? Besonders groß ist er nicht, aber sehr stämmig, kräftig und breit.

Diese vitale Intensität des kleinen Sohnes scheint Herta zu viel zu sein; die Daumenschraube der Erziehung wird weiter zugedreht. Herta an die Schwiegereltern am 16.11.1943:

Ernst war sehr begeistert über die Kinder, Hans ist ja auch vorbildlich brav, es gab noch keine Tracht Prügel seit 10 Tagen, er pariert aufs Wort und ist ja sooo brav. Ute lacht ihren Vati schon süß an, sie ist ein ganz goldiger Brocken von 11 $\frac{1}{2}$ Pfund und 63 cm lang. Ich bringe sie noch ganz allein satt, darum gedeiht sie auch viel besser als die beiden Großen, lacht den ganzen Tag, schläft und futtert. Wir hatten noch nie ein so bequemes Kind.

Das ist der letzte erhaltene Brief, der während des Krieges geschrieben wurde, danach gibt es eine Lücke bis 1946.
Ernsts Standorte zwischen November 1943 und August 1944 kann ich nicht genau eruieren – ich vermute er war in Tutow – entsprechend seiner Aussage vor dem Amtsrichter in Ansbach, war er ab August 1944 auf dem Fliegerhorst Katterbach bei Ansbach stationiert. Herta bleibt mit uns Kindern allein, zunächst noch in Tutow, bis die Zivilbevölkerung von dort evakuiert wird. Tutow ist ab 1944 als Militärflughafen bevorzugtes Ziel feindlicher Bombenangriffe. Da es in der Nähe des Wohnhauses keinen Luftschutzkeller gibt, werden Erdlöcher am Waldrand direkt hinter dem Haus gegraben, in denen Herta mit ihren Kindern bei Fliegeralarm Sicherheit sucht; jeweils ein

Loch für die beiden größeren Kinder, die zu dem Zeitpunkt 5 und 9 Jahre alt sind, das dritte Loch für meine Mutter und mich. Einmal schlägt eine Bombe in den Nachbargarten ein, Erde spritzt bis in die Löcher. Sonja schreit voller Panik in ihrem Loch, die Mutter klaubt im anderen Loch ihrem Säugling die Erde aus dem Mund. Das ist eine der wenigen Geschichten, die Herta mir nach dem Krieg über diese Zeit erzählt hat.

Als die Zivilbevölkerung dann evakuiert wird, kommt Herta mit den drei Kindern in ein ca. 30 km weit entferntes Gutshaus in Wolkwitz bei Sommersdorf am Kummerower See. Dort besucht Ernst die Familie. Bei diesem letzten Zusammentreffen vor Kriegsende hört Sonja die Eltern nachts streiten: die Mutter bittet den Vater inständig, sie und die Kinder in den Westen mitzunehmen, weil sie sich vor dem Einmarsch der Russen fürchte. Ernst soll geantwortet haben: »Eine Offiziersgattin gibt nicht auf, sondern hält durch!«. Herta bleibt tatsächlich mit uns Kindern im Osten, Ernst kehrt nach Katterbach in Bayern zurück und wird versuchen, dieses »Durchhalten um jeden Preis« in Ansbach umsetzen.

Die letzten Kriegstage in Ansbach

Anfang 1945 wird der Volkssturm ins Leben gerufen. Am 22. und 23. Februar 1945 fliegen die Alliierten im Rahmen ihrer großen Luftoffensive gegen das deutsche Verkehrsnetz auch zwei schwere Bombenangriffe auf Ansbach und richten in der Stadt verheerende Schäden an. Viele Menschen sterben, der Bahnhof ist fast vollständig zerstört, und viele Gebäude sind kaputt oder so weit beschädigt, dass über ein Viertel der Bewohner Ansbachs obdachlos geworden ist. Seitdem vergeht kein Tag ohne Fliegeralarm. Die Alliierten sind bereits weit nach Deutschland vorgedrungen und stehen kurz vor Ansbach. Wer halbwegs klar sehen konnte, musste sich eingestehen, dass Deutschland den Krieg nicht mehr gewinnen konnte, ja dass Deutschland früher oder später kapitulieren würde. In dieser aussichtslosen Kriegssituation wird Ernst am 27. März 1945 zum Kampfkommandanten von Ansbach ernannt und mit der Aufgabe betraut, den Ort und die nähere Umgebung gegen die heranrückenden Amerikaner zu verteidigen. Diese Aufgabe versucht er mit der ihm eigenen Gründlichkeit zu erfüllen. Kurz nach seiner Vereidigung zum Kampfkommandanten wird der bekannte Führerbefehl erlassen, dass jedes Dorf, jede Stadt als Festung bis zum Letzten zu verteidigen sei. Falls die Verteidigung nicht mehr möglich wäre, solle der Ort zerstört werden. Jetzt richtet sich der Befehl der »verbrannten Erde«, mit dem in Russland der Lebensraum der Zivilbevölkerung zerstört werden sollte, gegen das eigene Volk. Mit seinem Führerbefehl vom 19. März erklärt Hitler allen Deutschen den Krieg:

> Alle militärischen Verkehrs-, Nachrichten-, Industrie- und Versorgungsanlagen sowie Sachwerte innerhalb des Reichsgebiets, die sich der Feind für die Fortsetzung seines Kampfes irgendwie sofort oder in absehbarer Zeit nutzbar machen kann, sind zu zerstören (zit. n. Haffner 1998, S. 181).

Speer beschreibt in seinen Memoiren ein Treffen mit Hitler, bei dem er ihn um eine Erklärung dieses Erlasses bat und Hitler in »eisigem Ton« antwortete: »Wenn der Krieg verlorengeht, wird auch das Volk verloren sein. Es ist nicht notwendig, auf die Grundlage, die das deutsche Volk zu seinem primitivsten Weiterleben braucht, Rücksicht zu nehmen« (zit. n. Haffner 1998, S. 181). Ernst versucht Hitlers Befehl buchstabengetreu umzusetzen, und wenn die Bevölkerung nicht mitzieht, dann geht er gegen sie vor.

Für die Verteidigung von Ansbach gibt er die folgenden Richtlinien heraus:

Ansbach, den 14.4.1945

Kampfkommandant
Ansbach
An alle Abschnittsführer

I.

1.) Die Verteidigung des Kreisgebietes Ansbach erfolgt bereits, wenn der Feind die Kreisgrenze zu überschreiten versucht. Dazu ist dann jeder verpflichtet, der eine Waffe tragen kann.
(...)
3.) der Kampf wird bei Durchbruch von motorisierten Einheiten in Richtung Ansbach von den Außenstellen gegen den Nachschub und evtl. Ortsbesetzungen am Tag und besonders nachts weitergeführt. Häuser, die die weiße Fahne zeigen, werden angezündet, die Schuldigen erschossen. Der Werwolf bekämpft den Feind und richtet den Verräter.
4.) Feindfreie Orte sind sofort wieder zu besetzen und durch Sperren erneut zu sichern.
5.) Im Meldewesen wird möglichst der Fernsprecher benützt; er wird durch Radfahrstaffeln überlagert (HJ). Die Abschnittsführer üben diese Staffeln ein.
6.) Die Abschnittsführer bestimmen Sammelplätze für Versprengte, damit sie sofort wieder zum Einsatz verfügbar sind. Auch alle nächstgelegenen rückwärtigen Stützpunkte sind Versprengtensammelstellen.
7.) Ein wesentlicher Faktor für den Erfolg ist das Zusammenspielen der eigenen Kräfte. Darum darf die Verbindung mit den Nachbarn und dem Kampfkommandanten nicht abreißen.
8.) Sanitätswesen:
a) Volkssturm muss die Zivilärzte verpflichten
b) Standortarzt stellt für die militärischen Verbände die notwendigen Ärzte. Sie arbeiten zusammen.
Sonder. Befl. folgt
Die Hauptverbandplätze sind beschleunigt einzurichten. Dabei muss die gegnerische Luftüberlegenheit für die Auswahl der Plätze in Rechenschaft gezogen werden.
9.) An jeder Sperre ist sogleich schärfste Kontrolle aller Passanten einzurichten. Wer neugierig nach Bewaffnung fragt, oder sich sonst auffällig interessiert, wird festgenommen.
10.) Verpflegung: Um auch bei Zerstörung der Verpflegungslager durch Bombenteppiche gesichert zu sein, wird befohlen, dass jede empfangende Einheit sofort einen Verpflegungsvorrat von 8 Tagen hinlegt und laufend ergänzt.

11.) Munition:
   a) Kein sinnloses Knallen! Wohl gezielte Schüsse sind entscheidend. Besonders mit Panzerfäusten keine vagen Chancen, sicheres Abkommen. Also mit Vernunft schießen!
   b) Die vorhandenen Vorräte sind gut und sicher zu lagern. Teile der Munition sind lange und unfachmännisch gelagert gewesen. Also rechtzeitig nachsehen und Schäden abstellen. (Besonders verrostete Zünder bei Eierhandgranaten)
12.) Ab sofort täglich Meldungen um 8 und 19 Uhr nach folgendem Schema: (...) Tritt während des Tages oder der Nacht Feindberührung ein, ist in jedem Falle sofort dem Kampfkommandanten Meldung zu machen.

II.

1.) Sämtliche Sperren sind geschlossen, außer denen, die an den im Befehl vom 11.4. genannten Hauptstraßen liegen.
2.) Alle Sperren sind und bleiben geschlossen. Die Bevölkerung und bes. der Volkssturm ist Träger des Widerstandes.
3.) Alle geschlossenen Sperren sind Tag und Nacht zu bewachen. Keine Sperre darf sich überrumpeln lassen. Dabei ist der Sperrenführer voll verantwortlich (Also nicht nur Nachsicherung).
4.) Bei allen geschlossenen Sperren sind die Verteidigungsmannschaften in dauernd erhöhter Alarmbereitschaft. Mit Panzerspähungen ist jederzeit zu rechnen.
5.) Auch die geschlossenen Sperren sind laufend in ihrem Verteidigungszustand zu verbessern (Scheinstellungen, Hindernisse, Astverhaue) Tarnung auch besonders gegen Flieger ist dauernd zu überwachen. Farbe immer wieder der Umgebung angleichen).
6.) Wo sich bei Sperren Umgehungswege bilden, werden wieder Sperren erforderlich.
7.) Sperren haben nur Sinn, wenn sie eine Beanspruchung von 50 to. aushalten. Was nicht genügt, sofort verstärken. Auch etliche Hindernisse anlegen, die Sackgassen schaffen, die evtl. wieder durch Behelfssperren geschlossen werden können.
8.) Offene Sperren sind Tag und Nacht durch Panzervernichtungstruppe und verstärkte Waffen zu sichern. Letztere müssen so stark sein, dass die Sperre jederzeit geschlossen werden kann. Späher weit voraus vermeiden Überraschungen. Der Sperrführer kann seine Verpflichtung gar nicht ernst genug nehmen. Er trägt die volle Verantwortung für seine Sperre und den kämpferischen Einsatz der Mannschaft.
9.) Die Taktik des Feindes: Erkämpft Sperren zunächst mit Lautsprecher. Jüdi-

sches Geschwätz und leere Drohungen, die nur auf Feiglinge wirken. Die Erfahrung lehrt, dass der Angriff nach der angesagten halben Stunde nur sehr vorsichtig vorgetragen und bei beherzter und energischer Verteidigung bald als unrentabel abgebrochen wird.
s/ Meyer Kampfkommandant

Als ich diesen Text abschrieb, erlebte ich ein eindrückliches Wechselbad von Gefühlen: Entsetzen, über diese Engstirnigkeit und Gewaltbereitschaft von Ernst, der sich als Werwolf darstellt, »den Feind bekämpfen und den Verräter richten« will, dann musste ich über diesen wichtigtuerischen Strategieplan lachen – diese Reaktion befremdete und beschämte mich zugleich – das Bild von Asterix und Obelix mit ihrer unbesiegbaren Festung in Germanien, die jedem Angriff der Römer trotzt, tauchte auf.

Kriegsbilder aus dem Kosovo führten mir die Wirklichkeit kriegerischer Auseinandersetzungen wieder deutlicher vor Augen. Ich sah im Fernsehen einen General, der in sicherer Sprache und sichtlicher Zufriedenheit das strategische Vorgehen der Luftangriffe der Nato erläuterte. Man treffe jetzt »das zentrale Nervensystem von Serbien«, Straßen, Brücken, Zufahrtswege. Ob der Bus von den Zivilisten, bei dem alle Insassen ums Leben kamen, wirklich von Bomben der Nato getroffen wurde, dafür gäbe es noch keine Bestätigung. Das Grinsen, das während der ganzen Rede um seinen Mund spielte, wurde triumphierend bei der Bemerkung, dass zur Zeit gutes Flugwetter sei und *deshalb* »viel geschafft werden könne« (Eine ähnliche Formulierung wie Ernst am 23.3.1943 »Immerhin kam die Sonne und in den kritischsten Tagen hatten wir sogar Stuka-Wetter. Das schafft dann immer«).

Dann kam in dieser Fernsehsendung ein Filmschnitt: Bilder von erschöpften, verzweifelten Flüchtlingen in zum Teil im Schlamm versinkenden Flüchtlingslagern; Ein junger Soldat erzählte, dass er zwei Wochen beim Aufbau des Flüchtlingslagers mitgearbeitet hatte. In dieser Zeit hatte sich ihm ein kleiner achtjähriger Junge, der auf der Flucht beide Eltern verloren hatte, angeschlossen und war nicht von seiner Seite gewichen. In dem Interview stand er neben dem Soldaten, suchte dessen Hand und schaute mit verklärtem Blick zu ihm auf. Sichtlich berührt sagte der Soldat, dass er das Lager für einen neuen Auftrag in wenigen Stunden verlassen müsse. Der Junge würde zurückbleiben müssen. So geht sein Trauma weiter und für ihn wird der Krieg auch nach Friedensschluss lange nicht zu Ende sein.

Zurück zu Ernst nach Ansbach. In der Gerichtsverhandlung erläutert er, was er unter den Aufgaben eines Kampfkommandanten verstanden hat:

Meine Bestellung zum Kampfkommandanten von Ansbach erfolgte durch Generalmajor X (...) vom AOK I [Ernst gibt im Prozess weder den Namen dieses Generalmajors noch seines Adjutanten an], der mich in Ansbach aufsuchte und feierlich vereidigte. Er bereiste die Front als Inspekteur der Kampfkommandanten und nahm mir in den ersten Tagen des April 45 den »heiligen Eid« ab, Ansbach bis zur letzten Patrone zu verteidigen. Kurz nach dem Tag meiner Vereidigung als Kampfkommandant erging der bekannte Führerbefehl, dass jedes Dorf, jede Stadt als Festung bis zum Letzten zu verteidigen sei. Meine Aufgabe war es, die Verteidigung im Kreisgebiet Ansbach einzurichten, Stellungen zu bauen, Sperren anzulegen, Sprengungen vorzubereiten und durchzuführen. Ich hatte Versprengte zu sammeln, neue Einheiten aufzustellen und zu bewaffnen. Mit den mir so unterstehenden Truppen – eine Brigade zuletzt 2.600 Mann, verteidigte ich am 17.–18. April 45 die Städte Neukirchen-Katterbach, Hennbach, Wasserzell Schalkhausen (...)
Der Generalmajor oder Gen. Leutnant, der mich vereidigte und mich in meine Aufgaben einwies, erklärte unter anderem wörtlich: »Sie haben Disziplinarbefugnisse eines Brigadeführers. Sie haben sofort ein Standgericht zu bilden und das Verfahren durchzuführen« (Prozessakten).

Was diese »Disziplinarbefugnis« für ihn bedeutet, erläutert er in derselben Vernehmung mit den folgenden Worten: »Für den Kampftag war ich, das wurde mir mehrmals ausdrücklich von höherer Stelle bestätigt, in meinem Bereich Herr über Leben und Tod« (im Original unterstrichen).

Wie Ernst diese »Befugnis« dann in die Tat umsetzte, berichten Zeugen während des Prozesses (entnommen aus den Prozessakten, Beweisaufnahme):

Dr. Schneider: Am Dienstag, den 17. April 1945, gegen 22 Uhr kam an dem Raab'schen Luftschutzkeller Nordseite in der Lagardestr. ein uniformierter Herr an, der eine Panzerfaust über der Schulter trug. Er rief die vielleicht 10 bis 15 Mann, die vor dem Luftschutzkeller standen, an, sie sollten mit ihm kommen, um am Bahnübergang an der äußeren Lagardestr. eine Panzersperre zu bauen. Da ich eine weiße Armbinde, eine Luftschutzarmbinde trug, fuhr er auf mich los und sagte: »der Mann mit der weißen Binde, was sind Sie?« Ich antwortete: »beim Luftschutz«. Darauf schrie er mich an: »Sie haben sofort mit mir zu kommen!« Im selben Augenblick erschien ein SS-Mann. Der Offizier fuhr auf ihn los und sagte ihm: »Sie haben sofort mit mir zu kommen und eine Panzersperre zu bauen.« Der SS-Mann erklärte daraufhin, er könne und dürfe das nicht, weil er einen wichtigen Befehl zu überbringen habe. Darauf schrie der Offizier, indem er den SS-Mann an der Brust packte und schüttelte: » Du bist SS-Mann, das hast Du dem Führer versprochen, ich bin der Kampfkommandant Oberst Meyer und ich habe zu bestimmen.!« Darauf erwiderte der SS-Mann nichts mehr. – Im gleichen Augenblick erschien ein uniformierter Feuerwehrmann. Auch diesen fuhr der Oberst Meyer an, er müsse sofort mit ihm zum Bauen einer Panzersperre kommen. Der Feuerwehrmann erwiderte: »Herr Oberst, das kann ich nicht, ich habe den Befehl, mich an einer bestimmten Stelle zu melden. Darauf schrie der Oberst Meyer in höchster Erregung: »Es ist mir gleich, ich bin der Kampfkommandant, Sie haben sofort mit mir zu kommen!« Darauf schwieg der Feuerwehrmann. Nun ging der Oberst Meyer in den Luftschutzkeller und soll, wie ich später vernommen habe, im Luftschutzkeller untergebrachte Leute in gröbster Weise angeschnauzt und beschimpft haben. Als er wieder herauskam, befahl er sämtlichen umherstehenden Leuten, mit ihm zum Bauen der Panzersperren zu kommen. Auf dem Weg dorthin rief er aus: »Es handelt sich nicht um uns, es handelt sich um unsere Kinder!« Nachdem er am Ort der geplanten Panzersperre einem ihm unterstellten Offizier weitere Befehle gegeben hatte, wandte er sich der Stadt zu.«

Friedrich Posseckel und Georg Schlee:

In den Vormittagsstunden des 18. April 1945 fand ich mich im Rathauseingang ein, um mich über die Lage in Ansbach zu orientieren. Ich fragte die dort anwesenden Personen, ob die Stadt Ansbach weiter verteidigt werden soll. Bei dieser Information kam der Oberst Meyer in Begleitung militärischer Ordonanz die Treppe herunter, trat auf mich zu, senkte die Mündung seiner Maschinenpistole, die er am Riemen über der rechten Schulter trug, herunter und fragte mich laut im militärischen Tone: »Wer hat hier gesagt, dass die Stadt nicht verteidigt wird?« Dabei fixierte er mich scharf, sodass ich zu einer Antwort gezwungen war. Ich erwiderte ihm: »Hier hat niemand davon gesprochen.« Darauf sagte Oberst Meyer so laut und vernehmlich, dass es all die anwesenden Polizeibeamten und weiteren Personen hören mussten: »Die Stadt Ansbach wird mit allen Kräften verteidigt, wir haben unserem Führer den Eid geschworen, den werden wir unverbrüchlich halten!« Darauf hob er seine rechte Hand zum Hitlergruß und rief dabei: »Heil Hitler!« und ging dann weiter. Als niemand von den anwesenden Leuten auf den Hitlergruß reagierte, drehte sich Oberst Meyer nochmals nach uns um und rief uns zu: »Ihr lernt in diesem Krieg noch Heil Hitler sagen!« Dann ging er weg, stadteinwärts.

Dr. Karl Eichinger:

Ich sah wie Meyer mit seinem Gewehr stehend auf einen aus der Utzstraße heraus, also nur etwa 10 m von ihm entfernt, ihm den Rücken zukehrenden radelnden jungen Buben anlegte und zielte, indem er jeder Bewegung mit dem Gewehr folgte! Ich glaubte, jeden Moment müsste der Schuss brechen. Ein auf dem Gehsteg gehender unbeteiligter Soldat hielt jedoch den Buben auf, der Oberst mit seinem Soldaten sprang hinzu, sie nahmen das Rad und ließen den Buben laufen.

Ernst nimmt dazu wie folgt Stellung:

Von dem Buben habe ich das Rad gefordert. Er hat sich als Hitlerjunge ungebührlich benommen und ist auf meinen Anruf durch. Auf alle Fälle betrug die Entfernung nicht 10, sondern 60 bis 70 m. Wenn ich das Gewehr in Anschlag genommen habe, so wollte ich den Buben nur erschrecken.

Dr. Wilhelm Dotterweich:

Als Gefängnisvorstand habe ich Ende März noch Gefangene abtransportieren lassen und zwar solche, die mir als gefährlich geschildert wurden. Politische Gefangene waren noch hier, Leute, die vollkommen unbestraft waren. Ich habe Anweisung gegeben, dass alle zur Entlassung kommen, falls der Kampf um Ansbach beginnen sollte. Oberst Meyer hat hiervon erfahren und mich zu sich befohlen. (...) Ich bin angefahren worden mit den Worten, wie ich denn dazu käme, diese Gefangenen zu entlassen. Ich klärte ihn dann auf. Es hat sich auch sein Adjutant eingemischt. Es wurde verlangt, dass ich auch diese Gefangenen wegtransportieren lassen müsse. Als ich erwiderte, dass verschiedene nicht transportfähige Leute darunter seien, sagte der Offizier: »Dann fahren Sie sie in die Scheiße.« Meyer hat nicht eingegriffen. (...) Meyer drohte mir: »Ich mache sie darauf aufmerksam, dass ich Standgerichts-Vorsitzender bin« (Gerichtsverhandlung).

Wurmthaler Kunigunde:

Am 18. April 1945 fand unter den Frauen in Eyb eine Demonstration für die Aufhebung der in Eyb errichteten Panzersperre statt. Die Frauen forderten vom Bürgermeister die Aufhebung der Sperre, weil diese keinen Wert mehr habe, da der Feind bereits im Anmarsch auf die Stadt Ansbach ist. Der Bürgermeister verwies die Frauen an den Kampfkommandanten von Ansbach. Die Frauen haben diesen Rat nicht befolgt. Sie haben die Panzersperre abgesägt und die Pfosten entfernt. Um $^{1}/_{2}$ 11 Uhr herum kamen 3 bewaffnete Soldaten mit Stahlhelm und Gewehr. Es soll der Kampfkommandant von Ansbach gewesen sein. Einer von diesen 3 Soldaten ist dann ins Zimmer gekommen und hat gefragt, wer die Panzersperre entfernt hat, hier ist der Werwolf, das Anwesen geht in Flammen auf, der Bürgermeister ist verantwortlich für die Gemeinde. Dann verlangte er von meinem Mann das Parteibuch und äußerte sich: »Ich weiß, sie haben es verbrannt, das werden sie schwer büßen müssen nach dem Sieg, und der kommt.« Um 12 Uhr 30 kamen SS-Männer und nahmen meinen Mann mit zum Standgericht nach Nehdorf. Kurz darauf ist er aber wieder vollkommen gebrochen und arbeitsunfähig zurückgekommen.

Am Standgericht in Nehdorf gegen den Bürgermeister von Eyb nimmt Ernst zwar nicht teil, er hat aber die Überführung des Bürgermeisters zum SS-Standgericht veranlasst. Laut eigener Aussage war Ernst an drei Standgerichtsverhandlungen beteiligt:

Nur drei Fälle, in denen die Schuld einwandfrei feststand und auf Todesstrafe zu erkennen war, habe ich nicht an das Feldkriegsgericht in Nürnberg abgegeben, sondern selbst behandelt. Es waren dies die Fälle:
1. Ein Soldat wegen Fahnenflucht – Er war bereits zweimal desertiert. Der Kriegsgerichtsrat hatte den Vorsitz. Er fällte das Urteil. Ich habe es bestätigt, und der Soldat wurde erschossen.
2. Ein Pole, der zu Gewalttätigkeiten aufforderte. Das Urteil wurde ebenfalls unter dem Vorsitz vom Kriegsgerichtsrat gefällt und von mir bestätigt. Beisitzer waren der Kreisleiter und ein Offizier der Wehrmacht. Der Pole wurde erschossen. Vollstreckung durch die Polizei Ansbach

Polizei-Wachtmeister Hauenstein weigert sich zuerst, den Polen auf Ernsts Befehl zu erschießen, da das Standgerichtsurteil eine militärische Angelegenheit sei und deshalb auch vom Militär vollzogen werden müsse. Als Ernst ihm daraufhin durch einen Offizier ausrichten lässt, dass er Hauenstein selbst vor ein Standgericht stellen werde, wenn er sich dem Befehl widersetze, gibt dieser den Widerstand auf und der Pole, ein Zwangsarbeiter bei einem Fuhrunternehmen, wird von der Polizei erschossen. Die Gewalttätigkeiten, zu denen der Pole angeblich aufgerufen hatte, bestanden nur in der Bemerkung, dass »sich das Blättchen schon noch wenden würde«. (StAN, Nationalarchiv der Vereinigten Staaten Mikrofilmpublikation T-2021 Rolle18, zit. n. Fitz 1994) Das Urteil wird am 16.4.1945 vollstreckt.

Ein zweites Mal droht Ernst dem Wachtmeister Hauenstein mit einem Standgericht, da dieser Ernsts Befehl, innerhalb von drei Tagen Panzersperren zu errichten, nicht erfüllen konnte. Es fehlt – wen wundert es – nicht nur an Material, sondern auch an Arbeitskräften. Ernst brüllt ihn an: »Ich will von Ihnen keine Meldung über Schwierigkeiten haben, sondern über die fertige Arbeit. Vergessen Sie nicht, dass Sie Ihren Kopf verwirkt haben, wenn die Panzersperren nicht fertig sind« (Prozessakten).

Wegen des dritten Standgerichts-Urteils gegen Robert Limpert wird Ernst dann nach dem Krieg von den Amerikanern gesucht und dem Amtsgericht in Ansbach übergeben.

Robert Limpert hat bereits als Schüler in Ansbach eine antinazistische Haltung vertreten. Im November 1943 ist es während der üblichen Nachtwachen, die die Schüler wegen Fliegeralarm turnusmäßig im Gymnasium abhalten müssen, zu Schmierereien an Wandtafeln wie »Ende mit dem Krieg«, »Wer ist heute noch Nazi?« und zu Beschädigungen des Verdunkelungsmaterials gekommen. Limpert wird verdächtigt und in einer Lehrerkonferenz sollen entsprechende Disziplinarmaßnahmen beschlossen werden. Gemeinsam mit Freunden versucht Limpert mit einem Mikrofon die Konferenz abzuhören. Das Mikrofon wird entdeckt und Limpert der Schule verwiesen (Recherchen von Diana Fitz). Sein Abitur kann er in Erfurt machen, bekommt aber anschließend keinen Studienplatz in Deutschland. Zwar erhält dieser hochbegabte junge Mann eine Zusage für einen Studienplatz an der Universität in Fribourg, jedoch keine Ausreisegenehmigung in die Schweiz. So geht er vorläufig als Gasthörer an die Universität in Würzburg. Dort wird er Anfang März 1945 eingezogen, bereits nach einer Woche jedoch als untauglich entlassen, weil er – seit langem herzkrank – bei einem Fliegerangriff einen Herzanfall bekommen hat. Nach schweren Bombenangriffen auf Würzburg kehrt Robert Limpert nach Ansbach zurück. Durch die schrecklichen Erlebnisse in Würzburg ist er, laut Aussage seines Vaters, zu einem noch erbitterteren Nazigegner geworden (Beweisaufnahme für den Prozess). Mit früheren Klassenkameraden zusammen verfasst er Flugblätter, die er nachts an Häuser, öffentliche Gebäude und auf Parteikästen klebt:

Ansbacher!
Die Heere der Alliierten haben in unvergleichlichem Siegeszug den Atlantikwall durchbrochen, ganz Frankreich erobert, den Westwall erstürmt und stehen nun tief in Deutschland.
    Der Krieg, der allein von Hitler angezettelt wurde, ist verloren!
    Jeder weitere Kampf ist sinnlos!
    Er kostet unnötiges Blutvergießen, das Blut Eurer Männer und Söhne!
    Durch jeden Tag weiterer Kriegsverlängerung werden neue Städte zerstört, neue Landstriche verwüstet und damit der Wiederaufbau unmöglich gemacht.
    Darum: Macht Schluss mit dem Krieg in Ansbach!
    Gehorcht den Bonzen nicht mehr!
    Reißt die Panzersperren nieder und hisst die weiße Fahne, wenn die alliierten Panzer kommen!
    Das Sekretariat der 6 antinazistischen Parteien Ansbachs
    6./7. April

Ein weiteres Flugblatt hängt er in der Nacht vom 14. auf den 15. April öffentlich aus:

Ansbacher!
Niemand befolgt den neuen Zwangsbefehl der Nazis! Bleibt in euren Häusern! Prügelt die Bonzen aus der Stadt! Lasst sie die Panzergräben schaufeln! Wir alle wollen unsere, bisher noch verschonte Stadt vor der Zerstörung retten. Keiner will seine Wohnung, sein Hab und Gut, seine Familie dem Phosphorregen alliierter Bomber aussetzen. Deshalb gibt kein Ansbacher einen Schuss ab. Wenn die alliierten Panzer kommen:
die weißen Fahnen raus!
Ansbach wird nicht verteidigt!
Tod den Nazihenkern!

Damit hat dieser junge Mann eine realistische Einschätzung der aktuellen Situation in den letzten Kriegstagen, er äußert sich öffentlich darüber und kämpft mutig für die Beendigung des Krieges. Es ist eine tiefe Tragik, dass er auf einen so hasserfüllten Menschen wie meinen Vater trifft, dessen verengter Blick zu diesem Zeitpunkt nur auf die eigene Macht und seine Machterhaltung gerichtet ist, ohne Rücksicht auf Verluste.

Vermutlich war Ernst von dem Aufruf des Gauleiters Karl Holz vom 16.4.1945 beeindruckt:

> Wir werden kämpfen wie die Löwen mit fanatischer Wut um jeden Fußbreit Boden. Sollte der Feind in Franken eindringen, so werden wir ihn packen, werfen und vernichten. Kreisleiter, sonstige politische Leiter und Gebietsführer kämpfen in ihrem Kreis. Siegen oder fallen. Jetzt gibt es nur noch eine Parole: Kampf bis aufs Messer! (zit. n. Fitz 1998, S. 198).

Und Ernst weiß, dass er mit einer großen Machtfülle ausgestattet ist, denn das Oberkommando der Wehrmacht hat am 12.4.1945 Folgendes bekannt gegeben:

> Städte, die an wichtigen Verkehrsknotenpunkten liegen, müssen bis zum Äußersten verteidigt und gehalten werden. Für die Befolgung des Befehls sind die in der Stadt ernannten Kampfkommandanten verantwortlich. Bei Zuwiderhandlung gegen die Anweisungen erfolgt Todesstrafe (zit. n. Fitz 1998, S. 198).

Ernst fühlt sich als uneingeschränkter Befehlshaber:

Die Polizei war mir als Truppe nicht unterstellt (...) Ohne Zweifel hatte am Kampftag jeder, auch die Polizei mir zu gehorchen. (...) Dem Kreisleiter war ich als militärischer Berater beigegeben. Er hatte mir nichts zu befehlen. Auch er unterstand mir in meiner Eigenschaft als Kampfkommandant an dem Kampftage. Der Kreisleiter musste sich denn auch als Volkssturmmann in die Abwehrfront einreihen.

Am Morgen des 18.4.1945 dringen die Amerikaner aus mehreren Richtungen bis zum Stadtrand von Ansbach vor. Zur gleichen Zeit kann Robert Limpert Bürgermeister Böhm überreden, die Stadt den Alliierten zu übergeben. Ihm selbst wird die Aufgabe übertragen, eine Delegation zusammenzustellen. Limpert sucht dazu Lehrer seines früheren Gymnasiums auf, deren antinazistische Haltung ihm bekannt ist. Auf dem Weg dorthin erzählt er Passanten auf der Straße von der Entscheidung des Bürgermeisters. Ernst kommt an dieser Menschenansammlung vorbei, bleibt stehen und sagt:

Geben Sie in der Bevölkerung bekannt, dass das Gerücht falsch ist, das Bürgermeister Böhm verbreitet hat, der Ortsgruppenleiter Böhm habe behauptet, die Stadt sei übergeben. Ich werde ihn dem Führer melden, und er wird die Folgen zu tragen haben. Die Stadt wird bis zum Äußersten verteidigt. Das mag hart für die Bevölkerung sein, aber es ist Befehl des Führers, und der Befehl wird vollzogen. Glauben Sie, so einfach geht die Sache nicht. Wir haben auch noch etwas zu reden, wir sind auch noch da. Ein General ist da. Der Volkssturm braucht nicht anzutreten. Heil Hitler!
(Dr. Eichinger, Prozessakten).

Über Bürgermeister Böhm sagt Ernst in der Verhandlung (Beweisaufnahme, Prozessakten):

Es gab noch einen Fall, der in die Breite wirkte: Das Verhalten des Bürgermeister Böhm am 18.4. In dem Luftschutzkeller im Schloss wurde ich von einem Herrn gefragt, ob es wahr sei, dass die Stadt kapituliert habe. Er wisse dies vom Bürgermeister Böhm, der auch zur Verbreitung ermächtigt habe. Ich suchte Böhm sofort auf und fand einen verächtlichen Feigling, der sich mit schalen Ausreden hinter dem Kreisleiter versteckte. Dieser habe gesagt, dass Ansbach nicht verteidigt würde. Er schob auch die Kapitulation auf ihn. Hätte ich den Kreisleiter zur Gegenüberstellung erreichen können – [dieser hatte am Tag zuvor bereits das Weite gesucht] – das Standgericht wäre sicher gewesen. Es war leicht zu merken, dass dieser Muster-Pg. log. Ich sah, dass hier ein feiger Nutznießer mit seiner Hyänenseele die Ehre des Kreisleiters in den Schmutz zog, vor dem er noch vor 24 Stunden gebuckelt hatte, um sich selber zu retten. Ich gebrauche bewusst diese starken Ausdrücke, um meine damalige innere Empörung und meinen Ekel zu charakterisieren.

Robert Limpert geht nach dem Zusammentreffen mit Ernst nach Hause, fest entschlossen, diesen Irrsinn aufzuhalten. Sein Vater Isidor Limpert bei der Gerichtsverhandlung:

In den Vormittagsstunden des 18.4.45 äußerte mein Sohn Robert zu meiner Frau und mir, dass er jetzt fortgehe und den Oberst Meyer erschießen werde, denn es ist besser, wenn einer stirbt, als wenn die ganze Stadt vernichtet werden würde. Wir rieten ihm ab von seinem Vorhaben (Prozessakten, S. 288).

Der junge Limpert verlässt das Haus, steckt eine Pistole und eine Zange ein, mit der er die Telefonleitung zur Kommandozentrale durchschneidet. Die Kommandozentrale ist bereits am Morgen von den Amerikanern eingenommen worden, Ernst hat jedoch sein Quartier bereits vorher in die Stadtmitte verlegt. Diese an sich sinnlose Tat Limperts wird von zwei Hitlerjungen beobachtet. Die beiden melden das Gesehene auf Anraten eines Onkels des einen Jungen, der nach dem Krieg nichts mehr von seinem Ratschlag wissen will. Danach geht eine Polizeiaktion los, bei der es in jeder Phase die Möglichkeit gegeben hätte, zu verzögern und vor allem Ernst aus dieser Sache herauszuhalten. Das hätte Limpert das Leben gerettet. Keiner ist fähig, die Angelegenheit zu »vertrödeln« und auf den bevorstehenden Einmarsch der Amerikaner zu warten, die bereits vor den Toren der Stadt stehen.

Limpert geht, nachdem er die Telefonleitung durchgeschnitten hat, wieder nach Hause; warum nur, er muss doch um die Gefährlichkeit von Ernst gewusst haben! Nachdem die Meldung bei der Polizei eingegangen ist, werden zwei Wachtmänner zu einer Hausdurchsuchung in die Wohnung von Limpert geschickt. Sie finden Limpert und einige Beweisstücke – Plakate, eine Gesichtsmaske, einen Revolver und die Zange, nehmen Limpert fest und bringen ihn mit den Beweisstücken aufs Rathaus. Limpert wird dort in die Arrestzelle gesperrt. Polizeihauptmann Hauenstein will die Verantwortung für das weitere Vorgehen abgeben und schickt den Polizeibeamten Zippolt zu Oberregierungsrat Bernreuter, der in der Gerichtsverhandlung aussagt:

Er frug mich, was nun anzufangen sei, ob man ihn nicht laufen lassen soll im Hinblick auf den bevorstehenden Einmarsch der Amerikaner. Ich habe mich mit dem Stab des Kampfkommandanten fernmündlich in Verbindung gesetzt und die Nachricht erhalten, dass der Täter zum Tode zu verurteilen und festzuhalten sei. [Bernreuter war Jurist und hätte über dieses Urteil ohne Verhandlung stutzen

müssen!] Ich war kein Vorgesetzter der Polizei und habe keine Anweisung gegeben und Zippolt nur einen Rat erteilt (...) Ich wollte der Polizei nur behilflich sein, weil diese in diesem Fall der Sache nur hilflos gegenüberstanden (Gerichtsakten, S. 290).

Ernst kommt um 13 Uhr ins Rathaus und geht zu Limpert in die Zelle. Mit Ernsts Worten:

Limpert stand da in der Zelle, dick, wohlgenährt, schwammig. Ich wunderte mich, einen jungen Mann – Alter 18 Jahre – anzutreffen, der nicht Soldat war. Ich fragte nach seinem Namen, Alter, fragte auch, warum er nicht Soldat sei. Limpert behauptete krank und wehruntauglich zu sein. Er zeigte seine Bescheinigung, die auf Dienstuntauglichkeit lautete. Ich fragte nach dem Telefonkabel und erhielt eine dumme Antwort, die ich nur noch so weit in Erinnerung habe, dass sie dahin lautete, er habe sich für das Kabel »interessiert«. Ich hatte als Kampfkommandant an diesem Tage, wo in meinem Abschnitt gekämpft wurde, anderes zu tun, als mir dumme Redensarten anzuhören. Ich musste weiter, meine Front abgehen und nur weil es meine Pflicht war, hier einzugreifen, war ich zum Rathaus gegangen. Es eilte also. Ich war noch nicht entschlossen, was ich tun sollte, als jemand, – wer es war, weiß ich nicht – sagte: »Es liegt noch anderes Material vor«.

Robert Limpert entspricht nicht den nationalsozialistischen Anforderungen an einen jungen Mann, »flink wie Windhunde, zäh wie Leder, hart wie Kruppstahl« zu sein, und Ernst findet für ihn nur verächtliche Worte: »dick, wohlgenährt, schwammig«. Nach nationalsozialistischer Manier wird der Gegner – und das ist jeder, der nicht strahlender Mitläufer ist – zuerst entwertet und dann »vernichtet«. Ernst wird anschließend zu den Beamten sagen, dass er die ganze Familie Limpert »ausrotten« müsse.

Zurück in der Wachstube legt Hauenstein Ernst das »andere Material«, das bei der Hausdurchsuchung gefunden worden ist, die Flugblätter, die gebrauchte Matrize und die Gesichtsmaske vor.

Hier war, – daran konnte für mich kein Zweifel mehr bestehen – der Täter gefunden. Während vorne in der Kampflinie noch 2.600 Mann braver Soldaten ihr Leben einsetzten zur Verteidigung der Heimat, hier fiel einer ihnen feige in den Rücken. Nun musste ich handeln.
Ich sagte: »Meine Herrn, wir bilden sofort ein Standgericht!«
Indem ich auf die einzelnen Personen zeigte, Sie Hauenstein als Vorsitzender, Beisitzer Oberleutnant Zippolt und Uffz. »Franz« mein Gefechtsläufer. Hierauf Schweigen. Ich hatte den Eindruck einer gewissen Hilflosigkeit. Ich fragte nun die

einzelnen nach ihrer Meinung. Hauenstein sagte: »Das Beweismaterial ist erdrückend. Zippolt schloss sich dieser Meinung an mit einer ähnlichen Äußerung, die jedenfalls keinen Zweifel darüber offen ließ, dass auch er von der Schuld des Limpert restlos überzeugt war. Franz äußerte sich dem Sinne nach, er muss hängen. Ich erklärte darauf: »Limpert ist wegen landesverräterischer Umtriebe zum Tode verurteilt. Das Urteil wird sofort vollstreckt.« Ich habe das Urteil selbst gesprochen. Dass Hauenstein das Todesurteil aussprechen würde, das konnte ich von Hauenstein nicht erwarten. Zur Persönlichkeit Hauensteins habe ich mich an anderer Stelle bereits geäußert. Er fürchtete sich vor der Verantwortung. Zippolt hätte nach meiner Meinung eine andere Antwort gegeben und sich positiv für eine Verurteilung zum Tod ausgesprochen, wenn ihm nicht sein Chef Hauenstein mit so schlechtem Beispiel – mit der vorsichtigen Erklärung zur Schuldfrage vorangegangen wäre. Für mich stand die Schuldfrage eindeutig fest. Das Standgericht hatte diese eindeutig bejaht. Ich musste weiter (Prozessakten, S. 76).

Ernst fällt ohne weitere Verhandlung das Urteil selbst: »Ich verurteile Limpert zum Tode, das Urteil wird sofort vollstreckt.« Nachdem niemand gefunden wird, der bereit ist, die Hinrichtung durchzuführen, meint Ernst: »Dann mache ich es selber«. Bei diesem fünf Minuten dauernden »Gerichtsverfahren« ist der Angeklagte nicht anwesend und erhält weder die Gelegenheit zur Verteidigung noch das Recht auf ein letztes Wort. Ernst macht sich gleichzeitig zum Ankläger und zum Richter und übernimmt anschließend auch noch die Rolle des Henkers.

In Begleitung der beiden Polizisten geht er in den Keller zur Arrestzelle.

In der Hand hielt ich die bei Limpert gefundene Gesichtsmaske, den Entwurf eines neuen Anschlags, die Brieftasche und Druckbogen, rotes Papier und Tintenproben, alle Stücke, die bei Limpert selbst oder bei der Haussuchung gefunden worden waren. Ich sah Limpert durchdringend an und fragte: »Was nun!« Dabei war Limpert blass geworden, seine Augen wurden groß. Dann schlug er seine Augen nieder und stöhnte leise: »Ja«. Was für mich vorher schon klar war, das hatte sich jetzt wieder bestätigt; Limpert war der Täter, er bekannte sich nun durch sein Verhalten, sein »Ja,« auch schuldig. Ich eröffnete ihm darauf: »Sie sind wegen landesverräterischer Umtriebe durch das Standgericht zu Tode verurteilt worden. Das Urteil wird sofort vollstreckt.« Mit keinem Wort wehrte er sich gegen den Schuldspruch. Ich gewann den Eindruck, dass er für seine Tat mit dieser Strafe bereits gerechnet hatte und auf diesen Ausgang der Sache gefasst war.

Soviel ich mich erinnere, hat Limpert noch nach einem Pfarrer gefragt. Ich sah darin nur den Versuch, die Vollstreckung herauszuzögern. Der Pfarrer gehörte in diesem Zeitpunkt meiner Meinung nach auch zu den Verwundeten und Sterbenden da draußen, aber nicht zu einem Verräter – so musste ich Limpert nach den damals geltenden Gesetzen ansehen. Ich konnte die Vollstreckung auch nicht Hauenstein (Polizeiwachtmeister) überlassen. Ich musste die Durchführung überwachen. In der Schnelligkeit lag jetzt Milde.

Am Eingang des Rathauses findet Ernst einen Haken, lässt sich ein Seil bringen und Limpert vorführen. Während Ernst die Schlinge knüpft, gelingt Limpert die Flucht. Er wird von Ernst, seinem Gefechtsläufer und den Polizeibeamten verfolgt. Nach 75m strauchelt Limpert und wird von den Verfolgern eingeholt, Ernst packt ihn an den Haaren und zerrt ihn zurück.

Da Limpert, nachdem er wieder hochgekommen war, mit dem Kopf immer hin und her ruckartige Bewegungen machte, habe ich ihn an den Haaren gepackt und so festgehalten bzw. weitergeführt. Ich hatte sehr viel Haare gefasst, sodass kein großer Schmerz entstehen konnte. Beim Wegführen zum Richtplatz hat Limpert »Hilfe, Hilfe!« gerufen. Es war ein Ausdruck von Todesangst. Vor Schmerzen hat er nicht geschrien. Er ließ sich, als ich ihn an den Haaren gefasst hatte, ruhig wieder vor das Rathaus führen.

Ernst legt dem jungen Mann die Schlinge um den Hals, der Gefechtsläufer zieht die Schnur durch den Haken, dann ziehen Schutzleute am Seil.

Der Delinquent hatte die Arme emporgehalten und fingerte sich an der Wand und der frisch gebauten Luftschutzmauer empor, da er unter sich zufolge der im Eck liegenden Ziegelsteine immer noch Boden fand. Da bückte sich der Oberst und scharrte mit den Händen die Steine unter den Füßen des Delinquenten weg (Dr. Eichinger, zit. n. Fitz 1998).

In diesem Moment reißt das Seil und Limpert fällt zu Boden – in der Verhandlung kommentiert Ernst das mit dem lapidaren Satz: »Da passierte ein Malheur.« Ernst macht sofort eine neue Schlinge, legt sie dem am Boden Liegenden wieder um den Hals, und Limpert wird ein zweites Mal nach oben gezogen. – Der Tod durch Erhängen muss kurz vor oder kurz nach dem Fall eingetreten sein. Robert Limpert ist 19 Jahre alt, als er stirbt.

Ernst lässt die Flugblätter und einen Zettel »Ich bin der Verfasser« an die Kleider des Toten heften. Auf die Frage, wie lange die Leiche dort hängen bleiben solle, meint Ernst im Weggehen: »mindestens 3 Tage, bis sie stinkt«.

Die Bilder verfolgen mich immer wieder, kleben sich von außen an, und lassen sich von der Haut doch nicht abstreifen; sie breiten sich in mir aus und besetzen mich. Immer wieder die Schlinge – die Schlinge, die sich mir selbst um den Hals zu legen scheint und Messer, die den Leib durchbohren. Die Bilder tauchen auf, verschwinden wieder und lassen mich, mir selbst fremd zurück. Entsetzen, Panik und manchmal entsetzliche Wut.

Zeugenberichten zu Folge requiriert sich Ernst nach der Hinrichtung ein Fahrrad und verschwindet aus Ansbach. Am Abend – sechs Stunden nach dem Tod von Limpert – sind die Kampftruppen der 12. US-Panzerdivision unter Generalmajor R.R. Allen nahezu kampflos in die Stadt einmarschiert und haben Ansbach vollständig besetzt. Die amerikanischen Soldaten sehen den Toten am Rathaus hängen – mit den Zetteln an seinen Kleidern. Im Heeresbericht wird später das Schicksal von Robert Limpert als Beispiel aufgeführt, wie die Nazis mit der eigenen Bevölkerung umgegangen sind.

Nach Kriegsende wird Ernst in einem Kriegsgefangenenlager von den Amerikanern entdeckt, als er sich seiner Taten in Ansbach rühmt. Er wird nach Dachau gebracht und dann von den Alliierten dem Amtsgericht in Ansbach übergeben, nachdem diese in einem Verfahren entschieden haben, dass Ernsts Fall nicht vor das internationale Kriegsgericht gehört. »Am 16.10.45 verbrachte ihn (Ernst) die amerikanische MP. nach Ansbach« (Prozessakten, S. 300).

Ernst wird bei der Revisionsverhandlung behaupten, er sei von den Amerikanern für seine Tat freigesprochen worden. Diese hatten aber nur entschieden, dass er kein Kriegsverbrecher und sein Fall nicht vor dem internationalen Gericht zu verhandeln sei. In Ansbach wird Ernst wegen Mordes angeklagt, diese Anklage wird im Verlauf des Prozesses in eine Anklage wegen Totschlages umgewandelt. Die Verhandlung findet am 14.12.1946 in Ansbach statt. Ernst wird zu einer Zuchthausstrafe von zehn Jahren verurteilt. Empört darüber legt er sofort Berufung ein. In der Revisionsverhandlung am 28.8.1947 beim Landgericht Nürnberg wird das Urteil jedoch bestätigt. Während der dann folgenden Jahre in Haft und auch nach seiner Entlassung wird Ernst nie Bedauern über seine Tat äußern, sondern stattdessen immer wieder über das in seinen Augen ungerechte Urteil klagen.

Aus der Gegenwart

Um Genaueres über Ernsts militärische Karriere und auch über die Tat in Ansbach zu erfahren, schrieb ich verschiedene Archive an. Nur vom Militärarchiv in Freiburg kam der Bescheid, dass es dort eine Akte »Dr. Ernst Meyer« gäbe, während in den Archiven in München, Ludwigsburg, Aachen, Berlin und Potsdam nichts über ihn gefunden wurde. So meldete ich mich im Militärarchiv in Freiburg an.

Die Historikerin vom Archiv versprach mir, Ernsts persönliche Akten sowie die entsprechenden Findbücher bereitzulegen; Tage für die Reservation meines Arbeitsplatzes in der Bibliothek wurden festgelegt. Nachdem ich mich bei den beiden hinter einer Glasscheibe sitzenden Archivarinnen als Tochter von Dr. Ernst Meyer ausgewiesen hatte, bekam ich einen Packen bereitgestellter Bücher überreicht. Ganz oben lag die persönliche Personalakte.

Als ich auf dem kanzleiroten Abhefter die großen schwarzen Buchstaben »Personalakte Ernst Heinrich Ludwig Meyer« las, erschrak ich. Es gab also wirklich Unterlagen über meinen Vater, und sie wurden auch aufgehoben. Eine absurde Reaktion, denn wegen solcher Unterlagen hatte ich mich an die Archive gewandt. Natürlich wollte ich Genaueres über Ernst wissen, aber dieser Wunsch und mein Bedürfnis, nicht hinschauen zu müssen, um diffus an meinem Vaterbild weiterhin selbst modulieren zu können und Schmerzhaftes auszulassen, traten immer wieder wie Zwillingsgeschwister gemeinsam auf. Es gibt im Innern einer Seele so viele Schichten: wir können etwas sehen und etwas wissen, und gleichzeitig kann sich daneben die Verleugnung dieses Wissens seinen sicheren Platz bewahren!

Ich blätterte den dünnen Abhefter mit Aufzeichnungen aus dem Ersten Weltkrieg: Berufungsdatum zur Wehrmacht, Beförderung (...) dann der Zweite Weltkrieg, bei dem die Aufzeichnungen bereits 1936 endeten. 1933 war mein Vater in die SA (Sturmabteilung der NSDAP) eingetreten. Das war mir neu, davon hatte ich bisher in seinen Unterlagen nichts gelesen. Die Personalakte war schnell durchgeblättert; danach versuchte ich ohne Erfolg mit den Findbüchern zurechtzukommen. Ich war überfordert, wusste weder genau, was ich suchte, noch wie ich zu Informationen kommen könnte und geriet in eine immer heftigere innere Erregung. Während ich bei allen anderen Lesesaalbenutzern um mich herum sinnvolles Arbeiten vermutete, entwertete ich mein eigenes Vorgehen. Ich packte schnell meine Unterlagen zusammen, gab die Bücher ab und verließ den Tränen nahe fluchtartig das Haus.

Solange ich in meinem Zimmer in den Briefen der Eltern las und allmählich auch darüber schrieb, blieb die Privatheit gewahrt, das Familiengeheimnis, über das öffentlich nicht geredet werden durfte, unangetastet. Im Militärarchiv gab es plötzlich Zeugen und Dokumente außerhalb des Familienkreises. Mit dem Schritt über die Schwelle des Militärarchivs schien ich eine Grenze überschritten zu haben. Das machte Angst.

Ich suchte den zweiten Teil von Ernsts Dienstakten. Dazu schrieb ich an das Amtsgericht in Ansbach; Ansbach verwies mich weiter nach Nürnberg. Auf meine Anfrage an das Archiv bekam ich postwendend einen Brief, dass es drei Bände über EHL (Ernst Heinrich Ludwig) Meyer dort gäbe. Angst, Schrecken Entsetzen, es gab also doch etwas über ihn. Ich war dankbar, dass mich mein Mann Peter Althaus bei diesem Archivbesuch begleitete.

Diese drei Bände enthielten zwar nicht die persönlichen Militärakten von 1936 bis 1945, dafür aber die Prozessakten, alle drei mit der Aufschrift, »nicht vernichten, historisch wertvoll«.

Im November 1998 saß ich mit meinem Mann Peter drei Tage lang im Archiv in Nürnberg, wo wir uns durch die drei Aktenbände durcharbeiteten. Ich war zeitweise erstarrt, konnte manchmal nur mechanisch lesen, ohne den Inhalt zu verstehen, dann gab es Momente voller Entsetzen, Angst und Panik. Ich war dankbar, dass Peter neben mir saß und die Akten sehr viel speditiver durcharbeiten konnte. Mir fiel es schwer, die Szene dieser letzten Kriegstage in Ansbach in ihrem ganzen Ablauf zu behalten, die im Grunde so klar und deutlich in den Prozessakten rekonstruiert war; immer wieder vergaß ich Zusammenhänge oder brachte Namen und zeitliche Abläufe durcheinander. Ich merkte erst abends nach Archivschluss, wie unerträglich es war, dass der eigene Vater in den letzten Kriegstagen zum Mörder geworden war.

Am zweiten Abend meinte Peter, er brauche nach dieser Lektüre »etwas Warmes« und wolle Kunst anschauen. In Nürnberg war an diesem Wochenende gerade der Auftakt des Christkindlmarktes: Sterne, Engelchen, Geglitzer und über der ganzen Stadt ein Duft von Glühwein, Lebkuchen und Bratwurst. Wir entflohen dem Rummel und gingen zuerst in die Sebaldus-Kirche. Ich setzte mich vorne in eine Bank, sah die mittelalterliche Statue einer gotischen Frauenfigur, der Hl. Katharina, mit sanftem Faltenwurf um den Körper, das Gesicht mit offenen ebenmäßigen Zügen. Plötzlich tauchte die Erinnerung an meinen Vater auf, wie er in meiner Kindheit an Weihnachten neben seiner Frau und uns Kindern in der Kirche saß und mit Andacht dem Gottesdienst folgte. Ich sah seine Hände vor mir, die in den letzten Kriegstagen in Ansbach einen Menschen gehängt hatten, und wie er jetzt den Kopf zum Gebet senkte, als sei nichts geschehen. Dann kam mir sein aufgesetztes, maskenhaftes Lächeln in Erinnerung, mit dem er nach dem Gottesdienst Bekannte grüßte.

Diese gotische Frauenstatue, die für mich Ruhe, Andacht und Mensch-Sein ausstrahlte, war mit Sorgfalt unter den Händen eines Steinmetz gewachsen; Mein Vater hatte mit seinen Händen gemordet. Mit erschreckender Selbstverständlichkeit schlüpfte er nach seiner Entlassung aus dem Zuchthaus in eine scheinbare Normalität und hielt stur an seiner Rechtfertigung fest, er habe in Ansbach nur seine Pflicht getan, richtig gehandelt und sei zu Unrecht verurteilt worden. In der Sebalduskirche hatte ich plötzlich das Gefühl, als würde sich dieses süßliche Gift des Weihnachtsvaters über die gotische Figur ergießen und sie zersetzen. War Ernsts maskenhaftes Lächeln, seine Freundlichkeit und seine zur Schau getragene Bildung – Kunstverstand inbegriffen – nach dem Krieg nicht genauso giftig und gefährlich wie sein mörderischer Hass auf andere Menschen, den er in Ansbach grausam auslebte? Ging das Verbrechen nach dem Krieg durch seine Weigerung, die Schuld anzuerkennen und auf sich zu nehmen nicht weiter?

In der Sebalduskirche begriff ich allmählich, dass ich den ganzen Tag nicht über irgendeinen Menschen, sondern über meinen Vater gelesen hatte. Er hat mir als Kind nie vorgemacht, er würde mich lieben; dafür bin ich ihm heute dankbar, als Kind hätte ich vermutlich diesen falschen Ton als wahre bare Münze genommen. Ich war für ihn uninteressant, das dritte Kind und nur ein Mädchen. Süßlich lächelte er mich nur an, wenn andere Leute dabei waren. Er nannte mich dann demonstrativ Utilein.

Auf der Rückfahrt von Nürnberg nach Basel stieg ich in Ansbach aus. Auf dem Weg vom Bahnhof in die Stadt kam ich beim Amtsgericht vorbei; hier muss der Prozess stattgefunden haben. Ohne auf die Richtung zu achten, ging ich weiter und stand plötzlich unvermittelt vor dem Rathaus, wo mein Vater den jungen Robert Limpert gehängt hatte. Ich war auf diesen Moment keineswegs vorbereitet, obwohl ich ihn mir vorher immer wieder vorzustellen versucht hatte. Rechts oberhalb des Torbogens befindet sich ein Haken in der Wand. Ist es noch derselbe, durch den Ernst damals das Seil zog? In der Toreinfahrt ist heute eine bronzene Gedenktafel für den jungen Widerstandskämpfer: Ein Reiter bläst auf einem Pferd sitzend die Trompete. Wie ich später nachlas, wurde die Gedenktafel von Limperts Freund Heinrich Pospiech geschaffen. Das Rathaus steht am Marktplatz, auf der anderen Seite des Platzes das Schloss, in das Ernst als Kampfkommandant seine Kommandozentrale verlegte, als sich die Amerikaner immer mehr dem Stadtrand näherten. An diesem Samstag, an dem ich Ernsts Spuren in Ansbach suchte, war auf dem Marktplatz wie in Nürnberg Christkindlmarkt mit dem Geruch von Glühwein, Lebkuchen und gebrannten Mandeln und einer Menschenmenge, die sich von Stand zu Stand schob. Ich lief zwischen diesen Menschen umher und bewegte mich doch in einer anderen Zeit. Vom Marktplatz in die Utzstraße; durch diese Straße muss Limpert damals gerannt sein, als er sich vor der Hinrichtung losreißen konnte, dann aber von Ernst und seinen »Mitläufern« eingeholt und zum Henkerhaken zurückgezerrt wurde.

In der Utzstraße fand ich eine Bücherei und dort das eindrückliche Buch von Diana Fitz: »Ansbach unterm Hakenkreuz«. Die Stadtverwaltung Ansbach hatte nach wiederholten rechtsextremen Ausschreitungen eine Historikerin beauftragt, die nationalsozialistische Vergangenheit der Stadt zu dokumentieren. In dem Kapitel »Robert Limpert, tragisches Schicksal« hat die Autorin diesen grauenvollen Tathergang beschrieben. Der freundliche und hilfsbereite Archivar von Nürnberg hatte mich auf diese Veröffentlichung aufmerksam gemacht. Mit dem Buch in der Tasche verzog ich mich in eine Ecke in einem Café. Das Essen, das den Aufruhr in meinem Magen beruhigen sollte, ließ ich am Ende des Nachmittags unberührt stehen, um wieder nach Basel zurückzufahren, zurück zu meinem Schreibtisch, auf dem sich neben dem Computer Abhefter mit alten Briefen stapelten.

Ein Versuch, Ernsts Tat zu deuten

In seiner Entschuldungsmanie nach dem Krieg wird Ernst behaupten, dass hunderte von Soldaten, darunter Major Schwegler, Vater von drei Kindern, nur deshalb sterben mussten, weil Limpert die Telefonleitung durchschnitten und damit die Verbindung von der Kommandozentrale zu den kämpfenden Soldaten unterbrochen hätte. Diese Aussage ist offensichtlich falsch, da die Kommandozentrale bereits aufgegeben war und die Telefonleitung nicht mehr gebraucht wurde. In der Gerichtsverhandlung versicherte Ernst »Für die durchschnittenen Kabel allein hätte ich nie ein Standgericht eingesetzt.« (Prozessakten) Später will er von einer solchen Aussage nichts mehr wissen. Einen äußeren, sachbezogenen Grund für sein Handeln zu suchen, ist also müßig, denn Ernst gibt je nach Kontext verschiedene Gründe an. Mir geht es eher um die Frage, was die letzten Kriegstage für Ernst bedeuteten und wie sein Handeln in Ansbach aus seiner bisherigen Lebensgeschichte zu verstehen ist.

In seiner Kindheit war Ernst zwischen den Abwertungen des Vaters und der erdrückend giftigen Nähe zur Mutter gefangen und einer Situation ausgeliefert, die ihn »verdorren« ließ. Ordnung, Anstand und Leistung waren die Erziehungsprinzipien, denen unter der professoralen Härte und Perfektion die Lebendigkeit des Kindes zum Opfer fiel, die nicht in dieses Normenpaket passte. Verdorrt sind seine eigenen Wünsche und die Möglichkeiten, in ein selbstverantwortliches Leben hineinzuwachsen. In keiner seiner frühen Beziehungen, weder zur Mutter noch zum Vater, wurde er als eigenständige Person respektvoll anerkannt. Um sich aus der erstickenden Nähe der Mutter zu lösen, wendet er sich dem Vater zu und gerät dort unter das unerbittliche Fallbeil des Leistungsdrucks. Mit seinem Scheitern – und er muss an den Erwartungen seines Vaters scheitern, weil dieser niemanden an seiner Seite ertragen konnte – zieht er den Hass des Vaters auf sich und sucht, um den väterlichen Abwertungen zu entkommen, den vermeintlichen Schutz der Mutter. Mit ihr im Gleichklang fantasiert er sich in eine heile Welt, in der er sich dem Vermächtnis der Toten eher verbunden fühlt als dem Lebendigen.

Eine Loslösung, durch die er die Eltern und sich selbst realistischer als Menschen mit positiven und negativen Eigenschaften wahrzunehmen lernt, schafft er von beiden nicht, er bleibt der »gehemmte Bub«. Seine Wut über diese Einschränkungen kann er weder dem Vater noch der Mutter direkt zeigen. Den Eltern und Autoritätspersonen gegenüber bleibt er devot. Was er den Eltern gegenüber nicht zeigen kann, agiert er um so heftiger an anderen aus, wenn er z. B. seine Schwestern verachtend entwertet. Die Waffen für seinen Kampf sind die gleichen wie die seines Vaters und die seiner Mutter. Eine erste vermeintliche Befreiung aus diesem Familiengefängnis scheint er im Ersten Weltkrieg erlebt zu haben, dort fand er eher einen sicheren Platz in der Hierarchie und Anerkennung für seine Leistungen als in seiner Familie. War der Krieg im Kinderzimmer durchgreifender als das, was er auf den Schlachtfeldern erlebte? Oder anders ausgedrückt: Hat ihn dieser Krieg im Kinderzimmer so abgestumpft, dass er, wie Remarque es schreibt, das Grauen als Grauen kaum mehr wahrnehmen und für das eigene Leid und das der anderen wenig Mitgefühl aufbringen konnte?

1930 erreichen ihn die Lockrufe der Nationalsozialisten, die ihm versprechen, in ihrer Gefolgschaft von den »alten Zöpfen« befreit und in ein »junges Leben«, in einen »Frühling« hineinwachsen und selbst »blühen« zu können. Als »Gleicher unter Gleichen« wird ihm ein Platz in der Volksgemeinschaft versprochen, allerdings um den Preis, sich dieser Bewegung mit Haut und Haar zu verschreiben. Der Volkskörper sei alles, der Einzelne sei nichts. Auch hier sind Ernsts Eigenständigkeit und seine Individualität nicht gefragt. Diese Töne kennt er von seinem Elternhaus, und andere Töne hat er nie kennen gelernt. Im Unterschied zu seinem Elternhaus wird ihm bei den Nazis für die Selbstaufgabe Macht versprochen, eine Macht, die er in seiner Familie nicht bekommen hat, denn die hat sein Vater für sich beansprucht!

Leider hat man Ernst bei den Nazis die Macht über andere Menschen übertragen. Mit dieser Rückendeckung steckt Ernst den »gehemmten Bub« in eine Ritterrüstung und kämpft jetzt seinerseits mit »professoraler« Härte und Perfektion gegen die Eigenständigkeit anderer Menschen. Er fühlt sich »als Herr über Leben und Tod« und feiert seine Identität als Vorgesetzter und Mitglied der arischen Herrenrasse, eine Identität mit Reiterhosen, schwarzen Mannschaftsstiefeln und den Epauletten seines Dienstgrades auf den Schultern. Ernst macht mit der Nazipropaganda Ernst.

Dass bei Kriegsende der Nationalsozialismus zusammenzubrechen droht und der Krieg für Deutschland verloren ist, muss Ernst trotz allem Fanatismus und trotz der Verblendung seiner Realitätswahrnehmung klar gesehen haben. Seine an die Nazis gebundene Identität ist nun in Gefahr. Das muss eine mörderische Wut in ihm freigesetzt haben. Hat er das als Kind nicht schon einmal erlebt, als seine Eltern ihn »verdorren« ließen und seine Identität beschnitten?

Leider hat er im Nationalsozialismus im Unterschied zu seiner Kinderzeit die Macht, diesen Hass auch wirklich auszuagieren. Je näher die Amerikaner kommen, desto häufiger droht er mit dem Standgericht und bläst sich immer mehr auf, indem er sich zum General mit direktem Draht zum Führer hochstilisiert. Jeder, der nicht mit Hurra an seiner Seite für den Endsieg kämpft, wird zu seinem Gegner. Sein Hass richtet sich gegen die, die seine Naziidentität zu bedrohen scheinen, weil sie die Wahrheit über den verlorenen Krieg und die mörderischen Befehle der Nazis aussprechen. Limpert wird tragischerweise sein Opfer.

Je tiefer der Hass, desto geringer ist das Mitgefühl, wie Ernsts grauenvolle Beschreibung der Hinrichtung Limperts zeigt. Als Limpert sich losgerissen hat, ist Ernst ihm gefolgt und hat ihn an den Haaren zurückgezerrt. Ernst habe »sehr viele Haare gefasst« (Prozessakten), und Limpert könne deshalb nicht wegen des Haare-Reißens, sondern nur aus »Todesangst« (Prozessakten) geschrien haben. Ernst will sich dadurch gegen den Verdacht niedriger Beweggründe verteidigen, denn er war zuerst wegen Mordes angeklagt. In buchhalterischer Manie rechnet Ernst die Menge der Haare, die er packte gegen den Schrei eines Menschen aus Todesangst auf, der ihn doch im tiefsten Herzen berühren müsste, wenn er sich hätte berühren lassen können!

Als wenn der Todesschrei nichts mit Ernst zu tun und er Limpert nicht selbst zum Tode verurteilt hätte! Um so verdreht zu argumentieren, muss er nicht nur die Verantwortung für sein Handeln ablehnen, sondern von seinen mitmenschlichen Gefühlen weitgehend abgeschnitten sein.

Es geht Ernst nur um seine eigene Rechtfertigung und nicht um den Mitmenschen. Als er Limpert an den Haaren zum Richtplatz zurückzerrte, wird er sicher nicht überlegt haben, dass er möglichst viele Haare nimmt, um ihm nicht weh zu tun! Nicht einmal von Limperts Todesschrei ließ sich Ernst berühren, sonst hätte er vermutlich die Haare bei dem Schrei reflexartig losgelassen oder wäre gestolpert, als er Limpert nachlief, um so diesem grausamen Spiel ein Ende zu machen. Er hätte den Flüchtigen nicht mehr erreichen müssen und ihm dadurch eine Chance zum Überleben geben können! Nein, Ernst geht bis zum bitteren Ende und legt Limpert ein zweites Mal die Schlinge selbst um den Hals. Ich kann daraus nur folgern, dass er hat morden wollen.

Zwischenbetrachtung

Am 13.9.1999 sah ich im Fernsehen eine Reportage über die Deutsche Ostfront mit Interviews von Kriegsveteranen, die über ihre Erfahrungen an der Front berichteten. Bei einigen blitzten immer wieder Heldengeschichten durch, und sie beschrieben stolz lächelnd gefährliche Situationen, die sie meistern konnten; einer z.B. wechselte bei einem Lastwagen ein Rad, während die Gewehrkugeln um ihn herum einschlugen. Nur zwei der Kriegsveteranen sprachen offen über ihre Ängste und den

Terror, den sie damals erlebten. Einer dieser beiden erzählte, er könne noch genau den Tag angeben, an dem er über ein Schlachtfeld ging, auf dem nahezu hundert Leichen, Russen und Deutsche durcheinander lagen, und er bei diesem Anblick den Horror nicht mehr spürte, sondern abgestumpft nur noch die Leichen zählte: soviel Deutsche, soviel Russen. Kurzzeitig erwachte er aus diesem abgestumpften Zählen, sobald eine Leiche auf dem Rücken lag, und er in das Gesicht des Toten sah. Dann war es nicht mehr eine Nummer, ein Russe oder ein Deutscher, sondern dann sah er den Menschen. Da lag einer wie er selbst und ihm wurde bewusst, dass die Kugel auch ihn hätte treffen können. Das machte ihm Angst. Er war von seinen mitmenschlichen Gefühlen nicht abgeschnitten, er musste die Gefühle abstellen, wenn das Entsetzen zu groß wurde, konnte aber die Gefühlsanästhesie realisieren und für Momente aus ihr auftauchen. Dieser Kriegsveteran war einer der wenigen Interviewten, dessen Betroffenheit über die Verbrechen der Nazis für mich glaubhaft war: Er käme nicht darüber hinweg, an dem mörderischen System der Nazis mitbeteiligt gewesen zu sein, weil er im Osten durch seinen Einsatz an der Front zur Verlängerung des Krieges beigetragen habe. Dadurch habe auch er den Nazis den Rücken freigehalten, Millionen von Juden, Sinti und politischen Gefangenen in den Konzentrationslagern hinter der Front umzubringen. Dafür fühle er sich schuldig, und darüber käme er nicht hinweg.

Eine solche mitmenschliche Brücke wie dieser Kriegsveteran konnte Ernst zu seinem Opfer nicht schlagen. Er hörte die Schreie aus Todesangst nicht, bei ihm gab es kein Erwachen aus dieser Gefühlsblockade gegenüber anderen Menschen. Er kann für Limpert kein Mitgefühl empfunden haben, sondern nur mörderischen Hass.

Lebt Ernst bei dieser Hinrichtung nicht nur seinen Hass auf den Widerstandskämpfer, sondern auch noch auf die Gefühle, die Menschen verbinden können, aus? Auch das ein langer Schatten aus seiner Kindheit, den er direkt an seine Umwelt und auch an seine Kinder weitergibt?

Ernsts Rechtfertigungen

Ernst ist sein ganzes weiteres Leben damit beschäftigt, seine Tat zu rechtfertigen. Er verdreht dazu Fakten, trennt sie aus ihrem Kontext, reißt Zusammenhänge auseinander, vertauscht Gewichtungen verschiedener Teilaspekte und vieles mehr. Bei aller unbeweglichen Sturheit seines Denkens ist Ernst bei der Art seiner Rechtfertigungen und bei dem »freien« Umgang mit der Wirklichkeit, die er beliebig modifiziert, um sich einer Verantwortung für sein Handeln und einer Selbstreflexion zu entziehen, eine erstaunliche Flexibilität nicht abzusprechen!

Wir haben bereits schon einige Kostproben davon gesehen. Gemeinsam ist all dieser Gedanken-Akrobatik, dass er als das unschuldige Opfer dabei herauskommt. Die Schuldigen können variieren, Hitler, die Richter, Bayern, die katholische Kirche und vieles mehr. Für sich selbst beansprucht er edle menschliche Tugenden. Er holt meistens weit aus, bringt scheinrationale politische Begründungen für die Aufbruchstimmung um 1930, die seinem Denken und Handeln als rechtschaffener Idealist entsprochen habe und nach dem Krieg immer noch entspreche.

In all diesen Zersplitterungen (Weimarer Republik), in all diesen begrenzten Sonderinteressen zeigte Hitler national und sozial die großen Zusammenhänge auf, in all dem Kleben am Materiellen und Engen appellierte er an die Ideale, in all den Stümpereien von der Hand in den Mund und im Herumflattern von verspäteten Notlösungen und verschlimmernden Eintagsentschlüssen griff er auf die Lehren der deutschen Geschichte zurück:
    Statt Zwietracht – Einigkeit
    Statt Klassenkampf – Volksgemeinschaft
    Statt Kapitalismus – soziale Gerechtigkeit
    Statt Ausbeutung – Lebenslust für alle
    Statt Parteibuch – Leistung
    Statt Mehrheitsbeschlüsse – Verantwortlichkeit (Vita II, 14)

Ernst führt diese Schwarz-Weiß-Malerei in seiner Vita noch eine halbe Seite lang weiter und geht dann später im Text auf den Verrat Hitlers ein:

Wir waren nicht absolut blödsinnig – 52% und später über 90% des ganzen Volkes. Erst wenn man unbedingt wahr das ungeheure Vertrauen des Volkes erfasst, wird auf der anderen Seite der Verrat Hitlers an diesen Millionen und an seiner eigenen

Idee wirklich klar. Nivelliert doch nicht um des eigenen Alibis und der Entnazifizierungspunkte den Kontrast von Glauben und Verrat, Treue und Untreue. Die ganze Höhe dieses Sturzes muss bei solch einer Aufzeichnung durchmessen werden, weil nur aus solcher Wahrhaftigkeit die Lehren für die Zukunft gewonnen werden können (Vita II, 26).

Hierbei schält Ernst aus dem Nationalsozialismus den Sozialismus heraus, den er dann in nationalsozialistischer Manie schwarz-weiß ausmalt. Hitler bringe erst diese wunderbaren Ideale und verrate sie dann selbst. Übrig bleibt ein heiler (National-)Sozialismus und Ernst als »ehrlicher Idealist«. Er beschreibt einen von ihm geachteten Kreisleiter, der wie er ein ehrlicher Idealist und von innen heraus ein echter Kerl war.

Gleich diesem einen haben erst nach dem Ende im Mai 1945 Millionen erkannt, wie hohl diese Form tatsächlich war und welche Verbrechen hinter der Fassade begangen wurden. Als der äußere Verputz abzubröckeln begann, – für mich 1943 in Russland bei der Beobachtung der Goldfasanen – waren wir bereits in der kritischen Phase dieses Krieges. Nun galt es erst einmal zu siegen! Nur die Lumpen, die ihr Volk nicht lieben, konnten ihre politische Meinung höher stellen. Aber wehe, wenn dieser Krieg gewonnen war! [das ist seine Schreibweise, er umgeht an dieser Stelle den Potentialis] Dann hätte in Deutschland eine Reinigung begonnen, die uns mit der Welt versöhnt hätte. Dann wären die Toten auferstanden und hätten Rechenschaft gefordert von jedem ohne Ansehen der Person (Vita II).

Deutschland als Sieger, freigesprochen von allen Verbrechen, auf dem Vormarsch zum 1000-jährigen Reich! Die »Verbrecher«, die diesen (National-)Sozialismus verraten haben, sind einfach zu benennen. Ernst 28.7.1950 an Herta:

Der Kreis der Wissenden waren bei Hitler nach Ansicht des sicher kompetenten Anklägers in Nürnberg Prof. Kempner 200–300 Männer. Diese wirklich Wissenden sind alle von der alliierten Justiz erfasst, soweit sie noch lebten. Es gibt heute erstaunlich viel Wissende, die gar nicht merken, welche Verantwortung damit verbunden sein kann.

Ernst weiß genau, wann er ein Wissender zu sein hat: in Russland bei den Goldfasanen, und wann ein Nichtwissender: wenn es um die Verbrechen der Nazis und vor allem um sein eigenes Verbrechen geht. Um der Zahl der für den Naziterror Verantwortlichen noch mehr Gewicht zu verleihen, wird eine Autorität, Prof. Kempner zu Hilfe genommen. Diese 200 bis 300 Männer seien von der alliierten Justiz erfasst und schuldig, die übrigen Deutschen, er selbst auch, also unschuldig. Mit einer solchen Argumentation hätte er sich nach dem Krieg zum Ehrenmann erklärt, und hätte dafür vermutlich wenig Widerspruch bekommen, wäre da nicht dieses deutlich sichtbare Zeichen seiner Haftstrafe gewesen.

Die Rechtfertigung seiner Tat baut Ernst auf seinen persönlichen Charaktereigenschaften auf: Wahrhaftigkeit, Ehre und besonders Pflichterfüllung, rund um den Eid eines Soldaten.

Zur Beweisaufnahme übergibt Ernst am 4.11.1945 der Staatsanwaltschaft eine 14 Seiten lange, handgeschriebene Stellungnahme:

Über das Gesetz der Pflicht
Der Soldat ist vereidigt. Er hat unbedingten Einsatz bis zum Einsatz des Lebens beschworen. Solch ein Gelöbnis muss einmalig sein. Wenn dieser erste Eid nicht hält und erneuert werden muss, nützt auch die Wiederholung nichts. Letztere widerspricht nur der Heiligkeit des Eides.

Die vielen Eide der Kampfkommandanten und die vielen Stand- und Sondergerichte gegen sie (siehe z.B. Reichsmarschallbefehl Nr. 4) beweisen nur, dass etwas mit aller Gewalt erzwungen werden sollte. Das konnte militärisch an sich gerechtfertigt sein, wenn ein Plan oder neue Waffen wirklich dahinter standen (...). Die höhere Führung befiehlt, der Eid bindet. Der Untergebene gehorcht. Er tut seine Pflicht.

Diese Pflicht ist mehr als Erfüllung im Alltäglichen oder Handwerklichen. Pflicht ist hier zu Verpflichtung gegenüber der Ewigkeit in uns. Das ist mehr als unbedingter Gehorsam (von dem übrigens Schlieffen in seinem Buche »Cannae« festgestellt hat, dass er durch Können, Leistung und Entschiedenheit des Willens bei den Untergebenen erworben werden müsse. Befehl und Eid genügen nach ihm also nicht.) Pflicht wird dadurch zum vollen Einsatz der Person auch mit jenem Stück im Menschen, das immer frei bleibt. Es gibt für den befohlenen Gehorsam eine natürliche Grenze im Menschen selber. Dort, wo Gottesglauben und Gewissen, Wahrhaftigkeit und Güte, Ehrlichkeit und Kraft, Treue und Opfermut wurzeln, dort, wo der Mensch wertet und wählt, wird die Grenze auch des unbedingten Gehorsams überschritten. (...)

Durch das Ewige in uns sind wir aber auch unseren Gefallenen verbunden und verpflichtet. Ihr Opfer und letzter Einsatz galt dem Ewigen in unserem Volk. Auch uns Deutsche hat der Herrgott geschaffen. Auch wir sind sein Volk.

Nach seiner Beschreibung des Tathergangs kommt Ernst zur

Zusammenfassung
Es handelt sich hier um keine Feststellung post festum. Was ich im November von den Ereignissen im April nach vielen weiteren Eindrücken als Parlamentär und Kriegsgefangener, die dazwischen liegen, heute noch weiß, habe ich dargestellt. Dabei kam es mir darauf an zu zeigen, mit welcher Grundeinstellung ich an meine Aufgaben heranging, wie ich »wertete und wählte« (siehe Einleitung). In diesem Sinne bitte ich, die Aufzeichnungen als Ganzes zu sehen und Einzelheiten oder einzelne Ausdrücke so zu verstehen, wie sie von mir gedacht sind.
    Über meinem Handeln stand das Gesetz der Pflicht. Ich habe neben dem unbedingten Gehorsam auch mein Herz sprechen lassen in klarer Erkenntnis meiner Verpflichtungen gegenüber dem Ewigen in meinem Volk. Wenn ich dennoch Limperts Todesurteil bestätigte und mit vollstreckte, so darum, weil das Gesetz der Pflicht bei so eindeutig klarem Tatbestand dies erforderte. Seine gleichaltrigen Kameraden standen im harten Kampf, einem grausamen hinhaltenden Widerstand, um die Zeit zu gewinnen, die mir erst am 20.4. erfüllt schien (Prozessakten).

Ernst betont, dass er mit edlen Gefühlen seinen Eid gehalten und den Führerbefehl erfüllt habe. Durch das Ewige in ihm, dem er sich verpflichtet fühle, sei er »unseren Gefallenen verbunden«. Diese Haltung kennen wir bereits bei Ernst. Er fühlt sich nicht so sehr den Lebenden als vielmehr den Gefallenen »verpflichtet«. Was er das »Ewige in ihm« nennt, ist Tödliches, das sein mörderisches Handeln bestimmt, weil das »Gesetz der Pflicht« es »fordere«! Ernst hat damit die Verantwortung für sein Handeln und für seinen mörderischen Hass an diese imaginäre Instanz, an das »Gesetz der Pflicht« abgeschoben.

    Ich nehme an, die Richter ließen sich von Ernsts pathetischen Worten doch soweit beeindrucken, dass sie die Anklage wegen Mordes in eine Anklage wegen Totschlags änderten; »Der Angeklagte Meyer erweckte in der Hauptversammlung den Eindruck eines hochintelligenten, vielseitig gebildeten Mannes. Er verteidigte sich mit großem Geschick in sehr gewandter, schlagfertiger Rede« (Urteilsbegründung, S. 4).

    In seiner Verteidigungsschrift begründet Ernst sein »Durchhalten um jeden Preis« mit der Ankündigung, dass Hitler mit seiner neuen Waffe zu Führers Geburtstag am 20.4. das Kriegsgeschehen umkehren werde. Ernst war ein intelligenter Mensch, Doktor der Physik, und benutzte eine Argumentation, in der er Führers Geburtstag und die neue Geheimwaffe in einen kausalen Zusammenhang stellt! Aber wie wir bei Ernst schon 1930 sahen, hatte seine Begeisterung für Hitler viel mehr mit Glauben als mit Vernunft zu tun.

Wird ihm die Zustimmung für sein Handeln und für seine Rechtfertigungen verweigert, zieht sich Ernst in eine selbstmitleidige Opferposition zurück, da er in der Untersuchungshaft seinen Hass nicht mehr so mörderisch wie in Ansbach ausagieren kann.
Bei den Prozessunterlagen lag der folgende Briefwechsel:

Dem Herrn Vorsitzenden
der Strafkammer
hier.
Ich lehne es ab, Gesuche zu bearbeiten oder auch nur zu lesen, die Dr. Meyer – nach meiner Meinung aus Missachtung gegenüber dem Gericht und der Staatsanwaltschaft – auf Klosettpapier schreibt. Wenn er schreiben will, soll er sich Papier geben lassen oder seine Anträge zu Protokoll erklären.
Ansbach den 9.9.1946
Der Oberstaatsanwalt gez. Cürten.

Dem Angeschuldigten wurde der Inhalt vorstehender Verfügung bekannt gegeben und ihm seine Aufzeichnungen zur Neuerstellung ausgehändigt.
Ansbach den 11.9.1946
Der Urkundsbeamte der Geschäftsstelle, Obersekretär gez. Stiegler

Ernst daraufhin am 11.9.1946:

Gefängnis Ansbach, Zelle 21
An die Staatsanwaltschaft Ansbach
Der Staatsanwaltschaft ist eine ursprünglich für Rechtsanwalt Dr. Ebert niedergelegte Notiz nach dessen Absage durch das freundliche und gut gemeinte Entgegenkommen von Herrn Justizsekretär Stiegler in die Hände gekommen, die tatsächlich auf Klosettpapier geschrieben ist. Die dortige Dienststelle sieht darin die Missachtung des Gerichts und der Staatsanwaltschaft. Ich bitte, darin nur ein Zeichen meiner tatsächlichen Not und Härte der Dachauer Zeit zu sehen, wo ich ohne geistige Nahrung in einer verzweifelten Notwehr im engst belegten Massenlager 6 $\frac{1}{2}$ Monate nur auf dies Papier in Ermangelung von irgendetwas anderem eigene Gedichte schrieb, die meiner eben verstorbenen Mutter zugedacht waren. Ich habe mich nach Zustellung der Anklageschrift (zusammen mit dem Zellengenossen Jung) am 6.9. zum Rapport gemeldet, um die Frage von Tinte und Papier zu klären, warte aber bis heute auf die Vorlassung. Ich habe in meinem ersten Zettel an Dr. Ehlert und nun wieder an Rechtsanwalt Dr. Blaumeister um Papier gebeten. Ich habe darum auch an meine Schwester und an den einzigen Menschen, den ich vielleicht in Ansbach habe, Arch. Baumann, geschrieben. Von keiner Seite kam bis-

her Hilfe. Das Gefängnis lieferte mir bisher für die wöchentliche Korrespondenz gerade $1/2$ bis 1 ganzen Bogen wie diesen. Von Zellenkameraden habe ich etwas dazugebettelt, um mich wenigstens gegenüber meiner Schwester aussprechen zu können, nachdem ich Herrn Baumann bei seinem Besuch am 3.9. nicht sehen durfte. – Selbst, wenn ich Gericht und Staatsanwaltschaft verachtete, geschähe es nicht in dieser meiner unwürdigen Form! Ich bitte daher diese Zettel als das aufzufassen, was sie sind: Beweise bitterer harter Not. ich bedaure, dass sie anders aufgefasst wurden und so zu Missverständnissen Anlass gaben. Auch jetzt muss ich alle Notizen (und selbst den Entwurf dieses Schreibens) auf die laufende Rolle machen. Wie ich damit allerdings in einer Verhandlung zurechtkomme, sehe ich selber noch nicht – besonders, da ich körperlich, geistig und seelisch nach einer Gefangenschaft seit 3.5.45 und besonders nach der Ansbacher Zeit 16.10.–8.2. und nach Dachau (8.2.–27.8.) so auf dem Hund bin, dass ich flatterhaft, unstet, mich kaum noch konzentrieren kann und kein Gedächtnis mehr habe. Dazu keine passende Brille, um ohne Anstrengung mehr als eine halbe Stunde lesen oder schreiben zu können. Eine gute Lupe wurde mir bei meiner Aufnahme in Dachau von einem Deutschen weggeschmissen (...). Mein Militärverhältnis ist noch immer ungeklärt. Ich habe noch immer keine Entlassungspapiere. Für zwei Quittungen über mein letztes in Dachau hinterlegtes Geld, das beim plötzlichen Abtransport verblieb, habe ich trotz mündlicher und zweimalig schriftlicher Bitte (auch auf Klosettpapier!) von der Verwaltung des Gefängnisses Ansbach keine mich sichernde Bescheinigung erhalten können.

Wenn ich alle Erlebnisse meines Gefangenendaseins zusammenfasse, ist es zuletzt eine vernünftige und logische Reaktion, zu zweifeln und mit der Zeit auch zu verzweifeln (...) Dr. Meyer

Die devote, selbstmitleidige Haltung dem Staatsanwalt gegenüber kann gegenüber einem Gerichtsdiener in ein brutales Ausagieren seiner Wut umschlagen. Der Gerichtsdiener ist in seine Zelle gekommen, und Ernst sieht einen von ihm geschriebenen Brief in seiner Hand. Dabei gerät er außer sich vor Wut und schlägt mit einem Stuhl auf den Gerichtsdiener ein. Nach diesem Vorfall kommt Ernst zur Begutachtung in die psychiatrische Klinik Ansbach und bleibt bis zum Ende des Prozesses dort.

Aus dem in der psychiatrische Heil- und Pflegeanstalt erstellten Gutachten:

Dr. E.M. befand sich schon in den letzten Tagen vor dem Vorfall in einem erheblichen Spannungszustand, in den er allmählich hineingeraten war. (...) Am 10. dieses Monats, also 2 Tage vor dem Vorfall, hatte Dr. E. M. Selbstmordgedanken geäußert und wollte in die Drähte des unweit des Gartenzaunes stehenden Hochleitungsmastes steigen. Daraufhin wurde der Versuch gemacht, ihn mit Beruhigungsmitteln

zu dämpfen, was aber nur wenig Erfolg zeigte. Auch in der Nacht vor dem Zwischenfall bekam Dr. E. M. größere Mengen Schlafmittel, er war am Vormittag noch dösig, am Nachmittag, unmittelbar vor dem Erscheinen des Herrn Amtsgerichtsrates K., gereizt und depressiv, wobei auch sein geschwächter körperlicher Zustand mitsprach.
Bei der Unterredung selbst geriet Dr. E.M. offensichtlich in eine so starke innere Erregung, sodass er nur mit Mühe und sehr unvollständig dem Gang der Besprechung folgen konnte. Allein das Erscheinen des Gerichtsherrn führte zu einer deutlichen affektiven Aufladung, die, wie sich jetzt nachträglich herausstellte, noch dadurch verstärkt wurde, dass Herr K. einen Brief von Dr. E. M. in Händen hatte, für ihn einen Beweis der peinlich genauen Kontrolle seiner Post und damit der Verhinderung einer wirksamen persönlichen Verteidigung (26.8. 1947, Dr. Friedlaender).

Diese Geschichte erzählte mir Ernst Anfang der siebziger Jahre, als ich ihn das erste Mal nach dem Grund seiner Verurteilung fragte. Er zeigte mir damals triumphierend die Bewegung, mit der er losschlug. Diesen Triumph muss Herta mit ihm geteilt haben. Sie schreibt im April 1948 an Ernst, sie habe den jungen Mann getroffen, »den Du die Bekanntschaft mit Stuhlbeinen machen ließest«; er habe sich nicht getraut, sie anzuschauen.

Beide Haltungen, sowohl die des selbstmitleidigen Opfers als auch die des hasserfüllten Rächers ziehen sich nach Ernsts Verurteilung wie rote Fäden durch seine Rechtfertigungen. Ich möchte einzelne Beispiele hier auflisten. In den nächsten Kapiteln werde ich den Briefwechsel in der Nachkriegszeit zwischen Ernst, Herta und Ernsts Schwestern chronologisch bearbeiten, um dadurch die Familiensituation in den ersten Nachkriegsjahren darzustellen.

Es gibt nur eine Lösung: auch das innere Leben muss zum Stillstand kommen. Kann man mir verübeln, dass ich heute nach diesen Erfahrungen kein Vertrauen mehr habe, nachdem gerade dies Vertrauen die tiefste eigentliche Schuld ist? Ich bin heute unendlich weit davon entfernt, im Stecken eines Treibers einen Finger Gottes zu sehen (7.8.1949 Ernst an Herta).

Ernst sei das Opfer, sein inneres Leben müsse absterben. In diesem Zusammenhang spricht er von seiner Schuld. Mich ließ Ernsts Aussage längere Zeit nicht los. Ich habe sie immer wieder gelesen, sie irritierte mich, sie berührte mich sogar, und das irritierte mich wieder. Sie nur unter dem Aspekt seiner Rechtfertigung zu sehen, als Ernsts Drang, sich als Opfer darzustellen und seine Schuld zu leugnen, befriedigte mich nicht. Nehme ich diese Aussage ganz wörtlich, dann enthält sie eine erschütternde Wahrheit.

Das Vertrauen sei die tiefste eigentliche Schuld; dabei geht es um ein blindes, kritikloses Vertrauen zu einem Menschen, der seinen »Stecken«, seine Macht, nicht missbrauche, sondern als Verlängerung von Gottes Finger, es gut mit dem meine, der ihm Vertrauen schenke. Eine solche Aussage trifft auf eine frühe Eltern-Kind-Beziehung zu. Der Säugling ist auf die Eltern angewiesen, um überleben zu können. Sind die Eltern fähig und bereit, die Bedürfnisse des Kindes zu begrüßen und zu erfüllen, lernt es, dass es ein Recht auf diese Bedürfnisse und damit auf sein eigenes Leben hat. Das Vertrauen in sich und in die Anderen wächst, ein Vertrauen, das im Respekt vor dem eigenen und dem Leben des Anderen wurzelt. Vertrauen bezeichnet Ernst als seine tiefste Schuld. Sich einem anderen Menschen liebevoll zuzuwenden, scheint für Ernst, wenn ich weiter bei seiner wörtlichen Formulierung bleibe, etwas Böses zu sein, für das er sich schuldig fühlen müsse. Treffen die offenen Arme eines kleinen Kindes auf eine abweisende, strafende Mutter, bekommt es in der Tat das Gefühl, seine Bedürfnisse und der Wunsch, sich einem Anderen zuzuwenden, seien böse. Das Kind beginnt verbittert gegen die eigenen mitmenschlichen Regungen zu kämpfen, um die Beziehung zur Mutter zu sichern, denn davon hängt sein Überleben ab.

Gehen wir weiter in Ernsts Text: es gäbe nur eine Lösung als Überlebensgarantie; auch das innere Leben müsse zum Stillstand kommen! Ich denke, so etwas wird das kleine Kind erleben, wenn es gegen den Wunsch, vertrauen und lieben zu können, ankämpft. Es wird eher die Gefühle abstellen, als dauernd die schmerzhaften Versagungen zu spüren. Dadurch mag ein Gefühl innerer Leere entstehen. Muss Ernst wegen einer solchen inneren Leere seine Situation mit solch pathetischen Worten beschreiben?

Diese Aussage, die die erschütternde Situation früher Kinderjahre widerspiegeln kann, bekommt eine ganz andere Bedeutung, wenn sie von einem 54-jährigen Mann ausgesprochen und ausschließlich auf sein derzeitiges Leben bezogen wird. Ernst hängt Schuld und Vertrauen zusammen und ist damit auf der Selbstmitleidsschiene, die Selbstreflexion und das Empfinden wirklicher Schuld verhindert. Weiter muss man sich fragen, was Ernst hier unter Vertrauen versteht. Er sei heute weit davon entfernt in jedem »Stecken eines Treibers den Finger Gottes« zu sehen! Hier wird Vertrauen mit Hörigkeit gleichgesetzt und das mögliche Entsetzen über die Erkenntnis, dass er hörig gewesen ist, sofort weggeschoben mit der Versicherung, er sei heute weit davon entfernt.

Ernst baut durch diese Verschiebungen und Verdrehungen ein wasserdichtes Entschuldungssystem, in dem er als bemitleidenswertes Opfer erscheint: »Es wird der Tag kommen, an dem in großen Schlagzeilen über allen Zeitungen steht: ›Wir klagen an!‹ Wer sind die ›wir‹? Die Enterbten,

Entrechteten, Misshandelten, die ›Dummen‹ und die Opfer der Justiz« (Brief an Herta 23.5.1948).

Auch das deutsche Gericht zweifelt nicht daran, dass ich nach meinen Vorschriften verfuhr, es stellt nur fest, dass diese Instruktionen falsch sind und konstruiert aus solchen Formfehlern Mord und Totschlag. Wie ich höre, will Ansbach dem Landesverräter als »Retter der Stadt« ein Denkmal setzen. Das letzte Wort spricht die Geschichte. Sie urteilt unbestechlich, und vor ihrem Spruch habe ich nichts zu fürchten. Ich kann mit reinem Gewissen vor meinen Herrgott treten. Er wird mich richten mit seiner wahren, ewigen Gerechtigkeit. Das Blut der Gefallenen »für Euch gegeben und für Euch vergossen« schafft erst die Gewähr eines wahren Friedens. Es muss uns heilig bleiben. Gott verlässt uns nicht (Brief an Herta vom 22.4.1947).

Je länger die Haftzeit dauert, desto mehr flüchtet er sich in einen religiösen Wahn. Auch wenn die Menschen ihn schuldig sprechen, vor Gott wird er unschuldig sein. Seine Briefe enthalten immer häufiger Bibelzitate. In einem Brief an H. Müller vom 13.10.1949 führt Ernst aus:

Man hat mir kürzlich zu bedenken gegeben, dass der beste Weg zur menschlichen Sache nach Recht und Wahrheit die Justiz, ein Kollegium von Richtern, ein Gerichtsverfahren sei. Zugegeben! Und doch: vor Kaiphas und seinem Hohen Rat hat selbst der Gottessohn nicht im Gericht bestanden.
1988 schreibt mein Vater an mich:
    1933 waren da die Juden, die in warmen Richtersesseln saßen. Und 1945 waren es wieder die Juden in Ami-Uniform, die die Unabhängigkeit tangierten. Und da dazwischen nur 12 Jahre liegen, kann einer zwei Mal richtig gefärbelt haben und danach 1946 Dienststellenleiter und Oberstaatsanwalt sein oder 1933 Landgerichtsrat und 1945 Landgerichtspräsident geworden sein. Und mit welchem Vorspruch wurde ich verurteilt? Im Namen des Gesetzes. Welchen Gesetzes? Wurde mein Prozess unter der Bettdecke entschieden: »Mann, ich brauche Wirtschaftsgeld«?
    Es ist seelisch fürchterlich schwer, [diese Aussagen bezieht sich auf die Mitgefangenen] aber alle Leiden sind im Grunde so sinnlos, denn alle diese Menschen verderben in Hass, Verachtung und primitivem Nihilismus. Wenn einmal die Dämme brechen, dann armes deutsches Volk!! Es steht uns Schreckliches bevor als hinter uns liegt: Raub, Plünderungen, Sklavenketten oder der Tod als Erlöser. Aber glaube auch dies, wer bis zu Ende beharret, der wird selig.- Hab Dank für Deinen Mut, mein liebes Frauli! Hab Dank! Ich kann nichts für Dich tun. Dein armseliger Ernst (Brief an Herta 11.4.1948).

Als Fremdarbeiter nach Frankreich gehen und dort eine neue Heimat suchen. Ich kann nach meinem Urteil zu dem Deutschtum kein Verhältnis mehr bekommen. Auch der Regierungsrat hat die Heiligkeit des Eides in Frage gezogen. Fort – fort und wenn ich dann über Deutschland Atombomben ablassen müsste, ich ginge auch um diesen Preis, Barabbas, es klingt so schrill in den Ohren (Brief an Herta 1948, Datum nicht genau ersichtlich).

Die Deutschen sind für Selbstregierung zu dumm. 38 hätten sie unter Kuratel gestellt werden sollen. Gegen die Dummheit und die politische Unfähigkeit eines Volkes helfen Hunger, TBC und andere menschliche Ausrottungsmittel, indem sie das Volk der Dummen dezimieren. Christlich wäre ein Pfleger für Mitteleuropa gewesen und gesunde Kost. Man verbiete die Politik, oder man endet in Deutschland beim Totalitarismus, jetzt beim Kommunismus (Brief an Herta 1948).

Für ein Zuchthausleben hat mich der Herrgott nicht aufgehoben. Dieser Gedanke hat auch mich immer wieder gehalten und selbst in den schwersten Stunden vor dem letzten Schritt bewahrt. Dabei musst Du Dich über die Justiz nicht ärgern. Quem deus perdere vult, eum deceptat – So ging es Hitler und seinen Horden, so geht es nun diesen Leuten. Sie verstehen gar nicht, dass sie nun an der Reihe sind und dass ein nächster Umschwung auf ihrem Konto verrechnet wird. Die Parole »Freiheit, Gleichheit, Brüderlichkeit« hat sich darum als unfruchtbar erwiesen, weil sie den Grundton aller Ordnung und jedes Glaubens nicht erfasste: »Treue, Wahrhaftigkeit und Gerechtigkeit« (Brief an Herta, 12.9.48).

Briefe voller Selbstmitleid und Hass, in denen er sich nicht mit dem auseinandersetzt, was er wirklich tat. Über eine andere Art, mit seiner Verurteilung umzugehen, scheint er nicht zu verfügen. Ich habe in seinen Briefen keine Unsicherheiten gefunden. Das hätten Momente des Innehaltens sein können, mit der Möglichkeit, seine Tat zu hinterfragen und nicht darauf zu beharren, richtig und mit edlen Gefühlen gehandelt zu haben. Rund um seine Verurteilung finde ich nur Hass und Selbstmitleid, die manchmal gemeinsam auftreten können oder schnell vom einen in das andere wechselnd. Der Fokus, auf den er seinen Hass richtet, variiert wie die obigen Zitate zeigen. Schuld empfindet er keine, sondern sieht sich als zu Unrecht verurteilt. Diese Haltung wird er sein ganzes weiteres Leben nicht aufgeben.

Herta und die Kinder bis Kriegsende

Während Ernst 1945 in Ansbach als Kampfkommandant agiert, wohnt Herta in Wolkwitz mit uns drei Kindern in einem Zimmer in dem Gutshaus, in das wir evakuiert wurden. Dort erleben wir den Einmarsch der Russen. Herta hat von ihrem Mann bei seinem letzten Besuch gehört, eine Offiziersfrau gäbe nicht auf, sondern hielte bis zum Letzten durch. Ist sie im Osten geblieben, weil sie sich gegen ihr besseres Wissen ihrem Mann unterordnet, oder ist die Angst vor einer Flucht mit drei Kindern, das kleinste erst zweijährig, zu groß gewesen? Vermutlich beides. Später wird Herta in ihren Briefen nur andeuten, was sie in dieser Zeit erlebt hat.

Ja, das Leben macht oft gar keinen Spaß mehr. Wie schade, dass es damals 45 beim Russeneinmarsch nicht zu Ende ging, wie blöd, dass die Bombe in Massens Gemüsegarten knallte und nicht ins Wirtschaftsgebäude, in dem wir in einem winzigen Stall zu 34 Menschen eingepfercht, 2 Nächte, 1 Tag eingesperrt waren, dann wäre der Krampf zu Ende. Wir wüssten, wo wir hingehörten, wir hätten unsere Heimat und wären niemandem im Wege.

Was damals 1945 wirklich alles geschah, kann ich nicht zusammenhängend rekonstruieren. Aus Erzählungen weiß ich nur wenige Einzelheiten, meine eigene Erinnerung reicht nicht bis dorthin zurück. 1994 fuhr ich mit meiner Schwester die Strecke ab, die wir damals geflüchtet sein müssen, ich erhielt dadurch zwar eine Vorstellung von der Gegend, den Ortschaften, die wenig verändert schienen, den schmalen Straßen aus Betonplatten für die Panzer quer durch Wälder und Heidelandschaften, aber kein zusammenhängendes Bild vom Geschehen dieser letzten Kriegswochen. Das Gutshaus in Wolkwitz und die Wirtschaftsgebäude standen noch.

Der Horror, den Herta und die Frauen in dem Stall erlebt haben müssen und den sie in ihrem Brief andeutet, wurde in der Nachkriegszeit in die Geschichte mit der Ratte eingepackt. Wie gebannt müssen die Frauen und Kinder auf eine Ratte gestarrt haben, die langsam um die im Boden eingelassene Wasserschüssel für die Hühner kreist, sich ihr immer mehr nähert, hineinfällt und zappelnd darin ertrinkt. Nach diesen zwei Tagen im Stall brechen die Frauen – ich weiß nicht wie viele – auf alle Fälle Herta und ihre Schwester Ille, die sich mit ihren zwei Kindern in den letzten Kriegstagen nach Wolkwitz zu Herta durchgeschlagen hat, zu Fuß, das Kleinkind im Kinderwagen, nach Südosten auf und erreichen das ca. 25 km entfernte

Wackersdorf. Ein Russe will sie beim Aufbruch hindern, indem er mit dem Gewehr in den Kinderwagen zielt.

Das erfahre ich auf der gemeinsamen Reise mit meiner Schwester Sonja. »Hier ist die Stelle, an der der Russe in deinen Kinderwagen hineinzielte.« Meine Mutter hat mir als Kind eine andere Geschichte mit einem Russen erzählt; vielleicht nur eine andere Version derselben Geschichte, oder eine andere Geschichte? Herta hält mich auf dem Arm, ein Russe kommt mit dem Gewehr im Anschlag auf sie zu, um sie zu zwingen, mit ihm zu gehen. Sie weigert sich und macht ihm deutlich, dass er auch das Kind erschießen müsse, wenn er sie erschießen wolle. Die Gespräche nach dem Krieg über diese Zeit werden meistens nach solchen kurzen Aussagen abbrechen und diese dadurch eigenartig unvollständig lassen; über Gefühle und all das, was zu diesen Geschichten noch dazugehören könnte, wird man nicht reden.

In Wackersdorf gibt ein Bauer den Frauen und Kindern in seiner Scheune Unterkunft. Er selbst hat seine Tochter im hinteren Scheunenteil eingemauert, um sie vor den Vergewaltigungen durch die Russen zu schützen. Diese kommen immer wieder in die Scheune, stoßen die Türe auf und werfen brennende Streichhölzer ins Heu, um die Frauen zum Mitkommen zu zwingen; die Kinder springen diesem Feuer nach, um es zu löschen. (Erzählung von Herta nach dem Krieg) Wenn sich ein Russe Herta oder Ille nähert, sollen sich die Kinder an die Mütter hängen und laut schreien, was wir vermutlich auch ohne Aufforderung gemacht hätten. Die Frauen und Kinder müssen viel Panik und Terror in dieser Scheune erlebt haben.

Von Wackersdorf kehren wir wieder nach Wolkwitz zurück, und erleben dort das Kriegsende. Herta (vermutlich September 1948):

Noch einmal könnte ich einen Russeneinfall nicht überleben, es war zu furchtbar, erst wenn wir wieder einmal gemütlich beieinandersitzen und die Gefahr des nächsten Krieges gebannt ist, will ich Dir alles mal erzählen.

Ernsts Schwestern und seine Eltern bis 1945

In den Jahren bis zum Kriegsende tauchen Ernsts Schwestern immer wieder in seinen Briefen an die Eltern auf, meist in der für ihn typischen entwertenden Art. Dass die drei Schwestern von Ernst in dieser Zeit einen spürbaren Einfluss auf das Familienleben von Ernst, Herta und den Kindern gehabt hätten, konnte ich aus den Briefen nicht ersehen. Das wird sich ab 1945 ändern.

Die jüngste Schwester von Ernst, Gertrud, arbeitet als Hebamme am Krankenhaus in Mainz und hat daneben noch eine private Praxis. Sie schreibt am 21.12.1941:

Liebe Eltern (...)
Ich hoffe im Februar ein paar Tage kommen zu können will mich aber noch gar nicht festlegen denn sonst kann ich alles nicht halten. (...) Hier geht alles so seinen Gang weiter. Im gesamten wird das kommende Jahr für uns ruhiger werden. Aber wenn wir dafür den Frieden bekämen würden wir alles gern hinnehmen. Aber ich glaube wir müssen in diesem Jahr die Ohren noch sehr steif halten um durchzukommen mit allen Opfern die noch von uns verlangt werden.
Doch nun alles Gute, meine Gedanken waren und sind oft bei Euch und ich komme so bald und so oft wie ich kann im kommenden Jahr. Eure Gertrud
(Die Zeichensetzung in diesem Brief entspricht der im Original).

Gertrud erlebt das Kriegsende in Mainz. Marga ist ein Jahr älter als Ernst. Sie ist Schneiderin und lebt zunächst in Dresden. Am 8.1.1937 schreibt sie von dort an ihre Eltern:

Liebe Eltern!
Mit meinen Gedanken bin ich immer noch sehr in Freiburg. Mir will es hier noch nicht gefallen. Ganz langsam fängt die Arbeit wieder an. Zwei Aufträge habe ich neu. – Viel getan habe ich noch nicht. Zuerst habe ich meine Buchungen in Ordnung gebracht (...).Mein Umsatz vom 4. Quartal war zum ersten Mal mit einer vierstelligen Zahl. Ich staunte selbst, doch wollte ich, ich hätte auch eine vierstellige Zahl übrig. Das schnappt nun gänzlich ins Gegenteil um. Denn zu meinem großen Leidwesen musste ich noch 50.– für die Ringversicherung ausgeben, damit sie nicht verfällt. Nun sitz ich blank, aber es muss halt weitergehen. Das Wetter ist schrecklich (...).

Diese Geldsorgen sollten sich bei Marga bald ändern. Onkel Paul, an den Ernst den bereits ausführlich zitierten Brief über die Reichstagswahl geschrieben hat, ist ein unverheirateter und kinderloser Vetter von Ernsts Mutter. Er ist sehbehindert und durch sein Alter schon leicht gebrechlich, aber wohlhabend und nimmt Marga mit auf Reisen. Ernst nach dem Krieg: »Sie wäre die einzige der Geschwister gewesen, die abkömmlich war.« Von ihrer zweiten Reise nach New York schreibt Marga am 23.10.1938 an ihre Eltern:

Dampfer Bremen 23.10.38
Liebe Eltern (...)
Es ist ein großes Erlebnis diese Reise wieder und wie verschieden von der andern. Hier der Luxus, das Gesellschaftsleben, ein schwimmendes Hotel, dort die große Natürlichkeit und Ungezwungenheit. Beides hat seine Vor- & Nachteile (...). Am 1. Tag in Newy York (sic!) machte ich gleich einen Bummel in die Wolkenkratzer. d. h. ich ging in die 5th Avenue hinunter, die nicht sehr weit von uns entfernt ist. Schöne Läden sah ich da, aber die Menschen waren noch interessanter. Schwarze, weiße, elegante, arme, helläugige Menschen liefen nebeneinander her, keiner den anderen kennend. (...) Neger habe ich bis jetzt nur scheußliche gesehen. Die Frauen lieben sich recht bunt anzuziehen, braune Gesichtsfarbe, grüner Hut, passt gut zusammen und doch ist's scheußlich. (...) In einem Art Warenhaus habe ich fabelhafte Dinge gesehen. Stoffe ff. Am liebsten würde ich unendlich vieles mitnehmen, wenn man nur könnte. – Die Deutschen sollten sich wahrlich nicht so zurückziehen, sondern doch versuchen ins Große und Ganze hineinzukommen. Die Deutschen sind nicht sehr geschätzt hier, man hat keine gute Meinung von ihnen. Man kann wirklich viel tun, um den Amerikanern zu sagen, wie gut und friedlich wir leben. Alles glaubt, wir hätten i.D. nichts zu essen, wie oft schon habe ich die Aufklärung geben können.

Aus den einzelnen Reisebegleitungen wird ein dauerndes Beisammensein. Marga gibt ihren Wohnsitz in Dresden auf und zieht mit diesem Onkel in die Schweiz. Beide nehmen, vermutlich aus finanztechnischen Gründen, die Schweizer Staatsangehörigkeit an. 1942 stirbt Onkel Paul, und Marga wird Alleinerbin seines für diese Zeit beträchtlichen Vermögens. Ernst wird später behaupten, Onkel Paul habe in seinem Testament verfügt, dass Marga nach dem Krieg das Vermögen mit den Geschwistern teilen solle. Pauls Testament ist allerdings nicht auffindbar und wird auch bei den Auflösungen von Margas und Gertruds Haushalten nicht zum Vorschein kommen.

Marga kauft sich von ihrer Erbschaft ein großes Haus in B. in der Innerschweiz und schreibt am 2. Februar 1943:

Liebe Mutter (...)
Ich genieße mein schönes Heim, denn es ist mir immer am behaglichsten hier, wenn ich bei all meinen sieben Sachen bin. Schade, dass Du nicht mal reinschauen kannst. Mir tut es so sehr leid, dass wir darauf verzichten müssen. Für mich ist es ein Stück Schicksal hier zu sein. »Genieße Dein Leben« hat einmal Onkel Paul gesagt. Aber ich sage, »der liebe Gott sorgt dafür, dass die Bäume nicht in den Himmel wachsen.« Aber den frohen Mut sollte man nicht verlieren, den braucht man doppelt in der schweren Zeit.

Am 27.11.1944 wird Ernsts Elternhaus beim Bombenangriff auf Freiburg teilweise zerstört, die Eltern bleiben unverletzt, werden zuerst in den Schwarzwald evakuiert, können dann aber eine Einreise in die Schweiz zu Marga erwirken, wo sie das Kriegsende erleben und bis zu ihrem Tod bleiben werden.

Ernsts älteste Schwester Hanna ist als einzige von Ernsts Schwestern verheiratet und hat fünf Kinder; ihr Mann Hugo arbeitet als Pfarrer zuerst in Schopfheim, dann in Leipzig. Hannas Briefe klingen anders als die von Ernst, sie erscheint ihrer Umwelt zugewandter. Als Ernsts Mutter zum Beispiel wieder einmal wegen eines »Nervenverbrauchs« (Ernst) über Weihnachten in der Kur in Königsfeld bleiben soll und Ernst ihr in langen Briefen – die ich am Anfang bereits zitiert habe – alles genau auftischt, was in ihrer Abwesenheit zu Hause nicht klappt, schreibt Hanna (23.12.1930):

Liebe Mutter (...)
Aber Du! Da sind wir sehr betrübt, dass Du so drinsteckst und nun gerade über Weihnachten stillhalten musst, wo es Dir am allerschwersten fällt. Wir besinnen uns auf alle möglichen Auswege, aber es hilft nichts, Du bist in Königsfeld und wir werkeln in Schopfheim und in Freiburg. Gertrud gibt sich große Mühe und will gerne alle Deine Gedanken verwirklichen und Du kannst ganz beruhigt darüber sein. Nur dass Du fehlst ist sehr betrüblich und Du wirst hauptsächlich an Vater und Ernst denken, vielleicht machen sie ja einen Weihnachtsausflug nach Königsfeld zu Dir.

Hanna kommt mit ihrer ganzen Familie beim Bombenangriff auf Leipzig im Dezember 1944 ums Leben. Die älteren Kinder sind zwar zu diesem Zeitpunkt schon erwachsen und leben nicht mehr zu Hause, sind aber zum ersten Advent zu Besuch bei den Eltern. Bei dem Bombenangriff trifft eine Bombe das Haus und löscht die ganze Familie aus.

Die Familie in der Zeit zwischen 1945 und 1947

Die Verbindungen zwischen Herta, Ernst und seinen Schwestern sind in den letzten Monaten des Krieges abgebrochen. Nach der Kapitulation werden Adressen und Aufenthaltsorte über das Rote Kreuz gesucht, immer mit der bangen Frage, ob der andere, die Anderen noch am Leben sind. Eine Karte vom roten Kreuz vom 4. Juni 1945 ist an Herta Meyer, Behelfsheim in Wolkwitz bei Demmin adressiert und hat den Inhalt: »Ernst Meyer, Kriegsgefangener der U.S. Army mit Nr. 42014.83, erreichbar mit der Adresse P.O.W. Nr. 316.« Diese Karte kommt vermutlich nicht bei Herta an, aber bei Ernsts Schwester Gertrud, die mit Herta Kontakt aufnehmen kann. Auf diesem Weg erfährt Herta, dass ihr Mann noch lebt und in Kriegsgefangenschaft geraten ist. Hertas Antwort liegt nur als Abschrift mit Datum vom 23.1.1946 vor:

Die schönste Weihnachtsfreude war Dein Brief mit der ersten Nachricht seit 9 Monaten von Ernst. Hab 1000 Dank. Herrlich, dass ihr alle lebt. Auch wir leben alle 4, aber wie? Völlig ausgeraubt, ohne das Nötigste, aller Schmuck weg, kaum Bargeld, wohnen wir hier ohne Licht, Wasser Clo. und ohne Fußboden und kaum Heizung. Läuse, Krätze und zuletzt noch schwerer Typhus sind uns nicht unbekannt. Die Zukunft liegt dunkel vor mir. Wann wird Ernst je heimkommen? Bald mehr. D. Herta.
Tutow gesperrt, mein Hab und Gut beschlagnahmt.

Der erste Brief von Ernst an Herta:

Mein liebes, gutes Frauli!
Du lebst! Die Kinder leben!! Ihr alle lebt!!! Seit dem letzten Treffen in Wolkwitz und Demmin hatte ich nur noch einen Brief von Dir. Der 18.4.45 war dann ein Schicksalstag. Ich tat meine Pflicht. Meine Kameraden fielen, für mich war keine Kugel bestimmt. Auch später nicht, bis ich am 3.5. von Amerikanern am Chiemsee gefangen wurde. Drei Lager. Sonst wenige wirkliche Kameraden, viel Spreu (...) den ersten Brief von Dir. Hab Dank!! 1000 Dank!!! Mein tapferes Frauli schreibt so brav und mutig, aber die Schrift verrät mehr als die Worte verdecken. Es liegen harte Monate hinter Dir und Du hast es schwer. Aber ich weiß auch, wie brav Dir Dein Sonjalein geholfen hat und wie tapfer sie mit Dir trug. Auch Hansi wird nun folgen und der Mutti Freude machen. Und Ute ist der Mittelpunkt aller Liebe und Fürsorge, ein Stückchen Segen, wenn ihr schon wieder einen eigenen Herd habt.

Diesen Brief fand ich in einer Abschrift mit der Schreibmaschine ohne genaues Datum. In diesem Brief erwähnt Ernst zwar den 18. 4.1945 und nennt ihn »einen Schicksalstag«, er verschweigt jedoch den Grund hierfür. Am 2.2.1946, vier Monate, nachdem er von den Alliierten dem Amtsgericht Ansbach übergeben wurde, um dort wegen Mordes angeklagt zu werden, schreibt er einen weiteren Brief an Herta:

Mein liebes Frauli!
Im Behelfsheim suche Dich und die Kinder immer wieder voll Sehnsucht und Heimweh. Der Herrgott alleine weiß es, wohin die Entwicklung führt, und was aus uns werden soll. Als damals Hanna, Hugo und ihre 5 Kinder fielen, sagten wir, dass ihnen erspart bleiben solle, was uns noch bevorsteht. Wie recht hatten wir doch! Ist Ute nicht so weit, dass Du schulmeistern könntest? Auch mit frischem Mut in die Grundschule! Du kannst das schon! Denn wann ich freikomme, ist ungewiss. Eine Gemeinde ohne Lehrer holt Deine Sachen und bringt Dich unter. Oder mach einen Kindergarten? Aber Du hast schon selber Ideen und was mich am meisten tröstet, Deinen Lebensmut. Wir wissen, dass es sich alles zum Guten wenden wird. Es gibt ein Wiedersehen! Hansi zum Geburtstag alles Gute! Das Männlein soll brav sein und seiner Mutter recht viel Freude machen. Damit schafft er sich selber das größte Glück. Jetzt mithelfen und tapfer sein. Je fleißiger und braver wir jetzt sind, um so eher wird es wieder gut gehen (...). Wir müssen uns selber ernähren und einfach leben! Was hat dieser Hitler angerichtet! Was kommt jetzt alles heraus! Wie sind wir belogen und betrogen worden seit 33! Verraten und verkauft! Du hattest sooo recht! (...) Herzlichst Dein Ernst

Auch in diesem Brief schreibt Ernst nichts über die Klage, die gegen ihn erhoben wurde.

In einem Brief an Gertrud (Pfingsten 1946) geht Herta zunächst auf den Tod ihrer Eltern ein. Diese konnten sich aus dem Keller ihres Hauses, das bei dem Bombenangriff auf Dresden 1945 zerstört worden war, befreien und gingen mit ihren Koffern in einen nahe gelegenen Park. Dort sollte Hertas Vater auf einer Parkbank warten, während seine Frau ein Quartier für die nächste Nacht suchte. Als sie zurückkam, fand sie ihren Mann nicht mehr – sein Schicksal bleibt ungewiss. Sie selbst stirbt am 1. Mai 1946.

Meine liebe Ud (...)
Es waren schreckliche Tage für mich, beide Eltern in so kurzer Zeit durch diesen unseligen Krieg verloren. Ich hatte nicht einmal das Geld, um zur Beerdigung zu fahren. Zur gleichen Zeit schmiss man mich aus Wolkwitz heraus, mit der Begründung, ich sei keine vollwertige Arbeitskraft auf dem Landgut! Dabei gab es Frauen

ohne Kinder, die viel weniger gearbeitet hatten als ich. Es müssen noch andere Gründe mitgesprochen haben, denn in der gleichen Woche musste auch der Gutsbesitzer Wolkwitz verlassen, bei dem ich 1 Jahr evakuiert war. Nun saß ich mit meinen 3 Kindern und 60 Mark in der Tasche auf der Straße. Nach einer durchweinten Nacht zog ich mir meine einzige gute Schale an, und ging kurz entschlossen zum obersten Schulrat nach Demmin. Er stellte mich auf Grund meiner sehr gefragten Fächer (Mathematik, Chemie, Physik) sofort ein und bot mir eine Stelle in Demmin an mit 517 M. Bruttogehalt. Leider, leider bekam ich trotz eifrigen Suchens in dem völlig zerstörten Demmin keine Wohnung und musste deshalb eine Stelle als Landschullehrerin annehmen in einem sehr netten großen Bauerndorf, das direkt an dem schönen großen Kummerower See liegt. Ich bekomme hier nur die Hälfte Gehalt, ist aber verpflegungsmäßig bestimmt viel besser (...) Ich habe wahnsinnig zu schuften, ehe ich mich erst mal nach 13 Jahren wieder einarbeite. Ich sitze fast die ganze Nacht meist bis 2 oder 3 Uhr. Sonja versorgt den ganzen Haushalt, sie kocht jeden Mittag ganz selbstständig. Du glaubst nicht, was ich für Freude an ihr habe. Auch die anderen beiden haben sich ganz daran gewöhnt, dass sie auf sich gestellt sind. (...) Wir sind selig über den Anfang, die Kinder sind auch richtig aufgelebt.

Meine Mutter wagt mit einer unglaublichen Energie einen Neuanfang. Wir wohnen zu viert in einem Zimmer des Schulhauses, die Küche teilen wir uns mit den beiden bisherigen Lehrern, die wegen ihrer früheren Parteizugehörigkeit nicht mehr zum Schuldienst zugelassen sind. Herta ist nicht in der Partei gewesen. Ihre Beschreibungen in den erhaltenen Briefen und in den Kindertagebüchern, die sie auch in dieser Zeit führt, vermitteln einen Eindruck von ihrem Alltag und mit welcher Energie und Kreativität für die ganz praktischen Dinge sie diesen bewältigt: Herta 15.8.46:

Meine liebe Marga!
Leider hörte ich von Ernst noch nichts Direktes, nur über Ud. seine neue Nummer. Wie wird es ihm gehen, ob er noch lebt? (...) Uns allen geht es gut, viel, viel besser jedenfalls als im vorigen Jahr. Mein Beruf macht viel Freude, allerdings auch wahnsinnige Arbeit, da ich nur die Oberstufe meiner Landschule unterrichte und sämtliche Fächer erteilen muss. (...) Ich bin augenblicklich auf einer 4-tägigen Lehrertagung in Demmin auf einem vergnügten Strohlager in der Schule. Es ist hochinteressant, man lernt viel Neues und fühlt sich mal wieder ganz jung. Gestern war ich zum ersten Mal seit 1 $^1/_2$ Jahren wieder beim Friseur, ich hatte alle Haare durch Typhus verloren, nun seh ich Gott sei Dank wieder anständig aus. Gott sei Dank habe ich nun wieder einiges Nötigste aus Mutters Nachlass bekommen. Wir können sogar wieder in bezogenen Betten schlafen. Allerdings pro Bett nur ein-

mal, aber immerhin ein Anfang. Nur Hans hat keinen Janker im Winter und Ute keine Schuhe. Irgendwie muss es aber werden, ich bin jetzt so abgebrüht und schon mit anderen Schwierigkeiten fertig geworden.

Herta am 25.8.1946 ins Tagebuch für Ute:

Heute feierten wir – leider immer noch ohne Vati – den Geburtstag unserer 3-jährigen Ute! (...) Sie ist ein kleines Dickerle, und durch die schweren Zeiten gottlob gut durchgekommen. Wie dankbar war ich, dass ich ihr heute schon wieder einen so schönen Geburtstagstisch aufbauen konnte. Wir hatten zwar nur einen Löffel altes Butterschmalz und kein Ei, aber noch braunen Zucker. Wir suchten Brombeeren und backten eine herrliche Brombeertorte mit Schlagsahne und einen großen Blechkuchen mit Mohn. Sogar Sirupplätzchen, mit Roggenmehl gebacken, gab es. Ute hatte zwar schon über die Hälfte davon roh aus dem Backofen heraus gefressen, sie hatte sich dazu ihre zwei Freunde zu Hilfe geholt, und da saßen sie nun, Ute, Gerhard, Wolfgang zärtlich vereint vor dem elektrischen Backofen und fraßen all die süßen Brezeln und Ringlein, Kringel und Ausstecherle, die ich mühsam mit Sonja fabriziert hatte. Es gab tüchtige Haue, zum Glück am Vorabend zum Geburtstag. Sie ist nie lang beleidigt, wenn man mit ihr zankt oder sie verhaut, gleich kommt sie und sagt zärtlich: »Mammi, wir wollen uns wieder verkrachen!« Heute morgen wachte unser Goldschätzel wie immer als Erste auf. Mami hat ja große Ferien. Bald fielen ihr die Augen über über all die Herrlichkeiten auf dem Rauchtisch. (...) Sie fraß und fraß sich durch all die Herrlichkeiten: »Dann werd ich krank, dann werd ich tot«?

Den letzten Satz versah Herta mit dem Fragezeichen. So ganz ohne Narben, »gottlob gut«, war das »kleine[s] Dickerle« wohl doch nicht »durch die schweren Zeiten« [durch]gekommen«. Auf demselben Geburtstagstisch, der oben beschrieben war, lag auch die von der Mutter frisch gewaschene Puppe, die Ute »zwei Tage vorher in die Modder geschmissen und beerdigt hatte«.
Im Oktober 1946 – über Ernst schwebt seit einem Jahr sein Prozess – weiß Herta offenbar immer noch nichts Genaues darüber. Die Geschehnisse in der Familie bestimmen den Briefwechsel zwischen den beiden. Ernst am 20.10.1946:

Mein liebes, gutes tapferes Frauli! Liebe allerliebste Kinder!
Als ich Deinen lieben Brief, den ersten seit 24.1. zu beantworten versuchte, wollte es mir nicht gelingen. So schwer lastet die innere Spannung auf mir. Denn der Staatsanwalt hat Zeit. M.a.W. Gefängnis ohne Urteil auf unbestimmte Zeit. Aber nun habe ich doch zwei neue Motoren: Ich habe die Anschrift von einem Ober-

feldrichter beim ehemaligen Kriegsgericht, der mir schon in der Gefangenschaft die Richtigkeit meines Handelns bestätigte. (...) Ud versorgt mich rührend! Sie ist der Engel in dieser Not, Marga schweigt. Aber auch sie wird einmal auftauen und helfen. Mein Mutterle und deine Eltern, besonders Deine liebe gute Mutter wollen wir stets in lieber Erinnerung behalten und ihre Güte als ein heiliges Vermächtnis in uns weitertragen. Bussel mir die Kinder! Sag meiner lieben Sonja mein aller aufrichtigstes Dankeschön für das, was sie Dir und den Geschwistern tut. Sie hat den guten Geist meiner Schwester Hanna, und sie soll sich freuen, denn sie wird glücklich damit sein! Und mein Lauser sitzt still im Eckchen und bastelt! Oh, welch ein Glück für mich. Und er hat sicher folgen gelernt! Dann ist er ja auch auf dem richtigen Weg! Brav und tüchtig lernen, seine Zeit nützen, auch das Spiel ernst nehmen, da wird er etwas Tüchtiges lernen. Ja, mein Lauser, das willst Du ja auch. Und Utilein, Du Sonnenschein, friss Dich bei allen Bauern durch und wachse lachend in eine bessere Zukunft, an die wir alle glauben! In Treue mit 1000 Bussis Euer Vati

Diesen Brief schreibt Ernst sechs Wochen vor seinem Gerichtstermin am 6.12.1946 und muss Herta sowohl über den Termin als auch über den Inhalt der Anklage im Unklaren gelassen haben. Sie wird am 23.4.1948 an Ernst schreiben:

(...) Es war der größte Wahnsinn, dass ihr mir damals nichts geschrieben habt, es war wirklich falsche Rücksichtnahme, mir alles fernzuhalten, ich habe von einer Verhaftung nichts gewusst u. musste dann nach 8-wöchigem Schweigen am 26.1.47 mich mit der Tatsache abfinden, 10 Jahre Zuchthaus, ohne auch nur irgend eine Ahnung zu haben, dass überhaupt etwas los ist. Damals hat es mich fast 8 Tage mit fast 39 Grad Fieber hingehauen.

Das Urteil in Ernsts Prozess erfährt Herta von Gertrud in einem Brief, der leider nicht erhalten ist; Gertrud hat mir über diesen Brief später erzählt.
Auf der ersten Seite dieses Briefes fordert Gertrud Herta zuerst einmal auf, diesen Brief nur ohne Zeugen weiter zu lesen, um ihr dann auf dem nächsten Blatt mitzuteilen, dass Ernst zu zehn Jahren Zuchthaus verurteilt ist. Ich weiß nicht auf welchem Weg, auf alle Fälle erfahren die beiden vom Dienst suspendierten Lehrer vom Inhalt dieses Briefes und zeigen Herta bei der russischen Besatzungsmacht an. Sie wird als Ehefrau eines Naziverbrechers aus dem Schuldienst entlassen und für Feldarbeit eingesetzt.
Ernst und seine Schwestern überlegen, wie sie Herta und die Kinder aus der russischen Zone herausbekommen könnten und versuchen, in Freiburg dafür Beziehungen der Eltern zu Regierungsbeamten vor dem Krieg zu nutzen

(in den Unterlagen befinden sich zwei Gesuche von Gertrud an die französische Besatzungszone, in denen sie nur die Aufenthaltsbewilligung für uns Kinder beantragt, nicht für unsere Mutter). Ernst am 18.5.1947:

Mein liebes Frauli!
Dir und den Kindern einen Pfingstgruß! Wir wollen glauben und den Mut haben auf unseren Herrgott zu warten, auch wenn es eben recht schwer ist. Verliere bitte den Mut und die Geduld nicht! In Freiburg muss erst Deine Antwort eingehen. Hier in Bayern habe ich den Antrag auf Einreise gestellt, es kann gehen. Und Ud arbeitet in Mainz. Dorthin die Kinder und dann selber frei sein, um ein neues Nest zu bauen. Grundsatz: Fern ab von jeder Landstraße! – Hier kommt noch viel. Und doch kommt auch hier einmal der Tag der Erlösung. (...) Wenn Marga etwas tun kann, dann gib die Kinder ihr. Und wenn Du mitkannst, dann geh mit.

Herta bekommt weder von der russischen Besatzung eine Ausreisegenehmigung noch eine Zuzugsgenehmigung in die französische oder englische Besatzungszone. Eine zusätzliche Sorge bereitet ihr die Tuberkuloseerkrankung von Sonja. Herta an Ernst 5.8.1947:

Jeglicher Privatunterricht ist mir untersagt!!!!
Nun zu Sonja! Ich bin in unendlicher Sorge und hätte Dich sehr sehr nötig! Nun auch noch dieser Schlag! Ich war also beim Spezialisten für TBC-Krankheiten, bei Medizinalrat Dr. Herbst Demmin. Diagnose: Halsdrüsentuberkulose, hoch aktiv!!!! Ich war erschlagen vor 5 Wochen war sie doch noch ohne Befund geschrieben. Sicher hat sie sich hier im Schulhaus angesteckt. Beweisen kann ich es nicht, aber ich entnehme es aus Bemerkungen des Arztes und der Schwester. Nun muss ich täglich mit ihr nach dem 20 km entfernten Demmin wegen 5 Min. Bestrahlung und dann keinerlei Fahrgelegenheit. Morgens um 7 Uhr hat uns nach langem Betteln, Bitten und Zigaretten der Milchtrecker mitgenommen. Mittags mussten wir manchmal laufen und mir tat Sonja so leid und ich ihr.

Sonja wird später vom Fahrer alleine mitgenommen, »der Fahrer darf eben keine Personen mitnehmen. (...) Frauen dürfen nämlich nicht Spazierenfahren, sondern müssen bei der Ernte mithelfen« (Herta, 5.8.1947).
Eine Milchkanne wird in der Mitte des Wagens herausgenommen, dafür das Mädchen in die Lücke hineingesetzt, eine Plane darüber geworfen, um sie vor den Kontrollen zu verstecken.
Herta arbeitet auf dem Feld, die Entlohnung besteht aus Naturalien! Nach dem Krieg wird sie erzählen, dass sich abends nach getaner Feldarbeit die Frauen in eine Reihe aufstellen, um den ihnen zustehenden Ernteanteil abzuho-

len. Herta wird immer wieder von Russen aus der Reihe der wartenden Frauen herausgeholt, denn für die Frau eines Nazis gäbe es nichts. Sie löst das Problem auf ihre Weise, näht sich extra große Taschen in ihre Hosen, um während der Arbeit immer wieder etwas Essbares darin verschwinden zu lassen, mal eine Hand voll Getreide, mal Gemüse. Die Familie sammelt Beeren im Wald, Schlehen am Wegrand und die Körner auf dem frisch geschnittenen Feld, die die Erntemaschinen übrig gelassen haben. Die Körner werden mit einer gefundenen, ausrangierten Kaffeemühle gemahlen, die Hans wieder reparieren kann.

Als ich mit meiner Schwester 1996 all die Aufenthaltsorten der Familie in der Kriegs- und Nachkriegszeit, Tutow, Sommersdorf, Wolkwitz, Wackerow aufsuchte, fuhren wir an einem gerade abgeerntetes Kornfeld vorbei. Voller Aufregung meinte Sonja: »Ute schau, wie viel Körner hier noch liegen.« Dieser Blick war ihr noch so vertraut, genauso das stechend kitzelnde Gefühl an den Fußsohlen beim »stoppeln«, wie man das Körnersammeln auf dem frisch abgeernteten Stoppelfeld nannte.

Gegen Ernsts Verurteilung hat die Verteidigung Revision eingelegt. In der Revisionsverhandlung in Nürnberg am 28.8.1947 wird das Urteil erneut bestätigt. Da die Zeit der Untersuchungshaft auf die Haftzeit angerechnet wird, wird das Ende der Haft auf den 16.5.1955 festgelegt.

Im Spätherbst 1947 ist unsere Zeit in Sommersdorf abgelaufen. Eines Nachts wird ein Zettel unter der Tür durchgeschoben mit der Warnung, Herta solle mit uns Sommersdorf so schnell wie möglich verlassen, denn sie stehe auf einer Liste der Leute, die von den Russen in den Osten verschleppt werden sollten. (Gertruds Erzählung) Herta flieht daraufhin mit uns Kindern nach Mainz zu Tante Gertrud.

Die Flucht vollzieht sich unter anderem auf einem Lastwagen mit toten Schafen. Ich kralle mich an ihrem Fell fest – meine ersten greifbaren Erinnerungen. Weiter geht es zu Fuß nachts mit einem Flüchtlingstreck durch einen Wald. Man will die Mutter mit den drei Kindern zuerst nicht mitnehmen aus Angst, die Kinder wären zu laut und würden dadurch den Treck an die Russen verraten. Man einigt sich, dass der neunjährige Hans mit seiner kleinen Schwester an der Hand vorauslaufen soll. Beide bekommen wir von unserer Mutter »eingeschärft«, wir müssten ganz leise sein, weil alle Tierchen schlafen.

Das letzte Stück fahren wir in der Eisenbahn. Am Grenzbahnhof zwischen der russischen und französischen Zone müssen alle Leute aus der russischen Besatzungszone aussteigen, ein Übergang ist ohne entsprechende Papiere nicht gestattet. Vor dem Zug erfolgt dann die Kontrolle und nur diejenigen dürfen wieder einsteigen, die über eine Ausreisegenehmigung aus der russischen Zone und eine Einreisegenehmigung in die französische Zone verfügen. Diese Papiere hat Herta natürlich nicht.

Auf dem Fußmarsch hat sie sich den Fuß verstaucht und kann mit dem inzwischen stark angeschwollenen Bein nicht mehr laufen. So bleiben wir entgegen der Anordnung auszusteigen im Zug sitzen. Ein junger Soldat der Alliierten geht durch den Zug, um zu kontrollieren, ob auch wirklich alle Leute ausgestiegen sind. Er sieht die Frau mit den drei Kindern, sieht vielleicht auch den geschwollenen Fuß, vielleicht bemerkt er auch ihre Erschöpfung und Angst; was auch immer in ihm vorgegangen sein mag, er macht eine abwinkende Handbewegung, schaut weg und geht weiter.

Dieser junge Soldaten stellt eine menschliche Geste über Pflichterfüllung und Gehorsam! So kommt Herta mit den Kindern in Mainz bei Ernsts Schwester an. Da die Familie keine Ausreisegenehmigung von der russischen Zone hat, gibt es auch keine Zuzugsgenehmigung nach Mainz und damit auch keine Lebensmittelkarten.

Gertrud bewohnt eine kleine Zweizimmerwohnung direkt gegenüber dem Krankenhaus, in dem sie als Hebamme arbeitet. Ihr spärliches Gehalt stockt sie durch Hausgeburten bei den Bauern der nahen Umgebung auf. Zu dem freudigen Ereignis wird die Hebamme meistens mit einem großen Korb mit frischem Gemüse beschenkt, und manche spätere Stillberatung wird entsprechend großzügig entlohnt. So können die Lebensmittelzuteilungen immer wieder ergänzt und die fünfköpfige Familie ernährt werden.

Herta bemüht sich in der französisch besetzten Zone in Südbaden wieder um eine Anstellung als Lehrerin. Herta an Ernst am 5.10.1947:

Mein lieber Ernst!
Du wirst sehnsüchtig auf Post warten! Ud lässt herzlich grüßen. Sie hat durch Beruf und Haushalt-Mehrbelastung unheimlich zu tun, sodass sie vorerst nicht zum Schreiben kommt. Noch lesen wir an Deinem großen Schreiben [vermutlich seine Ausführungen »zum Gesetz der Pflicht«] und können alles nicht begreifen. Wie kommt es, dass hier in der französischen Zone ein Offizier wegen der gleichen Angelegenheit nur 2 Jahre Gefängnis bekam? Zeitungsartikel lege ich bei!!! Ich weiß nicht, ob das Aufbäumen gegen das Schicksal viel Sinn hat, wir müssen es beide tragen. Ich grüble oft darüber nach, wodurch wir es gerade verdient haben. Wenn Du Dich jetzt an die oberste Stelle wendest, (was ich richtig finde), dann bleibe sachlich ruhig in Deinem Schreiben, nur nackte nüchterne Tatsachen! Überhaupt Vati! Bäume Dich nicht auf gegen das harte Los, ich weiß wie wahnsinnig schwer es ist, aber sei nicht ungerecht gegen Deine Umgebung, ich hoffe noch immer auf Amnestie wegen guter Bewährung.

Herta mahnt ihren Mann zur Anpassung, während Ernst, der inzwischen von Ansbach nach Kaisheim bei Donauwörth verlegt wurde, seiner Verbitterung freien Lauf lässt: Schickt »nichts fürs Herz, das wird sowieso aus Stein. Menschlichkeit segelt nicht auf des Schalles Wellen, es ist für Herz und Hände, etwas zum Greifen und fürs Auge, das nur Tatsachen sieht« (Ernst, 9.11.1947). Herta erzählt Ernst von den Schwierigkeiten, die sie zu meistern hat, und fährt in ihrem Brief fort:

Auch für mich ist es augenblicklich nicht leicht, zu 4 Personen ohne Lebensmittelkarten der Ud auf dem Hals zu sitzen. Mit Koblenz verspreche ich mir gar nichts. Der zweite Antrag kam wieder zurück, da er nicht den vorschriftsmäßigen Dienstweg ging!!! Wieder wurde dadurch von der Gegenseite Zeit gewonnen. Ich fahre nun übermorgen nach Freiburg, um die Sache möglichst zu beschleunigen. (...)
   Es ist mir ganz gleich, wo sie mich anstellen. Ich gehe auch gern mal in die Stadt. Und wenn wir erst mal Karten haben, leben wir abgesehen von den Kartoffeln viel besser. Ich staune, was Ud auf ihre Schwerarbeiterkarte alles kriegt. Auch sonst sind die Leute rührend mit uns. Dank Marga kommen wir prima durch, gestern war ich nach Alzeg zu auf den Dörfern und brachte 20 Pfund Kartoffeln, 20 Pf. rote Beete, 1 Pf. Möhren, 4 Pf. Winteräpfel und eine Scheibe Brot mit. Ud war sehr begeistert!!
   Vorgestern durfte ich unsere kleine Ute aus dem Krankenhaus »heim« holen. Was war das kleine Dingel selig, es liefen ihr die Freudentränen übers Bäckel. Wie rührend, dass man sie mir ohne Karten so herrlich verpflegte. Mit Stolz zeigt sie ihr aufgeschnittenes Bäuchlein, das herrlich verheilt ist. Was hat das kleine Dingel alles durchgemacht, dieser wahnsinnige Durst nach der Operation bei 40,3 Grad Fieber. Ud ließ den Inhalationsapparat darüber streichen, der damals auch deiner Mutter so etwas Linderung verschaffte.

Ich erinnere die Situation sehr gut. Mein Kinderbettchen stand im Badezimmer der Station, ich sollte von den anderen Patienten isoliert werden, da nicht klar war, ob ich eine ansteckende Krankheit hätte, beide Geschwister waren TB-krank. Fieber, Bauchschmerzen und stark erhöhte Leukozyten ließen auf eine Blinddarmentzündung schließen; der Blinddarm wurde operiert, war aber ohne Befund. Am Tag, an dem ich entlassen werden sollte, nahm ich morgens die Puppenstube, die mir meine Geschwister aus einem Schuhkarton gebastelt hatten unter den Arm, verstaute mein Bilderbuch darin und wartete. Ich wartete lange, denn Herta hatte mit der Krankenschwester vereinbart, mich erst nach der Nachmittagsmahlzeit, bestehend aus einer Tasse Milch, abzuholen. Das wusste ich nicht. Was Herta hier als Freudentränen bezeichnet, waren Tränen eines verzweifelten, langen Weinens, weil ich dachte, die Familie wäre weiter gezogen und hätte mich in diesem kalten Badezimmer vergessen. Herta an Ernst: 1.11.1947:

Es tut mir arg leid, dass Du es so hart hast, aber glaube mir, auch für mich ist es hier verdammt schwer!!!! Auch die Kinder haben eine harte Schule anno 1900, na, es schadet vielleicht nichts, aber das Leben hat sie doch schon hart genug angefasst. Dabei wird Gertrud immer elender, wir sind ihr einfach zu viel, sie ist als Junggesellin dem Kinderbetrieb nicht gewachsen. Gebe Gott, dass wir bald wieder auf eigenen Füßen stehen. Die Aussichten dazu sind sehr gering, denn die Franz. Mil. Reg. hat noch nicht zugestimmt. Ich schrieb Dir bereits aus Offenburg darüber. Es handelt sich um eine Verwechslung mit einem Frl. Beyer. So war also meine ganze Freiburgfahrt umsonst. Man vertröstete mich auf 10 bis 14 Tage. Ich sehe ziemlich schwarz. Sie könnten mich dringend brauchen, ich sollte am liebsten sofort in Baden-Baden in der Oberschule der Oberrealschule bis Weihnachten vertreten, und dann ab Januar in R. für dauernd angestellt werden. Es wäre zu schön gewesen. »Mein« Fall, d.h. »Dein« Fall wurde einem französischen Entnazifizierungs-Ausschuss übergeben und wenn der ablehnt, können die deutschen Behörden nichts machen. Es wurde mir jedenfalls wenig Hoffnung gemacht. Sollte ich nicht wieder in den Dienst kommen, so ist mit Zuzug nicht zu rechnen. Mit Mühe und Not kriegte ich noch ein letztes Mal bis Mitte November Reisemarken.

Herta eine Woche später:

Mit meinem Zuzug sieht es völlig hoffnungslos aus. Seit 2 Tagen sitzen wir völlig ohne Reisemarken. Ich war gestern an drei Stellen bis zur Regierung – erfolglos, bevor ich nicht Zuzug habe, ist an [Lebensmittel]Karten nicht zu denken, und Zuzug gibt es nicht mehr. Ich habe nur ganz ruhig zu den Herren gesagt: »Sie haben eben nicht nötig gehabt, 2 $\frac{1}{2}$ Jahre unter den Russen zu wohnen, dann würden sie nämlich nicht von mir verlangen, 8 Tage, bevor womöglich der eiserne Vorhang fällt, in die russische Zone zurückzugehen.«
Das wäre mir auch das aller-allerletzte. Mit Freiburg habe ich auch gar keine Hoffnung mehr, denn sonst wäre längst Bescheid da. Frau Maria meinte, ich solle versuchen in die südbadische Industrie zu kommen, R., Schopfheim, Lörrach, Aber wie??? Es ist alles nett gesagt, außer Herbert Müller hilft mir niemand.
Wie gut, dass Du wenigstens als Zuchthäusler den Zuzug hast!!! Ud meinte, ich solle mit den Kindern nach Kaisheim fahren und dort Zuzug fordern, da ja jede Frau Zuzug dort kriegt, wo ihr Mann ist! Aber hab keine Angst! Wir kommen nicht. Es muss noch eine andere Lösung geben. Im englischen Sektor soll es als landwirtschaftliche Arbeiterin Zuzug geben, aber welchen Wohnraum?!?!?

Ernst unterstreicht diesen Abschnitt mit einem roten Stift und schreibt bei der landwirtschaftlichen Arbeiterin ein rotes »Nein« an den Rand. Im selben Brief weiter unter dem bereits oben zitierten Abschnitt:

Ja, das Leben macht oft gar keinen Spaß mehr. Wie schade, dass es damals 45 beim Russeneinmarsch nicht zu Ende ging, wie blöd, dass die Bombe in Massens Gemüsegarten knallte und nicht ins Wirtschaftsgebäude in dem wir in einem winzigen Stall zu 34 Menschen eingepfercht, 2 Nächte – 1 Tag eingesperrt waren, dann wäre der Krampf zu Ende. Wir wüssten, wo wir hingehörten, wir hätten unsere Heimat und wären niemandem im Wege.

Herta und die Kinder in R.

Ende 1947 bekommt Herta eine Anstellung am Gymnasium in R. Sie muss dort sofort ihre Arbeit beginnen und lässt uns Kinder vorübergehend in Mainz bei Tante Gertrud zurück. Herta am 13.12.1947:

Meine liebe Tante Ady
Hurra! es ist Sonnabend nachmittag, wie Du ja als Kollegin verstehst, der schönste Tag einer Lehrerin.
Nun der Reihe nach: In Mainz traf ich alles gesund an, Ud war seit 20 Stunden außer Haus, die Arme! Ich stürzte mich dann am nächsten Tag auf die große Wäsche, »besserte« alle Kindersachen aus, so dass es gerade bis Weihnachten reicht. Am Montag den 8.12. fuhr ich weg, mit Riesenrucksack, Federbett, Bettwäsche, Kochtopf und Büchern beladen. Im Zug war es qualvoll eng. Nach einer herrlichen Fahrt durch den verschneiten Schwarzwald kam ich abends um 8 Uhr bei strömendem Regen an und fand in 8 Hotels kein Zimmer mehr. Ich wendete mich dann an die katholische Bahnhofsmission und da nahm mich eine Dame gleich mit nach Haus und ließ mich auch noch in ihrem eigenen Bett schlafen. Es gibt doch noch gute Menschen. Am nächsten Morgen ging ich gut ausgeschlafen und gefrühstückt in die Oberrealschule zum Herrn Direktor. Da ich schon vor 4 Wochen gemeldet war, wusste man Bescheid. Die Schule ist herrlich groß mit 782 Schülern, Buben und Mädel gemischt, Klassen bis zu 64 Stärke, ein herrliches Gebäude auf einer Höhe gelegen in schönen Anlagen. Ich wurde dem großen Kollegium vorgestellt und hatte nicht viel Zeit zum Besinnen, da nämlich 2 Lehrer bis Weihnachten krank sind, wurde ich gleich eingespannt und fing gleich an. Nach der Stunde ging der Konrektor mit mir aufs Wohnungsamt und ich bekam sofort ein sehr nettes, großes möbliertes Zimmer, was hier eine große Seltenheit ist. Ich meldete sofort meinen Anspruch auf eine Leerwohnung schriftlich an, 2 Zimmer mit Küche stehen mir zu. Ich meldete sofort alle 3 Kinder polizeilich an und bekomme nun endlich ab Dezember die normalen Lebensmittelkarten. Die Karten der Kinder bekam ich in Reisemarken umgetauscht, die ich an Ud. weiterschickte. (...) Mit der Zuweisung einer Wohnung kann es noch sehr lange dauern, da die Menschen in Bezug auf Wohnraum sehr verwöhnt sind und vor mir noch 500 Bewerber sind. Ich habe nun folgendes vor: Sonja will ich gleich nach Weihnachten mitnehmen. Es ist zwar ziemlich kalt im Zimmer, aber ich kriege am Montag 1 Zr. Kohlen und nach Weihnachten 1 Ster Holz. Ob Sonja aus dem 7. Volksschuljahr in der Untertertia mitkommt ist fraglich. Gertrud ist bös, dass ich Sonja in die Oberschule schicken will, aber ich möchte die Kinder unbedingt Abitur machen lassen,

dann ist die jetzige Zeit gut ausgefüllt und sie können später immer noch machen, was sie wollen. Was wäre aus unserer Familie geworden, wenn mein Vater nicht so eisern seinen Willen durchgesetzt hätte und ich mein Examen nicht gemacht hätte? Sobald Sonja hier ist, will ich die Einreise in die Schweiz für Sonja und Hans beantragen, Sonja in ein Sanatorium, Hans zu Marga. Sobald ich Bescheid habe, muss Gertrud Hans und Ute auf die Bahn setzen. Ute bleibt hier und wird von meiner Wirtin betreut. Dann ist Gertrud befreit von der großen Last. Man kann hier überall sehr nett auswärts essen, außerdem gibt es täglich für alle, Lehrer und Schüler $^1/_2$ l Suppe, die von den Maggi-Werken gespendet ist, von Montag bis Freitag: Maggisuppen mit schönen Einlagen von Nudeln u.a. und am Sonnabend Haferflockenbrei mit Backobst, herrlich!!!

Mir wächst die Arbeit noch ziemlich über den Kopf, da ich nur 4 Stunden in der Quinta habe, sonst alles Oberstufe. In meiner Oberprima sind 22-jährige junge Herren! Ich habe ihnen bisher 2 Vorlesungen über die Grenzgebiete der Physik und der Chemie gehalten, über Atomzertrümmerung, als bedeutende Aufgabe der Wissenschaft der Zukunft für die friedliche Entwicklung unserer Technik unter dem Motto:

Nicht zum Erraffen und nicht zum Erjagen,
Nicht um blutende Wunden zu schlagen,
um zu bebauen die bessere Welt,
Dazu als Brüder zu Brüdern gesellt
Diene die Arbeit (...) (E. v. Wildenbruch)

Es fand viel Anklang. Über Ernst schweig ich eisern. Heute sprach mich eine Kollegin an, ob ich eine Frau Ahrends aus Neustadt kenne? Sie habe von mir gesprochen. Wer ist das? Hoffentlich ist sie vernünftig, dass es nicht wieder so wird wie in A.-S. [Alt-Sommersdorf].

Hertas Pläne für die Kinder zerschlagen sich. Die engen Wohnverhältnisse in Mainz, die finanzielle Not und die großen Sorgen lassen Zwistigkeiten zwischen den beiden Schwägerinnen entstehen. So fährt Herta im Januar 1948 mit uns nach R. Die Hoffnung, für Sonja und Hans eine Einreiseerlaubnis in die Schweiz zu bekommen zerschlägt sich ebenfalls, weil Sonja wegen der offenen TB nicht einreisen darf; das Genehmigungsverfahren für Hans zieht sich bis Herbst 1948 hin. Er kommt dann für vier Monate nach B. zu Ernsts Schwester Marga und besucht in dieser Zeit dort die Schule. Herta wohnt also ab Januar 1948 mit uns drei Kindern in einem möblierten Zimmer und bereitet sich nachts, wenn wir schlafen, auf den nächsten Schultag vor. Ein Wiedereinstieg ins Berufsleben nach 15 Jahren! Herta an Ernst 24.2.1948:

Ich muss morgen früh zu einer Untersuchung durch franz. und deutsche Ärzte, es sollen die schlecht aussehenden Menschen aus allen Betrieben herausgesucht werden. Vom Kollegium wurde ich rausgesucht, na ja kein Wunder, fressen einen die Sorgen und die Arbeit bald auf.

Herta an Ernst 23.4.1848:

Viel Ärger mit den Eigenen, die sich einfach nicht vertragen können und mir augenblicklich viel viel Kummer machen. Du fehlst eben zu sehr, Hans kriegt oft jähzornige Wutanfälle, dass man ihn dann kaum bändigen kann. Er schreit dann wie ein Irrsinniger. Sonja macht Sturm und Drang-Zeit durch. Kurz, es ist halt oft schwer für mich, vielleicht liegt es auch daran, dass ich zu wenig Zeit habe. Gestern war ich mit einer Stunde Mittagessen-Unterbrechung von 3/4 8 bis abends 20 Uhr 15 in der Schule. Wenn man dann müde und geschlaucht heimkommt, dann stürmen noch die Klagen der Hausbewohner und Klatschereien der Kinder auf mich ein und dann soll man nachts noch 5 Stunden für den nächsten Tag vorbereiten. Es geht oft über meine Kraft. Dass ich durchhalte, ist selbstverständlich. Ich bin halt doch ein »zähes Luder«. Mein einziger Lichtblick ist Hansis baldige Ausreise.

Angesichts dieser Not erscheinen die Kümmernisse der Kinder verschwindend klein. Was zählt die Angst der 4 $\frac{1}{2}$ jährigen Tochter, die sich nicht mehr am Nachbarhaus vorbeitraut, weil sie in der alten, buckligen Frau Herbst die Hexe sieht, die die Kinder gefangen nimmt, sobald sie sich ihrem Haus nähern, oder die Angst vor dem Hund des Metzgers, der um die Ecke wohnt? »Ute wurde heute von einem Hund gebissen am Bein, aber auch nicht schlimmer als Sonja damals in Kg. [Königgrätz]« (Herta an Ernst 5.5.1948). Die Mutter mit solchen zusätzlichen »Schwierigkeiten«, die den möglichen Ablauf des Familien- und Schulalltags stören könnten, zu belasten, erscheint unberechtigt und zieht scheinbar unweigerlich das Mitverschulden von Mutters Not nach sich. Bekommt damit nicht jedes Aufbegehren der Kinder den Stempel eines unberechtigten Jammerns aufgedrückt? Damit ist das Tor für Schuldgefühle jeglicher Art geöffnet: Schuld am Leid der Mutter einfach nur dadurch, dass man Bedürfnisse hat und nicht nur gut funktioniert?

Im Frühjahr 1948 fährt Sonja mit dem evangelischen Hilfswerk nach Schaffhausen und trifft dort auch Marga. Sie berichtet hierüber am 4.5.1948:

Liebe Tante Gertrud!
Am Samstag war ich mit 54 Kindern vom Evangelischen Hilfswerk in der Schweiz. Wie ich aus dem Zug stieg, standen Tante Marga und Hildegard Specht auf dem

Bahnhof. Tante Marga sieht genauso wie Du aus und so erkannte ich sie gleich. Dann gingen wir ins Hotel zum Frühstück, es gab schneeweißes Brot und Hörnchen. Dann fuhren wir mit der Straßenbahn zum Rheinfall, es ist ja herrlich, wir wanderten über die Rheinbrücke zum Schloss Laufen, wo wir herrlich im Freien Mittag aßen. Es gab schrecklich viel gebackenen Schinken, ein Spiegelei und Nudeln mit Käse und Apfelmost; zum Nachtisch gab's Fruchtsalat. Hildegard ist sehr nett und lustig. Nach dem Essen wanderten wir wieder nach Hause ins Hotel. Am Nachmittag gingen wir auf den Munot, eine große Festung, und dann in eine Konditorei. Da durfte ich mir Kuchen aussuchen, so viel ich wollte, aber ich konnte nur 4 Stück essen, weil er so fett war, und dann gab es Schokolade mit Schlagsahne. Dann bekam ich einen bunten herrlichen neuen Regenmantel, zwei Paar Kniestrümpfe, zwei Paar Söckchen und ein Paar neue Sommerschuhe, wie hab ich mich gefreut. Mutti hat 3 Sommerkleider und einen Mantel und eine Bluse bekommen, für Dich hat Tante Marga auch ein Kleid geschickt; es ist grau mit hellschwarzen Streifen und hat lange Ärmel. Wir schicken es lieber nicht, und wenn Du zu uns kommst, kriegst Du hier ein Kleid. Hans ist noch nicht in der Schweiz, weil es mit Mutti nicht geklappt hat, jetzt wollen sie aber Freitag fahren, hoffentlich kann Mutti mit. Wenn Du kommst wirst Du staunen, wie schön meine Drüse ist (...) [hier deutet sie ihre Genesung von der Tuberkulose an.] Nun will ich schließen. Sei recht herzlich gegrüßt von Deiner Sonja

Etwa zur gleichen Zeit, zu Ostern 1948, sehen sich die Eheleute das erste Mal nach dem Krieg wieder, denn Herta kann Ernst im Zuchthaus besuchen.

R., Karfreitag! (1948)
Mein lieber, lieber Vati!
Es war doch trotz allem Schweren zuuuuu schön. Ich hoffe, dass Du doch auch innerlich froh geworden bist, wenn Deine Alte auch sehr vergrämt und verrunzelt aussah, aber in mir schwingt das schöne Erleben, Dich endlich wiedergesehen und gesprochen zu haben noch immer nach, und ich musste den Kindern immer wieder von Dir erzählen, und sie wollten immer wieder wissen, was wir erzählt haben, ja was haben wir eigentlich geschwätzt, ich weiß nur, dass ich Dich nach alter gewohnter Unsitte immer wieder unterbrochen habe. Ich war froh, dass ich noch die 8 km allein laufen musste, ehe ich wieder unter Menschen kam.

Herta am 23.3.1948 an Ernsts Tante Ady:

Ernst wurde kurz nach mir ins Besuchszimmer geführt und über alle erlaubten Schranken hinweg drückte er mich erst mal feste ab und setzte sich die Stunde neben mich. Erst liefen uns die Tränen herunter, haben uns aber dann schnell beherrscht und fanden endlich die ersten Worte. Die Kinder hat Ernst auf den Bildern nicht erkannt. Fragte erstaunt, wer ist das? Besonders Sonja nicht. Nun denk, Tante Ady, Ernst sah wohler aus als ich. Er hatte frische Farbe, Gott sei Dank keinen Kahlkopf, nett gekämmt, nicht allzu grau, gut rasiert. Wir haben es sogar fertig gebracht zu lachen.

Einige Tage später dann noch einen weiteren Brief an Tante Ady von Herta. Als Datum gibt Herta nur Karfreitag an:

Ich kann jetzt Ernst voll und ganz verstehen und bitte auch Dich, es zu tun. Ich war doch anschließend noch in Ansbach und habe mir von lieben Freunden von Ernst, besonders von dieser rührenden Frau Stamminger genau Augenzeugenbericht geben lassen. Ernst hatte bereits am 17.4.45 den Befehl bekommen, den Bürgermeister eines Vorortes von Ansbach zu hängen, da er es nicht tat, drohte die SS Ernst zu erschießen, falls noch irgend das Geringste vorkäme, er hat eben einfach nicht anders handeln können. Und es fand jeder damals dann in Ordnung, dass ein Verräter gehängt wurde. Ernst sagte mir, vor Ansbach lagen 200 Gräber dafür, dass der Kerl die Telefonleitungen durchschnitt, und Ernst von jeder Verbindung abgeschnitten war, kostete es noch mehr Opfer unter anderem Ernsts besten Kamerad: Major Schwägler, Vater von 3 Kindern. Ernst könnte im Angesicht dieser 200 Gräber nicht auch zum Verräter werden, wenn er den Kerl nicht bestraft hätte. Ganz Ansbach fand es damals in Ordnung! Erst ein halbes Jahr später hat eine kleine Clique (aus streng katholischen Kreisen, 1 Jude dabei) die Sache aufgebauscht, erst dann wurde Ernst als Mörder bezeichnet. Zwei seiner Mitangeklagten hat Ernst nicht verraten, sie sind schon längst frei. Also Gott sei Dank bin ich nun voll und ganz auf Ernsts Seite und kann alles verstehen. Das Urteil soll vorher genau festgelegen haben. Ich habe mich zum Oberstaatsanwalt Cürten gewagt, der mir nicht gerade ins Auge sehen konnte. Allerherzlichst Deine Herta

Ernst hat in seiner Erzählung den Tatvorgang so unglaublich verdreht; er hat auch seiner Frau gegenüber ein Lügensystem zu seiner Entschuldung daraus gebastelt und Herta glaubt es bereitwillig. Glaubt sie es wirklich? Warum muss sie dann Tante Ady bitten, Ernst genauso total zu verstehen, wie sie es jetzt könne? Herta klammert sich an Ernsts Unschuld – verständlicherweise, wenn man ihre trostlose Situation in Betracht zieht. Nach diesem ersten Besuch jedenfalls bezweifelt Herta Ernsts Unschuld nicht und teilt seine Empörung über das Gericht: »Das Urteil soll vorher genau festgelegen haben. Ich habe mich zum Oberstaatsanwalt Cürten gewagt, der mir nicht gerade ins Auge sehen konnte.«

Dieser Friede und das Einvernehmen zwischen den Eheleuten dauert nicht lange. Die Familie hat zwischenzeitlich ein Gnadengesuch eingereicht und eine frühzeitige Haftentlassung für Ernst beantragt. Im November 1948 erwartet man den Bescheid. Das Warten verstärkt die Anspannung und Unsicherheit bei den Eheleuten noch weiter und diese Unsicherheit wird von beiden – Herta reagiert darin nicht anders als Ernst – nach außen abreagiert: ein Schuldiger wird gesucht, gefunden und entweder voller Hass bekämpft, oder man stellt sich mit giftigem Unterton als Opfer dar.

Ernst prophezeit in einem Brief an Herta einen Krieg mit Russland und ermahnt Herta, genügend Kartoffeln einzukellern, Herta dagegen am 1.9.1948:

Über Deine politischen Prophezeiungen mache ich mir kein Kopfzerbrechen, wir sind hier herrlich unpolitisch, wir wollen nicht an einen Krieg glauben, wir haben die Nase voll!!! Wir sind restlos entmilitarisiert. Wir wissen, dass man uns irgendwie kaputt macht, so oder so, darum wird jeder Tag gelebt, so gut es eben geht; ich weiß nur, dass es für mich keinen zweiten russischen Einmarsch gibt, entweder sie kommen nicht, oder ich erlebe es mit den Kindern nicht, aber das hat noch Zeit. Hauptsache, Du kommst bald.

Die Wut richtet sich keineswegs nur gegen politische »Feinde«, sondern auch gegen Mitglieder der eigenen Familie, wie die folgenden Briefe zeigen.

Herta bekommt eine Wohnung in Aussicht gestellt, und Gertrud möchte ihr einige Möbel aus dem zerbombten Elternhaus in Freiburg schicken. Herta schreibt an Ernst am 3.10.1948:

Mein lieber Ernst!
Du musst auch bald an mir verzweifeln, dass ich so wenig schreibe. Ich habe es sooo satt, diese blöde Schreiberei, man hätte sich so viel zu sagen und weiß überhaupt nicht wo anfangen. Ich hadere mal wieder mit unserem Schicksal, warum musste dies alles sein? Warum schreibst Du nur immer von Abholen und Heimkommen, wenn doch gar kein Grund vorhanden ist? (...)
Ich habe einen, wie wir alle, schrecklich zerpflückten Stundenplan, sogar auch an 3 Nachmittagen. Dadurch kriegt man überhaupt nichts Vernünftiges mehr fertig. Von Gertruds Besuch habe ich mich wieder einigermaßen erholt. Es war neben dem frisch anlaufenden Schuldienst wahnsinnig anstrengend, was hatte ich gebeten, diesen Umzug während der Ferien zu machen. Sie brachte aus Freiburg herrliche Wäsche mit und von Vater zwei Mottenanzüge, ich glaube kaum, dass man damit noch etwas anfangen kann. Die »Möbel« sollen nun allmählich in den nächsten Tagen als Beiladung kommen. Mir graut ganz wahnsinnig!!!!! Ich hatte

extra im Auftrag von Marga gebeten, der Frau Eckhard nicht das Wanzenbett wegzunehmen, aber nein, es kommt und außerdem zwei vollkommen zerschlissene Matratzen auch mit Wanzen. Dieser sture Zug der Meyers ist furchtbar, ich werde ihn mit allen Mitteln bei unseren Kindern bekämpfen, (...) aber meine Ermahnungen waren alle umsonst. Sturheit siegte (...) [Es folgt eine lange Liste von den zu erwartenden Möbeln:] Ein Gasherd (Brenner weg), (...) 7 Eßzimmerstühle, (5 davon zu reparieren) (...) Schreibtisch (sehr kaputt) (...) [und dann die Bitte mit rot unterstrichen:] Bitte, bitte schreibe nicht an Ud: Es klingt dann gleich so hart, und es kommt doch nichts dabei heraus. Es ist vielleicht auch sehr undankbar von mir, manch einer wäre froh darum. Ich hätte mir das Ganze halt in die Ferien gewünscht (...) Ganz wundervoll war Margas Hilfe. (...) Den Kindern geht es gut. Mit unendlichen Schwierigkeiten organisierten wir ein Wiedersehen der zwei Schwestern (Marga und Gertrud) nach 10 Jahren. für eine knappe Stunde mit allen 3 Kindern am Schlagbaum hinter Konstanz hinter Maschendraht. (...) Eigentlich durften wir nur 10 Min. sprechen, aber es wurde eine knappe Stunde. Die beiden Schwestern sind grundverschieden, Marga von einer Großzügigkeit, die ihr eigentlich schon früher ohne Mittel eigen war und Gertrud von krankhafter betonter Sparsamkeit, die nach der Währungsreform noch unendlich gesteigert ist.

Ernst an Herta 24. 10.1948:

Mein liebes Hertali, Du tapferes Frauli! Soeben habe ich in einem sehr tiefsinnigen Büchlein mit dem Titel »Judas Ischario« gelesen: »Wer von seinen Brüdern eine Seele verkauft, der soll des Todes sterben« (3. Mos.). Und wieviele gläubige deutsche Seelen hat dieser Verräter mit seinem Zerschneiden der Leitungen verkauft?
Dies Frauenzimmer [Ud] mit der blöden Besserwisserei. Sie tut es nur, damit wir öfter Danke sagen müssen. (...) Lass sie sausen! Gehe schon darum nicht nach Mainz. Sage ruhig, Du müsstest für den Transport der besseren Möbel sparen und lasst uns wieder in unserer Art und Einsamkeit glücklich werden.

Ernst beschwört die glückliche Gemeinsamkeit mit Herta und schweißt diese mit der gemeinsamen Wut auf Gertrud zusammen. Diese Gemeinsamkeit ist aber keineswegs von langer Dauer. Je näher der Zeitpunkt für den Bescheid des Gnadengesuchs kommt, desto größer wird die Unsicherheit und Anspannung bei beiden. Ernst reagiert mit verstärktem Hass und Selbstmitleid, Herta geht zum Angriff auf Ernst über. Ernst an Herta vom 14.11.1948:

Es ist schwer, Dir zu schreiben, ich fresse Euch Margas Pakete leer, habe noch Wünsche, bin ein vollkommen nutzloses Geschöpf. Was sollen die Kinder schon im

Guten an mich denken. (...) Mein Herz will eben recht wenig. Ich hätte nichts dagegen, es wollte gar nicht mehr! Auch Du hättest es dann leichter! Wenn es so weiter geht, bin ich in kurzer Zeit wieder für das Spital reif. Dieser Bayrische CDU-Staat ist schlimmer als die Weimarer Republik, dies CDU-Christentum hat mit der Bibel einen Dreck zu tun. Mein Herz ist von Hass zerfressen, von Ekel, von Verachtung. Herrgott lass es Atombomben regnen, Pech und Schwefel langt nicht mehr für den Saustall!!!! (...)

Herta antwortet darauf:

Totensonntag

Lieber Ernst! Bitte nicht wieder so einen Brief wie den letzten. Du darfst nicht so lähmend in meine mühsam aufrecht erhaltene Schaffenskraft eingreifen. Ich möchte Dir wirklich nicht wünschen, 1/2 10 Uhr einen solchen Brief zu kriegen und dann von 10 bis 1 Uhr und von 2 bis 5 Uhr Schulstunden halten und abends sich für 5 Schulstunden zum Samstag noch vorbereiten müssen. Was ich dann außerdem nachts noch geträumt habe!!!

Also so halten wir beiden nicht durch. Ich habe den Zusammenbruch vorausgesehen, da Du Dich eben zu sehr auf eine Befreiung im Herbst eingestellt hast, ich habe Dir beim letzten Besuch schon gesagt, dass es unmöglich ist. Wir müssen uns eben mit unserem furchtbaren Geschick abfinden. [Ernst an den Rand mit Rot Nein!!!] Ich las gestern hier in der französischen Zone: 8 Jahre Zuchthaus für die Erschießung zweier Fahnenflüchtiger. Es hat nun nachträglich keinen Sinn mehr über geschehene Dinge nachzugrübeln, wir müssen eben jetzt beide bitter dafür büßen, dass Du damals den Fingerzeig Gottes nicht spürtest, als der Strick riss. [Ernst mit rot an den Rand: »Da war L. schon tot.«] Wäre ich damals bei Dir gewesen, aber dieser blöde Einfluss der Familie H. die sich dann, als es wirklich darauf ankam, verdünnisierte. Damit werde ich eben nicht fertig. Ich hasse den Nazismus mit seinen verabscheuungswürdigen Methoden!!!! Außerdem sind die beiden C-Herren aus Ansbach Cürten und Claesen noch unser persönliches Pech. – (...)

Weiter, dass Du unglücklich bist, dass die Kinder keine Beziehungen zu Dir haben, wundert Dich das? Am 8. Jan 43 bist Du von uns weg, um bis März 1945 nur noch einige Gastrollen zu spielen. (...) Man kann es einfach nicht verlangen. Und Margas Aufmunterung an Hans »Sei nicht so stur, sonst geht es Dir wie Deinem Vater« tragen auch nicht allzu sehr zur Verständigung bei. Glaubst Du nicht, dass mir oft das Herz bricht, wenn ich heute am Sonntag Ehepaare von meinem Stübchen aus spazieren gehen sehe, wenn ich in der Zeitung lese, dass nun auch Frankreich binnen 4 Wochen die letzten Kriegsgefangenen entlässt, von dem biologischen Elend gar nicht zu reden, das erzähl ich Dir beim nächsten Besuch (...).

Ernsts Brief ist voller Hass. Wie reagiert Herta darauf? Als ich das erste Mal über Hertas Antwortbrief schrieb, entstand ein sehr bruchstückhafter Text. Gedanken waren angedeutet, nicht ausgeführt, blieben unklar und wurden durch ein nächstes Zitat aus dem Brief, das ohne Kontext isoliert stehen blieb, auch nicht deutlicher. Als wenn ich die Aussagen nur antippen würde, schnell wieder davon wegrennen müsste, um durch ein neues Zitat aus Hertas Brief davon abzulenken. Dieser Text irritierte mich; ich wertete mich dafür ab, und schrieb ihn meiner Unfähigkeit, den Inhalt von Hertas Brief klarer zu sehen und ihn ausdrücken zu können, zu. Erst nach einigen weiteren Anläufen gelang mir die nötige Distanzierung, um meinen Text auch als adäquaten Spiegel dieses Briefes zu sehen.

Hertas Brief ist bei genauerem Hinschauen voller Verwirrungen, auch wenn Aussagen z.T. klar und bei Herta oft besonders klar und markig daherkommen. Dazu ein Beispiel: Herta schreibt: sie »hasse den Nazismus mit seinen verabscheuungswürdigen Methoden« ohne einen Bezug. Es ist weder klar, ob sie Ernst als Nazi sieht und ihn dafür hasst, ob sie die Familie H. dafür hasst, und welche verabscheuenswürdigen Methoden sie meint; das Morden? Welches Morden, das Ermorden der Juden, oder Ernsts Morden? Oder dass sich H. verdünnisierte? Alles bleibt im Unklaren, der Satz steht alleine, der Kontext ist verwischt. Man kann beliebig jeden Inhalt dort hineinlesen, oder anders herum gesehen: Herta kann sich jeder Aussage entziehen: »Das habe sie nicht gemeint«.

Gleich zu Beginn des Briefes das entsprechende Vorgehen: Ernsts Brief muss Herta verständlicherweise tief erschüttert haben. Darüber schreibt sie aber nicht, sondern bittet ihn, »nicht wieder so einen Brief wie den letzten!« Ernst dürfe nicht lähmend in ihre mühsam aufrechterhaltene Schaffenskraft eingreifen. Herta liest in Ernsts Brief, er sei voller Hass, sein Herz davon zerfressen. Was bedeutet in diesem Fall die Bitte, dass sie solche Briefe nicht mehr wolle? Ist Ernst dann nicht mehr so von Hass zerfressen, wenn er es ihr verschweigt? Mit ihrer »Bitte«, wendet Herta den Blick von Ernsts Person weg, beschwört stattdessen das gemeinsame Durchhalten, das er durch solche Briefe untergrabe.

Welche Gefühle hat Ernsts Brief bei Herta wohl ausgelöst? Angst und Erschütterung, ihren Mann so hasserfüllt zu sehen, nicht wie beim ersten Besuch »nett gekämmt, nicht allzu grau, gut rasiert« (23.3.1948)? Über ihre Gefühle schreibt sie nicht, sondern scheint die Flucht nach vorne zu ergreifen und versucht, an verschiedenen Stellen Kontrolle zu erlangen: sie habe den Zusammenbruch vorausgesehen. Aus Angst sonst überrollt zu werden? Mir drängt sich hier die Frage auf, was Herta unter Zusammenbruch versteht: meint sie, dass Ernst zusammengebrochen sei, oder droht nicht vielmehr ihr

Bild von Ernst zusammenzubrechen? Herta dehnt ihre Kontrolle auch auf Ansbach aus: »Wäre ich damals bei Dir gewesen, aber dieser blöde Einfluss der Familie H.« Dann? Hertas Satz klingt unvollständig. Wäre er zu Kriegsende nicht so mörderisch gewesen, wenn sie da gewesen wäre? Es bleibt unklar, was sie meint, versichert im nächsten Satz aber: »Damit werde ich eben nicht fertig.« Das ist zwar eine Aussage, die aber ebenfalls wieder nur Fragen nach sich zieht. Womit wird sie nicht fertig? Dass sie damals nicht da war, dass die Familie H. sich verdünnisierte, dass Ernst ein so beeinflussbarer Mensch ist und sich zum Werkzeug für andere machen lässt – das ist doch das Bild, das sie von ihm zeichnet! – oder dass er gemordet hat?

Mit Familie H. wird vermutlich die Familie von Richard Hänel gemeint sein. Hänel war gleich alt wie Ernst, Jahrgang 1895, Kreisleiter von Ansbach, OB, Mitbegründer der Ansbacher NSDAP, Begründer der SS, Oberführer der SA, Träger des 10-, 15- u. 25-jährigen Dienstabzeichens und des goldenen Parteiabzeichens. Er setzte sich zwei Tage vor dem Einmarsch der Amerikaner ab, nachdem er in Ansbach noch ein rauschendes Fest gefeiert hatte (Fitz 1994).

Herta laviert und ringt und lässt vieles im Unklaren. Vermutlich ist ihr selbst vieles unklar. Nach dem ersten Besuch bei Ernst glaubt sie Ernsts Version »Ich kann jetzt Ernst voll und ganz verstehen und bitte auch Dich es zu tun«. Auf der anderen Seite ist er verurteilt worden, und in der Revision wurde dieses Urteil bestätigt. Das muss Herta zutiefst verunsichert haben. Darüber schreibt sie nicht, versucht sich statt dessen stark und unantastbar zu geben, während sie Ernst ein eigenverantwortliches Handeln abspricht. »Wäre ich damals bei Dir gewesen, aber dieser blöde Einfluss der Familie H.«

In seinem Antwortbrief geht Ernst nur auf eine von Herta Aussagen ein, und zwar auf ihr »biologisches Elend«, alles andere lässt er weg, besonders ihre Aussagen über Ansbach. Ernst am 25.11.1948:

Dein Brief vom Totensonntag hat mich sehr erschüttert. Was ich immer fühlte und ahnte, ist Gewissheit geworden. Du schreibst vom »biol. Elend«. Was ich längst wusste: Du bist krank! Warum hast Du mir das verschwiegen, ebenso ist es mit Marga. Ich spürte den Missklang, Du hast es immer wieder trotz meiner Fragen vermieden, auf die innerlichen Dinge einzugehen. Nun weiß ich genug aus der Erziehung von Hans.- Hab Dank für diese erlösende Wahrheit. Ich war entsetzlich enttäuscht, weil ich Euch einfach nicht verstand. Ich musste für die Wünsche (Rasierklingenschärfer, Bandmasse, Thermoskanne...)zum Vorstand gehen, fühlte mich plötzlich alleingelassen – und ich habe keine Nerven mehr. Nun ist alles klar, ich habe keine Wünsche mehr . (...) Du leidest wie ich und hast auch keinen Boden mehr. Du hast noch die Kinder, ich habe auch sie nicht mehr. – Was in Ansbach

wirklich war, weißt auch Du nicht (...) Einem Verbrecher braucht man ja nicht glauben. Das deutsche Recht kennt Ehre und Glaubwürdigkeit beim Angeklagten und erst recht beim Verurteilten nicht.

Herta darauf am 2.12.1948:

Mit Erschütterung habe ich Deinen Brief gelesen. Du bist weiß Gott »überzwerch«, wie der Südbadener so nett sagt. Zum Trost schicke ich Dir ein goldiges Bildle von Utilein! und von Großvater und Hans!! Den Pullover strickte ich Ute aus Resten! Ist sie nicht süß? Ich bin doch im Leben nicht krank, nein zu gesund!!! Kapierst Du mich denn nicht, kein Wunder, wenn Du vergessen hast, dass es zweierlei Geschlecht gibt.

Weiter geht Herta nicht mehr auf Ernsts Brief ein, das Thema von Ansbach und Ernsts Verurteilung ist für beide vom Tisch. Man findet sich in gemeinsamer Empörung über die Kinder. Herta an Ernst 6.12.1948:

Endlich kam mal ein halbwegs vernünftiger Brief von Dir. Du glaubst gar nicht, wieviel Angst ich immer wieder habe, wenn ich wieder einen öffne, was wohl nun wieder drin stehen wird. Also hab Dank, dass es diesmal nicht allzu viel Nerven erforderte, ich hab nicht mehr viel, was mir die Schule noch an Nerven überlässt, vernichten mir dann die Kinder zu Haus. Es ist oft zum Kotzen; Hans sitzt 5 Stunden über seinen Schularbeiten, die unter väterlicher Aufsicht in knapp einer halben Stunde erledigt wären. Sonja hilft mir gar nicht mehr, vielleicht sind die täglichen 6 Stunden anstrengend, aber dann wird am Nachmittag geschwartet, und wenn ich nach 5 aus der Schule komme, sind die Schularbeiten noch nicht angefangen, statt dass sie das Abendbrot kocht und wenigstens die Ute abfüttert und ins Bett schafft. So ist nur unter furchtbarem Gebrüll das Zimmer für mich abends ab 9 Uhr geräumt, dann ist man meist so erledigt, dass man auch erst eine Stunde braucht, bis man an die Arbeit gehen kann. So das wäre die Wahrheit!!!!!!! Ute ist brav, geht zur Kinderschule und macht mir die wenigste Mühe. [Schwarten ist ein sächsischer Ausdruck für intensiv lesen, in eine Schwarte vertieft sein].

Hier schiebt die Mutter aktiv den Kindern die Mitverantwortung für ihre Notsituation zu, sie »vernichte[tete]n« die Nerven der Mutter. Damit sind sie in Hertas Augen mitschuldig an ihrer Not. Dass die Kinder für ihr Handeln eine eigene Motivation haben könnten, wird nicht gesehen, im Gegenteil, die Kinder sollten der Mutter das Leben erleichtern, die große Tochter den Haushalt führen und die kleine Schwester versorgen und die beiden Schulkinder möglichst reibungslos und unauffällig ihre Schulaufgaben erledigen.

Dass Herta in ihrer Überforderung solche Wünsche an die Kinder hat, ist sehr verständlich. Wenn sie von den Kindern diese Wunscherfüllung aber real einfordert, dann verweigert sie den Kindern die Einfühlung, die sie selbst von ihnen erwartet. Die Überforderung der Kinder wird dabei übersehen. Sonja, die von der Dorfschule direkt in die Quarta des Gymnasiums eingestuft ist und zwei Jahre Französisch nachholen muss, ist immer noch TB-krank; der Befall eines inneren Organs ist zu diesem Zeitpunkt noch nicht diagnostiziert.

Das erste Gnadengesuch wird im Dezember 1948 abgelehnt, die Familie wird bis zu Ernsts vorzeitiger Entlassung aus dem Zuchthaus im Dezember 1952 noch acht weitere Gnadengesuche stellen. Ernst darauf am 12.12.1948:

So spät am Sonntag Abend habe ich Dir noch nie geschrieben, Du armes, liebes, gutes Frauli! Dein Brief mit den Kinderbildern kam. Inzwischen hast Du meinen Einschreiber mit der Einheitsformel über unser Gnadengesuch erhalten. Was 20 Leumundszeugen beurkunden – darunter ein Oberkirchenrat – eignet sich also nicht zur Berücksichtigung. Einheitsformel (es gibt mehrere, diese ist die zahmste und die »günstigste«) erledigt zwischen zwei Ami-Zigaretten, Fall Nr. 4916/48. Ich sprach gestern mit dem ev. Pfarrer. Er hatte über Johannes den Täufer und über das Wort »Ich habe Treue gehalten« gepredigt und war dann doch über diese Illustration etwas betreten. Wir müssen uns klar sein, dass wir jetzt eine Vernichtungsschlacht verloren haben. (...) In dieser Not ist Sonjalein der tiefste Schatten. Du schreibst: »sie hat ein Herz von Stein.« Hattest Du es in Alt-Sommersdorf auch, als sie ihre Drüsensache bekam? Hattest Du dies auch, als Du Dich immer wieder für sie opfertest? Sie ist Dein regelmäßiger Kostgänger und dankt Dir mit solchem Egoismus? Ich habe die Kinderbilder weggelegt. Ein lachendes Foto beweist mir nichts. Ich hatte in meinem Brillenfutteral ein Zettelchen »Sonjalein-Hausglöckel«. Sie sollte Dein Glück, unser Frohsinn, unser Segen, unser guter Hausgeist sein. So hatte ich ihr Bild vor mir. Es war ein Stück innerer Verbundenheit und ein großer tiefer Dank, der in dem Zettel steckte. Ich wurde durch ihn immer wieder an ihre liebende Hilfe erinnert. Ich habe den Zettel weggeschmissen. Zum Geburtstag sende ich ihr den Glückwunsch, dass sie sich und den Weg zum 5. Gebot wieder findet. Mein lieber Hans! Du bist auf den Kinderbildern so arg nett. Das erste Bild in langen Hosen! Du passt sehr genau auf, wie man das Fotografieren macht. Das gefällt mir besonders. Warum bist Du so dumm, Stunden mit Deinen Schulaufgaben zu vertrödeln? Mach sie doch besser und schneller und gründlicher in weniger Zeit! Mutti kann Dir wenig zum Spielen geben, sie hat kein Geld. (...) Mutter hat noch Uhrmacherwerkzeug von mir. Willst Du Dir mit Fleiß etwas davon verdienen? Schau, das ist der Weg zum Glück im Leben. Versuch doch der Mutti etwas zu helfen! Ich habe es auch getan und Onkel Traugott auch. Und auf den Hütten als Pfadfinder habe ich das herrlich brauchen können. Grüß mir Mutti recht herzlich, gib ihr ein Bussi von mir und hilf ihr! Dann dankt Dir ganz besonders herzlich Dein Vati.

Herta antwortet auf diesen Brief am 4. Advent: (ohne genaues Datum) »Hab Dank für Deinen lieben gestrigen Brief, Hans hat die Worte von Dir mit Bedacht sich angehört und sich sein Teil herausgeholt. Sonja war wütend darüber und Erfolg hatte es wohl nicht.«

Vor diesem Brief hat Herta am 14.12.1948 bereits an Ernst geschrieben:

Gestern kam nun die furchtbare Gewissheit des abgelehnten Gesuchs. Unerhört, das 7 Wochen liegen zu lassen, um dann der Familie die reinste Weihnachtsfreude zu machen. Man greift sich nur immer wieder an den Kopf, dass das Deutsche sein wollen. (...) Na, wir sehen durch das Intrigenspiel nicht hindurch, es bleibt uns jetzt nur vorbehalten, mit den 7= sieben weiteren Jahren fertig zu werden, zerbrechen dürfen sie uns nicht, den Gefallen tun wir unseren Kerkermeistern nicht. (...) Auch ich muss mit meinen Kräften mehr haushalten, es darf nicht sein, dass es mich wie vor 14 Tagen fast hinhaut, nicht zuletzt trugen Deine Brief dazu bei. (...) Wir können es doch nicht ändern! Du musst Dich nun hineinfinden, ich muss es doch auch. Ich staune über die guten Briefe, die Herr Kern [der Mann ihrer Vermieterin] an seine Frau schreibt, weil ihm ein Franzose im Gefängnis an schwerem Gelenkrheumatismus (vom Arzt bescheinigt) starb, 4 $1/2$ Jahre sitzen muss und dazu noch einen blöden Sohn [ein Kind mit Down-Syndrom], eine Frau und Tochter ohne Verdienst hat. Es gibt doch auch noch schlimmere Fälle (...). Ich bekomme schon vom Staat 60 DM Kinderzulage, kriege aber mit meinem 1 Dienstjahr (die übrigen zwei werden im Bad. nicht gerechnet) als beamtete Hilfskraft, da mein Mann Beamter ist!!!!!! genau 150 Mark im Monat weniger als ein gleichalter Junggeselle!!!! Wie gut, dass Du wenigstens ein vernünftiges Weihnachtspaket bekamst, hoffentlich kommt es pünktlich. Bitte bitte keine Bibelsprüche mehr, ich ertrage es nicht, ich kann dann einfach nicht weiterlesen. Erkläre mir lieber, wozu ein Gott diese Vernichtung einer Familie zulässt!!!! Herzlich Herta

Ernst am 17.12.1948:

(...) Ich bin kein Kriegsverbrecher. Das ist in Dachau vom Ami festgestellt worden. Es steht in keinem Urteil. Mein Handeln aus Pflichtgefühl ist ausdrücklich anerkannt. Zum Verhängnis wurden mir nur die Formfehler, selbst Limperts Verrat ist vom Gericht bestätigt. Dabei ist eine Vorschrift aus dem Jahr 39 vor Kriegsbeginn zu Grunde gelegt, die schon beim Kriegsanfang 39 geändert wurde. Die letzten nachweisbaren Änderungen waren vom Febr. 1945 mit besonderen Vollmachten für die Armeeführer, Sonderbefehle zu erlassen. Das ist im Urteil einfach ignoriert. Man muss mir beweisen, dass mein Handeln nach diesen letzten Vorschriften falsch war, wobei auch noch zu beweisen wäre, dass mich der einsetzende und instruierende Inspektor falsch instruierte (es ist typisch für die Einstellung des Gerichts, dass dies alles der Vorsitzende mit der Handbewegung abtat: »da habe Sie nicht genau hingehört« auch ein Beweis dessen Einstellung!) Ich gebe nicht auf. (...) Selbstmord nur, wenn Andere mitgehen. Verlass Dich darauf. Jetzt ist Hass mein Motor! (...) Weihnachtsbrief bekommst Du extra. Sei tapfer! Dein Ernst.

Herta darauf am 21.12.1948:

(...) Weniger schön ist es, dass Du mal wieder in meine ganz persönlichen Angelegenheiten eingegriffen hast und Dich wegen des Gehaltes an LW. gewendet hast. Ich bin Stud.-Ass. mit 1 Dienstjahr, und es steht mir eben nicht mehr zu, dass ich 13 Jahre keinen Dienst tat, sondern 3 Kinder kriegte und einen Mann versorgte, dafür kann doch der Staat nichts. Schließlich ist doch die Schule keine Versorgungsanstalt, die verheiratete Frauen mit drei Kindern auch noch fürstlich bezahlt. Du kannst mir nicht verdenken, wenn ich demnächst einen Gegenbrief schreibe. Also Alter lass die Finger weg von meinen persönlichen Angelegenheiten, ich habe lange Haare auf den Zähnen wachsen lassen müssen!!!!!! (...)

Ernsts Weihnachtsbrief dann am 19.12.1948:

Mein liebes gutes, tapferes Hertachen! In Ansbach bereitet Herr Cürten [der Oberstaatsanwalt in seinem Prozess] sein Weihnachtsfest vor und ich nehme an, dass er sich Mühe gibt, es recht schön zu machen. Er wird als frommer Christ vor dem armen Kindlein in Demut niederknien, und sich von dieser Armut gerne bespiegeln lassen. Dass viele Kinder nicht einmal ihren Vater haben, denkt er auch daran? Denn wie viele liegen in den Gräbern, für einen ehrlichen Frieden und für einen treuen Glauben an die Heimat hingegeben, Treue um Treue, Diener und Gläubige an ihr Volk, das sie heute nicht mehr versteht und nicht mehr kennt. (...) Wenn ich am 24. 12. um 18 00 Uhr die Lichter anzünde, um an Dich und unsere lieben 3 zu denken, schließen wir auch die 9 Gefallenen mit ein in dankbarem stillen Gedenken. Unsere Gedanken finden sich dann auch in einem Vertrauen auf eine bessere Zukunft. (...) Weihnachten wird ein hartes Fest werden für uns beide. Du hast das Glück, die Kinder zu haben. Mach ihnen ein herrliches Fest, liebe gute Mutti und weine nicht! Ich feire zum 4. Mal ohne Illusionen hinter Gittern, ärmer und hoffnungsloser selbst wie damals 46 nach dem Urteil. Aber auch härter und nun auch unbeugsamer, alle alten Ressentiments wegzuwerfen und einen Nihilismus zu bejahen, zu dem mich ein Staat erzieht. (...)

Die Familie stellt ein weiteres Gnadengesuch, gleichzeitig wird die Familiendynamik weitergekocht. Ernst schreibt an Gertrud, vermutlich auch in dieser Weihnachtszeit und beschwert sich über die schlechten Möbel, die sie für Herta ausgesucht habe. Herta erfährt auf irgendeinem Weg davon. Herta daraufhin am 17.1.1949 an Ernst:

Mit dem Brief an Ud hast Du mir wieder mal allerhand eingebrockt, danke! Mir langt mein Elend. Wie soll ich mich da herauswinden, wie soll ich die mühsam gebauten Brücken wieder herstellen? Du kennst doch Deine Schwester! Also warum solche Briefe, sie meint es doch recht und gut in ihrer Art! Und aus seiner Art kann keiner heraus! Warum nur das Schlechte sehen?!!!! Es kam ein herrlicher fast neuer Gasherd ohne Brenner, den ich für 16 DM betriebsfertig hingestellt kriegte, es kam schöne Wäsche, damit rentierten sich für mich die 155 DM Transportkosten, die ich noch gar nicht bezahlt habe, die Vater hoffentlich bezahlen wird. Warum so furchtbar bitter, wir alle können doch weiß Gott nichts für Dein Schicksal!!! Also solche verständlichen Auspuffventile in Zukunft nur an mich, da ich Kummer gewohnt bin und es mich deshalb nicht mehr so erschüttert wie Gertrud. Damit Schluss bumm über diese Angelegenheit!!!!!

Für die Bearbeitung des nächsten Gnadengesuchs fordert das Amtsgericht in Ansbach ein Gutachten über Ernst beim Zuchthaus Kaisheim an:

An den Oberstaatsanwalt bei dem Landgericht Ansbach 10.2.1949.
Die Schilderung der Persönlichkeit des Gefangenen Meyer in dem anliegenden Gesuch des Rechtsanwalts Dr. Vahrenkamp deckt sich zum großen Teil mit den hiesigen Beobachtungen. Ohne Zweifel ist M. ein Fanatiker, der stur und unbelehrbar nur seinen Anschauungen lebt. Er macht sich immer mehr als recht schwieriger Gefangener bemerkbar, der die Maßnahmen des Strafvollzugs kritisiert und sich zum ausgesprochenen Querulanten entwickelt. Durch die Tatsache, dass er jede Schuld ableugnet, und sich als zu unrecht Verurteilter fühlen will, gerät er in schwere seelische Konflikte, die eine erhebliche Haftpsychose hervorrufen. Dass er während der Kriegsgefangenschaft kameradschaftlichen Geist gezeigt hat, will ihm durchaus nicht abgesprochen werden. Das Gericht hat ihm ohnedies unterstellt, dass er seine Tat nicht aus niedrigen Beweggründen begangen hat. Die verbüßte Strafzeit kann m. E. noch nicht als ausreichende Sühne angesehen werden, Ich spreche mich daher für die Ablehnung des Gesuches aus.
gez. Stummer Regierungsrat, Vorstand der Strafanstalt Kaisheim

Es werden entweder neue Gnadengesuche formuliert oder man wartet auf die Antwort des zuletzt gestellten. Meistens schreibt Ernst sofort nach einer Ablehnung ein neues Gesuch, zum Teil in Hertas Namen, schickt diese Vorlagen an Herta, von dort gehen sie weiter zu Ernsts früherem Pfadfinderfreund Herbert Müller, der dann in Zusammenarbeit mit einem Anwalt die Gesuche endgültig formuliert und an die Behörden weiterleitet.

Ernst bleibt stur an seinen Rechtfertigungen hängen, erfindet aber immer wieder neue Erklärungen. Ernst am 27.3.1949:

Und eines musst Du verstehen: dass ich so handelte (am 18.4. in Ansbach) hat mit Nazismus gar nichts zu tun. Ich war Soldat kein Nazi. Und es ist ein ewiges Gesetz aller Zeiten und Völker, dass Verräter gehängt werden. In den Denkwürdigkeiten des Generals von Blumenthal über den Krieg 1866 (Bl. war Stabschef beim Kronprinzen) findet sich an einem Tag eine Eintragung, man habe einen Spion gefasst. Und am nächsten Tag heißt es wörtlich: »der Kerl hängt immer noch nicht« Also geschehen 1866!!! [Das ist eine der Lieblingsgeschichten von Ernst, die sein Vater ihm als kleiner Bub erzählt hatte.] (...) Herrlich ist das Bild von Utilein, ganz entzückend!! Hoffentlich hat auch Sonjalein noch das Glück. Ich kann es gar nicht glauben, dass sie so ein Besen ist. Wenn sie sich nicht fängt, dann lass sie in O III nicht konfirmieren. Erst muss sie reif dafür sein und dazu gehört halt auch das 5. Gebot.

Bei Herta kommen zu den Problemen wegen Ernsts Verurteilung und seiner Haftstrafe die Doppelbelastung von Berufstätigkeit und Familie in den beengten Verhältnissen eines einzigen möblierten Zimmers dazu. Sobald die Kinder ins Gymnasium kommen, sind sie in derselben Schule, in der Herta unterrichtet. Schon vor Kriegsende legte Herta, wie wir bereits sahen, großen Wert auf gute Schulleistungen, für sie ein Zeichen, dass die Kinder ihre Begabung geerbt haben, während schlechte Schulleistungen auf dem Konto der Familie Meyer abgebucht werden. Herta reagiert nach dem Krieg keineswegs anders, im Gegenteil: Schule und Leistungsdruck bestimmen den Familienalltag; Zeiten vor den Zeugnissen und der Versetzung in die nächste Klasse sind besonders krisenhaft. Herta am 30.3.1949:

Das Gnadengesuch ging bereits über H. Mü. an Dr. Braun. Ich habe manches kürzer geschrieben. Ich warte nun erst den Bescheid von Dr. Braun ab. Ich muss so oft an Deines Vaters Ausspruch denken: »Hast Du warten gelernt?« Ja, wir haben es gelernt.

Zu dieser Frage gehörten bei Ernsts Vater die beiden möglichen Erwiderungen: auf ein »Ja«, folgte der lakonische Satz »dann warte« und auf ein »Nein« ebenfalls lakonisch »dann lerne es«.

Betreffs Ansbach stehe ich eben auf einem anderen Standpunkt, man hätte auch dort die eigentlichen Hintermänner packen müssen, nicht die jungen ausführenden Organe, die von einem Prof. dazu getrieben wurden, wie mir Frau St. berichtete. Genauso wie man den Sperrle, der die verrückten Befehle gab, die Fliegerhorste bis zuletzt zu verteidigen, frei laufen lässt, und die ausführenden Organe jahrelang ins Zuchthaus steckt. Na ja – also wir müssen es halt tragen – wie es auch noch kommt. Wenn nichts dazwischen kommt, will ich am Montag in der Nacht 11./12 April hier wegfahren [zum Besuch nach Kaisheim] (...) , hoffentlich wird es diesmal etwas besser. Schreibe mir bitte rechtzeitig, ob 2 oder 4 Kilo. Ich werde versuchen, diesmal eine Briefwaage aufzutreiben und die mg-Gewichte der Chemie benutzen, um den Kaisheimer Herrn nicht wieder zu missfallen, durch ein Mehrgewicht. Dass man als Flüchtling auch keine Waage mehr hat, ahnt man dort wohl nicht –- Na ja, Du wirst sehen, ich ärgere mich diesmal nicht wieder, ich umgürte mich mit einem Eisenpanzer u. dann nur noch Götz von Berlichingen. 3. Akt 10. Szene!—Und wieder sind die Zensuren geschafft. Ich korrigierte von Samstag Mittag bis Sonntag Nacht 156 Arbeiten!!! Darunter 2 Rechenarbeiten in 4 Abteilungen, da sonst zu viel gespickt wird. (...) An diesem Sonnabend geht es nach Schaffhausen, hoffentlich kann Marga kommen, da ich leider wegen der Konferenz, zu der es keinen Urlaub gibt, umdisponieren musste. (...) Gertrud hüllt sich in Schweigen, um meinen Möbelhaufen habe ich mich jetzt in den anstrengenden Schulwochen nicht gekümmert, es fehlt einem die Kraft, das Zeug sich immer wieder im freien Schuppen noch nicht repariert zu besichtigen. – Mit Sonja ist es wahnsinnig schwer, sie wächst blüht und gedeiht, ist stur wie Panzer und haut mir die unverschämtesten Antworten heraus, hat sich durch Faulheit und ihre ewige Schwarterei so in der Schule verschlechtert, dass sie um 10 Punkte im Zeugnis heruntergesackt ist, sodass ich ihr vor allem in Französisch wieder Privatstunden 3 Mal die Woche geben lassen muss. Dabei verteuert sich das Leben von Tag zu Tag, sodass an Neuanschaffungen für einen Haushalt nicht zu denken ist. Das ganze Geld geht in Miete und Fresserei drauf.

Ernst darauf am 3.4.1949:

Ich sehe schwarz in die Zukunft. (...) Stalin stellt meines Erachtens auf den nächsten Krieg um und macht die Gouverneure für die besetzten Länder frei. Ich begrüße daher, dass Du kommst. (...)
 Hoffentlich war Schaffhausen schön. Aber nun einmal ganz ernst: warum nimmst Du Sonja mit bei solchem Benehmen?? Es muss doch eine Grenze geben!! Ich möchte mit Dir besprechen: Wenn Sonja nicht nach O III (Obertertia) versetzt wird, dann nimm sie aus der Schule. Dann soll sie zu Maggi gehen als Waschmädel. Hast Du Geld für Privatstunden?? Wenn diese Pute nicht will, dann lassen wir es

eben. Hans kann nicht vorwärts und Sonja verschleudert das Schulgeld? Auf unverschämte Antworten gibt es mitleidlos nur trocken Brot. Wenn sie sich so benimmt, dann soll sie von ihren Karten satt werden und sich das Geld zum Einkauf selber verdienen. Dann wird sie schauen. Bitte versündige Dich nicht mit dieser verwünschten Milde. Deine Mutterliebe darf nicht zur Affenliebe entarten. So kann es nicht weitergehen. Sonja steckt ja Hans und Ute an! Sonja hat es in der Hand: Wird sie nicht versetzt, dann Schluss! Und dann hilft kein Heulen mehr! Auch stellen wir sie in der Konfirmation zurück, bis sie das 5. Gebot begriffen hat. Kann nicht einmal ein männlicher Kollege mit ihr reden? Wenn sie schwarten will, dann soll sie Tagelöhnerin werden mit 8 Stunden Arbeit, dann hat sie keine Pflichten mehr. Dann kann sie hocken, möglichst abgesondert und im Dreck, aber auch besonders im seelischen Dreck verkommen. [im Original unterstrichen].

Sonja in dieser Zeit an Tante Gertrud:

R. den 14.4.49

Liebe Tante Gertrud!
Erstmal wünsche ich Dir ein recht frohes Osterfest. Mutti war wieder bei Vati, ich habe so lange die Kinder gehütet, dieses Mal war es sehr langweilig, denn Ute hatte Masern und so musste ich den ganzen Tag bei ihr am Bett sitzen. Vor ein paar Wochen waren wir in der Schweiz, es war ganz herrlich, überall lagen Ostersachen. Und denke Dir, ich hab eine herrliche rote Jacke bekommen.

Jetzt soll ich noch von Mutti ausrichten: das Packet mit einem Bett ist angekommen, dass Du die 200 DM ausgelegt hast, ist schön. Mutti gibt sie Dir so bald wie möglich wieder zurück.

Wir haben uns jetzt mit Schrecken ausgerechnet, dass wir diesen Sommer alle 4 Badeanzüge brauchen, die furchtbar viel kosten. Mutti ist der glänzende Gedanke gekommen, selbst welche zu stricken, denn es gibt hier jetzt schon herrliche Wolle. Die Wolle wäre dann halb so teuer, als wenn wir Badeanzüge kauften.

Nun will ich aber aufhören. Sei herzlich gegrüßt von Deiner Sonja

Am 12. April 1949 wird Ernsts Gnadengesuch mit dem Hinweis »Eignet sich nicht zur Berücksichtigung« abgelehnt. Die Familie beantragt auf Ernsts Betreiben ein Wiederaufnahmeverfahren. Die Verhandlung findet in Nürnberg statt und Ernst schreibt aus dem dortigen Gefängnis am 2.10.1949 an Herta:

Mein liebes Frauli! es kam, wie wir erwarteten. Das Ansbacher Urteil ist zwar vielen Widersinns entkleidet, aber dennoch bestätigt. Wir unterscheiden organische und anorganische Chemie und offenbar auch Menschen und Fälle. (...) Deine letzte Karte mit dem »sie verstehen uns ja doch nicht« war ja sooo richtig.

Am 13.10.1949 schreibt er, inzwischen wieder nach Kaisheim zurückgekehrt, an Herta und geht in diesem Brief keineswegs auf Einzelheiten dieser Gerichtsverhandlung ein, sondern lässt seinem Hass mit Selbstmitleid gemischt freien Lauf.

Ich habe keine Lust mehr, die Sache weiter zu betreiben. Ich bin mir klar, dass ich nie Recht bekommen werde, wenn man dem Soldaten nicht auch etwas Ähnliches zubilligt wie die Wahrung gerechter Interessen (...). Ich bin es müde, ich habe genug. Ich bin ein Hauptschuldiger, der die tausendjährige Autorität begoss und düngte? Ausgerechnet ich, der innerlich nie eine andere Autorität anerkannte als die des Könnens und Wissens? Hass ist das ewige letzte Gericht der Lauen, jener Hass, mit dem sie die innere Weihe (hier Heimat, Volk, Vaterland) geschändet sehen wollen. Dass einer anders ist, vermögen sie nicht zu leiden. Ich kenne mein unerbittliches Gestirn und möchte trotz allem kein anderes. Wenn ich zerbreche, dann zerbreche ich an mir selber. Dann mag die Erde ein letztes versöhnendes Siegel sein, wie sie es für die Gefallenen war, denen wir heute keine Heimstadt mehr geben. (...) Wenn ein Leben erfüllt ist, dann darf man es drangeben, bevor es in dem Grauen der Hoffnungslosigkeit erstickt. Dann wäre die Erde kein heiliges Siegel mehr und das Grab des Kreuzes nichts mehr wert. Herzlichen Gruß und aufrichtigen Dank Dein Ernst.

Herta darauf am 1.11.1949:

Lieber Vati! 3 Tage schulfrei sind ganz herrlich! Und was taten sie uns allen wohl. Du hast hoffentlich den Sonntag und Allerseelen auch gut zum Ausruhen benutzt. Der Dienst und die drei Kinder in der Schule sind eben maßlos aufreibend. Sonja steht im Französisch immer am Rand des Sitzenbleibens, das ist zum Verrücktwerden. (...) Seit 14 Tagen habe ich stundenweise eine Frau, weil ich vor 14 Tagen völlig fertig war, es ging einfach nicht mehr. Eine Kollegenfrau schickte sie mir einfach ins Haus, da sie wohl auch sah, dass es so nicht weiter ging, es sind zwar 40 Mark im Monat, aber ich sehe ein, dass es nicht angeht, dass ein Elternteil im Zuchthaus und der andere im Irrenhaus sitzt und viel hat nicht daran gefehlt. - - -
Viel Schuld waren die nervenaufreibenden Prozesse, bei denen ja doch nichts herauskommen konnte, solange Du immer noch der Meinung bist, vollkommen richtig gehandelt zu haben. Auch ein Wiederaufnahmeverfahren hat doch gar keinen Zweck, man muss doch mal einsehen, was für ein Schuft und ein Verräter Hitler war. Lies doch mal bitte diesen Zeitungsartikel, laut gelacht habe ich über diesen rot angestrichenen Satz aus »Mein Kampf«. Man hätte halt doch diesen Schmöker mal lesen sollen. (...) Herbert Müller schreibt: »Ernsts Argumente für

sein blitzschnelles Handeln gegen Limpert unter Hinweis auf die nur noch zur Verfügung stehenden 2-3 Tage zeigen, dass er noch immer nicht erkannt hat, wieviel weiser es gewesen wäre, diese Sache diese 2-3 Tage dilatorisch zu behandeln. Es bleibt unverständlich, dass er diese Chance, sich von einer Verantwortung zu befreien, nicht erkannt hat und sie anscheinend auch heute noch nicht begreift. Gerade diese 2-3 Tage sprechen nur gegen ihn.«- Verzeih uns diese Offenheit, es hat ja auch alles keinen Sinn mehr, Du kommst dann wieder mit Deinem unerbittlichen Stern, unter dem Du geboren bist. Man müsste eben, wenn man schon Menschen (4 Stück) an sich gefesselt hat, um ihretwillen auch mal nachgeben können. (...) Nun sieh, dass Du wenigsten Deinen einzigen Liebesdienst an uns – Dich gesund zu halten- erfüllst und Dich nicht künstlich noch mehr aufregst, als nötig ist. Deine Kinder und Herta

Ernst darauf am 6.11.1949:

Hab besonderen Dank für den Auszug aus Mü's Brief! Jede Verurteilung, und wäre sie noch so missverstanden, ist leichter als eine wohltemperierte Schonung. Ich möchte einiges richtig stellen: (...) Dass eine Abrechnung innerhalb Deutschlands kommen würde, war mir seit 43 klar. Was, wie ich selber sah, auf dem Bagagewagen der Wehrmacht in der braunen Uniform nach Osten fuhr, waren Verbrecher, Lumpen, Gesindel. Aber diese innere Abrechnung wurde gerade von den besten vertagt.

Was heute geschieht, ist sinnlos: Hitler gehörte schon 45 hinter einer Mauer des Schweigens hermetisch vermauert, unbedingt nach der Bekanntgabe seines Testaments, in dem er schreibt »der Osten hat sich als stärker erwiesen«. Dieser verbrecherische Narr lädt uns die ganze Welt auf den Hals, haut das Deutsche auf den Kopf, wie ein besoffener Student seinen Wechsel, haute dann durch Selbstmord ab und beschimpft uns noch zu guter letzt. Kein Wort mehr von diesem Daimon, der in seinem Grab sich noch sonnt über diesen üblen Nachrufen. Denn für diesen Faust ist Ruhm – Ruhm, auch wenn er noch so stinkt! Hinter eine Mauer des Schweigens mit ihm!

Herta am 20.11.1949:

Mein lieber Ernst
Ich habe eben mal wieder viel Heimweh nach Dir. Samstag abend – die Kinder sind gebadet und liegen gut abgefüttert selig schlafend mit Kopftüchern über den gewaschenen Haaren im Bett. Ich hätte zwar viel Schularbeiten, 2 Stöße Hefte à 46 sehen mich an, aber am Samstag abend mag man halt nicht und zur Strafe kommen dann die schönen Erinnerungen an unsere Samstage! Hätte man wenigstens ein Radio, um sich stundenweise über ein verpfuschtes Familienleben

hinwegzutäuschen (...) den Kindern geht es gesundheitlich gut, aber Hans und Ute sehen blass aus. Den Hans strengt die Schule maßlos an, es ist zum Kotzen, dass die Kinder nicht klug genug sind, alleine durch die Schule zu kommen. Ich weiß nicht, wie lange ich es noch allein schaffe, noch mit jedem Kind zu arbeiten. Latein arbeitete ich mit Sonja nicht, deshalb erste Arbeit mit nur 9 Punkten. In Französisch hängt sie auch, Mathematik wird immer weniger, da jede Aufgabe eigenes Denken erfordert und mit Schema ff nichts zu machen ist. Wenn ich eine anständige Lehrstelle in einem für sie geeigneten Beruf fände, würde ich sie lieber heute als morgen herunternehmen. Du musst Dir halt Deine Schwestern ohne die Privatstunden von Herrn Weber vorstellen. Es ist zum Heulen! Mit mir hat niemals jemand Schularbeiten machen müssen, ich habe nie eine Privatstunde gekriegt, aber ab Untersekunda bereits welche gegeben. - - - Hans muss ich meist erst verprügeln, ehe er Französischvokabeln lernt, dann schreit er vor Wut, dass das Holzhaus wackelt. Oh, Mann, wie fehlst Du!!! Herzlich Deine Herta.

Es ist zu bezweifeln, ob der Sohn nach den Prügeln wirklich erfolgreich seine Französischvokabeln lernen kann, oder ob mit dieser Erziehungsmaßnahme nicht gleich das nächste Leistungsversagen und damit die nächsten Prügel programmiert werden.

Hertas Sehnsucht nach einem trauten Familienleben mit Ernst ist nicht von langer Dauer. Sie schreibt am 6.1.1950 und nimmt auf Ernsts Weihnachtsbrief Bezug, den ich nicht gefunden habe.

Lieber Ernst! Für Deinen langen Weihnachtsbrief vielen herzlichen Dank, aber Deine Vorwürfe sind wirklich unbegründet; denn: ich gehöre weiß Gott nicht zu dem Haufen, der jetzt umschwenkt. Ich habe Dir bereits im Jahr 33 im August 14 Tage vor unserer Hochzeit meine Meinung gesagt, wie ich die Tätigkeit Knicks und die Ausnützung deiner Person für seine Schnüffeleien und das Gerichtssitzen usw. verachte! Du ließest mich damals auf der Straße stehen! Ich bedaure nur, dass ich 8 Tage später nicht härter war und mich nicht durchsetzen konnte, es wäre uns viel Leid erspart geblieben. Du verkennst wieder die Tatsachen, die Dir unbequem sind. Ich wollte durch meinen Zuspruch [sich mit seiner Haftstrafe bis 1955 abzufinden] nur erreichen, dass Du endlich begreifen lernst, dass der Mensch das höchste ist, was es auf Erden gibt, und dass das Gesetz nur um der Menschen Willen, und nicht umgekehrt da ist, dann wäre es eben am 18.4. nicht passiert. Das hat mit umschwenken und fantasiebegabt überhaupt nichts zu tun, das ist als Pfarrerstochter von je her meine Meinung gewesen und wenn das erst mal die ganze Menschheit kapiert, dann hörten Kriege und Standgerichte und all der Quatsch auf und dann ginge es, es ginge nicht darum, ob für oder gegen Hitler und heute nichts mehr davon wissen wollen!!! So hoffentlich kapierst Du es jetzt! Dein gestriger Brief war wieder mehr als unklug, traurig, dass ich durch meinen Besuch nicht mehr erreichte, dann hat es wirklich keinen Sinn mehr zu kommen!!! Vor einem halben Jahr schimpftest Du über Diät, ewig Brei, nichts Herzhaftes!!!! Jetzt schimpfst Du über Normalkost. Man wird es wohl machen, wie man es für richtig hält und Kaisheim kann weiß Gott nichts dafür, dass Du sitzt und man sähe Dich bestimmt lieber gehen!!!! Also!!

Jetzt hab ich's runter von der Leber! Nützen wird es nichts, es geht halt wieder die falsche Röhre herunter! (...) In B. war es himmlisch schön. Alles lässt Dich grüßen, besonders dein alter 92-jähriger Vater. Noch ein Tag Ferien, dann geht es wieder in die Tretmühle. Sei nicht wütend, versuche es richtig zu verstehen, auch wenn's schwer fällt. Deine Herta

Herta malt hier ein sehr einfaches Schwarz-Weiß Bild der »*Menschheit*«, die in zwei Kategorien von Mitgliedern zerfällt, die einen, die begreifen, »dass der Mensch das höchste ist, was es auf Erden gibt, und dass das Gesetz nur um der Menschen Willen, und nicht umgekehrt da ist«, und die anderen die das nicht begreifen. Sie als Pfarrerstochter gehöre zu der ersten Kategorie, Ernst zu der zweiten. Wenn alle zur ersten Kategorie gehörten, hätte man eine Welt ohne Kriege. Dass sie Ostern 1948 über Ernsts Tat ganz anders dachte und ihn damals voll und ganz verstand, scheint sie vergessen zu haben; sie hämmert auf ihn ein, dass er endlich »kapiere«, was ihr immer schon klar war. Es fällt schwer, hinter diesen plakativen Aussagen Hertas Einstellung zu Ernsts Tat zu finden. Geht es ihr um die Tat vom 18.4 1945 oder ist sie wütend auf Ernst, weil er sich in Kaisheim nicht anpasst? Am 26.9.1949 hatte ihr ihr Bruder Werner nach seinem Besuch bei Ernst in Kaisheim geschrieben: »Wenn er denkt, mit uns allen, dass er unschuldig sitzt, darf er das dort nicht sagen.« Ernst antwortet Herta am 15.1.1950:

Auf den ersten Brief in diesem Jahr hatte ich mich besonders gefreut: ich wollte von eurer Freude von Silvester auch einen Sonnenstrahl erhaschen. Es kam leider anders. Mit stiller Wehmut stieg die Erinnerung an einen beglückenden Brief von Dir zum 7.9.43 (Hochzeitstag) mit all seiner Freude, Zuversicht und Einklang auf. Ich stimme voll und ganz mit Dir überein, dass der Mensch das Höchste ist, was es auf Erden gibt und ich füge Deinem Satz nur hinzu: »Aber Soldaten sind billig«. Das habe ich zu spät gelernt. Heute habe ich auch das begriffen. Der am 18.4. gefallenen Major Schwegler ließ eine Frau und drei Kinder zwischen Hans und Ute zurück, die heute elend von Wohlfahrtsunterstützung leben. Diskutiere mit ihr weiter! – Ich bin mir längst darüber klar, dass mit jedem Gerichtsurteil automatisch eine Überlastung der Ehe – meist eine Scheidung, fast unvermeidlich ein Riss – verbunden ist. Das sehe ich um mich herum täglich. Es gehört zum Strafvollzug dazu. Seien wir auf der Hut! Ich habe es unterlassen, Dich an meinen religiösen Stürmen teilnehmen zu lassen, als Dich Briefe mit Bibelzitaten abstießen. Dass ich zwischen Betrügern Vagabunden, Einbrechern, Dieben, Hehlern, Strichjungen, Zuhältern, Sittenstrolchen, Abtreibern teils mit, teils ohne Salvarsan-Spritzen lebend, immer wieder um die Grundlagen meines Ichs ringen muss, wirst Du vielleicht verstehen. Daraus erklärt sich manches. Nun wollen wir auch dies Thema lassen. Du wirst sicher einverstanden sein. Aber was soll ich jetzt noch schreiben? Jetzt habe ich keinen Stoff mehr. Womit soll ich meinen sonntäglichen Brief noch füllen? Mein Leben kennt keine Freuden, keine Sonne.

Der Kampf zwischen den Eheleuten entschärft sich, ohne Ernsts Verurteilung und die unterschiedlichen Einstellungen zu seiner Tat weiter zu erwähnen, statt einer Auseinandersetzung richten beide ihre Wut jetzt voll gegen die älteste Tochter Sonja.
Herta am 24.2.1950:

Sonja verbrachte den Fasching in einem 3-tägigen Freizeitlager, was auch für ein 15-jähriges Mädchen das einzig Richtige ist. Im übrigen mache ich mir um sie im Augenblick tüchtige Sorgen. Sie ist in einem verzweifelt bockigen Alter, bringt es fertig tagelang mit mir und den Geschwistern nicht zu reden (auch Marga sagte mir, dass sie genau so ein bockiges Kind war) dafür schwatzt sie dann im Unterricht mit ihren Freundinnen um so ausgiebiger. Ihre Lehrer haben mir in diesen Tagen das niederschmetternde Urteil abgegeben: »So etwas gehört nicht auf eine höhere Schule!« Sie selbst hat sich nach 5 Nullen im Tertial vollständig aufgegeben, tut überhaupt nichts mehr, »da es doch nichts nützt!« Selbstverständlich ist viel Schuld für das schlechte Verhältnis auch bei mir zu suchen, bin ich selbst doch noch viel zu jung und unausgeglichen und mit ungelösten Problemen als mannlose Frau behaftet, und durch meine viele Arbeit nicht gerade die geduldigste und verstehendste und nervenberuhigendste Mutter, die nötig wäre, um ein unverstandenes egozentrisches überkandideltes 15-jähriges Pubertätsmädchen zu behandeln!--- Damit dass ich sie in eine strenge Lehre tue, wie Du schreibst, ist nicht geholfen. Dazu sucht man sich heute bei dem enormen Mangel an Lehrstellen nur Leute mit gutem Schulabschluss. Sie hat weder gut noch Abschluss!

Ist Herta wirklich selbstkritisch, wenn sie sich als junge unausgeglichene Mutter hinstellt? Diese Selbstkritik scheint weder auf ihr Verhalten, noch auf ihre Beziehung zur Tochter einen nachhaltige Einfluss zu haben, sondern mündet in eine Schimpfattacke auf das egozentrische, überkandidelte Pubertätsmädchen. Ernst doppelt nach (5.3.1950):

Meine liebe Herta! (...) Es gibt für Sonja nur eine Entschuldigung: Unsere Lage, das Fehlen des Vaters. Ich sehe in der Entwicklung nur eine Bestätigung, dass die Justiz nicht nur die Gefangenen (die nehmen alle Schaden an ihrer Seele), sondern auch die Familien zerstört, wobei sie an diesen Folgen mit einem Kaiphas'schen »was geht das uns an« vorbeigeht. Aber darüber hinaus sollte man von einer Konfirmandin mehr erwarten. Ich kann mir nicht vorstellen, dass sie vor Gott ein Gelübde ablegen, dann aber auch halten will, wenn sie gleichzeitig das 5. Gebot so grob vernachlässigt und im Alltag so gar nicht getreu ist. (...) Will sie eine Tante Ud werden? An deren dunkelste Tradition knüpft sie an. (...) Mein Vorschlag: Nimm sie aus der Schule. Sie soll daheim die Wirtschaft machen, mit eiserner Kassenführung (...) [Ernst schreibt ein Schema, wie die Kassenführung auszusehen hat]. Sie darf keinen Pfennig veruntreuen. (...) Sie soll beweisen, ob sie eine Goldmarie oder eine Pechmarie werden will.

Herta darauf am 10.3.1950:

Mit Sonja ist das keine Lösung, was Du im gestrigen Brief schriebst, damit kann sie nie auf eigenen Füßen stehen. Wenn sie eben auch so spät ist, wie Ihr Meyers alle, wäre es sehr ungerecht, sie von der Schule zu nehmen.

Herta am 19.3.1950:

Sonja schafft es doch. Jeden Tag eine Privatstunde und abends oft noch mit mir. Die Arbeiten der letzten Wochen waren sehr anständig. (...) Das Luder kann also, wenn immer jemand mit der Peitsche dahinter ist, aber dazu fehlt mir die Kraft.

Am 6.3.1950 stirbt Ernsts Vater, der die letzten Lebensjahre nach dem Tod seiner Frau bei Marga in B. verbrachte. Der Ton zwischen den Eheleuten ist kurzzeitig weniger gehässig. Herta am 3.3.1950:

Dein Vater ist leider schwer an einer Lungenentzündung erkrankt, und wie Du aus Margas Brief siehst, schon aufgegeben. Es ist furchtbar traurig, dass Du nun weder Deinen Vater noch Deine Mutter lebend wiedersehen konntest. Tröste Dich mit mir! Die Pflege scheint bei dem schwierigen Mann in seinem hohen Alter nicht allzu leicht zu sein und Marga tut mir leid. (...) Nach ein Paar anständigen Backpfeifen habe ich Deine Tochter nun endlich gezwungen. Sie muss jetzt einfach schwer schaffen, da sie täglich eine Privatstunde hat. (...) Ich glaube kaum, dass ich jetzt 3 Wochen vor Tertialschluss für 3 Tage nach B. kann. Ich bin allein durch die Paukerei mit den Kindern, die täglich Arbeiten schreiben, so eingespannt, dass ich unmöglich all die Präliminarien in Konstanz auf der Polizei und Passamt erledigen und dann noch 3 Tage wegbleiben kann. (...) Schön ist, dass Marga Deinen Eltern noch so einen ruhigen und schönen Lebensabschluss bieten konnte. Also Alter nimm's nicht so schwer, ich sah es lange voraus, denn es war ja eine große Gnade, dass Großvater überhaupt so alt wurde. Die Kinder lassen Dich herzlich grüßen und reden schon so viel von Vatis Kommen, dass ich immer bremsen muss. Sei herzlich gegrüßt von Deiner Herta.

7.3.1950

Heute morgen kam das Telegramm, dass Dein Vater gestorben ist – Montag den 6.3. 21 Uhr. Es ist für Dich furchtbar, dass Du ihn nicht wiedersehen durftest, obwohl der Krieg doch nun 5 Jahre aus ist. Dir zu Liebe fahre ich morgen mit Hans zur Beerdigung, die am Donnerstag ist. Es macht noch unendlich behördliche Schwierigkeiten, binnen 24 Stunden ein Visum zu kriegen, auch ist es sehr schwer, von der Schule jetzt wegzukommen, ich halte morgen früh noch 4 Stunden und dann fahren wir erst los. Die Weiterreise muss ich erst in Schaffhausen von der Fremdenpolizei bewilligt kriegen. Franken zur Weiterreise soll ich mir in einem Schaffhauser Hotel pumpen [Marga hatte das veranlasst] Das sind solche Schwierigkeiten, auf Grund deren ich nicht gefahren wäre. Aber ich bin mir bewusst, dass es in Deiner Familie sehr übel vermerkt worden wäre. Für mich wird die Beerdigung ein sehr schwerer Gang, ich werde dabei auch meinen Vater und meine Mutter mitbeerdigen, die unter Bomben ruhen bzw. die Mutter in einem Grab, das ich noch nie besuchen konnte, und dabei in Gedanken das nachholen, was damals leider unterblieb. Gestern als ich wusste, dass Großvater im Sterben lag, (Marga hatte schon Mittags im Pfarrhaus angerufen), war ich in memoriam an Großvater u. Dich mit den Kindern auf dem [Hausberg]³ in der Sonne. Es war rührend, wie jedes Kind verschieden reagierte. Sonja schwieg. Hans fasste die Sache vom biologischen Standpunkt auf, ihn interessierte, ob das Herz nicht mehr schlagen, oder die Lunge nicht mehr atmen, oder der Magen nicht mehr verdauen kann, wieso denn alles mal aufhören kann. Ute legte den Großvater schon in Gedanken ins Grab, auferstehen kann er nicht, das kann nur Herr Jesus, aber sein »Seelchen« fliegt auch in den Himmel.

Ernst am 9.3. an Herta:

Du liebes tapferes Fraulı!
Dein lieber Brief vom 7.3 erreichte mich gerade eben – am Tag der Beerdigung. [Er wolle seinen lebendigen Vater in Erinnerung behalten:] (...) den alten Mann mit dem großen Hut und dem weißen Vollbart. Aber das wäre alles nichts ohne die

---

3 Wegen Anonymisierung geändert

herrlichen blauen Augen. Vater hatte viel Gemüt, aber nur seine Augen konnten davon etwas sagen. Wie schwer hatte er damit oft am Leben zu tragen! (...) [Dieser] Mann war weich und musste oft vor lauter Liebe so starr sein, um sich nur selber halten zu können (...) [Und dann an seinen Sohn gerichtet:] Etwa gleichaltrig habe ich so am Grab meines Großvaters gestanden, wie Du, mein Männlein, nun am Grab des Deinigen stehst. Und so wird es noch öfter im Leben sein. Aber dass wir den Lebendigen mit uns tragen, ist wichtiger als der letzte Gang mit dem Toten. Die Japaner sagen, man könne erst sagen, ob ein Mensch treu war, wenn er gestorben sei. Getreu sein bis in den Tod ist etwas arg Schweres. Und heute können wir an diesem Grab wahrhaftig sagen, er war treu! (...) Vater hat für die Schlacht bei Sedan noch schulfrei gehabt. Er hat als kleiner Bub erlebt, wie die Preußen in Hannover einrückten. Sein Vater hatte in der Fabrik Einquartierung. Seine Mutter, eine Welfin, hasste die Preußen. Unser Großvater war nach all diesem Erleben bewusst Deutscher. Ihm war die Frage nach dem Kleinstaat so nichtig. Als ich ihn nach der Freiburger Bombennacht sprach, klang aus all seinen Worten ein Stolz, dass er für sein Volk nun auch noch ein persönliches Kriegsopfer brachte. Und darin fand er sich mit Mutter, die mir so tapfer sagte, man müsse sein Opfer freudig bringen. Es war umsonst, es hatte keinen Sinn, außer dem einen: Vater und Mutter waren treu. So stehen sie nun beide vor dem Throne Gottes. Sie haben den Frieden.
In Dankbarkeit, Euer Ernst

Ende März 50 wird Sonja konfirmiert, ein Gesuch der Familie, Ernst für diese Familienfeier für eine Woche aus der Haft zu beurlauben, wird abgelehnt. Ernst am 17.3.1950 an Herta:

Noch etwas zum Lachen: Wenn wir Webfehler machen, müssen wir sie am Rand mit weißem Faden anzeichnen. Nach der Eröffnung des Entscheids vom Gnadenwalter machte ich einen Schlenz von ca 10 cm Länge – den ersten Fehler heuer. Ich nahm zum Anzeichnen gleich dicke Schnur 4-fach und hängte einen Pappanhänger daran: »eignet sich nicht zur Berücksichtigung«.

Herta am 31.3.1950: »Das Schlimmste war Samstag Mittag der Brief vom Bayrischen Justizministerium: ›Das Gesuch eignet sich nicht zur Berücksichtigung‹ – ein Satz, den wir nun schon 5 Mal kennen!!!!«
  Sonjas Konfirmation feiern Herta und die Kinder zusammen mit Marga und Gertrud, sowie Ernsts Pfadfinderfreund Herbert Müller. Herta berichtet ausführlich von den vielen Blumen und Geschenken.

Du glaubst nicht, wie viel Blumen und Geschenke sie gekriegt hat, wir müssen uns die zwei letzten Jahre recht gut benommen haben, meinten Deine Schwestern!

(...) Sonja sah ganz entzückend aus in ihrem langärmligen Samtkleid mit ihren lockigen tief dunkelbraunen Haaren. Alles war begeistert. Wie wir nur zu so einer netten Tochter kommen, ist wohl Dein Verdienst. (...) Leider konnten und können sich die beiden [Schwestern] einfach nicht vertragen, weil sich keine der anderen anpasst, keine nachgibt! Die eine aufgewachsen im Schweizer Wohlstand, die andere sich durch die bittersten 10 deutschen Jahre hindurchgekämpft hat, bieten für einen Meyerschen unerbittlichen Charakter tiefe Kluften, die sich leider nicht überbrücken lassen. Ich war der Prellbock zwischen beiden.- Arme Sonja, auch sie wird sich mit ihrem unerbittlichen Dickschädel genau so schwer ins Leben schicken!

Herta bleibt kein unbeteiligter Prellbock zwischen den Schwesternfronten, sondern wird in diesen Familienkrieg hineingezogen und mischt, manchmal gegen Ernst, aktiv in diesem Kampf mit: »Jeder mit jedem gegen alle anderen«. Als ein Beispiel für viele werde ich die Briefe des Frühsommers 1950 ausführlich zitieren, da darin die fließend ineinander übergehenden Koalitionsbildungen mit den entsprechenden hasserfüllten Äußerungen auf die von der Koalition Ausgestoßenen besonders deutlich sichtbar werden.

Familienkrieg

Hertas Geldsorgen werden in dieser Zeit größer, da nach dem Tod von Ernsts Vater monatlich DM 100.– wegfallen, die dieser Herta regelmäßig zukommen ließ. Marga besteht darauf, dass die Geschwister auf den Pflichtteil der väterlichen Erbschaft verzichten. Ihr Vater habe es gewünscht, denn er wolle ihr Kost und Logie für die Zeit, die er bei ihr lebte, bezahlen. Dafür geht die ganze Erbschaft einschließlich der Pflichtanteile drauf. »Da Dein verstorbener Vater sehr viel Schulden an Marga abzuzahlen hat, müssen Gertrud und Du auf den Pflichtteil verzichten. Kapiert??« (Herta am 13.4.1950).

Marga ist schon allein durch die Erbschaft von Onkel Paul reich. Das Thema der väterlichen Erbschaft wird zum Dauerbrenner in dieser Familie, der immer wieder in verschiedenen Variationen aufflammen wird. Herta am 15.5.1950:

Mit 250.– Mark Schulden fange ich den Monat an, darum fiel auch das Paket reichlich knapp aus, nichts Extras!!!! Es fällt eben doch bitter schwer, ohne die Hilfe von Großvater mit dem kleinen Assessorengehalt auszukommen. Ich hoffe, dass uns im Sommer die Einreise für 4 Wochen bewilligt wird, damit wir wieder flott werden. Die Kinder sind fabelhaft vernünftig und kämpfen sich tapfer mit durch. Dem Hans gab ich für Königsfeld [wo Hans wegen seiner TB für 4 Wochen im Kinderheim war], 10 Mark mit, er brachte 9,50 Mark wieder, 50 Pf. hatte er für die Omnibusfahrt von Peterszell nach Königsfeld gebraucht. Sonja gab ich gestern 1 Mark zum Radausflug mit, abends kriegte ich sie zurück. Sonja hat so viele reiche Kaufmanns- und Industriekinder in der Klasse mit elegantesten Kleidern und Schuhen, trotzdem jammert sie nie und ist zufrieden, ihr eines Paar Kniestrümpfe wäscht sie sich abends aus und zieht sie morgens wieder an. Trotz allem sind wir lustig und vergnügt, und ich hoffe, dass die Kinder dank dieser harten Schule mal leichter durchs Leben kommen!

Über Pfingsten fährt Herta mit den Kindern wie in jeden Ferien in die Schweiz und schreibt am 1.6.1950:

Es war herrlich. Mich beelendet allerdings dieser Reichtum in diesem satten Land mehr, als es mir Freude macht. Ich eigne mich eben nicht zum Almosen annehmen, Marga kann sich einfach nicht in unsere Lage hineindenken, dass natürlich Vorwürfe ihrerseits über nicht ganz heile Schuhe von Ute, die nicht rechtzeitig zum

Schuster gebracht werden!!!! von mir mit Tränen quittiert werden, weil sie ja nicht versteht, dass man dazu kein Geld haben kann!!!
[Es folgt wieder eine genaue Auflistung der Kosten für den täglichen Bedarf,] (...) 1 Kohlrabi 0,35 DM (...) einfach unerschwinglich (...) [die neben den festen monatlichen Kosten mit ihrem Gehalt nicht zu bezahlen seien.]
Privatstunden kann ich außer 1 pro Woche einfach nicht mehr geben, solange ich mit den eigenen 3 Kindern derart belastet bin und oft den ganzen Nachmittag sitzen muss. Nachdem Marga mir gestanden hat, dass ihr ohne Privatstunden nie ausgekommen seid, ist mir das klar. Für mich ist dieses Meyer-Erbe kolossal belastend. Wir 4 S.'s haben nie Privatstunden gebraucht, mit uns Mädels haben die Eltern nie gearbeitet, höchstens der Vater mit Werner Latein und Griechisch!!! Wenn Du nur erst da wärst!!! Wenn wir dann auch zu 5. mit dem Geld reichen müssen, aber wenn Du mir die Sorgen mit den Schularbeiten der Kinder abnimmst!! Sonja steht in Französisch wieder auf 2 Punkten!!! Es ist furchtbar, Geld für Privatstunden habe ich nicht, also bleibt sie nun doch sitzen!!! Utes Lehrer beschwert sich, dass sie sehr schlecht liest!!! Das liegt wieder nur an uns!
(...) Dies alles Dir nur deshalb, um Deine Sorgen mal etwas umzuleiten, variatio delectat!!, nicht um Dich noch mehr zu belasten!! Sei herzlich gegrüßt Deine Herta und Kinder

Diesen Brief lässt Ernst, ohne Hertas Wissen, zusammen mit einem Begleitschreiben über den Anstaltspfarrer Merkel an Marga schicken.

1950 den 10.6.
Liebe Marga !
Der ausnahmsweise Weg über unseren ev. Pfarrer Merkel gibt mir die Möglichkeit, Dir zu Vaters Tod auch noch persönlich zu schreiben und Dir aufrichtig zu danken, für all das Gute, was Du den beiden alten Eltern noch tun konntest. Ich habe sie beide 1944 wenige Tage vor Weihnachten nach der Ausbombung in Gutach gesehen: hilflos – heimatlos – arm, bis auf das, was sie gerade anhatten – Vater in einem Schlafsaal mit 5 anderen Männern knapp an einer Lungenentzündung vorbeirutschend, Mutter etwas besser in einem kleinen Stübchen. Damals habe ich beide aus tiefstem Herzen bedauert. Als ich Mutter davon sprach, richtete sie sich stolz auf und sagte mir, meine Hand ergreifend: »Ernst, man muss seine Opfer freudig bringen, sonst sind es keine Opfer!«
Vater fühlte damals, dass er mit all seinen Opfern seinem Deutschland, seinem Volk, seinem Vaterland nur noch fester verbunden war. (...) Ich habe gelernt, dass andere Länder anders empfinden; ich habe erfahren, dass Deutschland, Volk, Vaterland, ja sogar Heimat (obwohl ich mich wenigsten darin im engsten Sinne noch etwas wehre) leere Begriffe sind; ich habe gelernt, dass Gott und Christentum meist nur

leere Schale sind, wenn es wirklich gilt, jenen Glauben zu bewähren, der in der Liebe tätig ist. Ich hätte Vater sicher bitter enttäuscht, wenn er beim eigenen Sohn das nicht mehr gefunden hätte, was sein Herz erfüllte – nicht in Worten, aber in einer selten innerlichen Treue. Mit Vater habt Ihr auch ein gutes Stück von mir eingeäschert.

Nun bleibt nichts mehr vor Herta. Es ist mir schwer, Dir den anliegenden Brief zu geben. Nimm ihn – Herta weiß es nicht – wie Mutter so oft Gutes tat, wenn sie Menschen zusammenführte. Schweige Herta gegenüber. Sie ist ein selten tapferes, vielleicht auch herbes Frauli. Sie würde es nicht billigen, wenn ich ihren Notschrei weitergebe. Und ich meine, wir alle sollten dies achten. Aber wie soll ich anders handeln? So nimm es auf, wie unsere Mutter es uns lehrte. Hilfst Du Herta immer wieder, so hilfst Du mir. In Dankbarkeit Dein Ernst.

Dieser dicken Post legt Pfarrer Merkel noch einen eigenen Begleitbrief an Marga bei.

Niederschönenfeld, den 15.6.1950
Sehr geehrtes Fräulein Meyer!
Anliegende Briefe sind ordnungsgemäß durch die Zensur gelaufen und ich sende sie im Auftrag ihres Bruders Dr. Ernst Meyer, Kaisheim, zu. Er hat volles Verständnis dafür, dass Sie keinen Brief mit Absender »Kaisheim« zu empfangen wünschen + so tue ich ihm den kleinen Dienst der Weiterleitung. Ihr Bruder, den ich sehr schätze, leidet zur Zeit an ziemlichen Depressionen, deren Ursache wohl aus dem Brief seiner Frau ersichtlich sind. Ihr Bruder hatte ziemlich Angst, Sie könnten ihre Zeilen als Bettelei übelnehmen usw., doch nehme ich an, dass sie seinen Hilferuf nicht missverstehen + ihm helfen, indem Sie seine Frau, Kinder unterstützen. – Ich hoffe immer, dass für Ihren Bruder bald die Freiheitsstunde schlägt. Leute wie er, gehören nicht ins Gefängnis, denn dort leiden sie unter dem zum Teil negativen Gefangenenmaterial oft mehr als unter dem Entzug der Freiheit selbst. Wer nicht im Gefängnis war oder darin zu tun hat, kann sich kaum eine Vorstellung von der Schwere dieses Lebens machen.

Vielleicht darf ich als Seelsorger Ihres Bruders, nicht in Form der Phrase, sondern als einer, der mitleiden muss unter dem Los seiner Gefangenen, treulich bitten: Helfen Sie, soweit in Ihren Kräften steht, seiner Familie + beten Sie für Ihren Bruder, dass er die Zeit halbwegs gut übersteht + Kurzschlusshandlungen möglichst vermieden werden. Mit ergebenem Gruß!
K. Merkel

Ernst hat seinen Brief an Marga vermutlich bereits geschrieben und an Pfarrer Merkel weitergegeben, als ein nächster Beschwerdebrief über Marga von Herta kommt, in dem sie einen Besuch von Marga schildert, die ihr wegen ihrer Schulden Vorwürfe machte. Sie zitiert Marga wörtlich: »So etwas tut man nicht, das gehört sich nicht!« »Das ist schrecklich, Du musst mit Deinem Gehalt auskommen, andere können das auch!!!« Wieder listet Herta genau auf, was sie in der letzten Zeit ausgegeben hat und empört sich über Marga, die ihr Bekannte vorhält, die mit viel weniger Geld auskämen als sie.

Ich werde nie mehr um etwas bitten. Ich werde nie mehr von Schulden reden, ich werde von ihr nie mehr etwas brauchen (...) Bitte, bitte gib mir Dein Versprechen, dass Du nicht schreibst, um der Kinder Willen wollen wir mit Marga keinen Krach. Deine Herta (13.6.1950)

Marga konnte respektlos und übergriffig mit anderen Menschen umgehen, sodass ich annehme, dass ihr Besuch in R. wirklich in der von Herta beschriebenen Weise stattfand.

Offensichtlich hat Herta neben all ihrer Verachtung für Marga, die nie so wie sie »ihren Mann stand«, große Angst vor ihr. Warum muss sie in ihrem Brief fein säuberlich alle Ausgaben auflisten, von den Kosten für »die Schuhsohlen der Kinder« bis hin zu dem Preis für ihren »einzigen Schoppen Wein«, den sie zum Sommerball getrunken hat? Es ist so offensichtlich, wie verletzend Marga hier agiert, dass Hertas Rechtfertigungen daneben eher befremdend klingen. Herta scheint Marga Macht zu geben, lässt sich von ihr respektlos beschimpfen und in ihrer eigenen Wohnung gegen ihren Wunsch ein Bild aufhängen!

Was kann ich dafür, dass ich diesen Stich mit diesem zerlumpten Kind am Boden einfach nicht ertragen konnte, weil ich es damals im Niemandsland auf der Flucht vor den Russen genau so erlebte?!?! Es gibt eben Bilder die einen nie mehr verlassen, und ich habe es in den Keller gestellt. Marga hängte es wieder auf!!!!

Sie gibt Marga nicht nur die Macht, sondern scheint sich darüber hinaus auch noch selbst ans Messer zu liefern. Warum erzählt sie ihr, dass sie Schulden hat? Die Reaktion von Marga dürfte vorhersehbar gewesen sein, denn Geld spielt in dieser Familie eine große Rolle, vor allem der nach außen zur Schau getragene »moralische« – in der Familie benutzte man eher das Wort »anständige« – Umgang damit. Schulden zu machen, steht auf dem Index. Dass innerhalb der Familie keineswegs so »anständig« mit Geld umgegangen wird, wird spätestens bei der Erbschaft von Ernsts Vater deutlich. Ich will nicht behaupten, dass es möglich gewesen wäre, Marga keine Angriffsfläche zu geben, aber vielleicht hätte Herta mehr Möglichkeiten gehabt, sich aus der Schusslinie zu ziehen. Sie bietet sich Marga mit erschreckender Gradlinigkeit als Opfer an.

Herta wettert bei Ernst über Marga, beschwört ihn aber gleichzeitig, nichts davon an Marga zu schreiben und um »der Kinder Willen« einen Krach zu vermeiden.

Auch Ernst lässt seiner Empörung über seine Schwester freien Lauf (18.6.1950):

(...) ma chère soeur ist halt doch noch die Alte! (...) Marga und Ud sind alte Spinatwachteln. Solche vertrockneten Eierstöcke pflanzen sich durch Knollen fort. Solche Erziehungsgewächse sind typisch für alte Jungfern. (...) Und noch eines, wer müsste sich vor Gott schämen, wenn Du betteln gehen müsstest? Du oder Marga ? Ich habe mich oft an dem Gedanken aufgerichtet, dass ich solche Fragen auf die Waage Gottes lege und mich um die irdischen allzu menschlichen Wertungen überhaupt nicht mehr kümmere.

Am 19.6. wiederholt Herta noch einmal eindrücklich die Bitte, dass Ernst nichts an die Schwestern schreiben solle. »Hoffentlich hast Du meine Bitte respektiert und weder an Marga, Ud, noch an Tante Ady geschrieben. Ich wäre Dir wirklich ernstlich böse!« Anschließend klagt Herta über die schlechten Schulleistungen der Kinder und teilt dabei immer wieder Seitenhiebe auf Marga aus.

Sonjas Schicksal ist so gut wie besiegelt, sie bleibt also in Obertertia wegen Englisch und Französisch sitzen. Es tut mir arg weh! Denn für mich ist es eine wahnsinnige Blamage! Es ist das erste Mal, dass im Kollegium so etwas vorkommt. Es war mir unmöglich, die Privatstunden, die ich ihr geben ließ, 4 Wochen noch weiter zu bezahlen und die Forderung, die Deine Schwester an mich stellte, im Monat für 50 Mark Privatstunden zu geben und dafür Sonja wieder welche geben zu lassen, konnte ich nicht erfüllen. Ich bin durch meinen Dienst und Kinder und deren Schularbeiten geschlaucht genug. Himmeltraurig überhaupt ein solches Ansinnen an mich zu stellen!!! (...) Verzeih mir meine Verbitterung, aber Du kannst Dir denken, dass mir manchmal der Gaul durchgeht. Ich pauke mit Sonja und ihrer Freundin jeden Abend eine Stunde Mathematik und meine Kollegin 1 Stunde Englisch umsonst! (19.6.1950).

Ernst darauf am 25.6.1950:

Noch immer komme ich über die bodenlose Unverschämtheit nicht hinweg, dass Marga es wagt, in Deinem Heim zu kommandieren (...)[Da Ernsts Hass so eindeutig auf Marga gerichtet ist, fällt seine Reaktion auf Sonjas schlechte Schulleistungen für seine Verhältnisse erstaunlich milde aus.] Sonjas Niederlage tut mir für Dich arg leid. Aber nun rächt sich halt doch der Sprung in die Quarta. Von Altsommersdorf nach R. war ein kühner Weg. Aber nun soll sie zeigen, dass Hinfallen keine Schande ist – sondern das Liegen-Bleiben. Nun muss es einen echten Aufschwung geben und kein Verfaulen. Jetzt sich bewähren, Sonjalein. Jetzt nicht faul werden! Jetzt beweise, was in Dir steckt. Tu das der Mutti zu Liebe!

Er schlägt Herta vor, sie solle einmal mit der Tochter ganz alleine »als Mutti und Freundin« eine Zeit verbringen. »Ich habe das Gefühl, dass Sonja einmal viel Liebe braucht, dass sie über sich hinauskommt und der Panzer um das Herz zerbricht« (16.7.1950).

Herta darauf: »Du hast recht, dass Sonja viel Liebe braucht, ich kann es ihr nicht geben, wir sind zu verschieden, wie soll ich Liebe abgeben, wenn ich selbst lieblos durchs Leben gehen muss?!?!« (22.7.1950).

Die Tochter wird versetzt und damit ist das Thema Schulleistungen für dieses Mal abgeschlossen und das Thema Marga kommt wieder mehr in den Vordergrund.

Herta beginnt Ernst zu besänftigen:

Nun ärgere Dich mal bitte nicht so über Marga, es hat ja wirklich keinen Sinn. Ich habe mich so gefreut über Deinen ersten Brief und den vertrockneten Eierstöcken und den Knollen! Du bist doch manchmal noch der Alte. [Nach der Schilderung eines vergnüglichen Kollegenabends fährt sie fort:] Wie täte Dir mal so eine Entspannung nötig, und ob Du überhaupt nach all diesen bitteren Jahren dazu fähig wärst? Ach ja Alterle, dafür sorg ich schon, dass Du's wieder lernst!!!! (...) Inzwischen haut man sich in Korea mal wieder die Köpfe blutig. Hoffentlich gibt es keinen, der seinen Eid hält, um ja nicht auch unser Zuchthausschicksal zu teilen, wenn er auf der Verliererpartei kämpft!!! Oh, ich hasse den Krieg!

Die Eheleute sind sich nicht nur in der gemeinsamen Wut auf Marga einig, Herta bläst jetzt mit Ernst auch in Bezug auf seine Zuchthausstrafe ins gleiche Horn und sieht in ihm den zu Unrecht Verurteilten.

Beide sparen in ihren Briefen nicht mit Bissigkeiten über Marga und rücken näher zusammen. Ernst am 16.7.1950: »Meine liebe Herta! Ein Gutes hat Margas Widerborstigkeit: Wir sind uns dadurch in unseren Briefen wieder näher gekommen.«

Und Herta am 22.7.1950:

Dein letzter langer Brief war zu schön, und ich las ihn diese Woche mehreren Kollegen vor, die bei mir Fräulein Blankmeisters Geburtstag feierten; es hat alle sehr interessiert, zum Schluss laute Empörung, dass ein Mensch mit solchen Qualitäten im Zuchthaus sitzt!!!!

Anfang August besucht Herta ihren Mann: Ernst am 13.8.1950: »Mein liebes Hertali! Hab tausend Dank für Dein Kommen – aber ma chère soeur wird Dir nun Vorwürfe machen wegen der Schulden: ›dann fährt man eben nicht‹. Merkel schlug vor, dass mich Marga besucht. (...)« Und Herta am 16.8.1950: »Heute vor 8 Tagen war ich bei Dir, und nach den schönen ›Sprechstunden‹ fällt es mir diesmal ganz besonders schwer, wieder nur zu schreiben.«

Die Sommerferien sollen, wie jedes Jahr, in B. bei Marga verbracht werden. Die Einreise in die Schweiz rückt näher, und Herta weiß zu diesem Zeitpunkt auch, dass Marga Ernst in Kaisheim besuchen will; das muss Herta verunsichert haben. Das Einvernehmen mit Ernst, das wohl den gemeinsamen Feind Marga braucht, beginnt zu bröckeln, und die Spannung scheint bei beiden zu steigen. Zu dieser Zeit soll auch noch ein neues Gnadengesuch eingereicht und ein Kirchenrat als Fürsprecher gewonnen werden.

Der Besuch in Kaisheim, zu dem Marga von Ernsts Pfadfinderfreund Herbert Müller begleitet werden soll, wird geplant. Herta mahnt Ernst eindringlicher: »Marga will Dich mit Herbert Müller besuchen, wahrscheinlich im September. Bitte wascht in dieser einen Stunde Wiedersehen nach 12 !! Jahren keine kleinliche Wäsche!« (31.8.1950)

Damit ist der Krach, den Herta mit Marga hatte und der den Eheleuten in den vergangenen Monaten viel Stoff für giftige Bemerkungen gab, zur »kleinliche[n] Wäsche« degradiert. Gleichzeitig scheint sich Herta aus diesem Streit herauszuziehen, indem sie ihn in die Geschwisterproblematik von Ernst und Marga schiebt. Dass sie sich, im Gegensatz zu den Geschwistern Meyer gut mit ihren Geschwistern versteht, ist hier erst angedeutet: sie wird diesen Pluspunkt für sich kurz vor Margas Besuch auch wirklich noch ins Feld führen. Ernst am 10.9.1950:

Bitte! Bitte!! Bitte!!! Mein rotes Buch mit den Gedichten! Bitte! Bitte!! Bitte!!! Das Gnadengesuch starten! Es tut sich eben etwas! Also schreiben, oder mir absagen, dass ich es tun kann. Aber nicht mit Wortnarkose! (...)Aber bitte tue das Deinige dazu, ich habe Dir alle Entwürfe gemacht. Nun liegt es noch Wochen? Ich weiß, Du hast das nicht so gerne. Aber mit Schweigen liefern wir selber die Steine zu lebendigem Einmauern. Passivität ist Selbstaufgabe!

[Diese Stelle ist auf beiden Seiten von Ernst mit dickem Rotstift angestrichen.]
Am 7.9. [Hochzeitstag] habe ich Deiner in besonderer Liebe gedacht. Wärst Du damals auch mit mir gegangen, wenn Du gewusst hättest, dass nach 10 schönen und guten Jahren so grausam die 7 mageren kommen? Hoffen wir, dass es mit 7 sein Bewenden hat und dass dann wieder 7 fette Jahre kommen.

In diesen 10 Jahren sind die Kriegsjahre mit eingeschlossen, die Ernst hier als »schöne und gute Jahre« bezeichnet. Herta darauf am 16.9.1950:

Lieber Ernst!
Eben kam Dein Brandbrief, darum will ich Dir gleich die Gedichte schicken. (...)
Marga und Herbert Müller kommen nicht mehr im September, da Margas Pass abgelaufen ist, und sie erst einen neuen beantragen muss. Du fragst, ob ich auch geheiratet hätte, wenn ich das vorausgesehen hätte,
nein – nie – nie – nie !!!
Wenn ich bedenke, dass unverheiratete Kolleginnen in meinem Alter 100 DM mehr Gehalt kriegen als ich mit 3 Kindern!!!!
Lachen musste ich über die von Dir angekündigten 7 fetten Jahre. Wenn Du wüsstest, wie mir davor graut.

Vermutlich »graut« es ihr zuerst einmal vor dem geplanten Zusammentreffen von Marga und Ernst. Sie schreibt giftig an Ernst:

Es ist nicht leicht, einen Brief nach Rezept zu schreiben, ich flüstere mir nach Coué[4] immer wieder zu, es geht mir gut, es geht mir immer besser. Darum bin ich auch froh, dass Marga Dir letzteres auch mal persönlich sagt. Da ich also »immer so viel jammere« ohne jeden Grund, versuche ich es mir abzugewöhnen!!! (10.10.1950).

Herta versucht sich mit dieser Aussage einerseits zynisch von Marga abzusetzen, gibt ihr andererseits eine ungeheure Macht, als hinge sie von Marga und von dem, was die beiden Geschwister über sie in Kaisheim reden, ab. Sie stellt Margas Aussage, dass sie »immer so viel jammere«, nicht klar ihre eigene Meinung gegenüber, für die sie eigentlich nicht kämpfen, schon gar nicht einen anderen bekämpfen müsste, sondern gibt hasserfüllt vor, sich unterzuordnen.

Aus ihrer Verunsicherung flüchtet Herta in die gleiche Abwehr, wie wir sie bei Ernst sahen: sie sucht sich eine Koalition, findet sie bei ihren eigenen Geschwistern und wütet gegen Ernst und Marga:

(...) Wir S.'s[5] taugen ja nicht viel, wir jammern zu viel, wo es doch gar nicht nötig ist, wir haben keinen Sinn für alte Raritäten, wir sind traditionslos, dazu schlecht erzogene Kinder; es ist schon ein Kreuz mit diesen S.'s. Aber eins hat doch die

---

4 Emil Coué (1857–1926) propagiert in Büchern und Vortragsreisen die heilende Wirkung der positiven Suggestion.
5 Herta ist geborene S.

mangelnde Erziehung meiner Eltern fertig gebracht: wir 4 vertragen uns untereinander, wir halten zusammen, wir kommen miteinander aus (10.10.1950).

Den Besuch selbst beschreibt Ernst in seinem Brief vom 25.10.1950 an Herta:

Ich bat sie [Marga], das Erziehen von Dir zu unterlassen. Sie nahm es grausam übel. Jede Kritik an ihrer Gottähnlichkeit ist Todsünde in Potenz. Sie hat kein Herz. Sie gibt Liebesgaben, beansprucht dafür Macht und Gehorsam. Sie hat keine Liebe. (...) Wehe dem, der auf sie angewiesen ist. Sie bestritt mir einfach alles, selbst die Höhe des Schulgeldes. Du bist böse auf sie, weil sie Dir die 100 M. nicht gibt. Wenn es nach ihr ginge, dürftest Du mir überhaupt nicht mehr schreiben oder nur, was sie überprüfte. Bitte, bitte, bitte wehre Dich, sie darf unsere Ehe nicht demontieren. (...) Frage sie nie mehr um Rat. Ein Mensch ohne Herz!!

Herbert Müller schreibt nach diesem Besuch bei Ernst ebenfalls an Herta (12.11.1950):

Sehr geehrte gnädige Frau
Ihr Problem liegt nicht auf der materiellen Seite. Die früheren Verhältnisse müssen ganz außer Ansatz bleiben. Ich will Ihnen natürlich nicht vorerzählen, dass es Ihnen gut und glänzend ginge. Aber mit Ihrem Einkommen in gleichen Verhältnissen müssen heute viele Menschen auskommen, die auch keine größeren und kleineren Anrechte auf das Leben haben. Das A und O Ihrer Not ist Ernsts Fehlen und aus dieser seelischen Not resultiert Ihre Unausgeglichenheit. Dadurch, dass Sie Ernst Einzelheiten Ihrer materiellen Lage schildern, erleichtern Sie Ihr Los nicht, sondern verschlimmern nur Ernsts seelische Konflikte. Und darum bat ich Sie herzlich und möchte das heute wiederholen, schreiben Sie Ernst bitte »Feldpostbriefe« (...) aber klagen Sie nie, denn Ernst kann das nicht verstehen.
Der Besuch bei Ernst hat mich selbst auch zutiefst erschüttert, und manche Einzelheit des Besuchs wird mir erst allmählich in ihrer ganzen Schwere bewusst. Ernst hat sich vollkommen in sich abgeschlossen, lebt nur der Idee seiner unschuldigen Verurteilung, klammert sich an den Satz »Ich hielt meinen Eid« und sieht einfach nicht, was er aus unerfindlichen, heute kaum mehr verständlichen Gründen damals anderen Leuten, einer anderen Mutter angetan hat. Hier denkt er juristisch, nicht human, das ist sein Fehler, den wir heute nicht ändern können.
Ob es gelingt, Ernst dazu zu bringen, den Fehler mal bei sich selbst zu suchen und sich zu überlegen, was habe ich eigentlich falsch gemacht, dass ich hier bin, die ganze Sache von der humanen Seite zu betrachten und das Verbohren auf den Eid endlich beiseite zu lassen, das weiß ich nicht. Darüber zerbreche ich mir nun schon die ganze Zeit seit meinem Besuch in Kaisheim den Kopf.

Herta schweigt erst eine Zeit lang und schreibt dann an Ernst. Herta am 7.11.1950:

Lieber Alter!
Nun habe ich lange nicht geschrieben – und das mit Absicht; ich zerriss zwei geschriebene Briefe, um nicht allzu bissig zu schreiben über das, was Du mir mal wieder einbrocktest! Aber ich bin es ja nun bald gewöhnt, war es ja nun doch das 3. Mal, dass Du meine Briefe zeigtest. – – – Aber Schluss davon, in Zukunft kriegst Du eben nur noch Briefe, die Du jedem zeigen kannst! Bääh! Du hast es ja so gewollt. Noch einmal fliege ich nicht herein – mir langt's!!!

Die Nähe, die durch den gemeinsamen Kampf gegen Marga entstanden war ist wieder zerbrochen. Im Folgenden geht Herta wieder mehr auf Marga zu, streicht Ernst gegenüber deren gute Taten heraus, die sie nur mit Mühe annehmen könne – »Aber mich bedrückt jetzt jede Guttat, weil Du diesen Krach machtest und sie ja jedes Vertrauen zu mir verloren hat, durch die Briefe, die Du ihr zeigtest« (19.12.1950) – und wendet sich gegen Ernst: nach der rhetorischen Frage, was Ernsts Briefe an Marga bewirkt hätten.

Nur Negatives!!! Leider hat uns die Sache noch mehr entfremdet. Es gibt eben zwischen Eheleuten Dinge, deren Geheimnis respektiert werden sollte. Es gibt dann halt Sprünge, die schwer wieder zu kitten sind -(...) Oh Ernst, mir graut diesmal noch mehr als sonst vor meinem Besuch in Kaisheim, hoffentlich kann ich mich beherrschen und alles mögliche unterdrücken und herunterschlucken. Wem ich diese Sache erzähle, der sagt nur: »Wie konnte ihr Mann (...). Nun ist das eben nicht ein Weihnachtsbrief geworden. Tut mir leid, ich bin eben zu sehr abgekämpft – schlafen- schlafen- schlafen- – – (Herta, 21.11.1950).

Ernsts Entlassung aus dem Zuchthaus

Nach dem neunten Gnadengesuch wird Ernst am 17.12.1951 vorzeitig aus der Haft entlassen. Sein religiöser Wahn wird nicht allein ausschlaggebend für seine Entlassung gewesen sein; politisch war im Deutschland der fünfziger Jahre der Blick nach vorne auf die Demokratie und das Wirtschaftswunder gerichtet, an die Nazizeit wollte man nicht weiter erinnert werden. »Der Bundestag sah es 1949 als seine Hauptaufgabe an, nicht etwa die Opfer zu befrieden, sondern die sog. Entnazifizierungsgeschädigten, mit denen man sich solidarisierte« (Bohleber, Psyche 97). 1951 fand eine große Amnestiewelle statt, die Praxis der Entnazifizierung machte schon ab 1945 aus Nationalsozialisten bemitleidenswerte Opfer, die von Hitler verführt worden waren und ließ Nazigrößen unter neuer Fahne wieder in führende Stellungen des Nachkriegsdeutschlands einfädeln (Hilberg 1997). Ernst blies mit seinen Rechtfertigungen keineswegs als Einziger in dieses Horn. Es wehte ein »brauner Wind« (Giordano 1990) im Deutschland der Adenauer-Ära. Man legte demokratisches Verhalten an den Tag, und vereinte sich, nachdem die Illusion des einheitlichen Volkskörpers arischen Blutes zerbrochen war, als Demokraten in der gemeinsamen »Kriegsunschuld« (Ralph Giordano).

Herta erhält am 1.12.1951 um 17 Uhr 35 ein Telegramm, mit dem Ernsts Entlassung angekündigt wird: »ECKARD MITTEILT ENTLASSUNG ERNST ZWANZIGSTER BRIEF FOLGT H. MUELLER«

Es war Samstag Abend, ich erinnere die Situation noch sehr genau. Der Kanonenofen mit dem Warmwasserboiler im Badezimmer war geheizt, denn samstags wurde gebadet und Haare gewaschen. Herta las das Telegramm, setzte sich an den großen Dielentisch und weinte, wie ich sie vorher und auch später nie mehr weinen sah. Ich wollte in ihre Nähe, um sie zu trösten, sie schickte mich weg. Ich verstand die Welt nicht mehr, die Mutter weinte untröstlich, dabei ging es doch um die Heimkehr des Vatis, für mich der lang ersehnte Beginn eines Familienlebens, um das ich manche Klassenkameradin so sehr beneidete. Es war ein bedrückender Abend.

Bedrückend war dann auch der Tag, an dem Ernst wirklich nach Hause kam. Ich hatte sein Heimkommen ersehnt und wünschte einen Vati, wie meine Freundinnen einen hatten. Die besten Eigenschaften all dieser Väter hatte ich meinem Wunschvater angedichtet: er würde mich an der Hand nehmen und durch unser Städtchen laufen, mit mir spielen, mir vorlesen und wäre einfach immer für mich da. Die Mutter war meistens beschäftigt. Tatsächlich kam ein mir fremder Mann nach Hause; er war mir unheimlich und ich hatte Angst vor ihm.

Während der Haftzeit haben sich die Eheleute in den Briefen immer wieder gefragt, wie ein Zusammenleben nach dem Zuchthaus, nach all diesen Erfahrungen aussehen könnte. Herta an Ernst (2.4.1950):

Nun hört man ja auch von vielen Russlandheimkehrern und das gilt auch für Dich, dass sie sich in den bitteren Jahren fern von zu »Haus« grundlegend geändert haben und schwierig geworden sind. Auch wir Frauen haben uns in den schweren Existenzjahren sehr geändert, ja, wir haben Haare auf die Zähne gekriegt und ich gebe mich da keinen Illusionen hin, so schwer es jetzt auch für uns beide ist, das bitterste steht uns noch bevor, wenn wir uns wieder zusammenbeißen müssen, was sicher viel schwerer ist als damals vor 17 Jahren (mit Schrecken rechne ich eben aus, dass wir im Herbst 17 Jahre verheiratet sind und davon 7 Jahre nicht mehr zusammenlebten),

Ernst antwortet darauf:

Du fragst mich, ob wir uns nach all dem Vergangenen noch verstehen werden. Ich glaube, wir haben uns beide in dieser gleichen Richtung entwickelt (...).Du sagst wie ich mit Luther, dass man sein Gewissen, seine innere Wahrhaftigkeit dem Alltag nicht opfern darf – auch wenn dies von einer viel gepriesenen Demokratie (eine Verspottung ihrer selbst) als unbequem verketzert wird. Wir haben beide gelernt, an uns zu denken und wir sind in der Nutzung aller Freiheiten erst einmal für uns restlos einig und beste Demokraten. Wir haben uns früher für die Gemeinschaft und Ideale eingesetzt – es täte mir heute leid, wenn ich für dies Ansbach mein Leben oder meine Gesundheit geopfert hätte. Das hindert nicht, dass wir den Treuen treu und Freunden Freund sind.

Pfarrer A., der Pfarrer des Ortes, hat sich bei den letzten beiden Gnadengesuchen für Ernst eingesetzt und fährt zusammen mit Herta nach Kaisheim, um Ernst abzuholen.

Herta, 20.12.1951 an Marga und Gertrud:

Meine liebe Marga, meine liebe Gertrud!
Nun ist Ernst also daheim. Die Autofahrt hin bei Glatteis und viel Nebel am Dienstag war schwierig. Am Mittwoch morgen nach 9 Uhr stand Ernst schon auf der Straße kurz vor Kaisheim und wartete auf uns. Der Abschied von K. war kurz und schmerzlos, ich brauchte Gott sei Dank nicht mit hinein. Dann waren wir noch in Niederschönfeld bei Pf. Merkels, die uns rührend nett aufnahmen. Und kurz vor

12 Uhr fuhren wir ab, in Ulm Kaffeepause und einen Blick ins herrliche Münster. Rührend war Ernsts Blick in die neue Welt. Herrlich um 8 Uhr das Heimkommen zu den Kindern, Sonja, die große Tochter mit herzlicher Selbstverständlichkeit, Hans etwas verlegen, Ute strahlend kichernd. Ich habe heute noch schulfrei und das war sehr schön. Ein Blumenreichtum empfing uns, herrlichster Wein und Kuchen und Zigarren von allen möglichen Leuten. Vom Kollegium eine wundervolle Tischdecke auf den vieleckigen Tisch im Wohnzimmer und einen fabelhaften Fresskorb mit herrlichsten Dingen. Wir wären also sehr dankbar, wenn die Kinder am 29.12. kommen dürften, ich schreibe noch, ob Sonjas Freundin mitkommen darf. Nochmals danke ich Marga für ihre große Hilfe, die den Einzug wesentlich vereinfachte. Herzliche Grüße Euch beiden, Eure verheiratete Herta.

Ernst schreibt diesen Brief weiter:

Das Heimkommen zugleich herrlich beglückend und unsagbar schwer. Vielleicht war der Nebel, der die Weite der Freiheit bedeckte, eine gnädige Erleichterung des Übergangs aus dem Grau des Alltags vergangener Jahre. Das eigentliche Heimkommen war dann über die Kraft. Ich bin ganz überwältigt, wie herrlich Ihr vorgesorgt habt. Tausend Dank Euer Ernst

Marga hatte für Ernst eine Bettcouch gekauft.
Drei Tage später klingt es bereits anders. Ernst beginnt den Brief und Herta schreibt weiter, vermutlich ohne dass Ernst ihren Teil liest.

R. den 23.12.1951
Liebe Schwestern!
Im letzten Brief habe ich mein Heimkommen vermeldet; Nun kämpfen wir uns wieder zusammen und ich muss das Leben von ganz vorne wieder verstehen. Das ist arg, arg schwer. Ein Pass ist mir zwar nicht abgelehnt, aber stark abgeraten. Halten wir uns zunächst daran; in wenigen Wochen kommen sowieso neue Bestimmungen. Ud. wollte uns besuchen kommen. Ich hätte gerne gewusst, wie es Euch geht, so kommt doch beide? Über den Besuch unserer Kinder in B. bitten wir Euch um Rat: Sonja ginge sehr gerne mit, aber in einem kurzen Schuljahr wegen der Osterversetzung kommt sie nur in den Ferien zu ihren eigenen Sachen. Sie näht und flickt und bessert aus mit einem rührenden Fleiß, hat den Kopf voller Pläne mit Stricken etc. Vor dem Fest wird nicht mehr viel, da Kindergottesdienst etc. sie stark beanspruchen. Auch die Frau »Oberrechnungsrat« muss demnächst auf Tournee gehen und braucht dazu warme Sachen. So wäre es – schon um Sonjas guten Willen in Gang zu halten – richtiger, wenn wir Euch nur die beiden Kleinen schicken dürften. Ich kenne beide gar nicht, Hans hat keine Erinne-

rung mehr an den Vati, ich bemühe mich, ihm ein guter Kamerad zu werden. Über das Zeugnis wurden wir trotz des Absackens gut einig, indem wir erst Ostern werten, im Aufstehen und Besorgungen machen, besonders aber im Basteln finden wir uns. Auch erkennt er an, dass er von mir etwas lernen kann. Seine Begabung ist nicht schlecht, aber es ist ihm gesund, dass er eine sachverständige Kritik bekommt (...).

[Herta:] (...) Es wäre sehr schön, wenn wir Sonja hier behalten könnten, wenn Dir aber die Kleinen allein zu viel sind, so schreibe es ruhig, dann schicken wir sie erst an Ostern. Sonja behielte ich zu gerne da, Sie steht mir so herrlich bei bei all der Schwere der Situation. Ich muss so oft an Margas Worte denken: »Herta, Du musst Dich völlig aufgeben, wenn der Ernst da ist«. Und Du hattest so recht! Aber ich werde auch dies schaffen!!! Ernst stiert vor sich hin, spricht laut für sich und wird wahrscheinlich mit seinem Schicksal am 18.4.45 nicht fertig. Ich weiß, dass ihr Schwestern mir beisteht und das gibt mir Kraft. Kommt mal!
Eure Herta.

Sonja bleibt in diesen Ferien zu Hause, wir beiden jüngeren Kinder fahren zu Marga in die Schweiz.

Ernst versucht, sich so gut wie möglich in der Familie, die er mit pathetischen Worten ausschmückt, zurechtzufinden:

Und wieder muss ich nun Herta bewundern. Ich freue mich immer, wie sehr durch all ihr Wesen, das gute alte Pfarrhaus noch hindurchschimmert. Das Köstlichste, das wir mitbekommen haben, ist eine gewisse Tradition, eine gewisse Grundlage an ideellen Gedanken, und darin ist Herta nicht anders orientiert als wir Meyers. Es ist die gleiche Grundlage im Professorenhaus und im Pfarrhaus. So wird auch darin alles in Ordnung kommen, auch wenn es seine Zeit dauert (17.1.1952 an Marga).

Hertas Wut auf Ernst wird immer heftiger, gleichzeitig sucht sie vermehrt die Nähe zu Ernsts Schwestern. Herta an Marga am 3.3.1952:

Meine liebe Marga
Es wäre nett, wenn Du mal von Ernsts Erlebnissen in Freiburg berichtetest. Er kam recht befriedigt nach Titisee, auch die Tage dort waren sehr sehr schön, wir haben uns alle herrlich erholt. Nun zu Hause ist leider der status quo wieder eingetreten. Ernst ist wieder unleidlich wie vorher und es ist sehr sehr schwer. Nun wollte ich Dir mitteilen, dass Ernst gegen meinen Willen eine Vertretung für Rechenmaschinen für R. annahm. Sein Chef ist ein Jude, der mir gar keinen guten Eindruck machte,

ich bat ihn so, die Finger davon zu lassen, er macht es jetzt heimlich. Die Rechentafeln werden in der Schweiz hergestellt, wahrscheinlich braucht man einen dummen Mittelsmann. Ich habe Ernst heute erklärt, dass sich unsere Wege in dem Moment trennen, wo er wieder dorthin zurückkommt, wo er im Dezember herkam. Ich lehne jede Verantwortung ab. Hochwürden [der Spitzname für Pfarrer A.] konnte ihn auch nicht davon abbringen in seiner Sturheit, Ernst hat ihm aber zugesichert, dass er wenigstens nicht in R. vertreibt. Was macht er? In R. rennt er von Haus zu Haus. Es ist furchtbar. (...) Warum fängt er jetzt hier so etwas Unsicheres, vielleicht sogar Gefährliches an??? Ich möchte Dir nur schreiben, dass ich jede Verantwortung ablehne und nur hoffe, dass Du nicht mit der Sache in Berührung kommst. (...)

Ernst am 4.3.1952 an Marga:

Herta hat mir eben mitgeteilt, dass sie Dir einen – wie mir scheint reichlich subjektiven Bericht gegeben hat. Sie habe sich gedeckt. Ich möchte mich nicht decken. Ich habe seit meiner »Heim«-Kehr nur Vorwürfe und Verneinungen erfahren. Das macht mich konsequenterweise verschlossen. Es gibt einen Punkt, wo eben das Vertrauen in die Liebe und das Gefühl für innere Zusammengehörigkeit aufhören.

Marga erkundigt sich nach diesen Rechenmaschinen und informiert Ernst entsprechend. Ernst am 11.3.1952 an Marga:

Dir sage ich Dank für Deine Anteilnahme und für die selbstständige Einschaltung vor allem in der Sache des Rechengerätes. Also dieser Wirbel war umsonst! Ich habe nun von Dir die Bestätigung bekommen, dass ich gar nicht so dumm urteilte, als ich die Sache mit den Rechengeräten des Herrn Bergmann aufgriff. Ich habe die Sache nie so beurteilt, dass es etwas auf Dauer ist. Ich will mit einer Vertretung auch nicht irgendeiner ernsten Arbeit ausweichen, wie es hier schon gesagt wurde. (...)

Ernst bemüht sich, seine Vorstellungen von Erziehung in den Familienalltag einzubringen:

Meine Hauptaufgabe ist eben noch die Steuerung von Hans. Ich habe mich schon vor der Bayernzeit bemüht, Menschen durch Loben und nicht durch Vorhaltungen und Kritik zu steuern. Bei Hans ist dies ganz besonders wichtig, wo es sich darum handelt, ihm das nötige Selbstvertrauen auch da zu suggerieren, wo er nicht ausgesprochen begabt ist. Ich habe ihn als Assistent bei einem Vortrag seines Direktors gesehen, da hat er mir gefallen. Aber er darf darüber Latein und Französisch nicht vernachlässigen. Ich weiß, dass er in seiner Bastelei ein wunderbares Erziehungsmittel besitzt, denn da muss er bei allem Murks doch etwas hinstellen, was geht. Und seine Dinge gehen wirklich. Aber das langt halt nicht, wenn er weiterkommen will. Ich habe meine eigene Schulzeit und das Lernen mit dem Vater in zu schrecklicher Erinnerung, um nicht auch hierin einen neuen Weg zu gehen. Und es gelingt mir bei Hans nicht übel. Auch mit Ute geht es ganz leicht, obwohl sie sich nicht gerne etwas verbieten lässt. Sie hatte es bisher allzu leicht, zwischen den Sorgen der Mutti den eigenen Weg hindurchzufinden, und sich einen Auslauf zu sichern, der durch fast keine Vetos behindert war. Aber es war für ihre Entwicklung nicht immer gut. Noch schwieriger ist Sonja. Sie hat viel Meyersches und kommt trotz Wissens nur sehr schwer davon los. Sie ist ohne Vati aufgewachsen und sie scheint ihn nur wenig entbehrt zu haben (Ernst an Marga, 17.1.1952).

Am 18.3.1952 Ernst an Marga:

Ich verstehe, dass Euch die Passivität meinerseits nicht gefällt. Sie ist auch nur Notwehr, zu der ich mich bitterhart zwingen muss. Aber ich komme hier so am besten durch, weil ich doch alles falsch mache. Es ist dann so ungeheuer bequem über den »Unverstandenen« zu lästern und den »Märtyrer«. Ich bin keines von beiden, auch wenn es in den Streifen derer passt, denen ich nichts recht machen kann. Sie haben damit für die eigene Unfehlbarkeit ein wundervolles Alibi. Genauso wie für alles, was fehlt, der Hans herhalten muss, genauso geht es auch mir. Ich habe durchaus Verständnis dafür, dass die Nerven am Ende eines Schuljahres überlastet sind, ich weiß auch, dass ich Herta nicht helfen kann, im Grunde genommen will sie es nicht, weil es sie mehr belastet, wenn sie mir Anleitung geben muss – ich verstehe dies. Aber Verstanden oder Unverstanden – Märtyrer oder Unruhegeist. Ich suche mir eine Arbeit, nicht mehr für mich, ich habe verzichten gelernt und will vom Leben nichts mehr als trocken Brot und Kartoffel (...) Ich muss immer lachen, wenn sie (Sonja) sich für ihre Privatstunde Untertertia bei der Mutter Rat holt. Sie kann die Aufgaben nicht, verträgt es aber auch nicht über die primitivsten Dinge belehrt zu werden. Sie kann es nicht einmal aus dem Buch und dann aus sich schöpfen, also muss sie sich helfen lassen, aber es geht nicht ohne ein lächerliches Verkrampft-sein, weil die Hoffahrt in ihr meutert, sie sich nicht eingestehen will, was doch jeder sieht, wie hohl ihr Wissen tatsächlich ist. Das ist auch der Grund, warum ich ihr nicht helfen kann und darf. Ich darf nichts verstehen, weil dies der einzige Weg ist, auf dem ihre Hoffahrt sich behaupten kann. Denn da ich nichts kann, braucht sie von mir nichts anzunehmen. Diese Hoffahrt ist auch der Grund für viele Hackereien hier im Haus. Sie will herrschen über die Geschwister, sie allein. Es gibt keine Meinung neben ihr (...). Aber dass Hans wenigstens so klug ist, dass er von mir etwas annimmt, dass er sich belehren lässt, dass er lernen will, das sieht sie nicht. Der innerste Motor ist bei Sonja der Neid, dass Hans damit weiterkommt. (...) Sie gönnt ihm nicht, was sie nicht auch hat, und dass dieser jetzt mit meiner Hilfe vorwärts kommt, das ist der innerste Grund zu vielen Schwierigkeiten. (...) Ich sehe bei Hans wirklich nicht in einen goldenen Topf. – Aber ich weiß auch, dass ich bei dem Vorbild der Schwester Vieles nur unendlich langsam erreiche. Ich möchte, dass er morgens frischer aufsteht, dass er fixer wird, dass er sich nicht immer so unendlich viel Zeit lässt beim Anziehen und Ausziehen. (...) In der Arbeit selber ist er nicht sorgfältig genug. Seine ganze Bastelei ist großer Murks. Und seine Schularbeiten sind es nicht weniger. Dabei ist er genauso unordentlich wie die anderen Kinder. (...) Es käme in seine, an sich nicht ungünstigen Anlagen Grund hinein. (...) Hans ist nicht so dumm, wie er immer wieder hingestellt wird. Ich halte dies überhaupt für falsch, weil man einem Kind nie das Selbstvertrauen rauben oder zurechtstutzen soll, solange es sich normal entwickelt. Hans hat an sich schon Hemmungen genug, sodass er darin keinen Dämpfer braucht, den er nur überwinden kann nach der Theorie des Prügelknaben. Damit buttern wir aber mehr zu als wir gewinnen, denn wir verlieren sein Vertrauen, was im Grunde genommen nur Sonja will. Sie hat dafür keinen Instinkt, vielleicht auch kein Herz.

Herta an Marga am 10.9.1952:

Nun zum Besuch von Ernst, der nach dem 20-Seiten-Brief, den mir Gertrud (...) vorlas, recht unerfreulich war. Dieses Misstrauen, dieses Beleidigtsein, dieses angebliche Unterdrücksein von Seiten seiner Schwestern ist einfach grauenhaft. [Herta erzählt, dass Ernst Dr. B., einen Anwalt von Marga, wegen der väterlichen Erbschaft aufgesucht hat, um doch noch seinen Pflichtteil zu bekommen.] Auch Herr Dr. B., der übrigens seine Sache ganz fabelhaft u. in einer sehr vornehmen und trotzdem bestimmten Weise machte, wird einen recht kläglichen Eindruck von Ernst gekriegt haben. Ernst lenkte von wesentlichen Dingen immer wieder ab, das Testament von Vater sei ihm nicht bekannt, obwohl ich es nach Kaisheim schickte. (...) Als er dann schließlich noch zu heulen anfing, wird Herr Dr. B. sicher denselben Eindruck gehabt haben, wie ich: ein Menschenwrack, dessen Führung ich mich mit den Kindern nur mit den größten Bedenken noch einmal anvertraue. Am 20.9. fängt er in Oberderdingen in einer elektrischen Kochplattenfirma an, hoffen wir, dass es gut geht. – Es wäre sehr schön, wenn Du uns bald mal besuchtest. Nun hab nochmals recht herzlichen Dank für alles Gute. Einen schönen und ruhigen Geburtstag wünscht Dir Deine Herta

Ernst findet ab Oktober 1952 in Oberderdingen eine Arbeitsstelle als Physiker und wird die Familie nur noch an Wochenenden und in kurzen Ferien besuchen; die örtliche Trennung wird die Familiendynamik aber keineswegs entschärfen.

Der scheinbare Friede zwischen Herta und Ernsts Schwestern bleibt keineswegs erhalten. Marga schreibt am 11.5.1954:

Liebe Herta, Lieber Ernst,
Es ist merkwürdig, wo ich auch hinkomme, höre ich nichts als Klagen von Euch über mich. Es ist ein Kreis, der sich bald schneller, bald langsamer dreht.

Diese merkwürdigen Behauptungen, die ich wiederholt als unrichtig nachgewiesen habe, kann ich nicht weiter hinnehmen. Ich sehe nicht ein, warum ich als Sündenbock hingestellt werde, indem ich mich in Eure privaten Angelegenheiten mischen würde und ich auch Erbschaften zurückbehalten würde (...).

Es scheint so, als wenn Ihr alle Guttaten, die man Euch mit Liebe gab, vergessen hättet. Wie gut hat es doch das Schicksal gemeint, dass Herta und die Kinder seinerzeit bei Gertrud so ohne Bedenken aufgenommen waren. Es scheint so, als wenn alles, was man Euch gab und geben wollte falsch verstanden sei, und wir glaubten doch in guter Treue etwas zu gestalten. Ich bin weit davon entfernt, mich in Euer Leben einzumischen (...).

Diese geänderte Koalition, in der sich Marga gegen Ernst und Herta stellt, bringt die Eheleute in diesem Fall nicht wieder näher zusammen wie während Ernsts Zuchthausstrafe, denn Herta hat sich in der Zwischenzeit mit Pfarrer A. verbunden; man verbringt gemeinsam die Ferien, versucht die Beziehung aber in R. geheim zu halten. Aber auch diese Beziehung hilft Herta nicht, sich von Ernsts Familie zu lösen. Ernsts Schwestern schlagen sich zeitweise wieder auf Ernsts Seite gegen Herta usw. Ein brodelnder Familientopf, aus dem es kein Entrinnen zu geben scheint.

Aus der Gegenwart

Als Kind war ich davon überzeugt, dass unser Familienalltag friedlich verlaufen würde, wenn unser Vater diesen nicht immer wieder störte. Die Frage, warum Herta meinen Vater überhaupt geheiratet hatte – dass ich mit dieser Frage meine eigene Existenz auch aufs Spiel setzte, war mir als Kind nicht bewusst – und warum sie sich nach dem Krieg nicht von ihm trennte, beschäftigte mich sehr. Ich fragte meine Mutter und bekam zur Antwort: sie habe einen Professor gewollt, aber das wäre er ja nicht geworden und nach ihrer Heirat hätte sie diese Verbindung, die ihr Vater als Pastor kirchlich abgesegnet hatte, nicht wieder lösen dürfen.

Damit war das Gespräch beendet. Nach Hertas Tod im Jahr 1960 – ich war damals 16 Jahre alt- stellte ich anderen Familienmitgliedern dieselbe Frage und bekam zur Antwort: Scheidungen wären zu der damaligen Zeit nicht möglich gewesen.

Während der Arbeit an diesem Buch hat mich diese Frage über eine längere Zeit förmlich besetzt. Wäre eine Scheidung oder zumindest eine wirkungsvollere Distanzierung damals wirklich nicht möglich gewesen? Fand ich ein Argument dafür, habe ich es gleich durch ein Gegenargument entkräftet. Ich drehte mich im Kreis und hielt mich verbissen an dieser Fragestellung fest. Warum ich dieses unproduktive Ringen plötzlich aufgeben konnte, weiß ich nicht genau, ich weiß nur den Moment, an dem es mir gelang. Es war 1997 in den Sommerferien auf der Montisola im Iseosee. Ich saß mit meinem Mann und Freunden auf der Wiese unserer Pension am See und hatte den ganzen Morgen seitenweise mein Notizbuch mit dieser Frage, mit Argumenten und Gegenargumenten gefüllt, ohne zu einem greifbaren Schluss zu kommen. Eine Antwort kam sehr unerwartet, als ich kurz vor dem Mittagessen in den See hinaus und wieder zurückschwamm. Ich sah von weitem das Haus, die Wiese, sah Dani, unsere Wirtin, den Mittagstisch decken und plötzlich wusste ich, dass meine Fragestellung falsch war. Es geht nicht darum, warum Herta sich nicht getrennt hat, sondern darum, dass sie sich nicht getrennt hat. Es klingt banal und doch ist in dieser Aussage eine wesentliche Änderung der Blickrichtung enthalten, die mir vorher versperrt war. Die Mutter und ihr Handeln rückte in mein Blickfeld und nicht mehr nur ihre soziale Rolle als Lehrerin und armes Opfer dieses Vaters. Sie nur als Opfer ihrer Umwelt zu sehen – so die Familienpropaganda – und nicht als eigenständig Handelnde vernebelte mir die Sicht auf ihre Person und nährte die Illusion der nur guten Mutter.

In der folgenden Nacht träumte ich: Ich war in R. auf dem Weg in meine heutige psychotherapeutische Praxis. Obwohl die Zeit drängte, wollte ich zuerst noch zum Haus meiner Kindheit laufen. Dazu musste ich auf einer Rolltreppe zwischen zwei Mauern nach unten fahren, um zu dem Stadtteil zu kommen, in dem das Haus lag. Am Ende der Rolltreppe war eine quer verlaufende Absperrung, ich konnte weder zurück, noch einen Weg nach außen finden. Ich war gefangen und ratlos. Eine Frau kam die Rolltreppe heruntergefahren und zeigte mir einen seitlichen Knopf, mit dem man die Absperrung öffnen konnte. Ich war mitten in einem Maisfeld. Ein kleiner Trampelpfad seitlich der Rolltreppe ging in Richtung unseres Hauses.

Mais bedeutet in der Schweizer Mundart, dem Sprachraum, in dem ich lebe: aufmüpfige Unruhe, Verwirrung (Berndeutsches Wörterbuch,

Otto v. Greyerz und Herta Bietenhart). Man spricht davon, »jemand mache Mais«.

Im Traum ging ich nicht mehr in das Haus meiner Kindheit, dafür dann anschließend in meiner Erinnerung, als ich in dieser Nacht noch längere Zeit wach lag. Ich dachte über die Mutter nach und konnte mir bewusst das erste Mal seit ihrem Tod ihr Gesicht wieder vorstellen. Wenn ich vorher an sie dachte, sah ich ihre Haltung, ihre Bewegungen, das Gesicht blieb leer. Diese Erinnerungsblockade muss sich gleich nach ihrem Tod eingestellt haben. Ich war damals in einem Internat und versuchte immer wieder das Gesicht der Mutter in meiner Erinnerung wachzurufen, wenn ich mich sehr alleine fühlte. Gelang es mir nicht, kam ich mir entsetzlich schuldig vor. Für mich war es damals ein Zeichen, dass ich die Mutter nicht genug liebte und geliebt hatte.

Nach diesem Erlebnis am Iseosee bekam meine Mutter auch in den Briefen ein deutlicheres Gesicht.

Fünf Jahre nach Ernsts Entlassung aus dem Zuchthaus wird bei Herta Krebs festgestellt. Vor ihrer ersten Operation schreibt sie an Marga und Gertrud (14.12.1956):

Liebe Marga, liebe Gertrud!
Ihr verzeiht, dass ich gleich an Euch beide gemeinsam schreibe, aber ich bin so schachmatt, nach der 2-tägigen Untersuchung und habe eben schon an meine 3 Geschwister geschrieben. (...) Mittwoch früh hielt ich noch Schule und mittags ging ich dann heraus [Das Krankenhaus lag am Stadtrand] Was mit Ute wird, ist mir unklar. Darum ist es mir eine Beruhigung, dass Ihr existiert und dass Ihr mich noch letztes Wochenende so nett besuchtet. Wir haben uns so gut verstanden, wie noch lange nicht. (...) Seid lieb und verstehend mit den Kindern, ich glaube, sie hängen arg an mir. Es tut, oder besser, es täte mir leid, wenn ich Euch in Eurem verdienten Ruhestand ab 60 noch so eine große Bürde aufhalsen würde, aber Ernst ist dieser Aufgabe nicht gewachsen, er ist seit 43 Einzelgänger und seinem Vater doch immer ähnlicher. Das wisst Ihr ja besser als ich (14.12.1956).

Es folgen drei bange Jahre zwischen Hoffen und neuen Erkrankungen mit entsprechenden Operationen, die Herta neben einer vollen Berufstätigkeit und den, wie sie sagt, »Familienpflichten« mit der ihr eigenen Energie durchsteht.

Am 9.2.1960 stirbt sie im Alter von 51 Jahren. Vor ihrem Tod verfügt sie, dass ich nicht bei Ernsts Schwestern, sondern in einem Internat untergebracht werde. Meine beiden älteren Geschwister befinden sich bereits im Studium und außer Haus.

Aspekte der Familiendynamik

Selbstwahrnehmung von Ernst und Herta

Die einzelnen Personen, die in dieser Familie zusammenkleben, obwohl sie sich bis aufs Messer gegenseitig bekämpfen und sich zu hassen scheinen, stellen sich alle selbst als nahezu fehlerfrei dar und beanspruchen für sich großenteils nur positive Eigenschaften. Erschreckend selten finde ich in diesen Briefen selbstkritische Aussagen, dafür umso häufiger Entwertungen bis hin zu hasserfüllten Äußerungen gegenüber anderen. Bei Ernst nicht anders als bei Herta.

Wie sehr ein so überhöhtes Selbstbild auf Bestätigung von außen angewiesen ist, zeigt Ernsts Brief vom Juni 1942 über seinen Besuch bei Familie Havely. Kommt eine solche Zustimmung nicht, bekämpft Ernst das Gegenüber hasserfüllt und sucht sich gleichzeitig eine Koalition, in der er wieder als Gleicher unter Gleichen seinen Platz finden kann. Beim Besuch von Havely macht er das durch Nachbeten nationalsozialistischer Propaganda.

Bei Herta finden wir das entsprechende Muster: Nehmen wir als Beispiel die Familiensituation im Jahr 1952: Ernst ist zu diesem Zeitpunkt aus dem Zuchthaus entlassen und versucht eine neue Berufsexistenz aufzubauen. Dass er mit diesem Schritt in Hertas Revier eindringt und dabei keineswegs ein Verhalten zeigt, mit dem Herta einverstanden ist, muss bei Herta große Panik und Verunsicherung ausgelöst haben. Darüber spricht sie nicht, sondern beschimpft Ernst, als wäre er drauf und dran, ein neues Verbrechen zu begehen. »Ich habe Ernst heute erklärt, dass sich unsere Wege in dem Moment trennen, wo er wieder dorthin zurückkommt, wo er im Dezember herkam« (Herta, 3.3.1952). Gleichzeitig sucht sie eine Koalition mit den Schwestern oder kurzfristig, mit Dr. B.: »(...) Als er dann schließlich noch zu heulen anfing, wird Herr Dr. B. sicher denselben Eindruck gehabt haben, wie ich: ein Menschenwrack, dessen Führung ich mich mit den Kindern nur mit den größten Bedenken noch einmal anvertraue« (Herta, 10.9.1952).

Alle Familienmitglieder mit ihrem überhöhten Selbstbild scheinen auf eine Bestätigung von außen angewiesen zu sein. Sie suchen Beziehungen, in denen sie mit dem Anderen gemeinsam die eigene Person zelebrieren können. Werden sie nicht bestätigt oder sogar kritisiert, droht dieses unrealistische Selbstbild zusammenzubrechen und sie beginnen erbittert zu kämpfen. Kritik wird nicht angehört, innerlich abgewogen und entweder bei Seite gelegt oder angenommen, sondern sie wird sofort massiv abgewehrt und mit der Kritik der Kritiker gleich mit weggestoßen. Gleichzeitig wird ein neuer Verbündeter gesucht, von dem die nötige Bestätigung wieder zu bekommen ist. Je größer die Verunsicherung bei solchen Menschen ist, desto heftiger scheint der nach außen gerichtete Hass auszufallen und desto weniger wird er durch Mitgefühl mit dem Opfer abgefedert.

Geschenke

Dieses brüchige überhöhte Selbstbild scheint nicht nur durch Kritik oder mangelnde Unterstützung von außen destabilisiert zu werden, sondern auch durch liebevolle Zuwendung eines Anderen. Das kann zu absurden Reaktionen auf spontane Geschenke führen. Herta an Ernst, 31.8.1950:

Hans hat sich von der Terrasse bis zum oberen Zaun im Garten eine herrliche Bergbahn aus seinem Märklin-Baukasten gebaut! Auch in der Nachbarschaft erregte es Aufsehen. Plötzlich kommt er strahlend herein mit einem herrlichen nagelneuen Leichtmetallbaukasten der R.er Alu-Werke, die ihm einfach die Nachbarsleute über den Gartenzaun hinüber geschenkt hatten; nun kann er 2 sich entgegenfahrende Bergbahnen laufen lassen. So sehr ich es dem kleinen Mann gönne, so beelendet mich so etwas, wenn so ganz fremde Leute so gut mit uns sind, weil wir halt so arme Schlucker sind. – Aber nein! Es geht uns ja wirklich soooo gut, es ist ja zu schön, schon 5 $\frac{1}{2}$ Jahre nur die Pflichten einer Ehe zu tragen, vom Mann getrennt zu leben usw. Ich will doch nicht mehr jammern. Es ist verboten! Herzlichst Deine Herta

Dieses Geschenk beglückt Herta keineswegs; Im Gegenteil, sie giftet auf ihre Situation, als fühle sie sich durch diese offensichtliche Liebesgabe der Nachbarin als »arme(r) Schlucker« erniedrigt und als Person angegriffen. Ob sie bei ihrer Attacke Ernst oder die Richter im Visier hat, ist unklar, deutlich ist der zynische Seitenhieb auf Marga, die ihr vorgeworfen hatte, zu viel zu jammern. Die Nachbarn hatten vermutlich Spaß an diesem eifrigen, kleinen Baumeister und machten ihm dieses spontane Geschenk. Die Seilbahn war wirklich beeindruckend: Das Seil spannte sich von der Terrasse aus über eine Böschung hinauf bis in den obersten Winkel des Gartens. Mit einem Motörchen angetrieben, schaukelte daran eine Kabine, die groß genug war, um meine Puppe durch den ganzen Garten zu transportieren. Mit dem zweiten Märklin-Baukasten bekam die Seilbahn sogar noch eine weitere gegenläufige Kabine.

Herta wütet, das Geschenk muss sie in ungeheure innere Spannungen versetzt haben, die sie nach außen abreagiert. Vermutlich, um einer solchen Erschütterung bei Geschenken zu entgehen, propagierte Herta, man dürfe nur etwas annehmen, wenn man es hinterher wieder »gutmachen« könne. Als ob ein Geschenk anzunehmen etwas Böses wäre! In den gleichen Zusammenhang gehört wohl auch ihre immer wieder geäußerte Überzeugung, sie könne um nichts bitten: »Du kennst ja Deine Alte, ehe ich's schon einmal heraus habe, bricht mir bald die Zunge ab« (2.12.1948.). oder ihr: »Ich werde es auch so schaffen!!!« (13.6.1950). Solange sie alles alleine kann, ist sie auf keine Mithilfe von außen angewiesen und den dadurch evtl. ausgelösten, inneren Verunsicherungen nicht ausgesetzt.

Ernst reagiert entsprechend; er wandelt eine Bitte in eine Forderung um und macht aus einem Geschenk eine Ware, auf die er einen Anspruch hat. »Aber da sie nun Kinder hungern lassen will, zeigt sie halt doch, wie sie wirklich ist: (...) Und noch eines, wer müsste sich vor Gott schämen, wenn Du betteln gehen müsstest? Du oder Marga?« (Ernst,18.6.1950).

Wie reagieren Herta und Ernst auf das wertvollste Geschenk zwischen Menschen, auf die Liebe, wenn materielle Geschenke bei ihnen schon solche giftigen Reaktionen auslösen können? Müssen sie die bedingungslosen Liebesäußerungen eines anderen wegstoßen, weil diese sie verunsichern könnten? Ich bezweifle, dass es in der Beziehung zwischen den Eheleuten viel Liebe gab. In den ersten Jahren ihrer Ehe, die beide als glücklich bezeichneten, tauschten die Ehepartner vermutlich mehr gegenseitige Bewunderung als Liebe aus. Hätte es zwischen den beiden vor dem Krieg Liebe gegeben, dann sollte nach dem Krieg in den Briefen manchmal wenigstens Mitgefühl füreinander oder auch Trauer über die verlorene Liebe spürbar werden. Ich habe nichts dergleichen gefunden.

Ernst schreibt über Herta in seiner Vita:

Dabei war diese gute, selbstlose, und tiefst im Inneren so selige Mutter unserer 3 Kinder so herrlich erdverbunden, praktisch, natürlich, instinktsicher und mit ihrer sprühenden Schlagfertigkeit ein nicht ungefährliches »noli me tangere« für jeden Fremden, der diese Art nicht respektierte oder deren Grenzen zu verschieben suchte (Vita, I, 64).

Herta lebte nicht nur gegenüber Fremden dieses »noli me tangere«, sondern auch gegenüber ihren Kindern. Ein Beispiel: Hans und Ute treffen sich nach längerer Trennung (Hans war zu dieser Zeit bei Marga in der Schweiz) an der Grenze in Konstanz, durch einen Maschendraht getrennt. Herta beschreibt die Szene (3.11.1948): »wie ein Affe steckte Hans Bananen und Schokolade durch die Löcher durch, Ute von der anderen Seite ein Bonbon. Sie steckten die Finger durch wie Hänsel und Gretel, es war zum Schießen.«

Konnte sich Herta von den liebevollen Gesten ihrer Kinder durch den Maschendraht nicht berühren lassen und muss sie sie statt dessen verlachen? Ich erinnere mich noch genau an die Szene, auch an die Rückfahrt im Zug. Ich saß am Fenster auf der Holzbank, neben mir meine Mutter, meine Schwester Sonja und Tante Gertrud. Ich ließ die Beine in der Luft baumeln, während Häuser und Bäume vor dem Fenster an mir vorbeizogen. Ich war traurig über den Abschied vom geliebten Bruder. Die Erwachsenen und Sonja lachten, Worte wie Affe, Banane und klebriges Bonbon fielen. Obwohl es mir eher zum Heulen als zum Lachen war, lachte ich irgendwann mit den Großen mit. Ich kam mir selbst groß dabei vor, lachte zwar ein fremdes Lachen, war dafür aber nicht mehr so alleine. Wie oft muss ein kleines Mädchen Entsprechendes erleben, bis es das Verlachen nicht mehr als fremde, sondern selbstverständliche Reaktion auf liebevolle Begegnung und auf Traurigkeit über einen Abschied empfindet?

Liebesäußerungen von uns Kindern konnte Herta teilweise nicht annehmen. Ich finde in den Briefen einige Stellen, die mir besonders weh tun, in denen sie gar nicht zu wissen scheint, wie wichtig sie für uns Kinder ist, manchmal sogar dagegen ankämpft.

Als Hans beispielsweise 1948 für vier Monate in B. bei Marga lebt, schreibt Herta am 11.8.1948 an Ernst:

Hans hat noch um ein paar Wochen verlängert gekriegt, es stiegen ihm die Tränen hoch, wenn er an das Heimkommen denkt, wie furchtbar für mich, dass ich ihm in meiner ärmlichen Enge so wenig bieten kann. Ich hoffe, dass ich wenigstens ein Bett kaufen kann, bis er kommt.

Dass ihr Sohn weint, weil er noch länger in B. bleiben muss, zieht Herta genauso wenig in Erwägung, wie die Möglichkeit, dass Hans sich nach ihrer Nähe sehnt und weniger nach einem geräumigen Zimmer oder einem neuen Bett verlangt. Das wird ihr klar, als sie ihn in der folgenden Zeit für einen Tag in B. besucht. »Hans hat so geheult, als wir wieder abfuhren, er scheint doch mächtiges Heimweh zu haben. Er hat noch kein Pfund zugenommen, der dumme Kerl, bei der fabelhaften Kost« (Datum des Briefes nicht genau ersichtlich, überschrieben mit Sonntag Abend).

Es ist ein eigenartiger Text, der mich sehr irritiert und geschmerzt hat. Hans zeigt sein Heimweh, eine von Herta durchaus erhoffte Reaktion, wie man aus dem Brief vom 11.8.1948 herauslesen kann. Im nächsten Satz äußert sie aber kein Mitgefühl für diesen kleinen Jungen, der in B. bei Tante Marga sehr gelitten haben muss, sondern eher einen Vorwurf, dass »der dumme Bub« bei der »fabelhaften Kost« nicht zugenommen habe. Dass er vielleicht aus lauter Heimweh und weil er sich bei der Tante nicht wohl fühlt, nicht zugenommen hat, erwägt Herta hier nicht. Für sie ist er der »dumme Bub«. Kann sie den Liebesbeweis des Sohnes nicht annehmen und muss deshalb ganz schnell das Thema wechseln?

Eine mich selbst betreffende Begebenheit taucht in der Erinnerung auf. Als ich mit 11 Jahren einmal aus einem Skilager heimkam und mich meine Mutter vom Bahnhof abholte, sah ich sie von weitem und rannte voll Freude in meinen Skistiefeln mit wackelndem Rucksack auf dem Rücken auf sie zu. Kurz vor ihr blieb ich jedoch stehen, unterdrückte den Impuls, ihr um den Hals zu fallen und gab ihr die Hand. Denn so begrüßte und verabschiedete man sich in unserer Familie.

In diesen Kontext gehört vermutlich die verächtliche Bemerkung über Franzosen der Besatzungsmacht, die sich dauernd Küsschen geben müssten. So etwas hätten wir in der Familie nicht nötig, wir wüssten schließlich, dass wir uns lieb haben, ohne es uns dauernd zeigen zu müssen. Wie wir oben sahen, vertritt Frau Haarer in ihrem Erziehungsbuch eine ähnliche Meinung.

Herta äußert in dem Brief ihre Angst, dem kleinen Sohn materiell »nicht genug bieten« (11.8.1948) zu können. Hat sie diese Angst auch, wenn es nicht um materielle Dinge, sondern um sie als liebevolle Mutter geht? Was empfinden die Kinder, wenn sie mit offenen Armen auf ihre Mutter zulaufen und diese sie auf Distanz hält, weil sie Nähe nicht aushalten kann? Werden die Kinder nicht annehmen müssen, ihre Liebe sei für die Mutter nicht gut genug?

Dankbar dagegen nimmt Herta Anerkennungen ihrer Erziehungsleistung entgegen:

Marga hat mir ein Lob erteilt über die fabelhafte Erziehung meiner Kinder, sie habe es auch von einer Bekannten bestätigt gekriegt, wenn man die schwierigen Verhältnisse mit berücksichtige. Ich selbst bin nicht so ganz mit der Erziehung zufrieden; aber ich bin froh, dass sie sich alle fremden Menschen gegenüber gut zu benehmen wissen (Herta an Ernst, 10.7.1948).

Vielleicht richtet sich die Erziehung, die Gehorsam und Pflichterfüllung – bei Ernst und Herta hieß es wie bei Johanna Haarer, »die Kinder haben zu parieren« – als oberstes Erziehungsziel auf ihre Fahnen geschrieben hat, nicht so sehr gegen »ungehorsames« Verhalten der Kinder als gegen ihre direkten unabhängigen Liebesäußerungen zum Leben und zu den Eltern, da solche Geschenke die Eltern mit einem tief in ihnen sitzenden Gefühl, nicht liebenswert genug zu sein, in Kontakt bringen könnten.

Gehört Hertas entsetzlicher Satz: dass der dreijährige Sohn »endlich wieder nach 6 Wochen die ersten wohlverdienten Prügel« (Herta, 8.4.1941) bekommt, nicht auch in diesen Zusammenhang? Ich habe diesen Satz immer wieder gelesen und auch andere gebeten ihn zu lesen, in der Hoffnung, dass ich etwas Falsches gelesen hätte. Dieser Satz steht wirklich so da! Herta schreibt in dem Brief weiter: »Wenn der kleine Mann dann mal wieder seine Grenzen zu spüren bekommt, ist er ganz besonders wonnig und zärtlich und versucht mit allen Mitteln der Kunst bei allen Beteiligten wieder gut Wetter zu machen und ist so brav.«

Nach den Prügeln überschüttet der kleine Sohn verständlicherweise die Mutter mit »Liebes«-bezeugungen, die Herta »besonders« genießt. In einer solchen Situation wird sich das Kind eher an die Mutter anklammern und mit allen Mitteln versuchen, sie wieder versöhnlich zu stimmen, als ihr frei seine bedingungslose Liebe zu zeigen. Solche Zuwendungen der Kinder, die Herta durch ihre »(endlich wieder) Prügel« selbst initiiert hat, scheinen für sie weniger bedrohlich zu sein als spontane Liebesbezeugungen.

Wenn der Sohn 12 Jahre alt ist, gibt es nach den Prügeln nicht gleich eine Versöhnungsszene:

Deinen Sohn habe ich heute mal wieder verdroschen, er wird vor lauter Ferien zu üppig und sagte mir heute recht nette Ausdrücke!!! Nun versucht er wieder gekuscht, wie ein geprügelter Hund wieder gut Wetter zu machen, aber Mutti spricht nicht und ist eisern kühl! Hoffentlich recht lange! (...) (16.8.1950).

Auch ihrer Tochter Sonja gegenüber finden wir eine entsprechende Reaktion von Herta: Sonja ist 1952 alleine und unglücklich in Lausanne auf einem Feriensprachkurs und Herta kommentiert nach einem Besuch bei der Tochter: »Ich betrachte es für Sonja als sehr gute Schule, sie ist so nett und lieb, wie ich sie noch nie kannte. Sie jammert auch gar nicht. Mme. ist sehr entzückt von Sonja« (26.8.1952). Bei diesem Besuch ist die Tochter lieb und nett und die Mutter scheint den Kontakt zu genießen. Das ist ihr nicht immer möglich:

Am 22.7.1950 schreibt Herta, Liebe könne sie der Tochter nicht geben, weil sie zu verschieden wären. Bereits am 10.7.1948 klagt sie bei Ernst: »Sonja ist ein großer schwerer Brocken, schwer in Bewegung und Gliedern, schlägt ganz Dir nach, viel größer als Deine Schwestern, jedenfalls absolut nicht meine quirlige Art.«

Auch hier werden an die Liebe Bedingungen gestellt, nur der, der gleich ist und nicht der oder die Andere könne geliebt werden.
Bei Ernst klingt es nicht anders:

Hans macht mir mit seiner Lernerei schrecklichen Kummer. Hat der Bub in all dem Elend gar nichts gelernt? Er hat seine Mutti eben nicht lieb, sonst machte er diese gemeinen Schwierigkeiten nicht. Das ist seine wahre Religionsnote (Ernst, 27.11.1949).

Ernst wirft Liebe und Pflichterfüllung in einen Topf. Eine Liebe, die an Pflichterfüllung gekoppelt ist, kann keine bedingungslose Zuwendung sein, die die Kinder eigentlich verdienten. Was hier an den eigenen Kindern ausagiert wird, werden Ernst und Herta, wenn auch in verschiedener Ausprägung, tragischerweise selbst in ihrer Kindheit bei ihren Eltern erfahren haben.

Nicht nur Kritik und mangelnde Bewunderung können also ein brüchiges Selbstwertgefühl erschüttern, sondern auch liebevolle Zuwendung. In diesem Sinn sind solche Menschen tragischerweise in ihrer Geschichte gefangen, eher darauf bedacht, das eigene Selbstwertgefühl auf die ihnen vertraute Art durch Bewunderung von außen zu stabilisieren, als sich in liebevolle wachstumsfördernde Beziehungen einzulassen, in der sie als Menschen mit positiven und negativen Eigenschaften anerkannt und respektiert werden könnten.

Die Kämpfe innerhalb der Familie

Wie wirken sich solche Persönlichkeitszüge auf die Meyersche Familienatmosphäre und auf die Familiendynamik aus? Eine Familie lebt durch gegenseitiges Geben und Nehmen. Rund um dieses Thema brodelt es in dieser Familie. Gerade nach dem Krieg war Herta auf die Hilfe von Ernsts Schwestern angewiesen. Hilfe anzunehmen war genauso schwierig wie bedingungslos zu helfen. Es gab Streit, und für diesen Streit suchte man sich dann jeweils einen Verbündeten. Koalitionen bildeten sich, lösten sich wieder auf und neue entstanden.

Wir sahen am Beispiel von Ernsts Besuch bei Familie Havely, dass er die Koalition mit den Nazis sucht, um sich vom Gastgeber abzustoßen. Entsprechend reagiert Ernst in seiner eigenen Familie und ist mit diesem Verhalten keineswegs allein. Man verschwört sich mit einem anderen gegen einen Dritten; die Koalitionen scheinen nicht so sehr durch gegenseitige Zuwendung der Koalitionspartner als vielmehr durch den gemeinsamen Hass auf den Ausgestoßenen zusammenzuhalten.

»Ein Gutes hat Margas Widerborstigkeit: Wir sind uns dadurch in unseren Briefen wieder näher gekommen« (Ernst am 16.7.1950) oder Herta: »Nach Margas Besuch hatte ich besonders Heimweh nach Dir und meiner Mutter« (Herta am 13.6.1950).

Die Koalitionen sind keineswegs stabil. Als Herta z.B. nach ihrem Aufenthalt in Mainz 1948 in R. allmählich Fuß fasste, gab es eine Koalition von Herta und Marga gegen Gertrud.

Die beiden Schwestern sind grundverschieden, Marga von einer Großzügigkeit, die ihr eigentlich schon früher ohne Mittel eigen war und Gertrud von krankhafter betonter Sparsamkeit, die nach der Währung noch unendlich gesteigert ist (Herta am 3.10.1948).

Nach Gertruds Möbelsendung verbanden sich Herta und Ernst gegen Gertrud. In der Zeit, als man das Ergebnis eines Gnadengesuches erwartete, zerbrach diese Koalition, was wiederum Marga, Gertrud und Herta zu einer näheren Verbindung gegen Ernst verhalf usw.

Wann und warum bricht eine solche Koalition auseinander und bildet sich eine neue aus? Dazu das Beispiel von Herta, Ernst und Marga im Jahr 1950: Marga besucht Herta in R. und es kommt zum handfesten Krach. »Ich bekam eine auf den Deckel« (Herta am 13.6.1950). Herta schildert Ernst diesen Besuch und spart dabei nicht mit giftigen Bemerkungen über Marga. Ernst doppelt nach, nennt seine Schwester einen »Menschen ohne Herz« und beide freuen sich gemeinsam über Ernsts zynisches Bild von seinen Schwestern von »den vertrockneten Eierstöcken und den Knollen!«

Diese Nähe allein scheint Ernst nicht zu genügen, er steigt aktiv mit in die Arena ein, schreibt an seine Schwester Marga und holt sich Pfarrer Merkel noch zur Unterstützung an seine Seite. Ein Treffen zwischen Ernst und Marga wird verabredet. Dass Marga kaum Kritik ertragen kann und massiv zurückschlägt, wenn sie erfährt, wie Ernst und Herta über sie hergezogen sind, weiß Herta genau und hat vermutlich deshalb auch Angst vor einem Treffen der Geschwister. Der Ton zwischen den Eheleuten wird immer aggressiver. Aus ihrer Verunsicherung flüchtet Herta in die gleiche Abwehr, wie wir sie bei Ernst sahen: sie sucht sich eine Koalition, findet sie bei ihren eigenen Geschwistern und giftet jetzt gegen Ernst und Marga. Sie würde sich im Unterschied zu den Geschwistern Meyer mit ihren Geschwistern gut verstehen. Die eigenen Geschwister sind weit weg, der Meyersche Familientopf brodelt in der Nähe und Herta sucht auch darin ihre Koalition. Sie verbindet sich mit Marga gegen Ernst. Marga erscheint ihr mächtig und Herta fürchtet sich vermutlich vor deren massiven Reaktionen, wenn sie von Ernst erfährt, wie sehr sich Herta über sie beklagt hat. Im Folgenden rückt Herta in Margas Nähe, streicht Ernst gegenüber deren gute Taten heraus, die sie nur mit Mühe annehmen könne.

Eine Koalition hält also durch den Hass auf einen gemeinsamen Feind zusammen. Erweist sich für einen der Koalitionspartner der Feind als mächtiger und droht sich vor allem der Hass dieses Feindes gegen ihn zu richten, dann wendet er sich diesem zu, ordnet sich ihm unter und bekämpft hasserfüllt mit ihm zusammen den früheren Koalitionspartner.

Wenn eine Koalition sich ändert, kann der Vertraute plötzlich zum Ausgestoßenen werden. Aus dem allgemein menschlichen Bedürfnis, Wahrnehmung, Handlung und Gefühl in einem Sinnzusammenhang zu verknüpfen, kann das Gegenüber nicht zuerst als notwendige Stütze und dann als bedrohlicher hassenswerter Gegner gesehen werden, es sei denn, man kann Widersprüche aushalten und dem Anderen, vor allem sich selbst, positive und negative Eigenschaften zugestehen, wobei die Pendelausschläge dann auch nicht so heftig ausfallen, wie wir sie in den Briefen der Familie Meyer erleben. Das konnten weder Herta, noch Ernst oder seine Schwestern. Sie mussten, um solchen Sinnzusammenhang herzustellen, die Wahrnehmung der Situation und der Personen verändern. Das bezieht sich nicht nur auf äußere Gegenstände, wie z.B. den Gasherd aus Gertruds Möbelsendung (1948), der in Hertas Briefen von einem zuvor bei Ernst beklagten nicht funktionierenden zu einem »herrlichen fast neuen Gasherd ohne Brenner, den ich für 16 DM betriebsfertig hingestellt kriegte« (17.1.1949) mutiert, sondern auch auf Menschen und ihr Handeln. Wenn Herta die beiden Schwestern als »grundverschieden, Marga von einer Großzügigkeit, die ihr eigentlich schon früher ohne Mittel eigen war und Gertrud von krankhafter betonter Sparsamkeit, die nach der Währung noch unendlich gesteigert ist«, (Herta 3.10.1949) bezeichnet, dann ist diese Einschätzung keineswegs von langer Dauer und hat sehr wenig mit der Wirklichkeit dieser beiden Frauen zu tun, denn bereits im Sommer 1950 prangert sie den Geiz von Marga an.

Ich habe das Ringen um eine realistischere Wahrnehmung der Wirklichkeit, das ohne sich selbst in Frage zu stellen, kaum möglich ist, weder bei Herta, noch bei Ernst gefunden. Allzu schnell werden momentane Meinungen als allgemeingültige Wahrheiten verkauft und entsprechend vehement vertreten. Nehmen wir Ernsts Einstellung zum Nationalsozialismus als Beispiel: Seine Begeisterung für Hitler und den Nationalsozialismus negiert er nach Kriegsende restlos und zwar auch rückwirkend: »Ich war nie NS-Offizier« (Prozessakten), ohne dass eine wirkliche Auseinandersetzung mit diesem Thema spürbar würde. Je nach Kontext wird die Wirklichkeit verschieden dargestellt.

Auch Herta passt ihre Meinung der jeweiligen Situation an. Nehmen wir als Beispiel Ernsts Tat. 1948 kann Herta ihren Mann voll und ganz verstehen, am 6.1.1950 wettert sie gegen ihn: »(…) dass Du endlich begreifen lernst, dass der Mensch das höchste ist, was es auf Erden gibt, und dass das Gesetz nur um der Menschen Willen und nicht umgekehrt da ist, dann wäre es eben am 18.4. nicht passiert.« Die Staatsgewalt hat gerade ein Gnadengesuch ablehnt, Herta scheint sich diesem Urteil zu beugen und wütet gegen Ernst, der sich dagegen auflehnt. Als Herta aber im Sommer 1950 die Nähe zu Ernst gegen Marga sucht, spricht sie von »unserem Zuchthausschicksal«, das der erleiden müsse, »der auf der Verliererpartei kämpft!!!« und ist mit dieser Aussage ganz auf Ernsts Überzeugung eingeschwenkt. Nach seiner Entlassung dann am 23.12.1951 schreibt Herta: »Ernst stiert vor sich hin, spricht laut für sich und wird wahrscheinlich mit seinem Schicksal am 18.4.45 nicht fertig.« Ernsts Tat ist in dieser Aussage »Schicksal«, Ernst selbst bezeichnet es als sein »unerbittliches Gestirn, unter dem er geboren sei« (13.10.1949). Wenn das Schicksal ihn so hart getroffen hätte, hätte er Mitgefühl verdient; das ist weder in Hertas Satz noch in seinem Kontext spürbar, eher Verachtung. Auch bei Herta finde ich keine Auseinandersetzung darüber, was sich am 18.4. in Ansbach wirklich zugetragen hat, ihre Meinung ändert sie je nach Situation und der Koalition, in der sie sich gerade befindet.

Bei Ernsts Schwestern das gleiche Muster: Neben einem: »Sei nicht so stur, sonst geht es Dir wie Deinem Vater« (Herta, Totensonntag 1948) konnten sie im nächsten Moment von uns Kindern verlangen, wir hätten unseren Vater zu lieben und zu ehren, weil er unser Vater wäre. Bei allen Familienmitgliedern ist kaum eine Konstanz in einer bestimmten Haltung oder Aussage zu finden, noch lässt sich nachvollziehen, wie, auf welchem Weg und warum sich Einstellungen ändern.

Es erstaunt nicht weiter, dass in dieser Familie kaum Konflikte gelöst werden können. Zum einen hält man den anders Denkenden gar nicht aus, sondern bekämpft ihn, zum andern ändert sich eine Meinung je nach Situation, ohne dass man nachvollziehen kann, wie und warum sich diese Meinung geändert hat. Beides wäre vonnöten, um mit Konflikten umzugehen. Treten Konflikte auf, werden sie entweder totgeschwiegen, »Deine Stimmung scheint immer noch geladen. Ich gehe darauf auch heute nicht ein« (Ernst, 1.10.1950) oder sie werden teilweise »zerstückelt« und dann entsorgt: von dem Angriff – in dieser Familie wird eine andere Meinung meistens als Angriff aufgefasst – wird ein eher unwesentlicher Teil herausgenommen und der Rest unter den Tisch gewischt: im November 1948 z.B. schreibt Herta zum ersten Mal vorwurfsvoll und wütend über Ernsts Tat in Ansbach und erwähnt nur am Rande ihr »biologisches Leid«. Ernst geht in seinem Antwortbrief nur auf diese eine Aussage ein, ohne auf Hertas Vorwürfe wegen Ansbach zu reagieren. Herta schließt sich dem an, und das Thema Ansbach und Ernsts Tat ist für beide vorerst erfolgreich entsorgt.

So bleiben in dieser Familie alle kritischen Themen in gärendem Zustand, ohne je geklärt und entgiftet zu werden, um sie bei Bedarf wieder frisch aufzutischen. Die väterliche Erbschaft und die Erbschaft von Onkel Paul z. B. bieten den Geschwistern Meyer – Ernst, Marga und Gertrud – Stoff für vielfältige Auseinandersetzungen, die sie bis zu ihrem Lebensende im hohen Alter immer wieder erneut austragen.

Motor für diese nicht endende Familiendynamik scheint der Hass zu sein, der als einzige Konstante in diesen fließenden Koalitionen und der sich ständig verändernden Sicht auf die Wirklichkeit von allen Beteiligten gepflegt wird. In dieser Familie sind Menschen aneinander gebunden – Herta spricht von »gefesselt sein« (1.11.1949) – die alle ein ziemliches Maß an Selbsthass zu haben scheinen. Je größer der Selbsthass, desto unerbittlicher scheint der nach außen gerichtete Hass und desto geringer das Mitgefühl für das Opfer zu sein.

Herta ist weniger tief von ihren mitmenschlichen Gefühlen abgeschnitten als Ernst und weniger hasserfüllt als dieser. Ernst plädiert z. B. öfter zur größeren Härte gegen die Kinder, während Herta trotz ihrer hasserfüllten Angriffe doch wieder einlenken kann. Ernst fordert zum Beispiel, dass die Tochter Sonja wegen der schlechten Schulleistungen die Schule verlassen und statt dessen die Hausarbeit mit »genauester Kontoführung« übernehmen sollte, Herta dagegen: »Wenn sie eben auch so spät ist, wie ihr Meyers alle, wäre es sehr ungerecht, sie von der Schule zu nehmen« (Herta am 10.3.1950).

Den Ursprung dieses Selbsthasses konnten wir bei Ernst in seiner Kindheit, in der Beziehung zu seinen Eltern vermuten. Als Kind musste er sich an die Eltern, die ihn zu ihren eigenen Zielen missbrauchten, anklammern und in dieser Beziehung seine eigene Lebendigkeit hassen lernen, da sie den elterlichen Zorn erregte. Ernsts Schwestern wird es nicht anders ergangen sein.

Auch bei Herta scheinen die Wurzeln ihres Selbsthasses bis in ihre Kindheit zu reichen. Sie hat 1933 den Mann, damals Leiter des Praktikums, geheiratet, der sie als Studentin, bei ihrem ersten Zusammentreffen nicht nur gemein prüfte, sondern auch noch durch die Prüfung fallen ließ. Herta beklagt sich bei ihrem Bruder empört über diesen »gemeinen Schuft« (Schilderung von Hertas Bruder Traugott), der sie so schlecht behandelt habe. Schon als Herta Ernst kennen gelernt hat, zeigt Herta dieses Verhaltensmuster, durch das alle Familienmitglieder die oft so grausame Dynamik in der Familie Meyer aufrechterhalten. Herta schließt sich dem an, von dem sie »eine auf den Deckel« (Herta am 13.6.1950) bekommt und den sie als mächtig erachtet. Wäre ihr ein solches Verhalten nicht bereits vertraut gewesen, hätte sie als Studentin den weiteren Kontakt mit Ernst, dem »Weiberfeind« (5.7.1930), eher gemieden, um sich nicht noch mehr verletzen zu lassen. Zu Beginn der Beziehung ist ihr bewusst, wie brutal Ernst sein kann. Dieses Wissen überdeckt sie in den ersten Ehejahren durch ein »so gut ging mir es im Leben noch nie wie jetzt« (Herta, 21.3.1937).

Findet Herta bei Ernst Ähnliches wie bei ihren Eltern? Zwei ihrer Aussagen deuten in diese Richtung: »Nach Margas Besuch hatte ich besonders Heimweh nach Dir und meiner Mutter« (Herta, 13.6.1950). Herta fühlt sich von Marga erniedrigt und sucht also bei Ernst und ihrer Mutter Trost. Wenn wir uns vergegenwärtigen, wie Ernst Herta nach diesem Krach mit Marga 1950 »getröstet« hat – indem er die Dynamik noch weiter anheizte, muss man sich fragen, was Trost für Herta bedeutet und in welcher Weise Herta als Kind von ihrer Mutter getröstet wurde.

Auch Erfahrungen mit ihrem Vater scheint Herta in der Beziehung mit Ernst wiederzufinden: Auf meine Frage als Kind, warum sie sich von Ernst nicht scheiden ließe und Pfarrer A. heiratete, antwortete sie mir, sie dürfte eine Beziehung, die ihr Vater, der Pastor, eingesegnet hätte, nicht auflösen. Einem solchen Vater scheint es eher ums Prinzip zu gehen als um das Glück seiner Tochter; eine Haltung, die Herta bei Ernst wiederfindet: »Eine Offiziersgattin gibt nicht auf« (1945). Da ich kaum Briefe von Hertas Eltern besitze, müssen weitere Aussagen über Hertas Beziehung zu ihren Eltern Spekulation bleiben.

Alle in dieser Familie haben ein Leben lang ihr Selbstbild mit ihrer Abstammung aus »gutem Hause« ausgeschmückt. »Das köstlichste, das wir mitbekommen haben, ist eine gewisse Tradition, eine gewisse Grundlage an ideellen Gedanken, und darin ist Herta nicht anders orientiert als wir Meyers. Es ist die gleiche Grundlage im Professorenhaus und im Pfarrhaus« (Ernst am 17.1.1952).

Es brodelte in diesem Familienkessel, in dem sich die Einzelnen eher zu Leid lebten, in dem man kaum reifen konnte, aus dem es aber auch kaum ein Entrinnen gab, weil man früh gelernt hatte, von dem Hilfe zu erwarten, von dem man eine »auf den Deckel bekam«. Schäfer (1961) hat in entsprechendem Kontext von der »pathologischen Treue« gesprochen, einer Treue, die keine Loslösung und damit auch keine Eigenständigkeit ermöglicht. Je lauter die »Treue« zu den Eltern und zur Tradition propagiert und mit pathetischen Worten und Idealisierungen ausgeschmückt wird, desto kleiner ist die Chance, diesem Familiengefängnis zu entfliehen. Der Schmerz über die eigenen Verletzungen wird dabei genauso ignoriert, wie das Mitgefühl für das Leid anderer.

Ich habe einen Aspekt der Familiendynamik, den Hass, herausgearbeitet, da er mir für das Verständnis von Ernsts Lebensgeschichte, seiner Haltung im ersten Weltkrieg, der Begeisterung für die Nationalsozialisten, seine Tat in Ansbach und seine Rechtfertigungsversuche nach dem Krieg besonders wesentlich erschien. Es gab neben diesem Hass in dem Familiensumpf immer wieder friedvolle Inseln, auf denen liebevolle Begegnungen möglich waren. Ich habe solche Begegnungen mit fast allen Familienmitgliedern, besonders mit meiner Mutter, aber auch mit den beiden Tanten Marga und Gertrud erlebt, mit Ernst allerdings kaum.

Wenn ich als Kind die Mutter nachmittags suchte, konnte ich sicher sein, sie in der Schule im Chemievorbereitungsraum zu finden. Dann ging ich auf den Schulhof und rief so lange laut, bis sie ans Fenster des Chemiesaals im dritten Stock kam und mir ihren Schlüsselbund herunterwarf. Damit durfte ich dann die Schule aufschließen und vor allem von innen wieder abschließen. Mutter würde als erstes fragen, ob ich es auch nicht vergessen hätte. Stolz rannte ich mit dem Schlüsselbund in der Hand im leeren Schulhaus die breite Steintreppe nach oben und durfte durch die heilige Tür des Chemievorbereitungsraums eintreten, der für Schüler sonst verboten war. Meine Mutter bereitete hier ihre Chemieversuche für den nächsten Tag vor, ich setzte mich in eine der Bankreihen, und wir spielten Schülerin und Lehrerin. Das hatten wir beide gern. Ich vermute, Herta fühlte sich in ihrer Rolle als Lehrerin besonders wohl.

Auf diesen friedlichen Inseln hatte sie einen Kosenamen für mich. Oft setzte ich mich auf den Gartenzaun, um auf sie zu warten. Ich freute mich, wenn ich sie von weitem ihr Fahrrad den Berg zu unserem Haus hinaufschieben sah, meistens an jeder Lenkstangenseite eine voll gefüllte Einkaufstasche. Vom Markt brachte sie mir Obst mit, weil sie wusste, dass ich es besonders gerne aß. Manchmal gab es eine ganze Tüte Kirschen nur für mich. Es gab friedliche Sonntagnachmittage, in denen wir zusammensaßen, meistens versüßt durch Mutters unvergessenen Streuselkuchen, ein ganzes Backblech voll, dessen Größe in liebevoller Übertreibung schnell einmal zu einem Quadratmeter heranschwoll. Beim Skifahren, Plätzchen-Backen vor Weihnachten oder im Sommer am Bodensee, wenn Mutter mit uns ins Schwimmbad kam, auf ihrer Liege lag und einfach da war, tauchten solche friedvollen Inseln auf. Bei Widerspruch konnten leider unvermittelt die Flutwellen darüber hinweggehen.

Was wäre gewesen, wenn ...

Was wäre gewesen, wenn die Amerikaner Ernst nach dem Krieg nicht gefasst und das deutsche Gericht ihn nicht verurteilt hätte. Im Bewusstsein, dass sich ein solches fantasiertes Szenario in Wirklichkeit ganz anders hätte entwickeln können, lohnt es sich doch, diesen Fantasien einmal nachzugehen. Er wäre vielleicht 1946 oder 1947 aus amerikanischer Gefangenschaft entlassen worden und hätte seine Familie getroffen. Ob in Pommern oder in Freiburg? Seine Wurzeln lagen in Freiburg, dort hätte es ihn vielleicht zuerst hingezogen, er hätte sich dort niedergelassen und die Familie wäre aus der russischen Besatzungszone irgendwie zu ihm nach Freiburg geflohen.

Ernsts »Du lebst! Die Kinder leben!! Ihr alle lebt!!!« und Hertas »Die schönste Weihnachtsfreude war Dein Brief mit der ersten Nachricht seit 9 Monaten von Ernst« (Herta, 23.1.1946) hätten den Eheleuten vielleicht einen guten Stern für das erste Zusammentreffen und möglicherweise sogar für die erste Zeit des Zusammenlebens nach dem Krieg beschert. Wenn Ernst Herta von seiner Tat in Ansbach erzählt hätte, dann in der Version, die er ihr bei ihrem ersten Zusammentreffen in Kaisheim servierte. Und Herta hätte darauf ein »Gott sei Dank bin ich nun voll und ganz auf Ernsts Seite und kann alles verstehen« (Herta, 23.3.1948) erwidert. Da von außen keine Prozesse gegen Ernst oder abgelehnte Gnadengesuche diesen Gleichklang gestört hätten, wäre dieses Thema, vermutlich nicht weiter hinterfragt, in den Untergrund gerutscht. Man hätte sich gemeinsam darüber empört, »was für ein Schuft und ein Verräter Hitler war«. (Herta, 1.11.1949) und hätte selbst mit dem Nationalsozialismus nie etwas am Hut gehabt. Ernst hätte stolz erzählt: »Von allem Überschwang hielt mich von Anfang an die Erkenntnis zurück, dass ich als Dinarier sowieso nicht zur nordischen Rasse gehörte. Ich war stolz auf meine Zugehörigkeit zu den Schwarzwäldern« (Vita I, 51b) und Herta hätte nachgedoppelt, auf den »Quatsch wäre sie nicht hineingefallen« (mündliches Zitat). Man hätte gemeinsam die gute Tradition des Professoren- und Pfarrhauses als Garant für moralisches Verhalten, besonders während der Nazizeit herangezogen und sich befehlsgemäß als Demokraten gezeigt.

Was aber während 15 Jahren wesentliche Stütze des eigenen überhöhten Selbstbildes war, auf die Ernst zurückgreifen konnte, wenn durch irgendwelche Verunsicherungen, wie z. B. bei seinem Besuch in Kopenhagen, dieses Selbstbild zu bröckeln begann, lässt sich nicht so leicht entsorgen; im Gegenteil, als Ernst in Ansbach diese Stütze und damit seine Macht über andere Menschen schwinden sah, muss nur noch mörderischer Hass in ihm gewütet haben, den er an diesem jungen Mann ausagierte, als er ihn erhängte. Er wäre als zutiefst verunsicherter Mensch voller Selbsthass und Hass gegen andere nach dem Krieg zu seiner Familie zurückgekommen. Eine andere Möglichkeit, Unsicherheiten auszuhalten, als zu hassen kannte er wohl nicht.

Bei geringstem Widerspruch hätte dieser Hass die Mitglieder seiner Familie als erstes getroffen, die Kinder, die Schwestern, die Ehefrau. Wir sahen oben, dass auch die anderen Familienmitglieder ihren nicht unbeträchtlichen Beitrag zu dieser Familiendynamik beisteuerten, die sich nach dem Krieg ohne Ernsts Verurteilung vermutlich noch um einiges grausamer etabliert hätte, da Ernst auch körperlich noch anwesend gewesen wäre.

Ich wäre damals ca. vier Jahre alt gewesen, »Unser kleiner Sonnenschein ist nett ausgeglichen und schwätzt zu gerne von Vati, dem sie von früh bis abends Küssel geben will, auch wenn's kratzt.« (Herta an Ernst, 17.8.1948). Diesem Menschen, in dem es vor lauter Hass gebrodelt haben musste, wäre ich auf den Schoß gekrabbelt und wehe, er hätte es in dem Moment gerade nicht gewollt.

Nach außen hätte man sich wohl als heile Familie dargestellt mit drei »wohlerzogenen« Kindern, die Eltern geachtete Persönlichkeiten, denn an großen Worten, gewürzt mit der »guten Tradition« des Professoren- und Pfarrhauses, hätte es nicht gefehlt. Der Ariadne-Faden hin zu Ernsts Tat und dem grausamen Agieren in dieser Familie wäre ohne Ernsts Verurteilung vermutlich viel schwieriger zu entdecken gewesen, wenn er mir nicht ganz verborgen geblieben wäre.

Der Krieg war verloren, Hitler hatte sich in seinem Führerbunker das Leben genommen, die Siegermächte hatten die Gefolgsleute von Hitler als Hauptkriegsverbrecher wegen Völkermord verurteilt und die Zeitungen hatten Hitlers Testament veröffentlicht; man wollte nach dem Krieg mit dem Nationalsozialismus selbst nichts zu tun gehabt haben:

Hitler gehörte schon 45 hinter einer Mauer des Schweigens hermetisch vermauert, unbedingt nach der Bekanntgabe seines Testaments, in dem er schreibt »der Osten hat sich als stärker erwiesen«. Dieser verbrecherische Narr lädt uns die ganze Welt auf den Hals, haut die Deutschen auf den Kopf, wie ein besoffener Student seinen Wechsel, haut dann durch Selbstmord ab und beschimpft uns noch zu guter letzt (Ernst, 6.11.1949).

Hinter eine solche Mauer des Schweigens stellt Ernst – und hier ist der Konjunktiv nicht mehr nötig, da Ernst trotz seiner Verurteilung und seiner Zuchthausstrafe bis zu seinem Tode nichts anderes macht – auch seine eigene Karriere als Nazi. Da er 15 Jahre seines Lebens nicht einfach auswischen kann, rettet er einen Teil des nationalsozialistischen Gebäudes, indem er fein säuberlich aus dem »nationalsozialistischen Volkskörper« seine Begeisterung für Hitler und seine Gefolgsleute herausseziert.

Übrig bleibt nach einer solchen Operation das, was Ernst als seinen Idealismus bezeichnet: »Ein germanisches Reich deutscher Nation sollte entstehen, in dem in Treu und Opfersinn der eine den anderen stützt. Keiner sollte hungern und frieren, auch der letzte und ärmste nicht. Kein Klassenkampf, sondern soziale Gemeinschaft« (Vita II, 25).

Diesem Idealismus und nicht dem Führer wäre er gefolgt. Ernst hätte und hat seine besonderen Verdienste als Lehrer für Flugsicherheit während der Nazizeit betont und befindet sich mit dieser Tätigkeit wieder auf unverfänglichem Boden. Damit steht er nicht mehr im braunen Hemd, sondern in weißer Weste da.

Um die Schnittstellen einer solchen Operation problemlos übertünchen zu können, schweißt er immer wieder ver-rückte Aussagen zusammen, ohne auch nur einen Augenblick zu zögern. Vielleicht hätte er in einem solchen, wenn auch noch so kurzen Moment des Zögerns, sich und seine eigene Mittäterschaft in einem anderen Licht sehen können, ohne sich in seinem Rechtfertigungswahn zu versteifen. Ich habe ein solches Zögern weder in seinen Briefen gefunden, noch habe ich es mit ihm persönlich erlebt; obwohl ich in allen Gesprächen mit ihm darauf gewartet habe. Er scheint dazu nicht fähig gewesen zu sein. Statt dessen springt er von einer Aussage zur nächsten, ohne sich an evtl. auftauchenden Widersprüchen zu stören und vertritt dieses Konglomerat als seine Meinung lautstark und überzeugt, ohne eine andere Meinung gelten zu lassen. Man kann sich fragen, ob der verallgemeinernde, oft pathetische Ton, in dem Ernst seine Aussagen formuliert, seinem Bedürfnis entspricht, die eigene Meinung der einer vermeintlichen Allgemeinheit anzuschließen und zu legitimieren.

Als Beispiel, wie Ernst seine Nazibegeisterung nach dem Krieg leugnet, sei hier noch einmal an die Schulungstage an der Universität Leipzig erinnert, wie er sie in seiner Vita (II, 72b) nach dem Krieg beschreibt: »Die Tragödie des deutschen Volkes hat ihren Ursprung in den Jahren 1935/36, als sich die Schulung endgültig totlief.« Im Folgenden wird das dreitägige »Schulungslager« beschrieben, an dem der Lehrkörper der Universität Leipzig, darunter »weltberühmte Männer mit glänzenden Namen« teilnahmen.

Der NS-Philosoph Prof. Baumler war eigens aus Berlin verschrieben worden. Er war ein Heros der neuen Richtung der Ganzheitsphilosophie, die nun den totalitären Staat in die Wissenschaft übertragen sollte. Die moderne Physik lieferte etwas Wahrscheinlichkeit, die Geschichte die Parallelen mit Caesar und weiß Gott

wem und damit war das tausendjährige Reich im Schulungslager gesichert und als das einzig Richtige bewiesen. In Wirklichkeit war es furchtbar! (Vita II, 72b).

Ernst, studierter Naturwissenschaftler, lässt ohne mit der Wimper zu zucken, solche Unlogik stehen. Er beschreibt eine schlechte Schulung an der Universität Leipzig, bei der ein mieser Inhalt auf eine miese Art vermittelt worden sei, nachdem er die plakative Aussage gemacht hat, die »Tragödie des deutschen Volkes« sei durch das »Totlaufen« einer solchen »Schulung« verursacht. Er schreibt nichts über frühere Schulungen und die dabei vermittelten Inhalte und fragt auch nicht, ob und gegebenenfalls warum sich der Inhalt einer solchen Schulung so »verschlechterte«. Es scheint ihm vermutlich auch beim Schreiben dieses Textes nicht um die Konsistenz einer Aussage und schon gar nicht um die Wirklichkeit zu gehen, denn die war noch einmal ganz anders: Ernst war, wie wir aus den Briefen von 1933-36 wissen, begeisterter Teilnehmer solcher Schulungsseminare und voller Bewunderung für Hitler und seine Gefolgsleute. Über »Stabschef Lutze« schreibt er lobend: »Er hat Format! Ein herrlich adliges Wesen, keine Pose und Haltung, ein ganz natürliches Auftreten, aber sehr zielbestimmt. Wieder ein Mann aus Hitlers Umgebung, der als Klasse und besondere Auswahl angesehen werden muss« (Ernst an seine Eltern 17.10.1934).

Ernst erklärt sich nach dem Krieg zum Antinazi, »NS-Offizier war ich nicht«, (Vernehmungsprotokoll) und bleibt bis zu seinem Tod ohne jegliches Unrechtsbewusstsein.

Die finanziellen Auswirkungen von Ernsts Verurteilung nach dem Krieg

Ernst wurde neben der Zuchthausstrafe auch zur Aberkennung der bürgerlichen Ehrenrechte und des Rechtsanspruchs auf Pension für seine Militärdienstzeit verurteilt. Nachdem er aus der Haft entlassen war, startete er über verschiedene Kanäle Gnadengesuche, um von diesem Teil der Strafe befreit zu werden. Sein Vetter Herrmann Meyer nutzte die Verbindung zu Verkehrsminister Seebohm:

7.11.1960

Herrn Bundesminister für Verkehr
Bergassessor Dr.-Ing. E.h. Dr. rer. nat. h.c.
Dr.-Ing. H.-Chr. Seebohm
Bonn (Rhein)
Sternstr. 100

Verehrter und lieber Herr Dr. Seebohm!
Darf ich mich in einer Angelegenheit, die ich staatspolitisch für von grundsätzlicher Bedeutung halte, mit Bitte und Rat an Sie wenden?

Seit unserer Zusammenarbeit im Verein von den Freunden der Bergakademie Clausthal vom Jahr 1947 ab war es unser gemeinsames Bemühen, unsere akademische Jugend aus ihrer Lethargie den Staatsbürgerpflichten gegenüber und ihrer Ablehnung der Bundeswehrpflicht unter dem bösen Stichwort »ohne mich« zu lösen und ihr zu einer positiven Einstellung als junge Staatsbürger zu verhelfen. Durch zwei eigene inzwischen herangewachsene Söhne mit akademischer Ausbildung und durch steten Umgang mit der studierenden Jugend auch in meiner Korporation habe ich tieferen Einblick in den Hintergrund der Wehrpflichtabneigung erhalten: Mit vielen Erwachsenen beklagt die akademische Jugend den Verlust der »Herrentreue« beim Staat, besonders den ehemaligen Soldaten gegenüber.

Wie ich unter wachsender Sorge beobachte, gibt ein Vorfall in meiner eigenen entfernteren Verwandtschaft diese Ablehnung des Wehrpflichtgedankens immer wieder Auftrieb. Sooft der in der Anlage beigefügte Sachverhalt oder ähnliche Fälle im Verwandtenkreis oder mit jungen Akademikern diskutiert werden, zeigt sich immer wieder das gleiche Ergebnis: »Wir werden auf keinen Fall Reserve- oder gar aktive Offiziere«. Aus Verantwortungsbewusstsein wende ich mich an Sie, und wenn Sie den Sachverhalt des anliegenden Gerichtsaktenauszugs überflogen haben - der wesentlich anders liegt als bei den letzten Prozessen ähnlicher Art - werden Sie meine wachsende Sorge nachempfinden.

Ich denke nun, dass sich ein Weg finden lassen müsste, wie derartige, aus der Gerichtsmentalität von 1945/46 oder vielleicht auch unter Einfluss der damaligen Militärregierung zustande gekommenen Fehlurteile, durch einen Akt des heutigen Staates richtiggestellt werden können. In ihrem hohen Amt kann Ihnen der Sachverhalt und seine Auswirkungen vielleicht als Beispiel nützlich sein, die Möglichkeiten für einen derartigen Akt mit dem zuständigen Herrn Ministerpräsident zu besprechen. Ich denke zum Beispiel an die Gelegenheit anlässlich des In-Kraft-Tretens der neuen Strafrechtsreform. Vielleicht entschließt sich auch das Verteidigungsministerium zu einer Entscheidung, dass wenigstens die Altersversorgung eines viel zu hart oder - wie ich im vorliegenden Falle annehme - überhaupt zu Unrecht Verurteilten diesem wieder zuerkannt werden kann; und zwar entweder grundsätzlich, allgemein oder als Gnadenakt im Einzelfall unter Löschen des diskriminierenden Urteils.

Im vorliegenden Fall erscheint dieses um so leichter, als das Landgericht Ansbach 1946 nicht auf die Aberkennung der bürgerlichen Ehrenrechte erkannt hat und andererseits die Altersversorgung durch eine langjährige, untadelhafte Dienstzeit in Ehren erworben war.

Juristen haben mir bestätigt, dass heute, nachdem eine Bundeswehrmacht wieder vorhanden ist, die der Staat unter allen Umständen gegen Heimtücke, Sabotage und Verrat schützen muss, ein gleiches Urteil, wie es das Landgericht in Ansbach 1946 ausgesprochen hat, völlig unmöglich wäre. Das angeblich rechtsunwirksame Standgerichtsurteil während der Kampfhandlungen in Ansbach am 18.4.1945 ist von allen Beteiligten in der Überzeugung der Rechtmäßigkeit des Verfahrens und der vollen Berechtigung der verhängten Todesstrafe gegen den überführten Saboteur gefällt worden. Eine Rechtswidrigkeit ist zweifellos keinem der drei Laienrichter bewusst gewesen.

Keiner der Standgerichtsteilnehmer hat Einspruch erhoben oder ein anderes Strafmaß als die Todesstrafe gegen den Saboteur vorgeschlagen oder auf nicht schuldig erkannt. Deshalb hat sich auch keiner der dieses Standgerichtes wegen später Angeklagten in der Hauptverhandlung gegen sie auf den Befehlsnotstand berufen, obwohl dieser durchaus gegeben war.

Vielleicht ist Ihnen, lieber Herr Dr. Seebohm, das schwere Schicksal der Gattin eines der führenden westdeutschen Bergleute in Erinnerung, die 1945 Opfer der USA-Soldateska geworden ist. Der Führer der USA-Einheit hat den betreffenden amerikanischen Soldaten erschießen lassen - ob mit oder ohne Standgericht, ist mir unbekannt. Mir ist aber gänzlich unvorstellbar, dass dieser Einheitführer später in den USA deshalb vor Gericht gestellt und zu 10 Jahren Zuchthaus verurteilt sein könnte.

Ich wäre Ihnen dankbar, wenn Sie mithelfen könnten, die tragischen Folgen für die Person und die noch viel tragischeren für die engere Familie meines Verwandten zu mildern. Gewiss können Sie mir raten oder die Tür zu der Persönlichkeit öffnen, die hier Abhilfe zu schaffen in der Lage ist. Vermutlich steht dieser Fall auch nicht allein da.

Da ich in Angelegenheit unseres Vereines von Freunden (Besprechung und Unterschreiben eines Begleitwortes zum neuen Dennertschen Büchlein) sowieso sprechen möchte, wäre ich Ihnen für die Angabe eines Zeitpunktes zu einer kurzen Rücksprache in Bonn oder auch in Clausthal anlässlich der Immatrikulationsfeier am 19. d. Mts. in dieser mich schon seit Jahren bedrückenden Angelegenheit von Herzen dankbar.

Mit herzlichem Glückauf Ihr sehr ergebener Hermann Meyer

Es folgen drei weitere Schreibmaschinenseiten, in denen Hermann Meyer den Tathergang in einer nur zu bestaunenden falschen Sachlage beschreibt und sich dazu auch noch auf die Gerichtsakten der Strafkammer beruft! Dazu nur einige Beispiele: Ausgehend von der Feststellung, dass der Saboteur die Telefonkabel durchgeschnitten habe und damit den Kontakt zwischen den kämpfenden Truppen und ihrem Kommandanten unterbrochen habe, argumentiert Hermann Meyer:

1. Mitte April 1945 kämpfte die deutsche Süd-West-Armee hinhaltend Widerstand leistend im fränkischen Raum, um der deutschen Ostfront im böhmischen Raum den Rücken freizuhalten und die Überflutung durch die Russen zu verhindern. Das ist bekanntlich gelungen. Der Erdkampf hatte zu dieser Zeit den äußeren Stadtrand von Ansbach erreicht.

5. (...) Der Kampfkommandant setzte sofort ein Standgericht ein, bestehend aus zwei anwesenden Polizeioffizieren und seinem Begleitungsoffizier. Zwei Mitglieder bekannten auf ein eindeutiges »schuldig«, der dritte empfahl weitere Untersuchungen. Darauf verurteilte der Gerichtsherr den Saboteur zum Tode (...).

8. (...) Das Gericht erkannte als Motiv der Tat das Pflichtbewusstsein des Kampfkommandanten an, das es aber als übertrieben und stur bezeichnete. Trotzdem verurteilte es ihn zu 10 Jahren Zuchthaus, obwohl eine untadelige Offizierslaufbahn, als Elternhaus eine ehrliebende, hoch angesehene Familie eines Universitätsprofessors hinter dem Angeklagten stand. Auch dass ihm eine weitgehende Schonung der Stadt Ansbach sowie die Verhinderung einer unübersehbaren Katastrophe bei Feindbeschießung der beiden geheimen Gasmunitionslager zu verdanken war, wurde nicht einmal als mildernder Umstand gewürdigt. (...) Das offensichtliche Fehlurteil und die schwere Diskriminierung blieb bisher aber bestehen.

Wie viel entsprechende Anträge, über welche Kanäle noch vonnöten waren, bis Ernst am 17.12 1969 den folgenden Brief bekam, konnte ich nicht eruieren.

Bayrisches Staatsministerium des Innern
Nr. I A 6- 2040/10-36

Herrn
Dr. Ernst Meyer

Betreff: Vollzug des Dritten Gesetzes zum Abschluss der politischen Befreiung vom 3. Febr. 1960 (GVBL. S.11); hier Gnadengesuch des Oberst der Luftwaffe Dr. Ernst Meyer, wohnhaft Freiburg in Breisgau

Sehr geehrter Herr Dr. Meyer!
Auf das durch Herrn Rechtsanwalt Dr. Thomas, Mülheim (Ruhr), für sie eingereichte Gnadengesuch wird die mit Spruch der Hauptkammer Nürnberg, Zweigstelle Ansbach, vom 15.7.49, Az. HK 49/46 M, verhängte Sühnenmaßnahme des Verlusts der Rechtsansprüche auf eine aus öffentlichen Mitteln zahlbare Pension oder Rente in der Weise gemildert, dass Ihnen mit Wirkung vom 1. Juni 1969 ein jederzeit widerruflicher Unterhaltsbeitrag in Höhe der Versorgungsbezüge, die Ihnen nach dem Gesetz zu Art. 13 des Grundgesetzes (G131) zustehen würden, gewährt werden kann. Der auf der Nachversicherung nach § 72 G 131 beruhende Rentenanteil ist dabei auf den Unterhaltsbeitrag anzurechnen.

Das Innenministerium Baden-Württemberg wurde gebeten, die zuständige Pensionsfestsetzungsbehörde zu unterrichten. Herr Rechtsanwalt hat einen Abdruck dieses Gnadenentscheides unmittelbar erhalten.
Hochachtungsvoll i.V: Fink, Staatssekretär

Am 13.5.1970 hat das Regierungspräsidium von Baden-Württemberg die Höhe der Pension, vor allem die zugrunde gelegte Beschäftigungszeit festgesetzt. Sie bezieht sich nicht auf die oben zitierte Entscheidung des Bayrischen Staatsministeriums, sondern auf eine »Entscheidung des Herrn Bundespräsidenten [Lübke] vom 26.6.1969«, nach dem Ernst dieser Versorgungsanspruch zustände.

Dienstzeiten:
Diese Dienstzeiten enthalten: vom 7.1.1936 bis 30.6.1936 Offiziersanwärter, vom 1.7.1936 bis 8.5.1945 Berufsoffizier, vom 9.5.1945 bis 31.3.1951 wird seine Zuchthauszeit unter »Gefangenschaft, amtlose Zeit« mit 5 Jahren und 327 Tagen verbucht(!), da die Kriegsjahre von 14 bis 18 doppelt gezählt werden,

ergeben sich im Ganzen daraus 34 Jahre und 285 Tage, aufgerundet also 35 Dienstjahre, die der Berechnung seiner Pension zugrunde gelegt wird. Das ergibt eine Pension in Höhe von 1.193,90 DM monatlich! Die Rente, die Ernst noch zusätzlich bekam, bezog sich auf seine Arbeit nach der Entlassung aus dem Zuchthaus.

Ernst schreibt am 8.1.93 an seinen Sohn:

Lieber Hans!
Ich habe die Abrechnung der Steuer erhalten: Es sieht so aus. Ich habe Einnahmen von 66.776 DM. Ich zahle darauf 5.296 DM Steuern: 7,93%. Ich habe monatlich 5.123 DM. Das sind [hier bezieht er sich mit einem Pfeil auf die 7,93%] 441 DM Steuer monatlich. Ich zahle 177,71 DM Solidarzuschlag im Jahr. Bei mir ist es so günstig, weil 3.6138 DM Rente steuerfrei sind. Die Pension mit 3.0636 DM sind steuerpflichtig. Erst hatte ich nur Rente, da hätte ich längst aus der Renomieretage ausziehen müssen. (...)
Herzlichen Gruß Dein Vater

Ernsts letzte Lebensjahre

Im Altersheim lebte Ernst über 25 Jahre. Er wohnte dort in eineinhalb voll gestellten Zimmern, die gleichzeitig als Schlafzimmer, Küche, Werkstatt, Fotolabor, astronomisches Observatorium, Schreibstube und Bibliothek dienten. Bei Besuchen mussten Stühle zuerst einmal freigeschaufelt werden. Alles musste praktisch sein, verächtliche Worte fand er für die, die es sich schön machen wollten. Das Wort »schön« sprach er geringschätzig mit lang gezogenem »ööö« aus.

Ernst kannte keine Langeweile und darauf war er stolz; entsprechend entwertete er »die Weiber im Altersheim, die nur rumsitzen und nichts tun« (Ernst). Er knüpfte Teppiche über Teppiche – im Zuchthaus war er am Webstuhl tätig gewesen – zuerst nach Vorlagen, dann machte er sich die Vorlagen selbst, indem er Fotografien von Ornamenten vergrößerte und auf Millimeterpapier übertrug.

Als er mit den Händen Schwierigkeiten bekam, verlegte er sich aufs Fotografieren. Sein relativ kleines Badezimmer wurde durch einen Klapptisch und an die Wand geschraubte Regale zum Fotolabor umfunktioniert. Er fotografierte Wolken und Mond und Gestirne in allen Phasen und Vergrößerungen und entwickelte die Bilder selbst. Daneben las er viel, verschiedene Tageszeitungen und Bücher, besonders zu historischen Themen rund um seine Rechtfertigungen. Außerdem schrieb er lange, dicke Briefe.

Ich besuchte ihn im Altersheim immer wieder. Wir liefen nebeneinander her, redeten, stritten, schwiegen. Ernst hat sich kaum für ein anderes Leben interessiert, von ihm kamen kaum Fragen und wenn man etwas erzählte, wurde es gleich in die Kategorien richtig oder falsch hineingepresst.

Dass ich in all diesen Jahren auch eine liebevolle Begegnung mit ihm suchte, obwohl ich um sein Unvermögen wusste, wurde mir erst nach seinem Tod bewusst. Ich hatte gehofft, dass er in einem langsamen Sterbeprozess seinen Panzer ablegen würde und wir uns dann doch noch begegnen könnten.

Es kam nicht so. Ernst starb alleine, plötzlich und unerwartet an einem Herzschlag – wie übrigens viele dieser Nazis z. B. Stangl, Speer. Am Nachmittag war er noch in der Stadt zum Einkaufen.

Ernsts Tod ist jetzt 14 Jahre her. Damals begann ich die Briefe einzusammeln, zu sichten, zu sortieren und zu bearbeiten. Ich suchte nach weiteren Zeitdokumenten und Literatur über den Zeitabschnitt, in dem meine Eltern lebten. Wichtig waren mir bei der Frage nach dem Nationalsozialismus Beschreibungen aus der Widerstandsbewegung, um vor diesem Hintergrund die Persönlichkeiten der Nazis und damit auch meiner Eltern deutlicher sehen zu können. Ohne die hilfreiche Unterstützung von Menschen, die mich in dieser Zeit und bei diesem Projekt begleitet haben, hätte ich dieses Buch nicht schreiben und veröffentlichen können. Ihnen allen möchte ich meinen herzlichen Dank aussprechen. Namentlich seien hier genannt: Arno Gruen, der mir mit seinen Fragen mitfühlend half, blinde Flecken aufzudecken; Gertrud Hunziker und Karin Friedrich, die das Manuskript gelesen haben, mir wertvolle Rückmeldungen gaben und mich in meinem Plan bestärkten, dieses Buch zu veröffentlichen. Ein ganz besonderer Dank gilt meinem Mann Peter Althaus, der mir ein kontinuierlicher Gesprächspartner war; ohne ihn und unsere Familie hätte ich diesen Weg nicht gehen können.

März 2006

Die Kinderbombe

Die Bombe fragt im Flug geschwind
Sinds gute Kind? Sinds böse Kind?

Da rat ich euch sagt gute Kind
die nur für jene Freiheit sind

Die auch die Bombe selbst bejaht
Dann tut sie keine blut'ge Tat

Sinds gute Kind fliegt sie zurück
und wünscht den Kindern nur viel Glück

Sie kriecht in ihren Bombenschacht
die Kinder schlafen gut bei Nacht

Doch heißt die Antwort böse Kind
Dann seht nicht hin dann stellt euch blind

Erich Fried

Anhang

Entsprechungen in der nationalsozialistischen Partei

Dass nach dem Krieg niemand mehr Nazi gewesen sein will, heißt nicht, dass niemand Nazi war. Der Nationalsozialismus brauchte Menschen wie Ernst, die nicht nur das Parteiprogramm unterstützten, denn als solches hätte man es ja auch wieder abwählen können, sondern sich mit Leib und Seele dem Führer und, wie wir im Kapitel »Ernst als Nationalsozialist« sahen, gleichzeitig der eigenen Großartigkeit verschrieben. Mit pathetischen Worten scharte man sich gemeinsam um den Führer und seine Visionen vom tausendjährigen Reich und richtete gemeinsam seinen mörderischen Hass gegen die Juden und all die, die nicht genauso laut und zackig »Heil Hitler« mitschrien.

In der Emigration in England legte Sebastian Haffner 1940 in seinem Buch *Germany: Jekyll & Hyde, 1939 – Deutschland von innen betrachtet* eine Analyse über die Deutschen im Nationalsozialismus vor, in dem er die deutsche Bevölkerung in verschiedene Kategorien aufteilte, in Hitler, die Naziführer, die Nazis, die den Nazis loyale Bevölkerung, die illoyale Bevölkerung, die Opposition und die Emigranten. Mit diesem Buch wollte er zum einen der Diskussion im Ausland über die Deutschen, in der größtenteils zwei konträre Positionen eingenommen wurden – alle Deutschen seien Nazis oder wie die britische Regierung erklärte, man führe Krieg gegen Hitler nicht gegen das deutsche Volk der Dichter und Denker – zu einer größeren Differenzierung verhelfen, zum anderen wollte er den Alliierten den Feind deutlicher zeigen, damit diese ihre Propaganda in Deutschland wirkungsvoller einsetzen könnten.

Die erste deutsche Ausgabe dieses in meinen Augen sehr bedeutenden Buches erschien 1996, also 41 Jahre nach dem Ende der Naziherrschaft. Ein großes Interesse an einer solchen differenzierten Betrachtung scheint in Deutschland in den ersten 40 Jahren nach dem Krieg – ebenso wie bei Ernst – nicht bestanden zu haben!

Ich halte Ernst keineswegs für einen Einzelfall und würde ihn, um bei den Haffnerschen Kategorien zu bleiben, bei den Nazis einordnen. Nach Haffner ist es schwer einschätzbar, wie groß ihr zahlenmäßiger Anteil war, da dem Ausland ein einheitliches Bild aller Deutschen als begeisterte Anhänger von Hitler gezeigt wurde, untermauert mit Wahlergebnissen bis zu 100% für die Nazis. Mancher aus der illoyalen Bevölkerung wählte zur Tarnung der eigenen

Einstellung nationalsozialistische Embleme, um dem Terror der Nazis gegen Andersdenkende zu entgehen. »Wir brauchen heute solche Menschen und Freunde nicht« (Ernst über Havely, 14.6.1942). Somit erlebten ausländische Beobachter ein solches von der Propaganda dargestelltes einheitliches Bild, wenn sie nach Deutschland kamen; fast an jedem Haus wehte eine Hakenkreuzfahne. Die letzten annähernd korrekten Angaben über Wahlergebnisse in Deutschland im März 1933 zeigten ein Verhältnis von 56:44 zuungunsten der Nazis, so Haffner. Zu den 44 %, die für die Nazis stimmten, gehörten auch Wähler, die unsicher in ihrem Wahlverhalten waren und sich in politischen und wirtschaftlichen Krisenzeiten im Zweifelsfall dem größten Marktschreier mit den fantastischsten Versprechungen anschlossen, zumal sich dieser Marktschreier als sicherer Schutz gegen die noch mehr als die Nazis gefürchteten Kommunisten hochstilisierte.

> Aber es gibt einen Stamm echter Nazis. Das ist jener Typus von Menschen, denen es unter dem Regime sehr gut geht und die folglich dazu bereit sind, es mit Zähnen und Klauen zu verteidigen. Sie sind bestens organisiert, fest entschlossen, bewaffnet, ohne Skrupel und Gefühl. Sie stellen eine zahlenmäßig starke und politisch sogar noch stärkere Garde des Regimes dar (Haffner 1940).

Nach Haffners Schätzungen im Jahr 1940 gehörten ca. 20% der Bevölkerung zu den Nazis, etwa 40% der Bevölkerung verhielten sich loyal und 35 % illoyal zu den Nazis, und höchstens 5% gehörten der Opposition an, wobei sich die Prozentzahlen von Loyalen und Illoyalen immer wieder fließend verschoben.

Nach dem Krieg machten die Amerikaner in ihrer Besatzungszone eine Meinungsumfrage: 20% der Deutschen befürworteten das Vorgehen der Nazis gegen die Juden, 19% fanden das Vorgehen zwar übertrieben, aber prinzipiell richtig. (Dicks, zit. n. Gruen 2002) Zu diesem Zeitpunkt konnte niemand mehr behaupten, er habe über die Konzentrationslager nichts gewusst. Dieses Ergebnis scheint die Haffnerschen Zahlen zu stützen.

Nach einer demoskopischen Umfrage, die die Friedrich Ebert-Stiftung im Jahr 2000 beim Münchner Institut Polis in Auftrag gab, stimmen im Osten 26% und im Westen 21% »voll und ganz« dem Satz zu: »Recht und Ordnung sind in Deutschland in Gefahr.« 20% forderten uneingeschränkt eine zentralistische Führung, weitere 44% (West 39%) tendenziell und drückten damit den »Wunsch nach einer starken Hand« aus. Nach diesem erschütternden Ergebnis plädierte nur ca. ein Drittel der Bevölkerung für eine demokratische Staatsführung, damit erhalten wir im Jahr 2000 denselben

Prozentsatz, den Haffner für die illoyale Bevölkerung 1939 geschätzt hat. 17% der Bevölkerung stimmte bei dieser Repräsentativbefragung aus dem Jahr 2000, dem Satz: »Der Nationalsozialismus war im Grunde eine gute Idee, die nur schlecht ausgeführt wurde« voll zu! (zit. n. Hofmann Die Zeit vom 20.12.2000)

Ich denke, Ernst hätte diese Frage nicht positiv beantwortet, dazu war er zu schlau, er hätte sich vermutlich geweigert überhaupt zu antworten, vertrat aber in seinen Texten immer wieder eine solche Meinung.

Die echten Nazis, wie Ernst, verherrlichen ihren Führer und auch sich selbst als Mitglieder des auserwählten Volkes arischer Rasse. Dieser gemeinsamen Verherrlichung wurde im nationalsozialistischen Alltag ein großer Raum eingeräumt. Wie in einem Rausch wurde durch Aufmärsche, Fahnen, Wochenschauen und Radiosendungen das eigene Selbst und das des Führers pompös inszeniert.

Zur Erstaufführung des Films »Triumph des Willens« von Leni Riefenstahl 1935 gab die Ufa eine Presseerklärung heraus: »Der Zuschauer soll nicht nur sehen und hören, sondern er soll die innere Größe und Monumentalität des nationalsozialistischen Gedankens empfinden und erleben« (zit. n. König 1995).

Wir sahen bei Ernst, dass sich ein derart überhöhtes Selbstbild nur durch das Ausblenden der Wirklichkeit und durch Hass auf einen vermeintlichen Feind aufrecht erhalten lässt. Ernst war weder fähig, sich selbst realistisch wahrzunehmen, schon gar nicht seine Schwächen, noch einen Anderen, der mal zum Freund, mal zum Feind erklärt wurde, je nachdem, wie er es gerade brauchte. Wer sein Gegenüber wirklich war, interessierte ihn wenig.

Ernst ist auch hierin kein Einzelfall, die echten Nazis gingen mit der Wirklichkeit nicht anders um als er. Hans Latzel verglich z.B. Feldpostbriefe, die während des Ersten und Zweiten Weltkriegs aus Russland geschrieben wurden.

Während im Ersten Weltkrieg die negativ wertenden Adjektive fast ausschließlich dem Land, äußeren Umständen, Verhältnissen galten, wurden sie im Zweiten Weltkrieg hinsichtlich der eigenen Empfindungen überwiegend hinsichtlich der Sauberkeit fast ausschließlich auf die Bevölkerung bezogen, bis zu so drastischen Wörtern wie »abstoßend« und »ekelhaft«. Hier wurden nicht mehr vornehmlich Verhältnisse markiert, sondern Menschen denunziert (Latzel in: Heer 1995a).

Durch Stereotypen wurde der Feind abgewertet und enthumanisiert. Wir sahen das bei Ernst und auch bei Hertas Bruder Werner S. Die überzeugten

Nazisoldaten hatten also neben ihrem eigenen überhöhten Selbstbild als Arier deutscher Nation ein von der Propaganda vorgefertigtes Feindbild vom Russen oder vom Juden im Tornister und konnten andere Wahrnehmungen daneben kaum zugelassen.

Mit Hitlers Worten hieß das: »Vor uns liegt Deutschland – in uns marschiert Deutschland – und hinter uns kommt Deutschland!«, mit denen er seine Rede an die Jugendlichen auf dem Nürnberger Parteitag 1934 schloss. Das wesentliche Innenleben eines Nazis sollte also aus deutschen Marschbefehlen bestehen mit Größenfantasien vom arischen »Herrenmenschen« und Feindbildern vom »Untermenschen«. Der folgsame Nazi sah, was er sehen sollte, er hörte, was er hören sollte und er dachte, was er denken sollte; alles andere wurde weggelassen.

Ernst blendete aus, was nicht zu seiner Selbst- oder Führer-Inszenierung passte. Mit diesem Verhalten war er keineswegs allein. Krebs beschreibt Entsprechendes in seinem Buch »Tendenzen und Gestalten der NSDAP« (1959) im Zusammenhang mit einer Hitlerrede im Braunen Haus. Hitler hatte im Juni 1930 Funktionäre der NSDAP zu einer Tagung in das gerade fertig gestellte Braune Haus in München geladen. Hitler selbst hielt den Schlussvortrag und sprach über die hierarchische Organisation der katholischen Kirche; nach deren Muster die NSDAP aufgebaut werden solle. Albert Krebs protokollierte den Inhalt der Rede und gab den ungefähren Wortlaut von Hitlers Schlusssätzen wieder:

> Da ich trotz der Ermunterung durch einige sogenannte Freunde nicht den Ehrgeiz habe, ein religiöser Reformator zu werden, will ich dem Heiligen Vater in Rom seinen Anspruch auf geistige – oder heißt es geistliche – Unfehlbarkeit in Glaubensfragen nicht bestreiten. Davon verstehe ich nicht viel. Desto mehr aber glaube ich, von Politik zu verstehen. Darum hoffe ich, dass der Heilige Vater nunmehr auch meinen Anspruch nicht bestreitet. Und somit proklamiere ich jetzt für mich und meine Nachfolger in der Nationalsozialistischen Arbeiterpartei den Anspruch auf politische Unfehlbarkeit. Ich hoffe, dass sich die Welt daran so schnell und widerspruchslos gewöhnt, wie sie sich an den Anspruch des Heiligen Vaters gewöhnt hat (Krebs 1959, S. 139).

Hitler stellte sich hiermit – offenbar über jeden Selbstzweifel erhaben – auf eine Stufe mit dem Oberhaupt der katholischen Kirche, dem nach katholischem Glauben Stellvertreter Gottes auf Erden und beanspruchte für sich im Analogschluss die Rolle des unfehlbaren politischen Vaters! Und seine Zuhörer quittierten dies mit frenetischem Beifall!

Krebs machte eine interessante Beobachtung über die Teilnehmer des Seminars im Braunen Haus:

> So wenig der Durchschnittsbesucher einer Massenversammlung am Ende brauchbare Angaben über den Inhalt der eben gehörten Rede machen kann, sondern nur den Widerhall von großen und glänzenden Worten im Ohr hat, so wenig vermochten die Teilnehmer jener Pressetagung, obwohl unter ihnen durchaus kluge und kritische Köpfe waren, mir den Inhalt der eben gehörten und begeistert beklatschten Schluss-Sätze Hitlers wiederholen (Krebs 1959, S. 139).

Krebs beschreibt hier eine gespenstisch anmutende Szene, die in verschiedenen Variationen in den nächsten Jahren während der Propagandaveranstaltungen mit den Massenaufläufen und den bejubelten Hitlerreden stattfinden sollte: Der Führer beanspruchte für sich Unfehlbarkeit und forderte von seinen Anhängern die totale Unterwerfung. Dafür erntete er begeisterten Beifall gerade von denen, denen er ihre Eigenständigkeit und das Recht auf selbstständiges kritisches Denken abgesprochen hatte.

Obwohl ich annehme, dass ein Teil von Hitlers Botschaft durchaus bei den Teilnehmern ankam – ich werde weiter unten genauer darauf eingehen – konnten sie den Inhalt der Rede nicht wiedergeben, sondern blendeten ihn aus.

Nicht so Krebs; er gehörte, anders als Ernst, nicht zu den »gläubigen« Nazis, obwohl er sich selbst als Nationalsozialist der ersten Stunde bezeichnete. Er war von der Idee einer nationalen und sozialen Volkseinheit begeistert, trat 1923 in die Partei ein und wurde 1928 zum Gauleiter von Hamburg ernannt. Krebs verfügte, im Unterschied zu den »Leib und Seele-Nazis« wie Ernst, über eine Differenzierungsfähigkeit, die es ihm ermöglichte, die wirklichen Machenschaften der Nazis wahrzunehmen und auszusprechen, ohne sich in diesem gemeinsamen Bad von Selbstbewunderung und blindem Hass aufzulösen.

Im Mai 1932 wurde Krebs von Hitler persönlich aus der Partei ausgeschlossen, nachdem er Hitlers Umgang mit den Gewerkschaften kritisiert hatte. Krebs gab nach seinem Ausschluss die folgende Presseerklärung:

> Mein Ausschluss ist gerichtet gegen den deutschen Geist der Gewissensfreiheit. Die NSDAP duldet keine Menschen in ihren Reihen, die selbstständig denken und den Ergebnissen dieses Denkens Ausdruck zu geben wagen (...). Die NSDAP hat um des Wohlwollens der Bürogeneräle und reaktionärer Wirtschaftskreise willen eines ihrer ältesten Mitglieder hinaus

geworfen: das richtet nicht mich, sondern die Partei. Ich bin Nationalsozialist, wie ich es im Anfang meiner politischen Arbeit gewesen bin (Krebs 1959).

Krebs beginnt seine Erinnerungen über »Tendenzen und Gestalten der NSDAP« mit einer kleinen Episode zu Beginn seiner Parteizugehörigkeit: Als begeisterter Nationalsozialist nahm er in Frankfurt am Main an einer Versammlung mit Streicher, dem nationalsozialistischen Propagandisten der ersten Stunde und Herausgeber der berüchtigten Zeitschrift »der Stürmer«, teil. Zu einem Freund neben ihm machte Krebs »eine halblaute, abfällige Bemerkung über das blöde Geschwätz des Redners« und erntete dafür von einem Parteigenossen, der Saalaufsicht, einen Schlag mit der Stahlrute. Zitat: »Heute will es mir manchmal scheinen, als ob diese kleine Episode (...) einen sinnbildlichen Charakter gehabt hätte, (...) der Schlag mit der Stahlrute, den ich als Nationalsozialist von einem anderen Nationalsozialisten erhielt« (Krebs 1959, S. 14).

Der hoch gepriesene Frieden innerhalb der nationalsozialistischen Gemeinschaft gehörte der gemeinsam fantasierten Scheinwelt an, in Wirklichkeit kämpfte man gegen jeden, der auch nur die geringste Abweichung vom Einheitsklang anstimmte und entwertete ihn, anstatt sich gegenseitig zu respektieren.

Krebs muss ein guter Beobachter gewesen sein und ließ seine Wahrnehmungen, im Unterschied zu Ernst und den anderen eingefleischten Nazis nicht durch die Propaganda korrumpieren. Das befähigte ihn, die Machenschaften der Nazis zu erkennen und zu benennen. Krebs war vermutlich wirklich ein Idealist und ein Verfechter national-sozialistischer Ideen, während sich Ernst dieses Kleid nach dem Krieg zu seiner eigenen Entschuldung anzog.

Wir können noch einmal zusammenfassen: Die Nazis nahmen ihre Umwelt und sich selbst so wahr, wie die Propaganda es ihnen vorschrieb. Ich gehe davon aus, dass es im Nationalsozialismus zusätzlich noch Botschaften gab, die die Nazis neben dieser Selbst- und Führerverehrung durchaus mitbekamen und die zu einer hörigen Gefolgschaft führten, ohne dass ihr manifester Inhalt wiedergegeben werden konnte. In der von Krebs beschriebenen Hitlerrede blendeten die Zuhörer Hitlers Verachtung für die Eigenständigkeit eines Menschen und damit die Verachtung für jeden seiner Zuhörer aus und legten ihren frenetischen Beifall wie einen dichten Teppich darüber. Diese Hitlerrede und die Reaktion der Zuhörer darauf ist keineswegs ein Einzelfall.

Entsprechendes finden wir auch in dem Film »Triumph des Willens« von Leni Riefenstahl über den Parteitag 1934 in Nürnberg. Sie hatte, wie bereits oben zitiert, den Auftrag, die nationalsozialistischen Botschaften für das Publikum szenisch, visuell und akustisch erlebbar zu machen. Laut Ufa sollte das Publikum in diesem Film »die innere Größe und Monumentalität des nationalsozialistischen Gedankens empfinden und erleben.«

Was das Publikum wirklich erlebt, untersuchte König (1995)[6] mit einer Gruppe von StudentInnen. Lorenzer hat dafür den Begriff des »szenischen Verstehens« geprägt. König wählte drei verschiedene Szenen aus dem Film aus und führte sie den StudentInnen vor. Im sich anschließenden Gruppengespräch stand nicht der Inhalt des Gesehenen im Vordergrund, sondern die Empfindungen, die die Szenen bei den einzelnen Teilnehmern ausgelöst hatten. Für die theoretischen Überlegungen zur Tiefenhermeneutik und deren Möglichkeit, latente Botschaften einer Aussage oder einer Szene durch gruppendynamische Prozesse zu entschlüsseln, sei auf den Aufsatz von König verwiesen.

In einer ersten Filmszene nähert sich der Zuschauer der Nürnberger Altstadt aus zwei unterschiedlichen, ineinander übergehenden und mehrfach wechselnden Perspektiven, zum einen aus der Luft, als würde man sich fliegend die Stadt mit ihren mittelalterlichen Dächern, den Altstadthäusern und den engen gebogenen Gässchen von oben betrachten, zum anderen von unten, als würde man in einem »Kahn liegend« (König 1995) sanft durch die Häuserfluchten gleiten und den Blick nach oben richten. Diese mittelalterliche Idylle wird akustisch mit Hymnen aus Wagners »Die Meistersinger von Nürnberg« unterlegt. Nach diesem Vorspann gibt es einen eindrücklichen Übergang zum eigentlichen Thema des Films: Von unten sieht man die Kirchtürme der Sebalduskirche spitz und hoch in den Himmel ragen. Langsam ändert sich der Hintergrund und wird zu einem scheinbar geometrischen Muster, aus dem, so erste Assoziationen, ein Hakenkreuz entstehen könnte. Dieser Hintergrund schiebt sich immer mehr in den Vordergrund, bis erkennbar wird, dass das Muster aus zahllosen ordentlich in waagrechten und senkrechten Reihen aufgestellten Zelten gebildet wird. Der Hintergrund wird immer mehr zum Vordergrund, während die Sebalduskirche langsam verblasst. Je näher sich der Betrachter dem Zeltlager von oben nähert, desto deutlicher sieht er die Zelte und ein geschäftiges Lagerleben.

Die Reaktionen der einzelnen Gruppenteilnehmer auf diese Szene: Eine Studentin meinte, dass sie das Zeltlager im ersten Moment »irgendwie bedrohlich« (König 1995, S. 95) erlebt habe. Um das Gefühl von Bedrohung

---

6 Ich beziehe mich dazu auf eine Arbeit von Hans-Dieter König 1995 und benutze die Ergebnisse seiner Gruppenarbeit, arbeite aus dem Material aber einen anderen Aspekt als der Autor heraus, der den Parteitag unter dem Gesichtspunkt eines Initiationsritus für die Jungen sieht.

genauer fassen zu können, sollten die Teilnehmer Assoziationen zu den Bildern aufsteigen lassen. Das Lager wurde für manche zum wichtigen »Heerlager« für Krieger, die die Stadt belagerten; anderen erschienen die Zelte wie Särge, die in Reih und Glied aufgestellt waren, wieder andere sahen das Lager als großen Friedhof, mit regelmäßig angeordneten Gräbern. Auf die Frage des Leiters, durch welches Stilmittel der bedrohliche Eindruck dieser Szene entstehen würde, analysierte die Gruppe, dass die Türme und das Zeltlager aus verschiedenen Perspektiven aufgenommen sind, sodass beim Übereinanderlagern der Bilder der Eindruck entsteht, als würden die Türme in die Ebene auf die Zelte stürzen.

Während die Anfangsbilder des Films nostalgisch die gute alte Zeit heraufbeschwören, signalisieren wenig später die flatternden Hakenkreuzfahnen an den Häusern, dass der Nationalsozialismus Deutschland wieder zu Größe und Ehre, zum »heiligen römischen Reich deutscher Nation«, führen könnte (König 1995). Latent wird allerdings ein ganz anderer Eindruck vermittelt: Es geht um Bedrohliches, um Tod, und zwar um gewaltsamen Tod.

Bei einer weiteren Filmsequenz hat die Gruppe ebenfalls diese latente Botschaft einer tödlichen Bedrohung herausgearbeitet: Hitler hielt den Jungen dieses Zeltlagers eine Rede mit dem Tenor: »Denn ihr seid Fleisch – von unserem Fleisch und Blut. Und in euren jungen Gehirnen brennt derselbe Geist, der uns beherrscht«. (zit. n. König 1995, S. 95) Während dieser Rede wird die Kamera von unten auf Hitler gerichtet, sodass er gegen den Himmel messianisch überhöht erscheint. Von Zeit zu Zeit schwenkt die Kamera dann in einer frontalen Sicht zu einzelnen Gesichtern der in Reih und Glied stehenden Jungen. Die Diskrepanz zwischen den weichen Kindergesichtern und den harten kontrastreichen Schatten, mit denen sie gefilmt wurden, ließ bei manchen Gruppenteilnehmern den Eindruck entstehen, dass es sich bei den Bildern um Fotografien auf Todesanzeigen handelte (König 1995). In dieselbe Richtung weist auch das Lied, mit dem sich die Jungen nach einem frenetischen Beifall beim Führer bedanken:

> Unsere Fahne flattert uns voran.
> Unsere Fahne ist die neue Zeit.
> Und die Fahne führt uns in die Ewigkeit.
> Ja, die Fahne ist mehr als der Tod!

All das, was ein Leben lebenswert machen kann, fällt diesem »Marschbefehl« zum Opfer. Hier geht es um die Ewigkeit, um den Tod und keineswegs um das Leben dieser jungen Menschen!

Während im Film auf der manifesten Ebene die eigene Großartigkeit und die des Führers inszeniert wird, vermittelt sich die bedrohliche und mörderische Seite des Nationalsozialismus als latente Botschaft. Auf einer unbewussten Ebene erfahren die Zuschauer, dass es den Kindern und, in Identifikation mit ihnen, dem Zuschauer ans Leben gehen kann.

Hans Scholl hat diese latente Botschaft als Pimpf beim Nürnberger Parteitag nicht mit frenetischem Beifall übertönt, er spürte die Bedrohung und kam bedrückt von diesem Parteitag nach Hause.

In den frühen Jahren des Nationalsozialismus war Hans Scholl begeisterter Pimpf, nahm an Zeltlagern teil und genoss die gemeinsamen Erlebnisse mit den Kameraden. Er hatte sich dafür einen Liederschatz gesammelt, darunter auch norwegische und russische Lieder, die aber bei diesen nationalsozialistischen Treffen nicht gesungen werden durften, weil sie von den Führern der Pimpfe als undeutsch verboten worden waren.

Seine Schwester Inge Scholl schreibt:

Aber nach einiger Zeit ging eine merkwürdige Veränderung in Hans vor, er war nicht mehr der Alte. Etwas Störendes war in sein Leben getreten. (...) Warum sollte er diese Lieder, die so schön waren, nicht singen dürfen? Nur weil sie von anderen Völkern ersonnen waren? Er konnte es nicht einsehen; es bedrückte ihn, und seine Unbekümmertheit begann zu schwinden. Zu dieser Zeit wurde er mit einem ganz besonderen Auftrag ausgezeichnet. Er sollte die Fahne seines Standorts zum Parteitag nach Nürnberg tragen. Seine Freude war groß. Aber als er zurückkam, trauten wir unseren Augen kaum. Er sah müde aus, in seinem Gesicht lag eine große Enttäuschung. Irgendeine Erklärung durften wir nicht erwarten. Allmählich erfuhren wir aber doch, dass die Jugend, die ihm dort als Bild vorgesetzt wurde, völlig verschieden war von dem Bild, das er sich von ihr gemacht hatte. Dort Drill und Uniformierung bis ins persönliche Leben hinein – er aber hätte gewünscht, dass jeder Junge das Besondere aus sich machte, das in ihm steckte. Jeder einzelne Kerl hätte durch seine Fantasie, seine Einfälle und seine Eigenart die Gruppe bereichern helfen sollen. Dort aber in Nürnberg, hatte man alles nach einer Schablone ausgerichtet. Von Treue hatte man gesprochen, bei Tag und bei Nacht. Was aber war denn der Grundstein aller Treue: zuerst doch die zu sich selbst. (...) Mein Gott! In Hans begann es gewaltig zu rumoren (Scholl 1955, S. 15f).

Hans Scholl konnte die latente bedrohliche Botschaft des Nationalsozialismus beim Nürnberger Parteitag hören und empfinden, ohne sie mit begeisterten Heil Hitler-Rufen zu übertönen und sich dem unterzuordnen, von dem die Bedrohung ausging. 1943 riefen die Mitglieder der »weißen Rose« die Bevölkerung in Flugblättern zum Widerstand, mindestens zum passiven Widerstand gegen die Nazis auf und benannten die wirklichen Machenschaften der Machthaber.

> Wer hat die Toten gezählt, Hitler oder Goebbels – wohl keiner von beiden. Täglich fallen in Russland Tausende. (...) Jedes Wort, das aus Hitlers Mund kommt, ist Lüge. Wenn er Frieden sagt, meint er den Krieg, und wenn er in frevelhafter Weise den Namen des Allmächtigen nennt, meint er die Macht des Bösen (Scholl 1955, S. 88).

Mit seiner Schwester Sophie und seinem Freund und Studienkollegen Christoph Herrmann Probst wurde Hans Scholl verhaftet, am 22.2.1943 »im Namen des deutschen Volkes« vom Volksgerichtshof unter Vorsitz von Freisler zum Tode verurteilt und noch am selben Tag hingerichtet.

Nazis wie Ernst dagegen gehorchten ihrem Führer und führten buchstabengetreu seine Befehle aus. Ernst fand für seinen Kadavergehorsam blumige Worte wie »Treue zu sich selbst«, setzte diese aber mit der Treue zur Familientradition, also mit Treue zum Vater oder deutlicher mit Gehorsam dem Vater gegenüber gleich. Ernst musste sich in seiner Kindheit an den anklammern, der sein Leben »verdorren« ließ und musste, um sich ein schutzbringendes Vaterbild zu bewahren, den väterlichen Hass als Liebe umdeuten und sein eigenes Empfinden abspalten. In der gleichen Weise reagierte er auf Hitler und den Nationalsozialismus. Ernst war in guter Gesellschaft mit all den Nazis, die Hitler dann besonders bejubelten, wenn er den Einzelnen verächtlich auszuwischen suchte. In der Rede im Braunen Haus beklatschten und feierten die Zuhörer denjenigen, der ihnen ihre Eigenständigkeit absprach und sich selbst zum unfehlbaren Politiker hochstilisierte, beim Nürnberger Parteitag bedankten sich die Jungen bei dem Führer mit einem Lied, in dem ihr Sterben (für die Fahne) verherrlicht wurde.

Dieser Gehorsam dem Führer-Vater gegenüber – bei Ammon (1892) und Haarer (1934) wesentliches Erziehungsziel – scheint für die Nazis Lebenselixier gewesen zu sein. Traudel Junge, Hitlers Sekretärin ab 1943, beschreibt in ihren Erinnerungen, die sie 1947 verfasste und 2002 herausgab, die Stimmung im Führerhauptquartier, als Hitler 1943 für drei Tage das Lager verlassen hatte, um die Heeresgruppen an der Ostfront zu besuchen.

> Am Nachmittag war der Führerbunker leer. Es war merkwürdig, welche Ruhe damit im ganzen Lager einzog. Es war, als ob der Motor des Betriebs still stehen würde. Ich habe damals zum ersten Mal empfunden (...), wie sehr die Person Hitlers die Triebkraft für all diese Menschen war. Der Pup-

penspieler, der die Fäden der Marionetten in der Hand hielt, hatte sie plötzlich fallen lassen (Junge 2002).

Dass es dem Nationalsozialismus nicht um den Einzelnen, sondern nur um eine diffuse Masse Gleichgesinnter ging, wusste das Volk, nicht nur die Anwesenden im Braunen Haus oder die Teilnehmer des Parteitages. Der Einzelne wurde neben dem Führer zu einem Nichts, das konnte jeder in Knauers Lexikon (1939) nachlesen. Dort stand unter dem Stichwort »Nationalsozialismus«:

> Gegenüber der liberalistischen Weltanschauung, in deren Mittelpunkt das Individuum steht, bedeutet der Nationalsozialismus bewusste Betonung der Gemeinschaftsverbundenheit des einzelnen. Dem Ich-Prinzip wird das Wir gegenübergestellt, der einzelne ist nichts, die Nation ist alles.

Das waren für Ernst vertraute Töne aus seiner Kindheit, und sie lösten bei ihm die entsprechenden Reaktionen dem Führer gegenüber, wie seinem Vater gegenüber aus, er klammerte sich an den, der ihm seine Eigenständigkeit und Würde absprach und verherrlichte dessen vermeintliche Stärke.

Der Film von Leni Riefenstahl sprach Nazis wie Ernst also auf verschiedenen Ebenen an: Zum einen wurde Futter für die eigene Selbstüberschätzung angeboten, zum andern wurde ihnen ein Gebräu aus Entwertung und Verachtung, das ihnen aus der eigenen Familie vertraut war, aufgetischt. Erstaunlich ist, dass die Botschaft keineswegs nur subtil und auf einer latenten Ebene wie in Riefenstahls Film übermittelt wurde, sondern öffentlich ausgesprochen werden konnte, wie in der Rede im Braunen Haus und in Knauers Lexikon. Die Nazis klatschten begeistert Beifall.

Wie wir bei Ernst sahen, muss ein so überhöhtes Selbstbild von außen gestützt werden, um nicht einzubrechen. Geriet sein Selbstbild ins Wanken, tauchte Selbsthass auf, den Ernst an anderen ausagierte und sich gleichzeitig Bestätigung in einer Koalition suchte. Innerhalb von Ernsts Familie waren die Koalitionen und der Feind wechselnd, als Koalitionspartner wurde der gesucht, dessen Hass am meisten gefürchtet war und dem man sich deshalb bereitwillig unterordnete, um mit ihm gemeinsam einen Feind zu bekämpfen, aber vor allem, um sich vor dessen Angriffen zu schützen.

In der Nationalsozialistischen Partei stilisierte sich Hitler zum unfehlbaren politischen »Vater« hoch, und die Rolle wurde ihm von Nazis wie Ernst nicht streitig gemacht, da sich beide zur Inszenierung der eigenen Persönlichkeit gegenseitig brauchten; der Führer brauchte seine Nazis und die Nazis brauchten ihren Führer. Die Macht scheint in einem solchen mörderischen System dem übertragen zu werden, der sich am martialischsten gebärdet. Mit jeder hasserfüllten Aussage des Führers wurde für alle Parteigenossen ein Hauch dieser zerstörerischen Wucht spürbar, die einen Abtrünnigen treffen würde, wenn er selbst in das Schussfeld geraten würde. Um dem zu entgehen, blies man um so begeisterter in Führers Horn, auch wenn es z.B. um die Frage ging, ob man den »totalen Krieg« (Goebbels, 18.2.1943) wolle. In diesem Sinne waren Hitler und mit ihm die Nazis auf einen Feind angewiesen und fanden ihn in Juden, Kommunisten und all denen, die nicht tatkräftig auf dem Weg ins tausendjährige Reich mitmarschierten.

Himmler malte am Ende seiner Rede an die SS in Posen (4. Oktober 1943) das Bild vom tausendjährigen Reich in Friedenszeiten. Die Grenze wäre weit in den Osten verschoben, müsse aber immer verteidigt werden. Mitglieder der SS müssten in Friedenszeiten turnusmäßig alle paar Jahre in die Kampfhandlungen an dieser Grenze geschickt werden, denn solche kriegerischen Erfahrungen verhinderten, dass die Mitglieder der SS in Friedenszeiten verweichlichten (Archiv Nürnberg). Ohne Feind und ohne kriegerische Auseinandersetzungen war der Nationalsozialismus auch in den rosigsten Fantasien von Friedenszeiten im tausendjährigen Reich nicht denkbar. Den Feind brauchte es, um nicht zu verweichlichen! Das Feindbild scheint mit dem überhöhten Selbstbild fest verschweißt zu sein.

Mörderischer Hass tauchte bei den Nazis auch dann auf, wenn das Feindbild nicht gleich bestätigt wurde, wie die Untersuchung von Hannes Heer (1995b) über die Säuberungsaktionen zeigt, mit denen deutsche Soldaten den Vernichtungskrieg gegen die russische Bevölkerung führten. Ich habe sie ausführlich im Kapitel Ernst in Russland zitiert. Die einer Aktion zugrunde liegenden Meldungen waren eher ungenau und mündeten dann in willkürliche Gewaltakte bis hin zu Massenmorden, wenn keine Bestätigung des in den meisten Fällen fiktiven Feindbildes gefunden werden konnte. Anschließend beugte man sich wieder der Moral und konstruierte einen scheinbar logischen Ablauf der Maßnahmen.

Wir finden hier das entsprechende Vorgehen, wie wir es bei Ernst immer wieder deutlich sehen konnten. Wird das mitgebrachte Feindbild nicht bestätigt, müsste man seine eigenen inneren Bilder hinterfragen und eventuell sich sogar Fehler eingestehen. Dazu scheinen die eingefleischten Nazis wie Ernst nicht fähig gewesen zu sein. Statt dessen fühlen sie sich angegriffen und agieren ihren mörderischen Hass aus. Anschließend wird die Tat so umgebogen, Details entsprechend dazu fantasiert, andere weggelassen, um ihr damit am Ende einen moralischen Anstrich zu verpassen. Das Modellieren der Wirklichkeit zu eigenen Gunsten ist den Nazis bestens vertraut.

Heer (1995b) betont und zeigt an mehreren Fallbeispielen, dass es durchaus möglich war, die vagen Befehle zu verweigern und solche Säuberungsaktionen nicht auszuführen.

Ist eine solche Partei wie die Nazis an der Macht, wird der mörderische Hass, der latent in ihren Anhängern vorhanden zu sein scheint, zunehmend zügellos ausgelebt, besonders, wenn die eigene Großartigkeit z.b. durch militärische Niederlagen in Frage gestellt wird. Die Niederlagen müssen sich meines Erachtens notwendigerweise einstellen, da die Kriegsziele immer höher gesteckt werden, um die Großartigkeit mit immer neuen Siegen füttern zu können und um, wie Himmler es ausdrückte, nicht zu verweichlichen. Um die Leute bei der Stange zu halten, werden die Befehle der Machthaber immer extremer und werden tragischerweise von den Nazis, die wie Ernst auf den Rückhalt der Partei angewiesen sind, immer buchstabengetreu befolgt, um dem Führer zu gehorchen und um nicht selbst zum Opfer seiner Angriffe zu werden. In diesem Sinne verschmolzen die Nazis wirklich zu einem gemeinsamen »(Volks)-Körper« voll von mörderischem Hass, fähig und bereit, unsägliche Verbrechen an den ihnen ausgelieferten Menschen auszuführen und Völkermord zu begehen.

Befehle oder das, was als Befehl gedeutet wurde, wurde oft vage formuliert, die dann von Untergebenen mit vorauseilendem Übergehorsam und aus machthungrigem Geltungsdrang in Taten umgesetzt wurden. (siehe dazu Heer 1995b, Browning 2003) Diese Taten wiederum beeinflussten die weiteren Befehle der Führer, sodass dadurch eine mörderische Dynamik angekurbelt wurde, die einzelne Pogrome zu einem systematischen Völkermord heranwachsen ließ.

> Bezüglich der Judenfrage ist der Führer entschlossen, reinen Tisch zu machen. Er hat den Juden prophezeit, dass, wenn sie noch einmal einen Weltkrieg herbeiführen würden, sie dabei ihre Vernichtung erleben würden. Das ist keine Phrase gewesen. Der Weltkrieg ist da, die Vernichtung muss die notwendige Folge sein. Diese Frage ist ohne jede Sentimentalität zu betrachten. Wir sind nicht dazu da, Mitleid mit den Juden, sondern nur Mitleid mit unserem deutschen Volk zu haben. Wenn das deutsche Volk jetzt wieder im Ostfeldzug an die 160.000 Tote geopfert hat, so werden die Urheber diese blutigen Konflikts dafür mit ihrem Leben bezahlen müssen (Goebbels Tagebuch am 12.12 1941).

Ohne zu hinterfragen, übernimmt Goebbels gehorsam des Führers Meinung! Vernichtungslager wurden gebaut und das Morden bürokratisch genau verwaltet. Stangl, der »Henker von Treblinka«, beschrieb seine Tätigkeit im Vernichtungslager: »Ich war dafür verantwortlich, dass alles korrekt ausgeführt wurde« und antwortete auf die Frage, warum die Juden von den Rampen zu den Verbrennungsöfen rennen mussten: »Weil es so ging« (Sereny 1995, S. 64).

Nach dem Krieg war bei den eingefleischten Nazis kaum ein Unrechtsbewusstsein zu finden. Dazu hätten sie für ihr Handeln die Verantwortung übernehmen und bereit sein müssen, auf selbstbeschönigende Sichtweisen zu verzichten. Weil sie dazu nicht in der Lage waren, hatten sie sich vor dem Krieg voller Begeisterung den Nazis angeschlossen, und sich nach dem Krieg mit derselben Mentalität wieder herausgewunden. Die eigene Geschichte wird nach dem Krieg entsprechend zurechtgestutzt: – mit dem »Quatsch« (Herta) habe man nichts zu tun gehabt oder man habe als »Idealist« an einer nationalsozialisten Gesellschaft mitbauen wollen, wäre dabei aber keineswegs Anhänger von Hitler gewesen. (Ernst)

Von unseren Eltern, die Nazis waren, hörten wir kein Schuldeingeständnis, wie es beispielsweise Martin Niemöller in einem Vortrag am 19.1.1946 vor der Evangelischen Studentengemeinde in Göttingen aussprach:

> Man kann keinem Menschen eine Schuld suggerieren. Jeder muss sich vor seinem Gewissen selbst fragen. Ich aber weiß, dass ich schuldig bin, seitdem ich vor dem Verbrennungsofen stand und mich beiseite gedrückt habe. Ich habe auch im KZ das Leben noch mehr geliebt als die Wahrheit. Ich bin schuldig, weil ich 1933 noch Hitler gewählt habe, weil ich geschwiegen habe, als man gleich in der ersten Zeit Scharen von aktiven Kommunisten ohne Prozess- und Gerichtsverfahren verhaftete und einsperrte; ja auch im KZ noch bin ich schuldig geworden, denn wenn all die Menschen ins Krematorium geschleift wurde, habe ich mich in die Ecke gedrückt und habe nichts dazu gesagt, habe nicht einmal dazu geschrien. Wir haben gefehlt in der brüderlichen Liebe zu denen, die vor unseren Augen geschlachtet wurden: wir hätten alle schreien müssen! Einige haben geschrien, aber die leben nicht mehr. Die Entschuldigung, »ich habe davon nichts gewusst« ist bei jedem erwachsenen Menschen unwahr. Herrmann Göring setzte in die Zeitung, dass auf seinen Befehl alle aktiven Kommunisten 1933 ins KZ gebracht worden seien. Ich habe das gewusst, ich habe auch von der Tötung des unwerten Lebens gewusst, ich habe gesehen, wie die Juden zum ersten Mal im größeren Stil verfolgt wurden – und habe geschwiegen! Ich habe erst angefangen zu reden, als es um die Kirche ging. Ich weiß mich schuldig. (...) Man kann sagen, die andern sind auch schuldig. Aber wenn ich vor Gott stehe, dann kann ich nicht auf andere sehen, sondern ich bin allein vor Gott (Niemöller, in: Publik-Forum Nr. 8 2001).

Literatur

Amery, C.: Hitler als Vorläufer: Auschwitz – der Beginn des 21. Jahrhunderts? München: Luchterhand, 1998.
Ammon, F. von: Die ersten Mutterpflichten und die erste Kinderpflege. Belehrungsbuch für junge Frauen und Mütter. 9. Aufl.,1892 (Erstauflage 1860).
Björkqvist, K.; Niemelä, P.: Of Mice and Women: Aspects of Female Aggression. San Diego: Academic-Press, 1992.
Bohleber, W.: Trauma Identifizierung und historischer Kontext. In: Psyche Heft 9/10. Stuttgart: Klett-Cotta, 1997, S. 958-995.
Bradley, D.; Hildebrand, K.-F.; Brockmann, M.: Die Generale des Heeres 1921–1945. Bd. 5. Bissendorf: Biblio, 1999.
Brockhaus, G.: Schauder und Idylle: Faschismus als Erlebnisangebot. München: Kunstmann, 1997.
Browning, C.: Die Entfesselung der Endlösung: nationalsozialistische Judenpolitik. Berlin: Propyläen, 2003.
Browning, C.: Ganz normale Männer. Reinbek: Rowohlt, 2002 (5. Auflage).
Chamberlain, S.: Adolf Hitler, die deutsche Mutter und ihr erstes Kind – Über zwei NS-Erziehungsbücher. Gießen: Psychosozial, 1997.
Dill G.: Nationalsozialistische Säuglingspflege. Stuttgart: Enke, 1999.
Dornes, M.: Der kompetente Säugling. Frankfurt/Main: Fischer, 1992.
Dornes, M.: Die emotionale Welt des Kindes. Frankfurt/Main: Fischer, 2000.
Fitz, D.: Ansbach unterm Hakenkreuz. Ansbach: Stadt Ansbach, 1994.
Giordano, R.: Die zweite Schuld oder von der Last Deutscher zu sein. München: Droemer Knaur, 1990.
Goebbels, J.: Tagebucheintrag vom 12.12.1941
Gollwitzer, H. u. a.(Hrsg.): »Du hast mich heimgesucht bei Nacht«. Abschiedsbriefe und Aufzeichnungen des Widerstandes 1933-1945. München: Kaiser, 1954.
Gravenhorst, L.; Tatschmurat, C.: Töchter fragen: NS-Frauen-Geschichte. Freiburg i. Br.: Kore, 1990.
Greyerz, O. von; Bietenhart, H.: Berndeutsches Wörterbuch. Bern: Cosmos 1991 (5. Auflage).
Gruen, A.: Der Fremde in uns. Stuttgart: Klett-Cotta, 2000.
Gruen, A.: Der Kampf um die Demokratie. Stuttgart: Klett-Cotta, 2002.
Haarer, J.: Die deutsche Mutter und ihr erstes Kind. München: Lehmanns, 1934.
Haffner, S.: Anmerkungen zu Hitler. Franfurt/Main: Fischer, 1998.
Haffner, S.: Germany: Jekyll & Hyde: 1939 – Deutschland von innen betrachtet. Berlin: 1900, 1996 (Englische Erstausgabe 1940).
Heer, H.: Säuberungsaktionen im Osten« 1995 in: Die Logik des Vernichtungskrieges. Hamburger Edition, 1995.
Hilberg, R.: Die Quellen des Holocaust. Frankfurt/Main: S. Fischer, 2002.
Hilberg, R.: Täter, Opfer, Zuschauer. Frankfurt/Main: S. Fischer, 1997.
Hofmann, G.: Starke Hand gesucht. Die ZEIT vom 20.12.2000.
Junge, G.: Bis zur letzten Stunde: Hitlers Sekretärin erzählt ihr Leben. München: Claasen, 2002.
Kershaw I.: Hitler 1889–1936. Stuttgart: Dt. Verlags-Anstalt, 1998.
Kershaw I.: Hitler 1937–1945. Stuttgart: Dt. Verlags-Anstalt, 2000.
Knauers Lexikon. Knauer 1939.

König, H.-D.: Mediale Inszenierung rechter Gewalt. Gießen: Psychosozial, 1995.
Krebs, A.: Tendenzen und Gestalten der NSDAP. Stuttgart: Dt. Verlags-Anstalt,1959.
Krüll, M.: Im Netz des Zauberers. Frankfurt/Main: Fischer, 2001.
Latzel, H.: Tourismus und Gewalt. In: Heer, H.: Die Logik des Vernichtungskriegs, 1995.
Mitscherlich M.: Die friedfertige Frau. Frankfurt/Main: Fischer, 1989. Erstausgabe 1985.
Müller, N. (Hrsg.): Die faschistische Okkupationspolitik in den zeitweilig besetzten Gebieten der Sowjetunion: (1941-1944). Berlin: Dt. Verl. der Wiss., 1991.
Niemelä, P.: Vicissitudes of mothers hate. In: Björkqvist, K.; Niemelä, P.: Of Mice and Women. 1992.
Niemöller, M.: Veröffentlichtes Manuskript. In: Publik-Forum Nr. 8, 2001.
Schäfer: Pathologische Treue als pathogenetisches Prinzip bei schweren körperlichen Erkrankungen. In: Der Nervenarzt, 1961.
Scholl, I.: Die weiße Rose. Frankfurt/Main: Fischer, 1955.
Sereny, G.: Am Abgrund: Gespräche mit dem Henker. München, Zürich: Piper, 1995.
Spranger, S.: Süddeutsche Zeitung vom 8.8.2002.
Stern, D.: Mutter und Kind, die erste Beziehung. Stuttgart: Klett, 1979.
Welzer, H.; Moller, S.; Tschuggnall, K.: Opa war kein Nazi: Nationalsozialismus und Holocaust im Familiengedächtnis. Frankfurt/Main: Fischer, 2002.
Wildt, M.: Generation des Unbedingten. Hamburger Edition, 2002.

Mai 2006 · ca. 200 Seiten · Broschur
EUR (D) 19,90 · SFr 34,90
ISBN 3-89806-502-2

Mai 2006 · 240 Seiten · Broschur
EUR (D) 28,– · SFr 49,–
ISBN 3-89806-353-4

Der Antisemitismus hat durch den islamistischen Fundamentalismus eine neue Aktualität erhalten – es wird gar von einem »Neuen Antisemitismus« gesprochen. Zugleich aber sind die antisemitischen Muster sehr alt und bilden die wohl älteste Kulturpathologie überhaupt. Seit den 30er Jahren haben auch psychoanalytische Autoren sich intensiv mit dem Antisemitismus in diesem Spannungsfeld von (Religions-)Geschichte und aktueller (Massen-)Bewegung auseinander gesetzt. Die hier versammelten Beiträge knüpfen an diese Tradition an und behandeln die Hintergründe des grassierenden Antisemitismus. Sie untersuchen aber auch das Verhältnis von Judentum und Psychoanalyse und stellen die kontrovers diskutierte Frage, ob die Psychoanalyse eine Form säkularisierten Judentums sei oder schlicht eine religiöse Form der Aufklärung.

Im Jahre 1942 gründete eine Gruppe von Österreichern meist jüdischer Herkunft in New York das Austrian Institute, später umbenannt in das Austrian Forum, das bis 1992 existierte. Achtzehn Menschen, die mit der Organisation verbunden waren, beteiligten sich mit autobiografischen Interviews an einer Studie über Exil und Identität. Sie beschreiben den Verlust ihrer Heimat als eine Erfahrung, die tiefgreifende Implikationen für ihre Selbst-Identität hatte. In seiner 50-jährigen Geschichte repräsentierte das Austrian Forum verschiedene Facetten dieser Identität – Patriotismus für Österreich, das Leid des Exils und Nostalgie für die verlorene Heimat – und drückte somit die komplexen Emotionen einer Gruppe von Menschen aus, die sich mit ihrer gewaltsamen Entwurzelung auseinander setzen mussten.

P V
Psychosozial-Verlag

Goethestr. 29 · 35390 Gießen · Tel. 0641/9716903 · Fax 77742
bestellung@psychosozial-verlag.de
www.psychosozial-verlag.de

Mai 2006 · ca. 250 Seiten · gebunden
EUR (D) 24,90 · SFr 43,–
ISBN 3-89806-457-3

2006 · 185 Seiten · Broschur
EUR (D) 19,90 · SFr 34,90
ISBN 3-89806-497-2

Die Psychoanalyse als etablierte Wissenschaft und weltweit anerkanntes therapeutisches Verfahren kann auf eine lange Erfolgsgeschichte zurückblicken, ist heute kaum noch wegzudenken. Sie steckt jedoch in einer tiefen Krise, wie z. B. die weltweit sinkende Zahl der Ausbildungskandidaten zeigt. Wirth arbeitet Freuds Bedeutung für das Bewusstsein der Moderne heraus und deutet die Identitätskrise der Psychoanalyse als Chance für den Entwurf eines modernen Menschenbildes, zu dem eine kulturkritisch versierte Psychoanalyse Entscheidendes beizutragen hat.

Eine kritische und anregende Würdigung zum 150. Geburtstag von Sigmund Freud! Gut und lebendig geschrieben liefert Wirth nicht nur eine aktuelle Bestandsaufnahme der Psychoanalyse, sondern auch für Interessierte einen verständlichen Einstieg.

Fromm weist die seiner Meinung nach wichtigsten Entdeckungen Freuds im Einzelnen auf. Er zeigt, wo und in welcher Weise das für Freud charakteristische bürgerliche Denken seine Entdeckungen eingeschränkt und manchmal wieder verdeckt hat. Diese wissenschaftstheoretisch brisante Auseinandersetzung Fromms mit Freud zeigt die Tragweite der psychoanalytischen Entdeckungen und würdigt gerade darin die Psychoanalyse. Zugleich ist sie eine hervorragende Einführung in Fromms eigenes psychoanalytisches Denken.

P🕮V Goethestr. 29 · 35390 Gießen
Psychosozial-Verlag

Wir haben Ihr Interesse geweckt? Das freut uns!
Sie erhalten unsere Bücher in jeder Buchhandlung oder direkt unter www.psychosozial-verlag.de

www.ingramcontent.com/pod-product-compliance
Lightning Source LLC
LaVergne TN
LVHW091626070526
838199LV00044B/957